财政部规划教材
全国高等院校财经类教材

金融计量学

Financial Econometrics

姜近勇　潘冠中　著

中国财政经济出版社

图书在版编目（CIP）数据

金融计量学/姜近勇，潘冠中著．—北京：中国财政经济出版社，2011.7
财政部规划教材　全国高等院校财经类教材
ISBN 978－7－5095－2962－1

Ⅰ．①金…　Ⅱ．①姜…②潘…　Ⅲ．①金融学：计量经济学－高等学校－教材
Ⅳ．①F830

中国版本图书馆 CIP 数据核字（2011）第 122632 号

责任编辑：付克华　　　　　　责任校对：李　丽
封面设计：陈　瑶

中国财政经济出版社出版

URL：http：//www.cfeph.cn
E－mail：cfeph @ cfeph.cn

社址：北京市海淀区阜成路甲 28 号　邮政编码：100142
发行处电话：88190406　财经书店电话：64033436
涿州市新华印刷有限公司印刷　各地新华书店经销
787×1092 毫米　16 开　20.25 印张　484 000 字
2011 年 7 月第 1 版　2011 年 7 月涿州第 1 次印刷
定价：48.00 元
ISBN 978－7－5095－2962－1/F·2510
（图书出现印装问题，本社负责调换）
本社质量投诉电话：010－88190744

是国内与海外学者合作研究的成果，不是纯粹的翻译，其内容和风格反映了我国课程体系建设和学生的需求。并且本书的实证分析和案例中大量地采用了中国金融市场的数据，同样体现了与中国金融市场实践的紧密结合。最后，作为教科书，本书在每章末附有习题。这些习题分为概念、理论与实证问题三类，对帮助学生牢固地掌握书本内容非常重要。

金融学的研究和教育在中国正在蓬勃发展，很多国外先进的金融研究方法和工具日益应用到我国金融问题的研究之中。但是，相比欧美发达国家的金融学研究水平，由于起步晚、基础薄，我国的金融学研究仍待进一步深化。《金融计量学》内容全面，吸收了具有国际前沿水平的金融计量学的最新研究成果，其由浅入深的风格使得本书具有很强的可读性。本书在一定程度上填补了我国金融学课程体系的空白，并将对进一步推进我国金融学研究作出贡献。

鉴于以上原因，我毫无保留地向所有学习金融的学生、研究金融问题的学者及业界人士推荐此书。

汪同三

中国社会科学院数量经济与技术经济研究所所长、研究员

前　言

在过去的几十年，作为经济学一门分支的金融学取得了长足进展，并已发展成为一门自成体系的学科。与其他学科相比，金融学有自己独特的研究问题、丰富的数据和特有的研究方法。作为金融学的有机组成部分，金融计量学对于金融学领域研究方法的开发和创新起着重要作用。金融计量学的核心在于开发金融学研究中的定量方法。它包括利用现有数学、统计学、计量经济学等领域的知识，为金融学研究提供理想的工具。此外，金融计量学研究者的任务还包括开发新的研究理论和方法，以处理金融学中独特的问题。作为一个特定的研究领域，金融计量学涉及的课题包括开发理论模型、研究模型的各种性质、使用市场数据进行模型的统计推断，如模型估计、模型设定检验，等等。金融学一方面来源于实践，另一方面又是一门深奥的学问。研究者感兴趣的金融学问题大多来源于实践。但是，解决这些问题的方法往往比较复杂。这使金融学的研究方法与众不同，在直观的同时还必须巧妙构思并具严谨性。这一特点也决定了本书的风格。

本书是作者在国内外从事教学和研究工作十几年经验的结晶。作者希望本书能填补国内金融学领域系列教材的空白。

从全书的内容来看，作者努力保持两方面的平衡。第一是全面性与侧重性的平衡。作者试图介绍尽可能多内容的同时，依然保持全书一个清晰的结构。全书的内容分为两部分：第一部分是离散时间模型，第二部分是连续时间模型。离散时间模型部分围绕四个主题展开：资产定价模型的检验、与市场有效性相关的随机游走检验、事件研究方法和资产收益的波动率模型。通过以上章节内容读者可以清楚地看到，本书的组织结构建立在金融学研究的需要之上。独特的研究问题、丰富的数据和研究方法使金融计量学与传统的计量经济学区分开来。尽管与统计学和计量经济学的联系非常紧密，但金融计量学具有自己的体系框架和研究问题的焦点。金融领域的研究者从计量经济学汲取知识，但有时还必须开发自己的工具来解决金融学问题。因此，与计量经济学教科书不同的是，本书侧重于介绍与金融计量学内容相关的统计和计量方法。例如，我们对时间序列模型的介绍中没有包括 AR、MA 或 ARMA 模型。这是因为，一方面这些模型是基本的计量经济学知识，另一方面这些模型本身在金融中并没有被广泛应用。

在本书的第一部分，我们首先介绍金融资产收益率的计算、常用金融数据及统计软件。接下来直接阐述资产定价模型的检验。具体来说，第二章我们介绍资产定价模型，包括 CAPM 与多因子模型的时间序列估计与检验；第三章是资产定价模型的横截面检验，重点是排序法与 Fama - MacBeth 回归；第四章是面板数据模型与混合回归，重点介绍参数估计量的方差估计。

金融学中的一个基本问题是金融资产的收益率是否可以预测。第五章阐述随机游走检验，包括三种不同假设的随机游走过程。第六章介绍金融学中另一个重要研究方法——事件研究，包括事件研究的步骤、超常收益率的计算以及检验统计量的构造等。资产收益波动率的建模也是金融学的重要主题。第七章和第八章阐述了两类波动率模型。第七章介绍各类 ARCH/GARCH 模型，包括模型的设定、模型的统计性质和极大似然估计等。第八章是随机波动率模型，重点是模型的设定并导出模型的矩条件以应用于 GMM 估计。

金融学不同于经济学的另一重要特点是其广泛地使用连续时间模型。这些模型包括 Black 和 Scholes (1973) 奠基期权定价理论的文章中使用的简单模型——几何布朗运动，到最近提出的许多复杂高深的模型。伴随众多新模型的提出，金融学研究者同时也投入大量精力解决连续时间模型的估计和统计推断问题。因此，金融计量学在这方面的研究也对统计学与计量经济学的文献作出了贡献。

本书第二部分是连续时间模型。第九章介绍由布朗运动和泊松过程驱动的随机过程，重点是在资产定价理论中非常重要的随机积分和伊藤引理。第十章总结了迄今金融中常用的连续时间模型。为后面模型估计方法的应用作准备，我们导出了各种模型的转移密度函数、特征函数或矩条件。

本书主要介绍连续时间模型的三种估计方法。第十一章介绍累积量匹配、矩方法（MM）、广义矩方法（GMM）、极大似然估计（MLE）等常用的参数估计方法。第十二章介绍有关瞬时利率模型的几种半参数与非参数估计方法，如 Aït - Sahalia 的半参数估计、Stanton 的非参数估计以及 Jiang 和 Knight 的非参数估计。当一个模型的转移密度函数不存在解析形式时，MLE 方法变得不可行。但有时模型的特征函数有可能存在解析形式，因而特征函数可以用作模型的估计。我们在第十三章介绍基于特征函数的估计方法。

近年来，金融高频数据的出现推动了金融学中新的研究方法的发展。高频数据的主要应用领域是波动率估计和跳跃检验。本书最后一章第十四章叙述了高频金融数据领域研究的最新进展。我们首先介绍二次变差（QV）、已实现方差（RV）和幂变差的概念，然后阐述基于高频数据的各种跳跃检验，最后讨论市场微观结构噪声对已实现方差的估计和对跳跃检验的影响以及调整的方法。

本书作者试图保持的第二个平衡是简洁与严谨的平衡。如前所述，金融学研究大多由实际问题引发。除此之外，金融研究的结果往往需要报告给金融业界人士和普通公众。因此，研究方法最好能简单而且直观。本书的一大特点是，在介绍不同金融概念和理论时，我们确保用简单但不失严谨的方式阐述。更为重要的是，当阐述复杂的研究方法时，我们力图保持叙述方式的简洁和直观。我们通常的叙述方式是，首先从简单情况开始，然后才过渡到更为一般的情况。这一方式在叙述资产定价模型的检验中就体现得非常清楚。第二章资产定价模型的时间序列检验中，我们从单资产的 CAPM 检验开始，它就是一个简单的一元线性回归。然后我们拓展到多资产的一元线性回归组模型。最后，我们拓展到多资产多元模型的情形，即多元线性回归组模型。在第三章资产定价模型的横截面检验中，我们同样从最简单的单资产 CAPM 检验开始，介绍了单排序法和一元 Fama - MacBeth 回归。然后我们拓展到多元模型，介绍双排序法和多元线性回归。对于多资产的多元模型，我们在第四章面板数据模型的框架下考察了资产定价模型的检验问题。

在阐述连续时间模型的估计方法时，我们采用了同样的原则。在第十一章以更为基础的参数估计方法开篇，接下来在第十二章介绍半参数与非参数方法，然后第十三章介绍基于特征函数的估计方法。特别地，在第十一章参数估计方法我们重点介绍了普遍应用的矩方法、广义矩方法（GMM）、极大似然估计（MLE）等。

在本书每一章的最后，我们回顾了主要概念和主要结果，并提供一定数量的习题。通过做这些习题，学生可以更牢固地掌握并加深对基本概念的理解。实证方面的习题还能帮助学生熟悉实证研究的步骤、数据处理和编程等方面的工作。对于实证练习中用到的数据，读者可以在作者的个人主页（http://www.u. arizona. edu/ ~ gjiang/）上下载。

本书的另一个特点是我们提供了各种模型的路径模拟，以说明模型的动态特征。这些模型的路径模拟在直观上能帮助学生更好地理解模型的性质。此外，我们还提供了各种模型路径模拟的详细算法。因此，学生可以通过这些练习加深对模型性质的理解，并且能很容易地把这些算法应用到将来的研究项目中去。

本书的定位是硕士研究生水平以及具有较强技术基础的高年级本科生的金融计量学教科书。当然，博士研究生同样也会发现本书具有一定的参考价值。本书的部分内容，对一些高年级本科生尤其是较少技术背景的学生，将具有一定的难度。考虑到不同章节的难易程度，对于各层次学生的学习内容，我们的建议如下：

- 对于硕士研究生，第十二章和十三章的内容可以跳过；
- 对于高年级本科生，除第十二章和十三章的内容之外，第八章、第十四章的大部分内容都可跳过。

这将帮助教师和学生决定一个学期的课程可以讲授哪些内容。另外，本书还舍弃了某些高难度内容。例如，最近的文献提出了不同的模拟方法来估计连续时间模型，但由于技术上要求过高，我们不予介绍。

在本书的写作过程中，很多国内外学界同仁提出了非常好的意见和建议。这些意见和建议使本书进一步完善。在此，我们对以下学者表示诚挚的谢意：

丁剑平——上海财经大学
万解秋——苏州大学
于孝建——华南理工大学
马晓兰——云南财经大学
王仁曾——华南理工大学
王文举——首都经济贸易大学
王明进——北京大学
王耀东——上海财经大学
卢亮亮——上海财经大学
白仲林——天津财经大学
石　磊——云南财经大学
龙　超——云南财经大学
乔云霞——北京工商大学
刘立新——对外经济贸易大学
孙坚强——华南理工大学
汤　珂——中国人民大学
宋　军——复旦大学
吴鑑洪——浙江工商大学
张书华——天津财经大学
张涤新——南京大学
李春琦——上海财经大学
李腊生——天津财经大学
沈根祥——上海财经大学
周　勇——上海财经大学
庞　皓——西南财经大学
罗玉波——北京工商大学
苑　莹——东北大学
郑振龙——厦门大学
金　淦——中山大学
赵卫亚——浙江工商大学
赵进文——东北财经大学
饶育蕾——中南大学
徐龙炳——上海财经大学
彭兴韵——中国社会科学院
曾　勇——电子科技大学
程展兴——上海财经大学
路万忠——上海财经大学
Li Xuan – University of Arizona

本书大部分内容的写作是在姜近勇博士访问云南财经大学和潘冠中博士访问亚利桑那大学期间完成的。作者对两校的支持表示感谢。作者还要感谢亚利桑那大学和云南财经大学的同事，他们在本书写作过程中提供了很多帮助，并一直给予关注和支持。

在本书写作过程中，University of Arizona、ALBA Graduate Business School、上海财经大学等院校的学生也对本书内容提出了很多好的意见和建议，我们在此表示感谢。

此外，我们要感谢中国财政经济出版社编辑付克华先生，他为本书的出版做了大量的工作。同时还要感谢中国财政经济出版社的推荐，使得本书列入财政部规划教材。

中国社会科学院数量经济与技术经济研究所汪同三研究员阅读了本书初稿之后，欣然为本书作序。我们衷心感谢他的支持和鼓励。

本书的编写历时两年多，我们投入了大量的时间和精力。我们也尽可能地采纳了来自各方面的建议和修改意见。但是由于时间限制，一些非常好的建议未能纳入本版内容之中。此外，本书肯定还会存在其他的不足之处。我们欢迎读者继续提出建议和意见。待本书再版时，我们将改进这些不足，力求更加完善。

姜近勇　潘冠中

2011年5月

于云南财经大学，云南昆明

目　录

第一部分　离散时间模型

第二部分　连续时间模型

第一部分

离散时间模型

第一章　收益率的计算、常用数据库及统计软件

收益率衡量金融证券、投资组合和各种投资策略的业绩表现，因此，可以说是金融中最重要的概念。在本章，我们首先定义单个资产的简单收益率和对数收益率，后者又称为**连续复利的收益率**，然后介绍如何把多个时间段的收益率加总（收益率的时间加总），以及如何把组合中不同证券的收益率加总（收益率对证券加总）的方法。对于收益率的时间加总，我们考虑了买入持有的被动投资策略和积极调整的动态调整策略。对于组合中收益率对证券加总，我们将介绍金融学中常用的三种赋予组合权重的方法：等权重组合、价值权重组合和价格权重组合。在本章的阐述中，我们会时常加入一些实证例子以进一步阐明这些概念。

在前言部分我们提到，金融的特点之一就是数据的丰富性。在本章，我们简要地介绍金融中常用的一些数据库。这些数据库记录了上市公司季度和年度财务报表、金融证券（如股票、债券、外汇等）价格和收益率、金融市场的交易活动等等。它们不仅在金融业界的实践中广泛应用，而且对金融研究也是不可或缺的。此外，海量的金融数据也给金融研究中的数据处理和统计方法带来了挑战。在本章，我们还对金融业界和金融研究中常用的各种统计软件进行简明的介绍。

1.1　收益率的计算

资产的收益率是金融学的核心研究对象，最常见的金融资产包括股票、债券（国库券、公司债券等）、外汇等。记 $t-1$ 期末资产的价格为 P_{t-1}，t 期末资产的价格为 P_t（我们有时也将 t 期末称为 t 时刻），t 时期（不包括 t 期始）资产红利为 D_t（参见图 1-1）。我们称 $X_t \equiv P_t + D_t$ 为资产在 t 时期的支付。t 时期的**简单收益率** R_t 定义为：

$$R_t \equiv \frac{X_t - P_{t-1}}{P_{t-1}}$$

$$=\frac{P_t+D_t-P_{t-1}}{P_{t-1}} \tag{1.1}$$

我们也将 R_t 称为**净收益率**。与之对应，$1+R_t$ 称为**总收益率**。与简单收益率相对应的是**连续复利收益率** r_t，它的定义为：

$$\begin{aligned} r_t &\equiv \ln(X_t/P_{t-1}) \\ &= \ln X_t - \ln P_{t-1} \\ &= \ln(P_t+D_t) - \ln P_{t-1} \end{aligned} \tag{1.2}$$

由于它是 X_t 与 P_{t-1} 取自然对数相减而得，我们往往也称之为**对数收益率**。

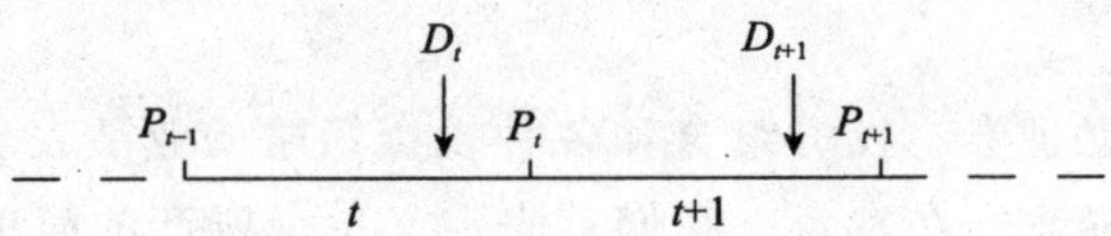

图 1-1　时期、资产价格与红利

在没有红利的情况下，即 $D_t=0$ 时，我们有：

$$R_t=\frac{P_t-P_{t-1}}{P_{t-1}} \tag{1.3}$$

$$r_t=\ln(P_t/P_{t-1}) \tag{1.4}$$

显然，根据简单收益率和对数收益率的定义，我们有：

$$r_t=\ln(1+R_t) \tag{1.5}$$

$$R_t=e^{r_t}-1 \tag{1.6}$$

在以下的分析中，为简单起见，我们假设资产不分红利，即 $D_t=0$。

1.1.1　收益率的时间加总

在实际应用中，我们通常有单期收益率的数据，但需要计算多期收益率。从单期的收益率求多期的收益率，称为收益率的时间加总。根据投资策略的不同，多期收益率分为买入持有策略（Buy - and - Hold）的收益率和动态调整策略（Dynamic Re - balancing）的收益率，它们的计算各有不同。买入持有策略和动态调整策略的定义将在接下来的内容中给出。

在以下分析中，我们把各种收益率的符号规定如下：

- 对于单期收益率，我们记为：

$$R_t=\frac{P_t-P_{t-1}}{P_{t-1}}$$

- 对于多期收益率，我们使用 $R_{[t,t+k]}$ 来表示时期 $[t, t+k]$ 之间的收益率。

特别地，我们有 $R_{[t,t+1]} \equiv R_{t+1}$。

买入持有策略的收益率

买入持有策略是指购买股票后就一直持有，直到投资期末才卖出全部股票，兑现收益的策略。这种投资策略通常称为**被动策略**。我们记 k 期买入持有策略的简单收益率为 $R^{BH}_{[t,t+k]}$，简称为 k 期收益率。有时，为符号简便起见，在不需要强调的情况下，我们也将 $R^{BH}_{[t,t+k]}$ 简记为 $R_{[t,t+k]}$。

利用简单收益率来计算买入持有策略的收益率，不是简单地把单期收益率加总就可以，而是要计算其复合收益率。例如，若已知 k 个相连时期的收益率 R_{t+1}，$\cdots, R_{t+k}$，那么 k 期收益率为：

$$R^{BH}_{[t,t+k]} \neq \sum_{i=1}^{k} R_{t+i}$$

正确的计算公式应该是：

$$\begin{aligned} R^{BH}_{[t,t+k]} &= (1 + R_{t+1}) \times \cdots \times (1 + R_{t+k}) - 1 \\ &\equiv \prod_{i=1}^{k} (1 + R_{t+i}) - 1 \end{aligned} \tag{1.7}$$

此处，计算的关键就是在多个时期计算复利。也就是说，上一期的投资盈利直接影响下一期的投资额。

【例 1-1】 假设 t 时刻某股票价格为 100 元，$t+1$ 时刻下跌到 50 元，$t+2$ 时刻又上涨到 100 元（见图 1-2）。我们首先用简单收益率求该股票的各期收益率。

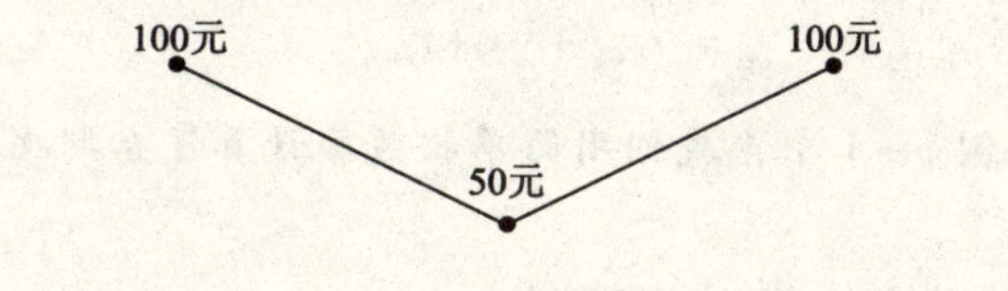

图 1-2　股票收益率计算：一个简单的例子

解：根据简单收益率的定义，我们有：

$$R_{t+1} = \frac{50-100}{100} = -50\%$$

$$R_{t+2} = \frac{100-50}{50} = 100\%$$

类似地，$[t,t+2]$之间的简单收益率是：

$$R^{BH}_{[t,t+2]}=\frac{100-100}{100}=0$$

此外，我们也可以通过公式（1.7）计算两期收益率 $R^{BH}_{[t,t+2]}$：

$$\begin{aligned}R^{BH}_{[t,t+2]}&=(1+R_{t+1})\times(1+R_{t+2})-1、\\&=(1-50\%)(1+100\%)-1\\&=0\end{aligned}$$

但是，

$$R_{t+1}+R_{t+2}=-50\%+100\%=50\%$$

因此，

$$0=R^{BH}_{[t,t+2]}\neq R_{t+1}+R_{t+2}=50\%$$

相对于以上复合计算公式，使用对数收益率来计算买入持有策略的收益率只需简单地把单期收益率加总就可以。若已知 k 个相连时期的对数收益率 $r_{t+1},\cdots,r_{t+k}$，则 k 期收益率是单期收益率的简单求和：

$$r_{[t,t+k]}=r_{t+1}+\cdots+r_{t+k}\tag{1.8}$$

以上等式的推导过程如下：

$$\begin{aligned}r_{[t,t+k]}&\equiv\ln(P_{t+k}/P_t)\\&=\ln\left(\frac{P_{t+1}}{P_t}\times\frac{P_{t+2}}{P_{t+1}}\times\cdots\times\frac{P_{t+k}}{P_{t+k-1}}\right)\\&=\ln\left(\frac{P_{t+1}}{P_t}\right)+\cdots+\ln\left(\frac{P_{t+k}}{P_{t+k-1}}\right)\\&=r_{t+1}+\cdots+r_{t+k}\end{aligned}$$

【例1-2】 在例1-1中，我们用简单收益率计算了 k 期收益率，现在用对数收益率来重新计算。

解：根据对数收益率的定义，我们有：

$$r_{t+1}=\ln 50-\ln 100=-69.31\%$$

$$r_{t+2}=\ln 100-\ln 50=69.31\%$$

类似地，时期$[t,t+2]$之间的对数收益率是：

$$r_{[t,t+2]}=\ln 100-\ln 100=0$$

此外，通过公式（1.8），我们有：

$$r_{[t,t+2]}=r_{t+1}+r_{t+2}=0$$

动态调整策略的收益率

上面介绍的买入持有策略是一种在整个投资期间不作调整的被动投资策略。与之相比，动态调整策略则是指在每期都调整投资组合的策略，因此，它又被称为积极投资策略。在此，我们考虑最简单的一种动态调整策略，即在每期期初调整投资组合，但是每期的投资额保持不变的策略，我们把它称为等投资额动态调整策略，或简称为**动态调整策略**。我们记动态调整策略在时期 $[t, t+k]$ 之间的收益率为 $R_{[t,t+k]}^{DR}$。动态调整策略的多期收益率为：

$$R_{[t,t+k]}^{DR} = \sum_{i=1}^{k} R_{t+i} \tag{1.9}$$

动态调整策略的含义是，投资者在每期期初投入相等的金额（比如说 1 元），每期期末不管盈亏，兑现收益，然后重新开始投入相等金额，一直到整个投资期结束。图 1－3 解释了这一过程。

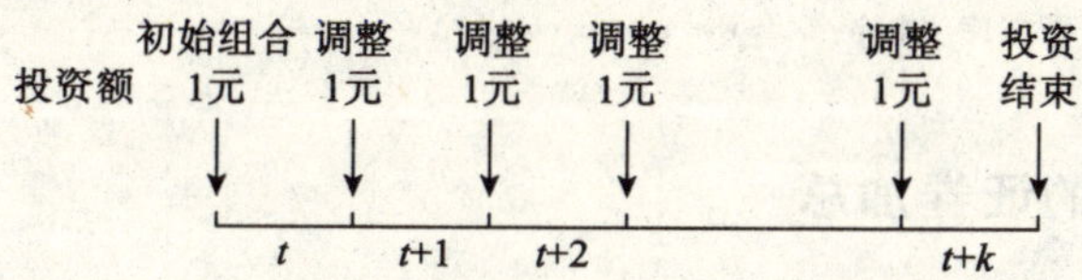

图 1－3 动态调整策略

动态调整策略与买入持有策略的区别是前者每期都调整投资额，而后者在整个投资期内从不调整，并且后者的多期收益率涉及到复利问题。收益率指标 $R_{[t,t+k]}^{DR}$ 在金融文献中广泛地用于评价积极投资策略的绩效。在本书第三章考察资产收益率的横截面检验时，我们将使用这一收益率指标。

【例 1－3】 作为实例，我们使用 2009 年上证指数月末收盘价计算了买入持有策略和动态调整策略的收益率。表 1－1 列出了计算结果：对上证指数而言，2009 年买入持有策略的收益率是 79.98%，动态调整策略的收益率为 65.66%。

表 1－1 收益率的时间加总计算：以上证指数 2009 年月末收盘价为例

日期	股票价格	月收益率	买入持有策略		动态调整策略	
			每期初始投资额	累积收益率	每期初始投资额	累积收益率
2009/01/23	1990.66	9.33%	1.00	9.33%	1.00	9.33%
2009/02/27	2082.85	4.63%	1.09	14.39%	1.00	13.96%
2009/03/31	2373.21	13.94%	1.14	30.34%	1.00	27.90%
2009/04/30	2477.57	4.40%	1.30	36.07%	1.00	32.30%
2009/05/27	2632.93	6.27%	1.36	44.60%	1.00	38.57%

续表

日期	股票价格	月收益率	买入持有策略		动态调整策略	
			每期初始投资额	累积收益率	每期初始投资额	累积收益率
2009/06/30	2959.36	12.40%	1.45	62.53%	1.00	50.97%
2009/07/31	3412.06	15.30%	1.63	87.39%	1.00	66.27%
2009/08/31	2667.75	-21.81%	1.87	46.51%	1.00	44.46%
2009/09/30	2779.43	4.19%	1.47	52.65%	1.00	48.65%
2009/10/30	2995.85	7.79%	1.53	64.53%	1.00	56.44%
2009/11/30	3195.30	6.66%	1.65	75.49%	1.00	63.10%
2009/12/31	3277.14	2.56%	1.75	79.98%	1.00	65.66%

注：本表中的股票价格是指2009年各月月末（即每月最后一个交易日）上证指数收盘价，月收益率 =（本月末收盘价 - 上月末收盘价）/上月末收盘价；买入持有策略的累积收益率根据式（1.7）计算，动态调整策略的累积收益率根据式（1.9）计算。

数据来源：CSMAR数据库（http://www.gtarsc.com/）。

1.1.2 收益率的证券加总

计算资产组合的收益率就是**收益率的证券加总**。一个投资组合就是投资者所持有的所有资产的集合，它通常由各资产的**投资权重**来表示。简单收益率具有一个良好的性质，就是资产组合的收益率可以通过单个资产的收益率简单求和而得。金融研究中常用的两种资产组合的收益率是**等权重**（Equal Weighted）资产组合的收益率与**价值权重**（Value Weighted）资产组合的收益率。此外，我们还考虑**价格权重**（Price Weighted）资产组合的收益率。在以下的讨论中，我们假设有 N 只股票，它们在时期 t 的收益率分别记为 $R_{1,t},\cdots,R_{N,t}$。股票在期初的市值分别为 $V_1,\cdots,V_N$，股票在期初的价格分别为 $P_1,\cdots,P_N$。

等权重资产组合的收益率

在**等权重资产组合**中，每个资产的投资额相等，都是总投资额的 $1/N$。因此，整个组合的收益率为：

$$R_{ew,t} = \frac{1}{N}\sum_{i=1}^{N} R_{i,t} \tag{1.10}$$

简称为**等权重收益率**。

式（1.10）中等权重收益率 $R_{ew,t}$ 与股票的市值 V_i 无关。以下我们用一个简单的例子来阐明上述公式。假设总投资额是1元钱，那么等权重组合中每只股票的投资额都是 1/N 元。期末各股票带来的总收益分别为$\{\frac{1}{N}(1+R_{i,t}), i=1,\cdots,N\}$，因此，等权重组合的总收益为：

$$\sum_{i=1}^{N}\frac{1}{N}(1+R_{i,t}) = 1+\frac{1}{N}\sum_{i=1}^{N}R_{i,t}$$

从而等权重组合净收益率等于$\frac{1}{N}\sum_{i=1}^{N}R_{i,t}$。

等权重收益率在金融学研究中经常应用到，其关键在于不管公司市值的大小，其投资额都是相等的。由于股票的相对价格经常变动，因此，等权重组合需要频繁调整以保持相等的权重。

价值权重资产组合的收益率

在**价值权重资产组合**中，每个公司的市值决定对单个资产的投资比重，具体来说，整个投资组合在一个特定公司的投资比重与其市值成正比，即：

$$w_i = \frac{V_i}{\sum_{j=1}^{N}V_j},\quad i=1,\cdots,N \tag{1.11}$$

因此，价值权重组合的收益率为：

$$R_{vw,t} = \sum_{i=1}^{N}w_iR_{i,t} \tag{1.12}$$

简称为**价值权重收益率**。

式（1.11）和式（1.12）显示，市值 V_i 越大，股票 i 的收益率对组合收益率的影响越大。

评注：价值权重收益率和等权重收益率的区别是，前者中小企业股票的比重要小得多。相对而言，等权重收益率更多地受到小企业股票的影响，价值权重收益率更多地受到大企业股票的影响。一些重要的股票指数，如标准普尔 100 指数（S&P100）和标准普尔 500 指数（S&P500），我国的上证指数，都是价值权重指数。

价格权重资产组合的收益率

在**价格权重资产组合**中，每只股票的价格决定对单只股票的投资比重，具体来说，整个投资组合在一只特定股票的投资比重与其价格成正比，即：

$$w_i^* = \frac{P_i}{\sum_{j=1}^{N}P_j},\quad i=1,\cdots,N$$

因此，价格权重组合的收益率为：

$$R_{pw,t} = \sum_{i=1}^{N} w_i^* R_{i,t} \tag{1.13}$$

简称为**价格权重收益率**。

根据以上定义，价格权重资产组合中每只股票的股数相等，简单来说，就是在每只股票投资一股，股价 P_i 越大，股票 i 的收益率对组合收益率的影响越大。最有名的价格权重股票指数当属道·琼斯工业平均（DJIA）指数，它现在的成分股是30家著名的美国大型工业公司股票。在每个投资期初，购买30只成分股中每只股票各一股，构造投资组合，便可以模仿道·琼斯工业平均指数。

【例1-4】 我们选择四只在上交所和深交所上市交易、不同市值规模的股票来计算以上三种不同赋权方式的资产组合的收益率：超大盘股中国石化、大盘股深发展A、中盘股南方航空和小盘股昆明机床。我们使用以上四只股票2009年1月的相关数据。表1-2是计算结果，等权重收益率、价值权重收益率和价格权重收益率分别等于20.85%、13.58%和22.78%。我们看到价值权重收益率由超大盘股中国石化主导，它所占的权重是91.3%。

表1-2　　资产组合收益率的计算：2009年1月的数据

股票	期初股价（元）	总市值（千元）	收益率	等权重	价值权重	价格权重
深发展A	9.46	29377403.39	23.04%	25.00%	5.46%	35.91%
中国石化	7.02	490852096.02	13.11%	25.00%	91.30%	26.65%
南方航空	3.19	15312000.00	7.21%	25.00%	2.85%	12.11%
昆明机床	6.67	2082034.05	40.03%	25.00%	0.39%	25.32%
组合收益率				20.85%	13.58%	22.78%

注：本表中的期初股价是2009年1月的上月最后一个交易日（即2008年12月31日）收盘价，总市值是此收盘价与当日总股本的乘积；收益率=(2009年1月末收盘价-上月末收盘价)/上月末收盘价；等权重收益率、价值权重收益率和价格权重收益率的计算公式分别为式（1.10）、式（1.12）和式（1.13）。

数据来源：CSMAR数据库（http://www.gtarsc.com/）。

1.2 常用金融数据库

1.2.1 常用美国金融数据库

CRSP

CRSP是证券价格研究中心（Center for Research in Security Prices）的英文首字母简写，附属于美国芝加哥大学Booth商学院。CRSP搜集了美国股票市场最详尽的历史数据。因其深具准确性和权威性，自1960年成立以来，即成为学术界及商界的主要数据来源。

CRSP 收录的股票数据主要包括：（1）自 1925 年 12 月起纽约证券交易所（NYSE）股票的日频和月度价格与收益率数据。起初 CRSP 只包括 1925 年 12 月到 1962 年 NYSE 股票的月度数据和 1962 年以后的日频数据，2005 年 CRSP 把 1962 年以前的日频数据也补充进来；（2）自 1962 年 7 月美国证券交易所（AMEX，现在称为 Alternext）股票的日频和月度价格与收益率数据；（3）自 1972 年 12 月 14 日起纳斯达克（Nasdaq）股票的日频和月度价格与收益率数据，这些数据于 1987 年加入 CRSP。

Compustat 数据库

Compustat 数据库是美国著名的信用评级公司标准普尔的产品。收录了自 1950 年起美国和加拿大企业财务分析数据库与全球财务分析数据库。其中，美国和加拿大企业财务分析数据库包括一万多家美国和加拿大企业的公司名称、地址及主要成员数据、营运部门数据、经济产业资料、公司行业描述，及完整财务报表数据、股价、股利及盈余和 350 种年度资料、48 种季报、240 种月报历史资料等数据。全球财务分析数据库提供自 1982 年起，包括美国和加拿大以外的 19000 家公司及 5560 个美国和加拿大地区中型公司的产业分析与市场资料。Compustat 数据库涵盖了 80 个国家有公开交易的公司，所占全球市场资本额超过 80%。

TAQ 数据库

TAQ 是交易与报价（Trade and Quote）的英文首字母简写。TAQ 数据库包含每一交易日内所有在 NYSE、Nasdaq 和 AMEX 上市股票的交易数据和报价数据。交易数据包括所有的成交地点、成交价格、成交量和成交时间。报价数据包括所有的买价与卖价，任意买价或卖价之一发生的变化都有记录。

CRSP 共同基金数据

CRSP 共同基金数据是专为评价开放式基金历史业绩而开发的无生存偏差（Survior - Bias - Free）的数据。所有数据包括 1962—2003 年出现过的开放式共同基金，数据每季度更新一次，滞后一个季度。其内容主要包括每一共同基金的名称、投资风格、费用结构、持有资产组合、资产配置、月度总收益率、月度总净资产、月度/日频净资产价值和分红等历史数据。

IBES 数据库

IBES 数据库由 Thomson Financial 公司提供，它包括全球范围内证券分析师估计的每股盈利及推荐情况，这一数据库内容非常全面。除盈利估计数据之外，IBES 还包括营业收入、现金流、运营资金（FFO）、税息折旧及摊销前利润

（EBITDA）、目标价格、长期增长率等指标的估计值。

OptionMetrics

OptionMetrics 是金融业界期权价格历史数据和分析工具最主要的提供商，其数据包括美国、欧洲和亚洲市场的股票期权、指数期权的价格数据及隐含波动率数据等。目前很多金融机构和大学使用其产品来进行期权定价、隐含波动率计算、波动率曲面分析和其他期权分析等。

Datastream 数据库

Datastream 数据库为 Thomson Financial 公司提供，涵盖全球逾60个市场、175个国家的数据，包括各国总体经济研究、利率、汇率、各国货币、股价、债券指数、证券信息、企业财务报表数据、期权及期货等内容。

WRDS

WRDS 是 Wharton Research Data Services 的首字母简写，它是美国宾西法尼亚大学沃顿商学院提供的一个数据库服务平台。订购了 CRSP、Compustat、TAQ 等数据库的用户可以通过 WRDS 提供的服务方便地使用数据，大大简化了用户数据的使用、储存等管理。

1.2.2 常用中国金融数据库

CSMAR 数据库

中国股票市场交易数据库（CSMAR）是国泰安公司联合香港大学，针对高等院校、金融证券机构的专家学者，对于中国股票市场分析研究的需要，而设计研发的高级专业金融会计数据库系统，提供全面、真实、准确的中国证券市场交易数据。在股票市场交易数据库的开发过程中，CSMAR 借鉴了 CRSP 等国际知名财经数据库系统的专业数据调整技术，并结合中国股票市场自身特点及实际情况进行校正。

Wind 中国金融数据库

Wind 中国金融数据库由万得公司提供，数据内容涵盖中国股票、基金、债券、外汇、保险、期货、金融衍生品、现货交易、宏观经济、财经新闻等领域。

CCER 中国经济金融研究数据库

CCER 中国经济金融研究数据库由北京大学中国经济研究中心发起成立的北京色诺芬信息服务有限公司提供，主要包括资本市场、货币市场与宏观经济数据三个部分。资本市场部分包括中国上市公司的财务数据和股票价格、指数、国债和公司债的交易数据。货币市场部分包括银行间市场拆借与回购利率、外汇交易和黄金交易数据。

1.3 常用统计软件

SAS

SAS是统计分析系统（Statistics Analysis System）的英文首字母简写，最早只是一个数学统计软件，由北卡罗来纳州立大学的两位生物统计学的研究生编制。后于1976年成立SAS公司，并正式推出SAS软件。SAS公司不断地与各行各业共同开发商业资料分析与预测技术，重要应用领域涵盖政府的经济决策与企业的决策支援应用等，并已成为全球第五大软件公司。SAS软件是用于决策支援的大型集成资讯系统，但该软件系统最早的功能限于统计分析。至今，统计分析功能也仍是其重要模组和核心功能。经过多年的发展，SAS已经遍布全世界，使用的单位遍及金融、医药卫生、生产、运输、通讯、科学研究、政府和教育等领域；在资料处理和统计分析领域，SAS系统被誉为统计软件界的巨无霸。

SAS是一个模块软件系统，它由多个功能模块组合而成。美国加州大学洛杉矶分校（UCLA）统计系网站（http://www. ats. ucla. edu/stat/seminars/）提供SAS入门等在线视频和其他学习资料。

SAS是金融中应用得广泛的统计软件，其优势在于：（1）很多金融数据都是以SAS文件的形式储存；（2）金融实证分析中数据的加工处理在SAS中非常方便，如数据合并、排序等等。

Stata

Stata是一款统计与计量分析软件，它由Statacorp公司于1985年提供，在全球范围内被广泛应用于企业和学术机构。许多使用者为从事经济学、社会学、政治学及流行病学等领域研究的学者。Stata较好地实现了简单易学和功能强大两者的结合。美国加州大学洛杉矶分校（UCLA）统计系网站（http://www. ats. ucla. edu/stat/seminars/）提供Stata入门等在线视频和其他学习资料。Stata在金融中也被很多研究者应用，它在金融中的应用排名紧跟SAS之后。

MATLAB

MATLAB是一种由美国MathWorks公司出品的商业数学软件，是一种数值计算环境和编程语言。MATLAB基于矩阵运算，其全称MATrix LABoratory即得名于此。在数学类科技应用软件中，MATLAB的数值计算功能首屈一指。MATLAB可以进行矩阵运算、绘制函数和数据、实现算法、创建用户界面、连接其他编程语言的程序等，主要应用于工程计算、控制设计、信号处理与通讯、图像处理、信号检测、金融建模设计与分析等领域。1984 年，MathWorks 公司成立并正式把 MATLAB 推向市场。

MATLAB 最强大的部分是它的工具箱，每一代 MATLAB 都会增加一些工具箱，而且很多科学家还在不断地完善这些工具箱，一些爱好者也会在新闻组中发布自己的工具箱。金融分析中常用的工具箱有 Financial、Financial Derivatives、Fixed - income、Econometrics、Optimization、Global Optimization、Partial Differential Equation 等。MATLAB 自带的帮助文档提供了入门和其他学习视频，MathWorks 公司网站（http://www. mathworks. com/）上还有最新的一些使用 MATLAB 的讲座视频。

RATS

RATS 是时间序列回归分析（Regression Analysis of Time Series）的首字母简写，由 Estima 公司开发提供，是一款计量尤其侧重时间序列分析的统计软件。RATS 相比前面介绍的大型商业软件 SAS 和 MATLAB 来说，价格非常便宜，但用于计量分析的功能仍然强大。RATS 的另一个优势是它提供了大部分流行的计量经济学教材中的数据和实例的 RATS 程序，如 Greene（2005），Hamilton（1994），Hayashi（2000），Tsay（2005），Wooldridge（2002），Wooldridge（2009）等，还有复制许多实证文献结果的 RATS 程序也可在 Estima 公司网站（http://www. estima. com/）下载，这特别有利于辅助计量经济学的学习。

R 和 Splus

R 语言是主要用于统计分析、绘图的语言和操作环境。R 是基于 S 语言（S 语言是由 AT&T 贝尔实验室开发的一种用来进行数据探索、统计分析、作图的解释型语言。）的一个 GNU（自由软件计划）项目，所以它是完全免费的，可以自由下载。它可以当作 S 语言的一种实现，通常用 S 语言编写的代码都可以不作修改地在 R 环境下运行。Splus 是 S 语言的商业实现。

R 内建多种统计及数字分析功能。R 的功能也可以通过安装套件增强。因为 S 的血缘，R 比其他统计学或数学专用的编程语言有更强的面向对象（面向对象程序设计）功能。R 的另一个强项是绘图功能。虽然 R 主要用于统计分析或者开发统计相关的软件，但也可以用作矩阵计算，分析速度甚至可媲美 MATLAB。R 现在有上千种不同的套件，广泛地应用于经济计量、金融分析等领域。

本章回顾

主要概念

简单收益率　对数收益率　连续复利收益率　收益率的时间加总　收益率的证券加总　买入持有策略　动态调整策略　等权重收益率　价值权重收益率　价格权重收益率

主要结果

1. 简单收益率 R_t 与对数（或连续复利）收益率 r_t 之间的关系是：

$$r_t = \ln(1 + R_t)$$
$$R_t = e^{r_t} - 1$$

2. 给定 k 个相连时期的简单收益率 $R_{t+1},\cdots,R_{t+k}$，则时间加总的买入持有收益率为：

$$R^{\mathrm{BH}}_{[t,t+k]} = \prod_{i=1}^{k}(1 + R_{t+i}) - 1$$

3. 给定 k 个相连时期的对数收益率 $r_{t+1},\cdots,r_{t+k}$，则时间加总的买入持有收益率为：

$$r_{[t,t+k]} = r_{t+1} + \cdots + r_{t+k}$$

4. 给定 k 个相连时期的简单收益率 $R_{t+1},\cdots,R_{t+k}$，则时间加总的动态调整收益率为：

$$R^{\mathrm{DR}}_{[t,t+k]} = \sum_{i=1}^{k} R_{t+i}$$

5. 给定资产组合中每一证券的简单收益率 $R_{1,t},\cdots,R_{N,t}$，则等权重收益率为：

$$R_{\mathrm{ew},t} = \frac{1}{N}\sum_{i=1}^{N} R_{i,t}$$

6. 给定资产组合中每一证券的简单收益率 $R_{1,t},\cdots,R_{N,t}$，期初市值 $V_1,\cdots,V_N$，则价值权重收益率为：

$$R_{\mathrm{vw},t} = \sum_{i=1}^{N} w_i R_{i,t}$$

其中，w_i 是根据市值计算的权重，即：

$$w_i = \frac{V_i}{\sum_{j=1}^{N} V_j}, \quad i = 1, \cdots, N$$

7. 给定资产组合中每一证券的简单收益率 $R_{1,t}, \cdots, R_{N,t}$，期初证券价格 $P_1, \cdots, P_N$，则价格权重收益率为：

$$R_{\mathrm{pw},t} = \sum_{i=1}^{N} w_i^* R_{i,t}$$

其中，w_i^* 是根据价格计算的权重，即：

$$w_i^* = \frac{P_i}{\sum_{j=1}^{N} P_j}, \quad i = 1, \cdots, N$$

8. 常用的美国金融数据库有 CRSP、Compustat 和 TAQ 等。

9. 常用的中国金融数据库有 CSMAR、Wind 中国金融数据库、CCER 中国经济金融研究数据库等。

10. 金融中常用的统计软件有 SAS、Stata、MATLAB 等，其中，SAS 是金融中应用最广泛的统计软件。

习 题

1. 根据简单收益率和对数（或连续复利）收益率的定义，请说明：

(a) 股票简单收益率的取值范围是 $[-1, +\infty)$；

(b) 股票对数收益率的取值范围是 $(-\infty, +\infty)$。

提示：由于有限责任，股票的价格不会小于0。

2. 推导出简单收益率 R_t 与对数收益率 r_t 之间的关系式。

3. 表 1－3 给出上证指数 2008 年月收益率数据。请计算：

(a) 累积买入持有收益率；

(b) 每月初调整 1 次、初始投资额相等的累积动态调整收益率。

表 1－3　　上证指数 2008 年的月收益率

日期	股票价格	月收益率	买入持有策略		动态调整策略	
			每期初始投资额	累积收益率	每期初始投资额	累积收益率
2008/01/31	4383.39	−16.69%				
2008/02/29	4348.54	−0.80%				
2008/03/31	3472.71	−20.14%				
2008/04/30	3693.11	6.35%				

续表

日期	股票价格	月收益率	买入持有策略		动态调整策略	
			每期初始投资额	累积收益率	每期初始投资额	累积收益率
2008/05/30	3433.35	-7.03%				
2008/06/30	2736.10	-20.31%				
2008/07/31	2775.72	1.45%				
2008/08/29	2397.37	-13.63%				
2008/09/26	2293.78	-4.32%				
2008/10/31	1728.79	-24.63%				
2008/11/28	1871.16	8.24%				
2008/12/31	1820.81	-2.69%				

注：本表中的股票价格是指2008年各月月末（即每月最后一个交易日）上证指数收盘价，月收益率=(本月末收盘价-上月末收盘价)/上月末收盘价。

数据来源：CSMAR 数据库（http://www.gtarsc.com/）。此表数据可以在作者的个人主页（http://www.u.arizona.edu/~gjiang/）上下载。

4. 表1-4给出了2008年1月在上海证券交易所交易的四只股票的收益率以及期初股价、市值。以这四只股票构造资产组合，请计算等权重、价值权重和价格权重收益率。

表1-4　　2008年1月在上交所和深交所交易的四只股票数据

股票	期初股价（元）	总市值（千元）	收益率	等权重	价值权重	价格权重
深发展A	38.60	88525515.80	-13.73%			
中国石化	23.43	1638271311.93	-27.61%			
南方航空	27.94	89408000.00	-28.20%			
昆明机床	23.56	7354231.22	3.61%			
组合收益率						

注：本表中的期初股价是2008年1月的上月最后一个交易日（即2007年12月28日）收盘价，总市值是此收盘价与当日总股本之乘积；收益率=(2008年1月末收盘价-上月末收盘价)/上月末收盘价。

数据来源：CSMAR 数据库（http://www.gtarsc.com/）。此表数据可以在作者的个人主页（http://www.u.arizona.edu/~gjiang/）上下载。

第二章 资产定价模型的时间序列估计与检验

在刚刚过去的半个世纪，金融研究的核心问题是力图理解金融资产收益率的决定因素。为这一目的，研究者开发了许多资产定价模型，如 Sharpe（1964）和 Lintner（1965）的简单单因子资本资产定价模型（CAPM），Ross（1976）的套利定价理论，Fama – French 三因子模型，还有其他各式各样的多因子统计模型和宏观经济变量模型，等等。

俗话说“风险高，收益高”。在金融学中，这意味着要使人们承担高风险，必须给予他高的期望收益。反之，如果投资者追求高的期望收益，那么他必须承担高风险。资产定价的核心问题是识别风险因子并量化风险与收益之间的权衡关系。另外，我们需要区分金融中的两个重要概念，系统风险与非系统风险。系统风险是不能通过分散化投资化解的风险，因此它需要风险溢价。另一方面，非系统风险是某个公司或股票特有的，可以通过分散化投资化解，从而不需要风险溢价。由此可见，资产定价模型的关键在于首先识别系统风险，然后量化系统风险所需要的风险溢价。本章的主要内容是介绍如何在线性回归模型的框架下检验资产定价模型，主要包括单因子的资本资产定价模型（CAPM）与多因子的套利定价理论（APT）模型。

本章的重点是资产定价模型的时间序列检验。资产定价模型的时间序列含义是，如果模型中的定价因子能够完全解释资产的风险溢价从而完全解释资产的期望收益率，那么回归模型的截矩项应该等于0。这在金融学中，通常表示为 $\alpha = 0$。

本章首先简要地回顾 CAPM、APT 和其他一些多因子资产定价模型，然后再介绍模型的时间序列检验。对于 CAPM（单因子模型）和多因子模型，我们先从单资产的时间序列检验开始介绍，然后再扩展到多资产的检验。具体来说，本章首先从单资产的单因子模型时间序列检验讲起，然后是多资产的单因子模型检验，再是单资产的多因子模型检验，最后是多资产的多因子模型检验。为帮助进一步理解，我们还加入了实证例子——单资产和多资产的单因子模型检验。

2.1　资本资产定价模型

现代**资产组合理论**主要基于 Markowitz（1952）的开创性工作。他假设投资者只关心资产组合的两个指标：期望收益率和方差。并且，投资者喜欢高的期望收益率，但不喜欢方差。因此，在期望收益率相等时，投资者选择具有最低方差的投资组合。在方差相等时，投资者选择具有最高期望收益率的投资组合。具有以上性质的投资组合称为**有效投资组合**。投资者具体选择哪一个有效组合，依投资者风险厌恶程度而定。资产组合的风险（方差）不仅与单个资产的方差有关，更重要的是，单个资产之间的联动关系（协方差）也起着重要的作用。由于单个资产之间的联动关系，在保持期望收益率不降低的情况下，分散化投资往往可以降低风险。这就是 Markowitz 均值—方差理论的主要内容。

在 Markowitz 均值—方差理论的框架下，Sharpe（1964）和 Lintner（1965）引入了更多的假设条件：

（1）投资者对未来具有相同的信念；

（2）完全竞争市场，投资者是价格的接受者；

（3）无税收和交易成本；

（4）所有的风险资产都可以交易；

（5）投资者可以相同的无风险利率借贷。

在以上五个假设条件下，Sharpe 和 Lintner 导出了无风险资产存在时的资产定价均衡模型，即所谓的**资本资产定价模型（CAPM）**：

$$E[R_i] - R_f = \beta_{im}(E[R_m] - R_f) \tag{2.1}$$

其中，$E[R_i]$是资产 i 的期望收益率，R_f 为无风险利率，$E[R_m]$为市场组合的期望收益率，β_{im}为资产 i 关于市场组合的**贝塔系数**，即：

$$\beta_{im} = \frac{\text{Cov}[R_i, R_m]}{\text{Var}[R_m]}$$

以上模型被称为 CAPM 的 Sharpe—Lintner 版本。

评注 2.1　与所有的资产收益率模型一样，CAPM 的核心是资产的期望收益率。期望收益率度量投资者对某一资产将来收益率的预期值，它与第一章我们介绍的实现的收益率不同，实现的收益率衡量的是一个资产在某一特定时期的历史表现。这两个概念的关系是实现的收益率由两部分组成：期望收益率和没有预期到的对收益率的冲击。

在 CAPM 框架下，我们可以将一个资产（或资产组合）的收益率分解成两部分，期望收益率部分和没有预期到的部分：

$$R_i = E[R_i] + v_i$$
$$R_m = E[R_m] + v_m$$

其中，

$$v_i \equiv R_i - E[R_i]$$
$$v_m \equiv R_m - E[R_m]$$

因此，我们有：

$$E[v_i] = 0$$
$$E[v_m] = 0$$

CAPM 可以写成：

$$R_i - R_f = \beta_{im}(R_m - v_m - R_f) + v_i$$

整理得：

$$\begin{aligned} R_i - R_f &= \beta_{im}(R_m - R_f) + v_i - \beta_{im} v_m \\ &= \beta_{im}(R_m - R_f) + \epsilon_i \end{aligned}$$

其中，$\epsilon_i \equiv v_i - \beta_{im} v_m$。我们把上式记做：

$$Z_i = \beta_{im} Z_m + \epsilon_i \tag{2.2}$$

其中，$Z_i \equiv R_i - R_f$ 称为资产 i 的超额收益率，$Z_m \equiv R_m - R_f$ 称为市场组合的超额收益率。下面来计算市场组合的超额收益率 Z_m 与扰动项 ϵ_i 的协方差：

$$\begin{aligned} \mathrm{Cov}[Z_m, \epsilon_i] &= \mathrm{Cov}[R_m - R_f, v_i - \beta_{im} v_m] \\ &= \mathrm{Cov}[R_m, v_i] - \beta_{im}\,\mathrm{Cov}[R_m, v_m] \\ &= \mathrm{Cov}[R_m, R_i] - \beta_{im}\,\mathrm{Cov}[R_m, R_m] \\ &= \mathrm{Cov}[R_m, R_i] - \frac{\mathrm{Cov}[R_i, R_m]}{\mathrm{Var}[R_m]}\mathrm{Var}[R_m] \\ &= 0 \end{aligned}$$

因此，式（2.2）告诉我们，如果 CAPM 成立，那么资产的超额收益率可以分解为两个不相关的部分，$\beta_{im} Z_m$ 和 ϵ_i，分别称为**系统风险**与**个体风险**部分。我们说 β 值度量了资产的系统风险就缘由于此。并且 $\mathrm{Cov}[Z_m, \epsilon_i] = 0$ 意味着：

$$\mathrm{Var}[Z_i] = \beta_{im}^2 \mathrm{Var}[Z_m] + \mathrm{Var}[\epsilon_i]$$

上式表明，一个股票的风险可以分解成两个部分：系统风险部分 $\beta_{im}^2 \mathrm{Var}[Z_m]$ 和非系统风险部分 $\mathrm{Var}[\epsilon_i]$。另外，需要强调的是，CAPM 是一个单因子模型，它唯一的因子是市场因子。在此模型中，市场组合的收益率完全决定了单个资产的期望收益率。

当市场上不存在无风险资产，也就是说无风险利率不存在时，Black （1972）导出了类似的资产定价模型：

$$E[R_i]-E[R_{0m}]=\beta_{im}(E[R_m]-E[R_{0m}])$$

其中，R_{0m}是零贝塔资产组合的收益率，零贝塔组合是所有与市场组合的相关性等于零的资产组合中方差最小的组合；贝塔系数 β_{im} 的定义与前面相同。以上模型被称为 CAPM 的 Black 版本。本书的重点集中在 CAPM 的 Sharpe—Lintner 版本上。

2.2　CAPM 的估计与检验

2.2.1　最小二乘估计

首先我们考虑最简单的线性回归模型，将股票 i 的超额收益率 Z_i 对市场组合的超额收益率 Z_m 作回归：

$$\begin{cases} Z_i=\alpha_i+\beta_i Zm+\epsilon_i \\ \mathrm{Cov}[Z_m,\epsilon_i]=0 \end{cases} \tag{2.3}$$

其中，Z_i 称为因变量或被解释变量，Z_m 称为自变量或解释变量，ϵ_i 称为扰动项，它包括了所有除自变量 Z_m 之外影响因变量 Z_i 的其他因素，α_i、β_i 是模型的未知参数，分别称为**截矩**和**斜率**。以上模型是回归方程的总体模型，金融学中一般把它称为**市场模型**。由于市场模型中假设 $\mathrm{Cov}[Z_m,\epsilon_i]=0$，所以有：

$$\begin{aligned} 0 &= \mathrm{Cov}[Z_m,\epsilon_i]=\mathrm{Cov}[Z_m,Z_i-(\alpha_i+\beta_i Z_m)] \\ &= \mathrm{Cov}[Z_m,Z_i]-\beta_i\,\mathrm{Cov}[Z_m,Z_m]=\mathrm{Cov}[R_m,R_i]-\beta_i\,\mathrm{Var}[R_m] \end{aligned}$$

由此可得：

$$\beta_i=\frac{\mathrm{Cov}[R_i,R_m]}{\mathrm{Var}[R_m]}$$

比较 β_i 与 CAPM 式（2.1）中的 β_{im}，它们相等，所以贝塔系数也就是资产收益率对市场组合收益率的回归系数。估计线性模型式（2.3）中的斜率就是估计风险资产的贝塔系数。

假设观察到总体的 T 个样本，也就是说，我们有资产 i 收益率和市场组合收益率的 T 个观测值，那么有下面的时间序列线性回归：

$$\begin{cases} Z_{it} = \alpha_i + \beta_i Z_{mt} + \epsilon_{it} \quad t = 1, \cdots, T \\ \mathrm{Cov}[Z_{mt}, \epsilon_{it}] = 0 \end{cases} \tag{2.4}$$

我们把 α_i、β_i 的估计量分别记为 $\hat{\alpha}_i$、$\hat{\beta}_i$，$e_{it} \equiv Z_{it} - \hat{\alpha}_i - \hat{\beta}_i Z_{mt}$ 称为回归方程的残差项或残差。扰动项 ϵ_{it} 与残差 e_{it} 的之间关系如图 2－1 所示。

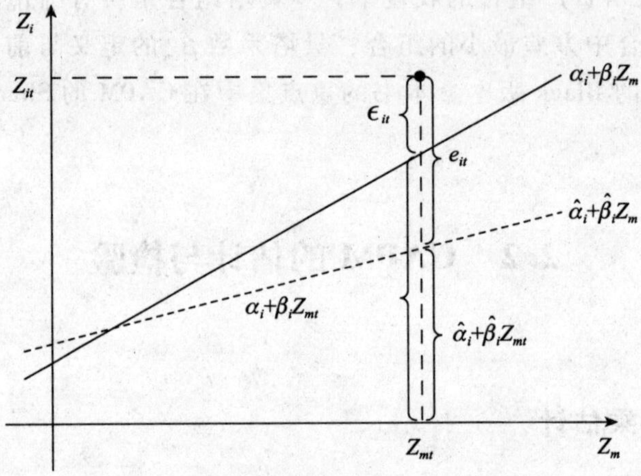

图 2－1　线性回归模型的扰动项与残差项

一个非常简单而又直观的估计方法就是选择 $\hat{\alpha}_i$ 和 $\hat{\beta}_i$，使所有残差 $e_{it}, t = 1, \cdots, T$，的平方和最小，即求解最优化问题：

$$\min_{\hat{\alpha}_i, \hat{\beta}_i} L(\hat{\alpha}_i, \hat{\beta}_i) \equiv \sum_{t=1}^{T} e_{it}^2 = \sum_{t=1}^{T} (Z_{it} - \hat{\alpha}_i - \hat{\beta}_i Z_{mt})^2$$

以上最优化问题的一阶条件是：

$$\frac{\partial L}{\partial \hat{\alpha}_i} = -2 \sum_{t=1}^{T} (Z_{it} - \hat{\alpha}_i - \hat{\beta}_i Z_{mt}) = 0$$

$$\frac{\partial L}{\partial \hat{\beta}_i} = -2 \sum_{t=1}^{T} (Z_{it} - \hat{\alpha}_i - \hat{\beta}_i Z_{mt}) Z_{mt} = 0$$

求解得：

$$\hat{\beta}_i = \frac{\sum_{t=1}^{T} Z_{mt} Z_{it} - T\bar{Z}_m \bar{Z}_i}{\sum_{t=1}^{T} Z_{mt}^2 - T\bar{Z}_m^2} = \frac{\sum_{t=1}^{T} (Z_{mt} - \bar{Z}_m)(Z_{it} - \bar{Z}_i)}{\sum_{t=1}^{T} (Z_{mt} - \bar{Z}_m)^2}$$

$$\hat{\alpha}_i = \bar{Z}_i - \hat{\beta}_i \bar{Z}_m$$

其中，

$$\overline{Z}_m = \frac{1}{T}\sum_{t=1}^{T} Z_{mt}, \quad \overline{Z}_i = \frac{1}{T}\sum_{t=1}^{T} Z_{it}$$

以上估计量就称为 α_i 和 β_i 的**普通最小二乘（OLS）估计**。有关 OLS 估计的详细阐述，请参阅苏良军（2007）。

在假设条件 $\mathrm{Cov}[Z_m, \epsilon_i]=0$ 下，OLS 估计量是相合的，也就是说当样本数趋近于无穷大时，OLS 估计量 $\hat{\alpha}_i$ 和 $\hat{\beta}_i$ 收敛于真实的参数值 α_i 和 β_i。相合性是一个好的估计量必须具备的基本性质。

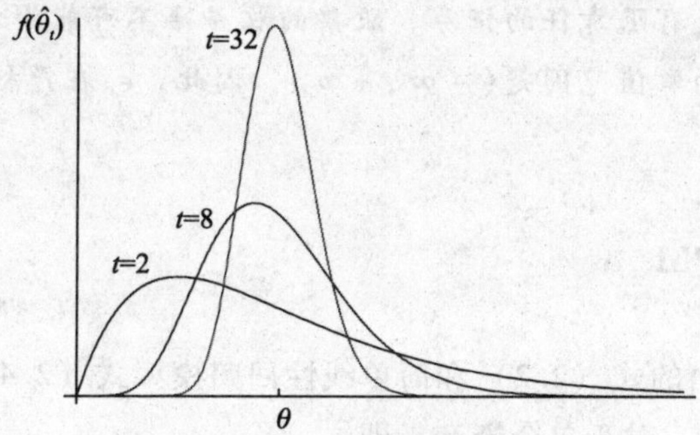

图 2-2　估计量的相合性

评注 2.2　相合性对应的英文是"consistency"。它的正式定义是，若估计量 $\hat{\theta}_t$ 依概率收敛于真实参数值 θ，即对于任意 $\epsilon>0$，

$$\lim_{t\to\infty} P\left(|\hat{\theta}_t-\theta|>\epsilon\right)=0 \tag{2.5}$$

那么，我们称 $\hat{\theta}_t$ 具有相合性，或 $\hat{\theta}_t$ 是 θ 的一个相合估计量，或简称为 $\hat{\theta}_t$ 是相合的。式（2.5）的含义是，当样本 t 趋于无穷大时，$\hat{\theta}_t$ 的密度函数 $f(\hat{\theta}_t)$ 逐渐收拢于一点 θ，如图 2-2 所示。也就是说，$f(\hat{\theta}_t)$ 合于一点 θ。将"consistency"译为相合性能够形象地体现这一特点。国内出版或引进的一些概率统计、计量经济学教材已经采用这一译法，如陈希孺（1992）、张定胜（2005）、苏良军（2007）、陈希孺（2008）、雨宫健（2010）（朱保华、周亚虹等译）等。

此外，国内教材对"consistency"的另外一个译法为"一致性"，如庞皓（2010）、靳云汇、金赛男等（2007）、沈根祥（2010）、J. M. 伍德里奇（2007）（费剑平译）、张晓峒（2000）等。

评注 2.3　在通常的教科书中，*OLS* 估计的假设是严格外生性的，即 $E[\epsilon_i \mid Z_m]=0$。在这一假设条件下，*OLS* 估计量是无偏的，即：

$$E[\hat{\alpha}_i]=\alpha_i$$

$$E[\hat{\beta}_i]=\beta_i$$

相比较而言，$\mathrm{Cov}[Z_m,\epsilon_i]=0$ 这一条件要比严格外生性弱一些。具体来说，在 $\mathrm{Cov}[Z_m,\epsilon_i]=0$ 条件下，$\hat{\beta}$ 是相合的，但不一定是无偏的。如果有联合正态分布假设的话，$\mathrm{Cov}[Z_m,\epsilon_i]=0$ 意味着 Z_m 与 ϵ_i 独立，所以严格外生性条件满足，从而 $\hat{\alpha}_i$ 和 $\hat{\beta}_i$ 是无偏的。希望对此问题作进一步了解的读者，可以参阅 Wooldridge (2002)，第四章。

评注 2.4 与上一评注相关的是，尽管在许多教材和研究论文假设检验 *CAPM* 的市场模型中 ϵ_i 服从正态分布，对股票收益率来说，这一假设严格来说是不成立的。这是因为股票是有限责任的证券，股票的收益率不可能小于 −1，即 $R_i \geq -1$。正态分布随机变量的取值范围是 $(-\infty,+\infty)$，因此，ϵ_i 在严格意义上不服从正态分布。

2.2.2 检验 CAPM

比较 CAPM 导出的式（2.2）和简单线性回归模型式（2.4），CAPM 蕴含的零假设是截矩项等于 0，对于单个资产，即：

$$\alpha_i = 0 \tag{2.6}$$

对所有的资产而言，即：

$$\alpha_1 = \alpha_2 = \cdots = \alpha_N = 0 \tag{2.7}$$

单资产检验

如果只考虑单个资产 i，在经典线性回归模型的假设条件下，可以用 t 比率统计量式（2.28）来检验 CAPM，现有金融文献中大多使用这一方法。经典线性回归模型假设主要是自变量的严格外生性和扰动项独立同正态分布，详细讨论请参阅见下一小节多因子模型的估计和检验。我们将单资产的 CAPM 检验步骤总结如下：

（1）用 OLS 估计市场模型式（2.4），得到 α_i 的估计值 $\hat{\alpha}_i$；

（2）利用式（2.28）计算检验 $\alpha_i=0$ 的 t 比率统计量；

（3）确定显著性水平，比较 t 比率统计量与对应的 t 分布或大样本下标准正态分布分位数或计算检验的 p 值，作出统计推断。t 比率统计量和相应的 p 值一般统计软件都会自动报告。

多资产的联合检验

如果同时考虑 N 个资产，那么 CAPM 蕴含的零假设是：

$$H_0: \alpha_1 = \alpha_2 = \cdots = \alpha_N = 0 \tag{2.8}$$

即，所有的 α 同时等于 0。

为什么需要联合检验呢？第一，单资产检验时不拒绝 H_0（即对于任意 i 不拒绝 $\alpha_i = 0$）并不意味着所有资产的 α 值都同时等于 0。由于数据的协方差结构，联合检验的零假设并不是单独检验的简单加总。第二，在联合检验的零假设成立时，也并不意味着对所有的单资产检验的零假设成立。由于取样的随机性，即使不拒绝联合检验的零假设，也可能会有少量的 α 在单资产检验中显著不等于 0。在这种情况下，如果我们只采用单资产检验，就作出了错误的统计推断。

为了叙述的简便，下面我们使用矩阵符号与矩阵运算。对于矩阵符号与矩阵运算不熟悉的读者请参阅 Greene（2005）或苏良军（2007）。把 N 种资产的超额收益率合起来记为一个向量：

$$\mathbf{Z}_t = (Z_{1t}, \cdots, Z_{Nt})^\top, \quad t = 1, \cdots, T$$

并假设$(\mathbf{Z}_t, t = 1, \cdots, T)$服从独立同分布（iid）的多元正态分布，记为：

$$\mathbf{Z}_t \sim \text{iid}\ \mathcal{N}(\boldsymbol{\mu}, \Sigma)$$

其中，$\boldsymbol{\mu}$ 为均值向量，Σ 为方差一协方差矩阵。把单个资产对市场组合的回归方程垒加起来，并作一些额外的假设以便导出检验统计量的分布：

$$\begin{cases} \underset{(N\times 1)}{\mathbf{Z}_t} = \underset{(N\times 1)}{\boldsymbol{\alpha}} + \underset{(N\times 1)}{\boldsymbol{\beta}} Z_{mt} + \underset{(N\times 1)}{\boldsymbol{\epsilon}_t} \\ E[\boldsymbol{\epsilon}_t] = 0 \\ E[\boldsymbol{\epsilon}_t \boldsymbol{\epsilon}_t^\top] = \underset{(N\times N)}{\Sigma} \\ E[Z_{mt}] = \mu_m, \quad \text{Var}[Z_{mt}] = \sigma_m^2 \\ \text{Cov}[Z_{mt}, \boldsymbol{\epsilon}_t] = 0 \end{cases} \tag{2.9}$$

其中，$\boldsymbol{\alpha} = (\alpha_1, \cdots, \alpha_N)^\top$，$\boldsymbol{\beta} = (\beta_n, \cdots, \beta_N)^\top$，$\boldsymbol{\epsilon}_t = (\epsilon_{1t} \cdots, \epsilon_{Nt})^\top$。这一模型称为**多变量线性回归模型**，在金融学文献中也称为**多变量市场模型**。

可以用上一小节介绍的 OLS 方法来估计市场模型式（2.9）的参数。因为这里假设了 $\mathbf{Z}_t$ 服从正态分布，所以也可以用极大似然估计（MLE）来求出参数的估计值。关于 MLE 的详细讨论，可以参阅苏良军（2007）。下面我们介绍 MLE 的过程。

在给定 Z_{mt} 的条件下，$\mathbf{Z}_t$ 的密度函数为：

$$f(\mathbf{Z}_t \mid Z_{mt}) = (2\pi)^{-\frac{N}{2}} \mid \Sigma \mid^{-\frac{1}{2}} \times \exp\left[-\frac{1}{2}(\mathbf{Z}_t - \boldsymbol{\alpha} - \boldsymbol{\beta} Z_{mt})^\top \Sigma^{-1} (\mathbf{Z}_t - \boldsymbol{\alpha} - \boldsymbol{\beta} Z_{mt})\right]$$

因为 $\mathbf{Z}_t$ 是独立同分布的，所以它们的联合密度函数为：

$$f(\mathbf{Z}_1, \cdots, \mathbf{Z}_T \mid Z_{m1}, \cdots, Z_{mT})$$
$$= \prod_{t=1}^{T} (2\pi)^{-\frac{N}{2}} \mid \Sigma \mid^{-\frac{1}{2}}$$
$$\times \exp\left[-\frac{1}{2}(\mathbf{Z}_t - \alpha - \beta Z_{mt})^{\top} \Sigma^{-1} (\mathbf{Z}_t - \alpha - \beta Z_{mt}) \right]$$

对数似然函数为：

$$L(\alpha, \beta, \Sigma) = -\frac{NT}{2}\log(2\pi) - \frac{T}{2}\log\mid\Sigma\mid$$
$$-\frac{1}{2}\sum_{t=1}^{T}(\mathbf{Z}_t - \alpha - \beta Z_{mt})^{\top}\Sigma^{-1}(\mathbf{Z}_t - \alpha - \beta Z_{mt})$$

最大化对数似然函数 $L(\alpha, \beta, \Sigma)$ 的一阶条件为：

$$\frac{\partial L}{\partial \alpha} = \Sigma^{-1}\left[\sum_{t=1}^{T}(\mathbf{Z}_t - \alpha - \beta Z_{mt})\right] = 0$$
$$\frac{\partial L}{\partial \beta} = \Sigma^{-1}\left[\sum_{t=1}^{T}(\mathbf{Z}_t - \alpha - \beta Z_{mt})Z_{mt}\right] = 0$$
$$\frac{\partial L}{\partial \Sigma} = -\frac{T}{2}\Sigma^{-1}$$
$$+\frac{1}{2}\Sigma^{-1}\left[\sum_{t=1}^{T}(\mathbf{Z}_t - \alpha - \beta Z_{mt})^{\top}\Sigma^{-1}(\mathbf{Z}_t - \alpha - \beta Z_{mt})\right]\Sigma^{-1} = 0$$

求解对数似然函数最大值的一阶条件，得到参数的极大似然估计值：

$$\hat{\alpha} = \hat{\mu} - \hat{\beta}\hat{\mu}_m \tag{2.10}$$

$$\hat{\beta} = \frac{\sum_{t=1}^{T}(\mathbf{Z}_t - \hat{\mu})(Z_{mt} - \hat{\mu}_m)}{\sum_{t=1}^{T}(Z_{mt} - \hat{\mu}_m)^2} \tag{2.11}$$

$$\hat{\Sigma} = \frac{1}{T}\sum_{t=1}^{T}(\mathbf{Z}_t - \hat{\alpha} - \hat{\beta}Z_{mt})(\mathbf{Z}_t - \hat{\alpha} - \hat{\beta}Z_{mt})^{\top} \tag{2.12}$$

其中，

$$\hat{\mu} = \frac{1}{T}\sum_{t=1}^{T}\mathbf{Z}_t \tag{2.13}$$

$$\hat{\mu}_m = \frac{1}{T}\sum_{t=1}^{T}Z_{mt} \tag{2.14}$$

用 MLE 估计市场模型的参数得到的结果和 OLS 是一样的。市场模型估计量 $[\hat{\alpha}^{\top}, \hat{\beta}^{\top}]^{\top}$ 的渐近方差—协方差矩阵（Greene，2005）为：

$$\text{Avar}[\hat{\alpha}^{\top}, \hat{\beta}^{\top}]^{\top} = \frac{1}{T\sigma_m^2}\begin{bmatrix} \sigma_m^2 + \mu_m^2 & \mu_m \\ \mu_m & 1 \end{bmatrix} \otimes \Sigma \tag{2.15}$$

其中，$\mu_m = E[Z_{mt}]$，$\sigma_m^2 = \mathrm{Var}[Z_{mt}]$。

我们可用样本值$\hat{\mu}_m$、$\hat{\sigma}_m^2$、$\hat{\Sigma}$分别代替总体值μ_m、σ_m^2、Σ来估计以上渐近方差—协方差矩阵，其中，$\hat{\mu}_m$与$\hat{\Sigma}$分别为式（2.10）和式（2.12）。

$$\hat{\sigma}_m^2 = \frac{1}{T}\sum_{t=1}^{T}(Z_{mt} - \hat{\mu}_m)^2 \tag{2.16}$$

估计模型的参数之后，下面我们来构造 CAPM 的多资产联合检验，此时零假设和备择假设分别是：

$$H_0: \alpha = 0, \ H_1: \alpha \neq 0$$

有三种渐近等价的检验方法：Wald 检验、似然比（LR）检验和 Lagrange 乘子（LM）检验。Wald 检验只需要估计无限制模型，LM 检验只需要估计限制模型，而 LR 检验对限制模型和无限制模型都需要进行估计。所谓的限制模型是指在原模型式（2.9）中加入零假设限制 $\alpha = 0$ 后的模型，无限制模型就是原模型式（2.9）。下面我们具体介绍三种检验方法：

（1）Wald 检验。Wald 检验统计量由下一节中的式（2.29）给出。具体到模型式（2.9），我们令式（2.29）中的 $\mathrm{r} = 0$，矩阵为：

$$\mathbf{R} = \begin{bmatrix} \mathbf{I} & \mathbf{O} \\ \mathbf{O} & \mathbf{O} \end{bmatrix}$$

其中，$\mathbf{I}$为$N \times N$的恒等矩阵，$\mathbf{O}$为$N \times N$的零矩阵。由参数估计量的渐近方差—协方差矩阵式（2.15），我们有α的渐近方差—协方差矩阵为：

$$\mathrm{Avar}[\hat{\alpha}] = \frac{1}{T}\left[1 + \frac{\mu_m^2}{\sigma_m^2}\right]\Sigma \tag{2.17}$$

$\mathrm{Avar}[\hat{\alpha}]$一个非常自然的相合估计是：

$$\widehat{\mathrm{Avar}[\hat{\alpha}]} = \frac{1}{T}\left[1 + \frac{\hat{\mu}_m^2}{\hat{\sigma}_m^2}\right]\hat{\Sigma}$$

其中，$\hat{\alpha}$、$\hat{\beta}$、$\hat{\mu}_m^2$、$\hat{\sigma}_m^2$、$\hat{\Sigma}$分别由式（2.10）、式（2.11）、式（2.14）、式（2.16）和式（2.12）给出。将$\hat{\alpha}$，$\mathrm{Avar}[\hat{\alpha}]$代入式（2.29），我们可以得到 Wald 检验统计量：

$$J_2 \equiv \hat{\alpha}^{\top}\left[\widehat{\mathrm{Avar}[\hat{\alpha}]}\right]^{-1}\hat{\alpha} = T\left[1 + \frac{\hat{\mu}_m^2}{\hat{\sigma}_m^2}\right]^{-1}\hat{\alpha}^{\top}\hat{\Sigma}^{-1}\hat{\alpha} \overset{a}{\sim} \chi_N^2 \tag{2.18}$$

Wald 检验是大样本检验，Gibbons、Ross 和 Shanken（1989）给出了 F 检验统计量精确的有限样本分布：

$$J_1 \equiv \frac{T-N-1}{N}\left[1+\frac{\hat{\mu}_m^2}{\hat{\sigma}_m^2}\right]^{-1}\hat{\alpha}^{\top}\hat{\Sigma}^{-1}\hat{\alpha} \sim F\ (N,\ T-N-1) \tag{2.19}$$

上述检验的直观含义是，如果零假设 $\alpha=0$ 成立，那么定价误差 $\hat{\alpha}$ 与零偏离小，因此，统计量 J_1、J_2 的值应该小。当 J_1、J_2 的值小于给定显著水平的临界值时，我们不拒绝零假设，认为 CAPM 成立。反之，则拒绝零假设，认为 CAPM 不成立。

（2）**似然比检验**。通过比较限制模型和无限制模型的对数似然函数值，我们可以得到似然比检验统计量：

$$J_3 = T[\log|\hat{\Sigma}^*| - \log|\hat{\Sigma}|] \overset{a}{\sim} \chi_N^2 \tag{2.20}$$

其中，$\hat{\Sigma}$ 由式（2.12）给出，$\hat{\Sigma}^*$ 是在限制 $\alpha=0$ 的条件下，使用极大似然方法估计市场模型的参数时得到的估计量：

$$\hat{\Sigma}^* = \frac{1}{T}\sum_{t=1}^{T}(\mathbf{Z}_t\beta^* - Z_{mt})(\mathbf{Z}_t\beta^* - Z_{mt})^{\top}$$

其中，

$$\beta^* = \frac{\sum_{t=1}^{T}\mathbf{Z}_t Z_{mt}}{\sum_{t=1}^{T}Z_{mt}^2}$$

LR 检验的直观含义是，如果零假设 $\alpha=0$ 成立，那么加上限制与否得到的参数极大似然估计值没有差别，因此，$\log|\hat{\Sigma}^*|$ 与 $\log|\hat{\Sigma}|$ 之间应该没有太大的差别，从而统计量 J_3 的值比较小。当 J_3 的值小于给定显著水平的临界值时，我们不拒绝零假设，认为 CAPM 成立。反之，则拒绝零假设，认为 CAPM 不成立。Gibbons（1982）和 Stambaugh（1982）用 MLE 估计了模型参数并且使用了 LR 检验。

（3）**LM 检验**。记 L 为非限制模型的对数似然函数，$\hat{\theta}$ 是限制模型（$\alpha=0$）中参数的极大似然估计值，那么：

$$\mathbf{S}(0) \equiv \frac{\partial L(0,\hat{\theta})}{\partial\hat{\theta}} \tag{2.21}$$

也就是说，$\mathbf{S}(0)$ 是非限制模型的得分向量在 $\alpha=0$ 和 $\hat{\theta}$ 的取值。LM 检验统计量为：

$$\mathbf{S}(0)^{\top}\mathbf{I}(0)^{-1}\mathbf{S}(0) \overset{a}{\sim} \chi_N^2$$

其中，$\mathbf{I}(0)$ 为非限制模型的信息矩阵在 $\alpha=0$ 和 $\hat{\theta}$ 的取值。

直观来说，如果零假设 $\alpha=0$ 成立，那么 L 在 $\alpha=0$ 和 $\hat{\theta}$ 取到最大值，因此，一阶条件得分向量 $\mathbf{S}(0)$ 在 $\alpha=0$ 和 $\hat{\theta}$ 的取值接近零，进而 LM 检验统计量的值较小。当其值小于给定显著水平的临界值时，我们不拒绝零假设，认为 CAPM 成立。反之，则拒绝零假设，认为 CAPM 不成立。

关于 Wald 检验、LR 检验和 LM 检验更详细的阐述，请参阅 Greene（2005）。

2.3 实证例子

我们选择在上交所交易的大中小盘股票做 CAPM 检验的实证分析：中国石化（600028）、南方航空（600029）和文山电力（600995），括号内的数字为上市公司代码。数据时间跨度三年，即 2007 年 1 月至 2009 年 12 月，共计 36 个月的月度收益率数据和无风险利率数据，数据来源是 CSMAR 中国股票市场交易数据库，简称 CSMAR。实证中用到的数据有：每只股票的收益率数据，具体是考虑现金红利再投资的月个股回报率（Mretwd），括号内为 CSMAR 中的字段名称；市场收益率数据具体是考虑现金红利再投资的综合月市场回报率（Cmretwdeq），市场类型为综合 A 股市场；无风险利率是当月第一天的月度化无风险利率（Nrrmtdt）。表 2－1列出了这些数据。

表 2－1　市场、个股和无风险利率月度数据：2007 年 1 月至 2009 年 12 月

月份	R_m	中国石化	南方航空	文山电力	R_f（%）
2007－01	0.24673	0.061404	0.400978	0.47807	0.2076
2007－02	0.193759	－0.057851	0	－0.094955	0.2076
2007－03	0.196781	0.088816	0.296684	0.074317	0.2076
2007－04	0.346458	0.13998	0.215343	0.30865	0.2296
2007－05	0.102922	0.311837	0.049834	－0.021637	0.2296
2007－06	－0.153957	－0.103067	－0.094937	－0.243269	0.2515
2007－07	0.234032	0.07413	0.51049	0.29479	0.2515
2007－08	0.134085	0.108451	0.604167	0.216879	0.2734
2007－09	0.044099	0.206665	0.151515	0.145968	0.2952
2007－10	－0.087836	0.362724	－0.044277	0.33779	0.3169
2007－11	－0.068984	－0.181713	0.120629	－0.108364	0.3169
2007－12	0.20429	0.109375	0.089704	0.39174	0.3169
2008－01	－0.066435	－0.276142	－0.282033	－0.174226	0.3386

续表

月份	R_m	中国石化	南方航空	文山电力	R_f (%)
2008-02	0.083884	0.002948	0.006481	0.137064	0.3386
2008-03	-0.191976	-0.28689	-0.264983	-0.229345	0.3386
2008-04	-0.038062	0.035449	-0.147574	0.057631	0.3386
2008-05	-0.033015	0.077229	-0.155731	0.086739	0.3386
2008-06	-0.247749	-0.24256	-0.333333	-0.119724	0.3386
2008-07	0.088658	0.103448	0.108146	0.073235	0.3386
2008-08	-0.22597	-0.0875	-0.307985	-0.134037	0.3386
2008-09	-0.082011	0.047915	0.013736	-0.070356	0.3386
2008-10	-0.255505	-0.367978	-0.230352	-0.305752	0.3386
2008-11	0.192464	0.201481	0.172535	-0.078488	0.2952
2008-12	0.077293	-0.134402	-0.042042	0.009464	0.2076
2009-01	0.157362	0.131054	0.0721	0.1375	0.1856
2009-02	0.089097	0.044081	0.28655	0.001374	0.1856
2009-03	0.222979	0.073583	0.25	0.270233	0.1856
2009-04	0.076584	0.096629	-0.007273	-0.026998	0.1856
2009-05	0.07161	0.063525	-0.049451	-0.031209	0.1856
2009-06	0.088722	0.036208	0.044316	0.042759	0.1856
2009-07	0.147989	0.349906	0.293358	0.280423	0.1856
2009-08	-0.15897	-0.226546	-0.249645	-0.246901	0.1856
2009-09	0.045235	0.021547	-0.045627	0.030178	0.1856
2009-10	0.120758	0.025664	0.037849	0.046605	0.1856
2009-11	0.146769	0.050043	0.149712	0.10687	0.1856
2009-12	0.025666	0.157765	0.011686	-0.022989	0.1856

注：此表列出了本章实证例子所用数据。其中，R_m 是考虑现金红利再投资的综合月市场回报率，市场类型为综合 A 股市场；R_f 是当月第一天的月度化无风险利率（Nrrmtdt），三只个股分别为中国石化（600028）、南方航空（600029）和文山电力（600995），其收益率是考虑现金红利再投资的月个股回报率。

数据来源：CSMAR 数据库（http://www.gtarsc.com/）。

图 2-3 至图 2-5 是三只股票的 OLS 估计拟合直线与散点图，横轴为市场超额收益率，纵轴为个股的超额收益率。表 2-2 给出了 CAPM 的单资产时间序列检验结果：首先，截矩项 α 估计值的 t 统计量都很小，分别为 -0.21、-0.37 和 0.08，因此，我们可以推断 α 与零没有显著差别，对每只股票都没有拒绝 α=0 的零假设。其次，α 估计值的绝对值很小，都没有超过 1%。最后，拟合优度 R^2 都在 30% 以上，最高是南方航空，达到 61%。这表明市场收益率能够解释相当部分的股票收益率变动。以上单资产检验的结果支持 CAPM。

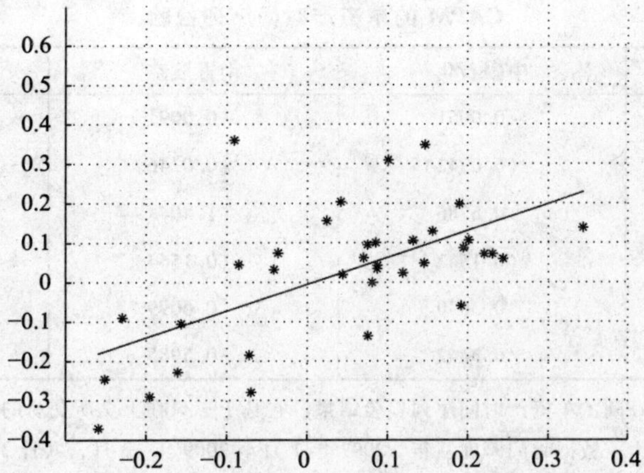

图 2－3　OLS 估计拟合直线与散点图：中国石化

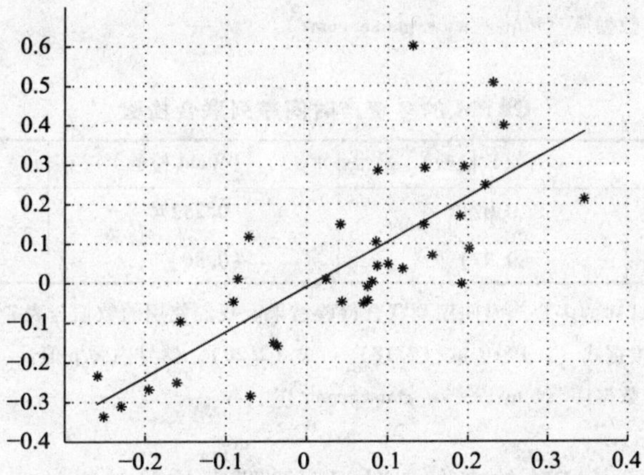

图 2－4　OLS 估计拟合直线与散点图：南方航空

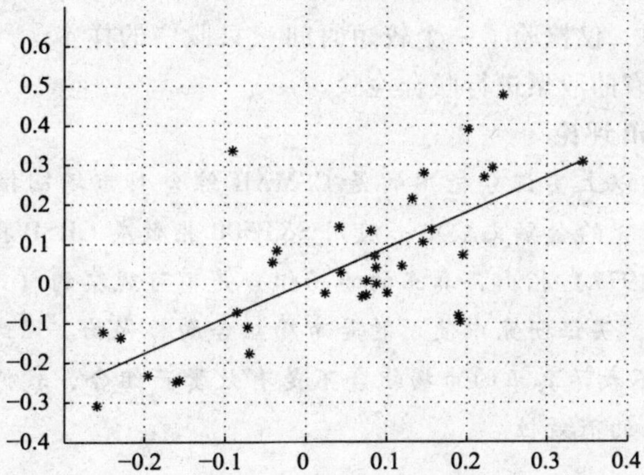

图 2－5　OLS 估计拟合直线与散点图：文山电力

表 2-2　　CAPM 的单资产时间序列检验

	中国石化	南方航空	文山电力
$\hat{\alpha}$	-0.0051	-0.0091	0.0020
	(0.0242)	(0.0246)	(0.0235)
$\hat{\beta}$	0.6786	1.404	0.8912
	(0.1542)**	(0.1564)**	(0.1495)**
R^2	0.3630	0.6099	0.5109
$\bar{R}^2$	0.3442	0.5985	0.4965

注：此表报告了 CAPM 的单资产时间序列检验结果。它基于三只在上交所交易的大中小盘股票，中国石化、南方航空和文山电力。数据时间跨度三年，2007 年 1 月至 2009 年 12 月，共计 36 个月的月度收益率数据和无风险利率数据。检验的回归模型：$Z_i = \alpha_i + \beta_i Z_m + \epsilon_i$，$i = 1, \cdots, N, N = 3, T = 36$。其中，$Z_m$ 表示市场组合的月度超额收益率，Z_1、Z_2、Z_3 分别表示中国石化、南方航空、文山电力的月度超额收益率。括号内的值为标准差，** 表示在 1% 水平显著。

数据来源：CSMAR 数据库（http://www.gtarsc.com/）。

表 2-3　　CAPM 的多资产时间序列联合检验

检验统计量	J_1（F 检验）	J_2（Wald 检验）	J_3（LR 检验）
	0.0749	0.2527	0.2512
p 值	(0.99)	(0.86)	(0.97)

注：此表报告了 CAPM 的多资产时间序列联合检验结果。我们使用的数据与表 2-2 相同。检验统计量，J_1、J_2、J_3 的计算分别根据式（2.19）、式（2.18）和式（2.20）。括号内为 p 值。

数据来源：CSMAR 数据库（http://www.gtarsc.com/）。

表 2-3 给出了 CAPM 的多资产时间序列联合检验结果：三个检验统计量 J_1、J_2、J_3 的值都比较小，并且 p 值都很大，在 80% 以上。因此，我们没有拒绝 $\alpha_1 = \alpha_2 = \alpha_3 = 0$ 的零假设。进而多资产的联合检验结果也支持 CAPM。当然，这只是一个简单的实证练习，仅检验了一个较短时间三只股票的样本。严格地说，要检验 CAPM，必须对所有的股票进行联合检验。

评注 2.5　Roll 评论

请注意，我们以上实证分析用的是 CSMAR 综合月市场回报率作为市场收益率。对美国股市研究的金融文献中一般用 S&P500 指数或 CRSP 指数收益率作为市场收益率。Roll (1977) 指出，真正的市场组合是不可观察的（比如人力资本就是不可交易的资产），实证研究中使用的是市场组合的替代物。因此，即使我们拒绝零假设 $\alpha = 0$，也不表示真正的市场组合不是有效资产组合，我们实际上只是拒绝了市场组合替代物的有效性。

2.4　多因子模型的估计与检验

大量的实证研究的证据表明，CAPM 不是一个令人满意的资产定价模型，单单市场组合收益率还不足以解释众多股票的收益率。因此研究者致力于在 CAPM 的基础上发展多因子模型。多因子模型最一般的框架是 Ross（1976）**的套利定价理论（APT）**。本小节我们首先阐述 APT 的一般形式，然后介绍一些具体的多因子模型。

套利定价理论假设资产的收益率由 K 个因子生成，即：

$$R_i = a_i + b_{1,i} f_1 + \cdots + b_{K,i} f_K + \epsilon_i$$

记 $\mathbf{b}_i = (b_{1,i}, \cdots, b_{K,i})^\top$，$\mathbf{f} = (f_1, \cdots, f_K)^\top$，我们将它写成如下形式：

$$R_i = a_i + b_i^\top \mathbf{f} + \epsilon_i$$
$$E\ [\epsilon_i \mid \mathbf{f}\ ] = 0$$
$$E\ [\epsilon_i^2] = \sigma_i^2 \leqslant \sigma^2 < \infty$$

其中，$\mathbf{f}$ 是 K 个因子组成的列向量，对所有的资产都相同；R_i 是资产 i 的收益率；a_i 是截距项；$\mathbf{b}_i$ 是 K 维列向量，称为资产 i 对因子的敏感度向量；$\epsilon_i, i = 1, \cdots, N$ 称为扰动项，它们的方差小于等于一个有限的数 σ^2。

Ross（1976）证明，在完全竞争和无摩擦的市场，若市场不存在套利机会，资产的期望收益率与风险因子之间有如下近似的等式关系：

$$\boldsymbol{\mu} \simeq \iota \lambda_0 + \mathbf{B} \boldsymbol{\lambda}_K \quad (2.22)$$

其中，$\boldsymbol{\mu}$ 是 N 维的期望收益率向量，它的元素是 $\mu_i \equiv E[R_i]$，$i = 1, \cdots, N$；$\boldsymbol{\iota} = [1, \cdots, 1]^\top$；$\lambda_0$ 称为零贝塔参数，若存在无风险资产，它则等于无风险利率；$\mathbf{B} = (\mathbf{b}_1, \cdots, \mathbf{b}_N)^\top$，是一个 $N \times K$ 矩阵；$\boldsymbol{\lambda}_K \equiv (\lambda_1, \cdots, \lambda_k)^\top$ 称为风险因子对应的风险溢价向量。在（2.22）中，$\mathbf{B}$ 度量的是资产收益率对所有风险因子的负载，$\mathbf{B}\boldsymbol{\lambda}_K$ 是单个资产的风险溢价。此外，CAPM 可以作为 APT 的一个特例而导出，即模型中只有唯一的风险因子，也就是市场组合的超额收益率。

2.4.1　常用的多因子模型

CRR 宏观经济变量模型

Chen、Roll 和 Ross（1986）用宏观经济变量来解释资产收益率的变化，建立如下模型：

$$Z = \alpha + \beta_{MP}MP + \beta_{DEI}DEI + \beta_{UI}UI + \beta_{UPR}UPR + \beta_{UTS}UTS + \epsilon$$

其中，Z 是资产的超额收益率，MP 是工业产值增长率，DEI 是期望通货膨胀率的变化，UI 是实现的通货膨胀率与期望通货膨胀率之差，也称为出乎意料的通货膨胀率，UPR 是 Baa 级债券与长期国债收益率之差，也称为风险溢价，UTS 是长期国债与短期国债收益率之差，也称为期限结构的斜率。这一模型就是根据 APT 的思想发展而来。

Fama - French 三因子模型

Fama 和 French（1996）用三个资产组合的收益率作为因子来解释所有资产收益率的变化：

$$Z = \alpha + \beta_m Z_m + \beta_s SMB + \beta_h HML + \epsilon$$

其中，Z 是资产的超额收益率，Z_m 是市场组合的超额收益率，SMB 是市值小的资产组合与市值大的资产组合收益率之差，HML 是高 B/M（账面值/市值）比率资产组合与低 B/M 比率资产组合的收益率之差。他们的实证结果表明，除惯性（momentum）之外，三因子模型能解释许多其他 CAPM 不能完全解释的因素。Fama 和 French 认为他们的三因子模型与 Merton（1973）的跨期 CAPM 和 APT 的思想是一致的。由于这一模型脱胎于他们对 CAPM 的实证检验研究，因此可以看做是 CAPM 的拓展与改进。

Carhart 四因子模型

Carhart（1997）在 Fama - French 三因子模型的基础上加入第四个因子，即惯性来解释资产收益率，并用来评价基金的业绩：

$$Z = \alpha + \beta_m Z_m + \beta_s SMB + \beta_h HML + \beta_p PR1YR + \epsilon$$

前三个因子与 Fama - French 三因子模型相同，第四个因子 PR1YR 是前一年收益率最高的股票组成的资产组合与前一年收益率最低的股票组成的资产组合收益率之差，也称为**惯性组合的收益率**。

其他多因子模型

Carhart 的四因子模型还可以加上流动性因子成为五因子模型。还有一些运用统计方法从股票收益率提取得到因子的模型，如 Chamberlain 和 Rothschild（1983）、Connor 和 Korajczyk（1988）等。

因子构造

风险因子可以是能够直接观察的经济变量，如 Chen、Roll 和 Ross（1986）中的宏观经济变量。但大多数因子不可直接观察得到，需要通过其他变量构造，如Fama 和 French（1996）构造的 SMB、HML 因子和 Carhart（1997）构造的惯性因子。

具体来说，SMB 和 HML 的构造如下：在每年的 6 月底，依市值的中位数将所有股票分成两个组合：小盘股和大盘股；依 B/M 比率从大到小，分位点为第 30 个百分位和第 70 个百分位，将所有股票分成三个组合：价值股、中性股和成长股；通过上述独立排序（参阅本书第三章第 3.2 节排序分析），我们构造 6 个投资组合：小盘价值股（SV）、小盘中性股（SN）、小盘成长股（SG）、大盘价值股（BV）、大盘中性股（BN）和大盘成长股（BG）；SMB 就是三个小盘股资产组合的平均收益率与三个大盘股资产组合的平均收益率之差，即：

$$SMB = \frac{1}{3}(SV + SN + SG) - \frac{1}{3}(BV + BN + BG) \tag{2.23}$$

HML 就是两个价值股的平均收益率与两个成长股的平均收益率之差，即：

$$HML = \frac{1}{2}(SV + BV) - \frac{1}{2}(SG + BG) \tag{2.24}$$

惯性因子 PR1YR 或 UMD 的构造如下：每个月按市值排序，依中位数将所有股票分成两个组合：小盘股和大盘股；按前 2 ~ 12 个月的收益率排序，分位点为第 30 个百分位和第 70 个百分位，将所有股票分成三个组合：高收益率股、中收益率股和低收益率股；通过上述独立排序，我们构造 6 个投资组合：小盘高收益率股（SU）、小盘中收益率股（SM）、小盘低收益率股（SD）、大盘高收益率股（BU）、大盘中收益率股（BM）和大盘低收益率股（BD）；UMD 就是两个高收益率股组合的平均收益率与两个低收益率股组合的平均收益率之差，即：

$$UMD = \frac{1}{2}(SU + BU) - \frac{1}{2}(SD + BD) \tag{2.25}$$

更具体的构造过程可以参阅 Fama 和 French（1996），Fama 和 Carhart（1997）的原文。French 构造的因子数据可以在 French 的个人主页（http://mba.tuck.dartmouth.edu/pages/faculty/ken.french/index.html）上下载，该网站上也包括因子构造过程的详细说明。

2.4.2　多因子模型的最小二乘估计

当描述资产收益率变动的因子有两个或两个以上时，我们需要多元线性回归模型（为简化符号，我们省略了表示特定资产的下标 i）：

$$Z = \alpha + \beta_1 f_1 + \cdots + \beta_K f_K + \epsilon \tag{2.26}$$

上述模型有 K 个自变量，$f_1,\cdots,f_K$，上一小节介绍的简单回归模型是 $K=1$ 的特殊形式，并且唯一的自变量是市场组合超额收益率 Z_m。假设观察到 T 个样本，即：

$$Z_t=\alpha+\beta_1 f_{1t}+\cdots+\beta_K f_{Kt}+\epsilon_t,\quad t=1,\cdots,T \tag{2.27}$$

多元线性回归模型的分析需要使用矩阵符号和矩阵代数运算。记做：

$$\mathbf{x}_t=\begin{bmatrix}1\\f_{1t}\\\vdots\\f_{Kt}\end{bmatrix},\quad \beta=\begin{bmatrix}\alpha\\\beta_1\\\vdots\\\beta_K\end{bmatrix}$$

等式（2.27）可以写成：

$$Z_t=\mathbf{x}_t^\top\beta+\epsilon_t,\quad t=1,2,\cdots,T$$

记做：

$$\mathbf{Z}=\begin{bmatrix}Z_1\\\vdots\\Z_T\end{bmatrix},\quad \epsilon=\begin{bmatrix}\epsilon_1\\\vdots\\\epsilon_T\end{bmatrix},\quad \mathbf{X}=\begin{bmatrix}\mathbf{x}_1^\top\\\vdots\\\mathbf{x}_T^\top\end{bmatrix}=\begin{bmatrix}1&f_{11}&\cdots&f_{K1}\\\vdots&\vdots&\cdots&\vdots\\1&f_{1T}&\cdots&f_{KT}\end{bmatrix}$$

最终可以把等式（2.27）写成紧凑的矩阵形式：

$$\mathbf{Z}=\mathbf{X}\beta+\epsilon$$

OLS 估计

模型参数估计与假设检验的实施需要一些前提假设，经典线性回归模型的假设有以下几条（Greene，2005）：

第一，不存在多重共线性：矩阵 $\mathbf{X}$ 的秩等于 $K+1$。

第二，严格外生性：$E[\epsilon\mid\mathbf{X}]=0$。

第三，条件同方差与无自相关性：$E[\epsilon\epsilon'\mid\mathbf{X}]=\sigma^2\mathbf{I}$。

第四，正态性：$\epsilon\mid\mathbf{X}\sim N[0,\sigma^2\mathbf{I}]$。

其中，$\mathbf{I}$ 是 $T\times T$ 的恒等矩阵，即对角线元素全为 1，其他元素全部等于 0 的矩阵。

经典多元线性回归模型中，需要估计的未知参数有 $\beta\equiv(\alpha,\beta_1,\cdots,\beta_K)$ 和 ϵ_t 的方差 σ^2。与简单回归模型一样，多元线性回归模型最常用的参数估计方法是普通最小二乘（OLS）估计，即选择一个 $\hat{\beta}$，使所有残差 $e_t\equiv Z_t-\mathbf{x}_t^\top\hat{\beta}$ 的平方和达到最小：

$$\min_{\hat{\beta}}\sum_{t=1}^{T}e_t^2=(\mathbf{Z}-\mathbf{X}\hat{\beta})^\top(\mathbf{Z}-\mathbf{X}\hat{\beta})$$

通过一阶条件求解得到：

$$\hat{\beta} = (\mathbf{X}^\top\mathbf{X})^{-1}\mathbf{X}^\top\mathbf{Z}$$

这样得到的估计量 $\hat{\beta}$ 称为 β 的 OLS 估计量。

ϵ_t 的方差 σ^2 的 OLS 估计是指：

$$s^2 = \frac{\sum_{t=1}^{T} e_t^2}{T-K-1} = \frac{\mathbf{e}'\mathbf{e}}{T-K-1}, \quad e \equiv (e_1, \cdots, e_T)'$$

OLS 估计量有很多良好的统计性质。我们列举 OLS 的有限样本性质如下，具体证明请参阅 Greene（2005）或苏良军（2007）：

（1）无偏性：在第一、第二假设条件下，$E[\hat{\beta} \mid \mathbf{X}] = \beta$。

（2）在第一至第三假设条件下，$\mathrm{Var}[\hat{\beta} \mid \mathbf{X}] = \sigma^2 \cdot (\mathbf{X}^\top\mathbf{X})^{-1}$。

（3）在第一至第三假设条件下，OLS 估计量在线性无偏估计量中是有效的，即对任意其他关于 $\mathbf{Z}$ 线性的无偏估计量 $\hat{\beta}'$，$\mathrm{Var}[\hat{\beta}' \mid \mathbf{X}] \geqslant \mathrm{Var}[\hat{\beta} \mid \mathbf{X}]$。

（4）在第一至第三假设条件下，s^2 是 σ^2 的无偏估计：$E[s^2 \mid \mathbf{X}] = \sigma^2$。

对于统计推断来说，估计参数的方差非常重要。由以上性质 2，β 的方差—协方差矩阵 $\mathrm{Var}[\hat{\beta} \mid \mathbf{X}]$ 一个非常自然的估计量是：

$$\widehat{\mathrm{Var}[\hat{\beta} \mid \mathbf{X}]} \equiv s^2 \cdot (\mathbf{X}^\top\mathbf{X})^{-1}$$

正态分布下的假设检验

经典线性回归模型中的正态性假设可以使我们得到很多检验统计量具体的有限样本分布。常用的检验统计量有 t 比率和 F 比率统计量。

（1）t 比率：在第一至第四假设条件下，检验 H_0：$\beta_k = \bar{\beta}_k$ 的 t 比率统计量：

$$t_k \equiv \frac{\hat{\beta}_k - \bar{\beta}_k}{\sqrt{s^2 \cdot ((\mathbf{X}^\top\mathbf{X})^{-1})_{kk}}} \tag{2.28}$$

服从自由度为 $T-K-1$ 的 t 分布，$t(T-K-1)$。

（2）F 检验：在第一至第四假设条件下，检验 H_0：$\mathbf{R}\beta = \mathbf{r}$（$\mathbf{R}$ 是秩等于 $\mathbf{r}$ 的 $\#\mathbf{r} \times K$ 矩阵，$\#\mathbf{r}$ 表示列向量 $\mathbf{r}$ 的维度，即限制条件个数）的 F 比率统计量：

$$F \equiv \frac{(\mathbf{R}\beta - \mathbf{r})^\top[\mathbf{R}(\mathbf{X}^\top\mathbf{X})^{-1}\mathbf{R}^\top]^{-1}(\mathbf{R}\beta - \mathbf{r})/\#\mathbf{r}}{s^2}$$

$$= (\mathbf{R}\beta - r)^\top\left[\widehat{\mathbf{R}\mathrm{Var}[\hat{\beta} \mid X]\mathbf{R}^\top}\right]^{-1}(\mathbf{R}\beta - \mathbf{r})/\#\mathbf{r}$$

服从自由度为 $\#\mathbf{r}$ 和 $T-K-1$ 的 F 分布，$F(\#\mathbf{r}, T-K-1)$。

大样本的假设检验

回归模型如果不满足正态性假设，那么 t 统计量和 F 统计量的有限样本性质很难得到，此时的统计推断需要引入大样本理论，即样本数趋于无穷大时统计量的性质。

假设我们知道了参数 β 的相合估计量 $\mathbf{b}$，渐近方差—协方差矩阵的一个相合估计量 $\widehat{\mathrm{Avar}[\mathbf{b}]}$，那么有：

（1）在零假设 H_0：$b_k=\overline{\beta}_k$ 条件下，渐近 t 统计量为：

$$t_k \equiv \frac{\sqrt{T}(b_k-\overline{\beta}_k)}{\sqrt{\widehat{\mathrm{Avar}[\mathbf{b}_k]}}} \overset{a}{\sim} N(0,1)$$

（2）在零假设 H_0：$\mathbf{R}\beta=\mathbf{r}$ 条件下，Wald 统计量为：

$$W\equiv T\cdot(\mathbf{Rb}-\mathbf{r})^{\top}\left[\mathbf{R}\widehat{\mathrm{Avar}[\mathbf{b}]}\mathbf{R}^{\top}\right]^{-1}(\mathbf{Rb}-\mathbf{r}) \overset{a}{\sim} \chi^2(\#\mathbf{r}) \tag{2.29}$$

2.4.3 多因子模型的检验

单资产检验

若只考察一个资产，与 CAPM 类似，多因子模型蕴含的零假设是市场模型式（2.26）的截矩等于 0，即：

$$H_0:\ \alpha=0$$

因此，在线性回归模型的经典假设条件下，可以用 t 比率统计量［见式（2.28）］来检验多因子模型。

多资产联合检验

若同时考察 N 个资产，每个资产对应市场模型：

$$Z_{it}=\alpha_i+\beta_1^i f_{1t}+\cdots+\beta_K^i f_{Kt}+\epsilon_{it},\quad i=1,\cdots,N$$

多因子模型蕴含的零假设是所有的 $\alpha_i(i=1,\cdots,N)$ 都等于 0，即：

$$H_0:\ \alpha_1=\alpha_2=\cdots=\alpha_N=0$$

在市场模型满足线性回归模型经典假设条件下，Gibbons、Ross 和 Shanken（1989）构造了精确的 F 统计量来检验多因子模型：

$$J=\frac{T-N-K}{N}\left[1+\hat{\mu}_K^{\top}\hat{\Omega}^{-1}\hat{\mu}_K\right]^{-1}\hat{\mathbf{a}}^{\top}\hat{\Sigma}^{-1}\hat{\mathbf{a}} \overset{a}{\sim} F(N,T-N-K)$$

其中，

$$\hat{\mu}_K = \frac{1}{T}\sum_{t=1}^{T}\mathbf{f}_t, \quad \mathbf{f}_t = (f_{1t},\cdots,f_{Kt})^\top$$

$$\hat{\Omega} = \frac{1}{T}\sum_{t=1}^{T}(\mathbf{f}_t - \hat{\mu}_K)(\mathbf{f}_t - \hat{\mu}_K)^\top$$

$$\hat{\Sigma} = \frac{1}{T}\sum_{t=1}^{T}\mathbf{e}_t\mathbf{e}_t^\top, \quad \mathbf{e}_t = (e_{1t},\cdots,e_{Nt})^\top$$

当然，与单因子模型类似，MLE 同样可以用于估计多因子模型，Wald 检验、LR 检验和 LM 检验同样能够应用于多因子模型的检验。

本章回顾

主要概念

资本资产定价模型（CAPM）　套利定价理论（APT）　风险因子　最小二乘法（OLS）　参数估计　统计检验　单资产检验　多资产联合检验

主要结果

1. 对单个资产而言，CAPM 与其他多因子资产定价模型的时间序列含义是资产的阿尔法（α）等于0。

2. 对多个资产而言，CAPM 与其他多因子资产定价模型的时间序列含义是多个资产的阿尔法（α）同时都等于0。

3. 对于回归方程：

$$Z_t = \alpha + \beta Z_{mt} + \epsilon_t, \quad t = 1,\cdots,T$$

有以下结果成立：

（a）如果 $\mathrm{Cov}[Z_{mt},\epsilon_t]=0$，那么参数 α 和 β 的 OLS 估计是相合的；

（b）如果 $E[\epsilon_t \mid Z_{mt}]=0$，那么参数 α 和 β 的 OLS 估计是无偏的。

4. 在回归模型满足经典假设条件时，CAPM 的单资产时间序列检验可以利用 t 比率统计量来检验零假设 H_0：$\alpha=0$。

5. 若 N 个资产的超额收益率向量 $\mathbf{Z}_t$ 服从独立同分布的多元正态分布，CAPM 的多资产时间序列联合检验可以有 Wald 检验、F 检验、似然比检验和 LM 检验等，零假设是 H_0：$\alpha_1=\alpha_2=\cdots=\alpha_N=0$。其中，F 检验有精确的有限样本分布，其余的检验是大样本的渐近分布。

6. Ross（1976）多因子模型是在套利定价理论（APT）的基础上发展起来的。在金融文献中，常见的多因子模型有 CRR 宏观经济变量模型、Fama－French 三因子模型、Carhart 四因子模型等。

习 题

1. 给定资产 i 的 CAPM，

$$E[R_i]-R_f=\beta_{im}(E[R_m]-R_f)$$

请解释 β_{im}，$E[R_m]-R_f$ 和 $E[R_i]-R_f$ 的含义。

2. 给定资产 i 以下形式的 CAPM，

$$Z_i=\beta_{im}Z_m+\epsilon_i$$

其中，$Z_i=R_i-R_f$，$Z_m=R_m-R_f$。证明：

(a) $\mathrm{Cov}[Z_m,\epsilon_i]=0$。

(b) $\mathrm{Var}[Z_i]=\beta_{im}^2\,\mathrm{Var}[Z_m]+\mathrm{Var}[\epsilon_i]$。并解释等式右边两项各自的含义。

3. 给定股票 i 的市场模型，

$$Z_{it}=\alpha_i+\beta_iZ_{mt}+\epsilon_{it},\quad t=1,\cdots,T$$

假设你根据股票 i 和市场指数收益率的历史数据得到了参数估计 $\hat{\alpha}_i$、$\hat{\beta}_i$、$\hat{\sigma}_{\epsilon,i}^2$ 和 R^2。

(a) 解释以上估计量的统计含义；

(b) 解释以上估计量的金融含义。

4. 表 2-4 是 5 只在上交所上市交易股票的三年期月度收益率：

(a) 分别对每只股票估计市场模型并解释参数估计值 $\hat{\alpha}_i$、$\hat{\beta}_i$、$\hat{\sigma}_{\epsilon,i}^2$和 R^2 的统计与金融含义，其中 $i=1,\cdots,5$。

(b) 分别对每只股票检验 H_0：$\alpha_i=0$，其中 $i=1,\cdots,5$。

(c) 对所有股票作联合检验，H_0：$\alpha_1=\alpha_2=\cdots=\alpha_5=0$。

表 2-4　　市场收益率、无风险利率和股票收益率

月份	R_m	上海汽车	钱江水利	昆明制药	工商银行	栖霞建设	R_f (%)
2007-01	0.24673	0.159119	0.246835	0.202312	-0.191935	-0.038835	0.2076
2007-02	0.193759	0.385428	0.137056	0.295673	-0.021956	0.07989	0.2076
2007-03	0.196781	-0.056402	0.159226	0.187384	0.120408	0.166667	0.2076
2007-04	0.346458	0.161551	0.241335	0.278125	-0.01275	0.268222	0.2296
2007-05	0.102922	0.057024	0.1303	-0.006112	0.01107	0.374513	0.2296
2007-06	-0.153957	0.136184	-0.155851	-0.343173	-0.082927	-0.145648	0.2515
2007-07	0.234032	0.383903	0.598468	0.292135	0.145709	0.38171	0.2515
2007-08	0.134085	0.035209	0.160849	0.049275	0.191638	0.111871	0.2734

续表

月份	R_m	上海汽车	钱江水利	昆明制药	工商银行	栖霞建设	R_f（%）
2007-09	0.044099	0.20179	-0.138561	0.063536	-0.033626	-0.073439	0.2952
2007-10	-0.087836	-0.110697	-0.112936	-0.15974	0.322239	-0.005587	0.3169
2007-11	-0.068984	-0.087172	0.069444	-0.015456	-0.085812	-0.248596	0.3169
2007-12	0.20429	0.09633	0.139971	0.271586	0.017522	0.073832	0.3169
2008-01	-0.066435	-0.216052	-0.086709	-0.087654	-0.196802	-0.127502	0.3386
2008-02	0.083884	-0.08491	0.21483	0.162382	0	0.022943	0.3386
2008-03	-0.191976	-0.272004	-0.301768	-0.185099	-0.061256	-0.117016	0.3386
2008-04	-0.038062	0.146395	-0.02451	-0.047143	0.08646	-0.203755	0.3386
2008-05	-0.033015	-0.21601	-0.129816	0.106447	-0.117117	-0.126395	0.3386
2008-06	-0.247749	-0.352917	-0.299326	0.059621	-0.135255	-0.339669	0.3386
2008-07	0.088658	0.028025	0.067308	0.024297	0.022177	0.041769	0.3386
2008-08	-0.22597	-0.200743	-0.203346	-0.277154	-0.027613	-0.015815	0.3386
2008-09	-0.082011	0.057364	-0.019386	-0.098446	-0.117647	-0.100124	0.3386
2008-10	-0.255505	-0.27566	-0.237232	-0.348659	-0.167816	-0.239011	0.3386
2008-11	0.192464	0.168016	0.207343	0.223529	0.058011	0.34657	0.2952
2008-12	0.077293	-0.071057	-0.003578	0.0625	-0.075718	-0.163539	0.2076
2009-01	0.157362	0.171642	0.267504	0.090498	0.033898	0.147436	0.1856
2009-02	0.089097	0.16879	-0.021246	0.070539	0.019126	0.089385	0.1856
2009-03	0.222979	0.340599	0.2822	0.195736	0.0563	0.292308	0.1856
2009-04	0.076584	0.245935	0.085779	0.027553	0.038071	0.09127	0.1856
2009-05	0.07161	0.190865	0.074844	0.015773	0.061125	0.163636	0.1856
2009-06	0.088722	0.025855	-0.048159	-0.006211	0.294843	0.078125	0.1856
2009-07	0.147989	0.29699	0.233161	0.29375	0.001845	0.155788	0.1856
2009-08	-0.15897	-0.151109	-0.220168	-0.102657	-0.176796	-0.305838	0.1856
2009-09	0.045235	0.199878	0.059267	0.122476	0.067114	0.058501	0.1856
2009-10	0.120758	0.175696	0.125127	0.296163	0.060797	0.158895	0.1856
2009-11	0.146769	0.092593	0.104882	0.028677	0.033597	0.067064	0.1856
2009-12	0.025666	0.029957	-0.075286	-0.044964	0.040153	-0.062849	0.1856

注：五只股票为上海汽车（600104）、钱江水利（600283）、昆明制药（600422）、工商银行（600398）和栖霞建设（600533）。数据说明与表2-1相同。

数据来源：CSMAR数据库（http://www.gtarsc.com/）。此表数据可以在作者的个人主页（http://www.u.arizona.edu/~gjiang/）上下载。

第三章　资产定价模型的横截面估计与检验

上一章我们重点介绍了资产定价模型的时间序列含义以及对这些含义的实证检验方法。最重要的时间序列含义是，如果资产定价模型能够完全解释资产的期望收益率，那么不能解释的部分（α）应该等于0，即 $\alpha=0$。本章我们的重点是资产定价模型的横截面含义及对此含义的实证检验。需要强调的是，资产定价模型的核心是风险因子。例如，CAPM 就把市场组合的收益率作为唯一的风险因子。识别好风险因子之后，风险资产的期望收益率就可以表示成与风险因子对应的风险溢价之和。某一风险因子的负荷，即 β 系数，度量了对应此风险因子的风险大小。β 值越高，资产的系统风险越大，因此，对应的风险溢价也越高。

本章我们重点介绍 CAPM 的横截面含义及对此含义的实证检验。在 CAPM 中，β 系数度量了单个资产的市场风险或系统风险。另外，在 CAPM 的框架下，市场风险是唯一的系统风险因子，因此，它完全解释了资产的期望收益率。换句话说，如果某资产比另一资产具有更高的市场 β 值，那么 CAPM 的含义是此资产比后一资产具有更高的期望收益率。我们介绍两种方法来检验 CAPM 的横截面含义。第一种方法是排序法，第二种方法是 Fama – MacBeth 回归法。它们都是在金融研究中经常使用的研究方法。它们的应用甚至还不止于资产定价模型的检验。因此，我们将在一个比较一般的框架下介绍这两种方法。在应用部分，我们首先进行 CAPM 的横截面检验，然后再扩展到多变量和更一般的情况。为帮助进一步理解，在本章我们加入了一些实证例子。

3.1　CAPM 的横截面含义

假设市场上有 N 种资产，首先回顾资本资产定价模型（CAPM）：

$$E[R_i]=R_f+\beta_i(E[R_m]-R_f),\quad i=1,\cdots,N \tag{3.1}$$

CAPM 的横截面含义是，资产的期望收益与其 β 值成正比。并且在 $\beta-E[R]$

平面上，所有资产的期望收益与β值对应的点，全部落在截距等于无风险利率R_f的直线上，这一直线称为**证券市场线（SML）**，如图3－1所示。也就是说，高β_i对应着高期望收益$E[R_i]$。因此，对于不同的股票，β值的不同完全决定了期望收益率的不同。由于β值就是系统风险，所以SML描述了风险—收益之间的权衡关系。

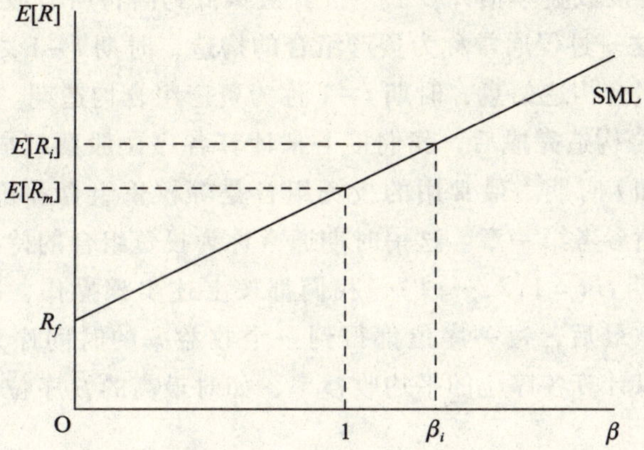

图3－1　证券市场线

以上系统风险β值与期望收益之间的权衡关系不仅对单个资产成立，而且对任意资产组合同样成立。下面我们阐明这一点。记p为一个资产组合，它持有N个资产的权重分别为$\{w_i, i=1,\cdots,N; \sum_{i=1}^{N}=1\}$。对每一个资产有式（3.1）成立。由本书第一章计算组合收益率的公式可得到组合p的收益率为：

$$R_p = \sum_{i=1}^{N} w_i R_i$$

把式（3.1）代入上式，我们有：

$$E[R_p] = R_f + \beta_p (E[R_m] - R_f)$$

其中，$\beta_p = \sum_{i=1}^{N} w_i \beta_i$，它就是单个资产$\beta$值的加权平均，权重就是对应的资产组合中的权重。$\beta_p$衡量了组合$p$的系统风险。

3.2　排序分析

3.2.1　单变量排序—检验CAPM

根据CAPM的含义，β值高的资产或资产组合应该具有高的期望收益。我们现在介绍排序法检验 CAPM 的方法。具体步骤如下（参见表 3-1）：

1. 首先，我们利用时期 $t-1$ 及此期之前的信息估计股票的 β 值，按照 β 值的大小将所有股票从低到高排序。按照这一排序将所有股票分配到不同的序位中去，最高序位的股票具有最高的 β 值，中间位股票的 β 值次之，依此类推，直到最低序位，其中的股票具有最低的 β 值。如 Fama 和 French（1992）在每年的 6 月底利用前 5 年的股票月度收益率估计 β 值，按 β 值从低到高将所有股票分成 10 个序位（称为十分位）。这一过程通常称为资产组合的构造，时期 $t-1$ 之前用来估计 β 值的信息称为资产组合构造信息，时期 $t-1$ 称为资产组合构造期。

2. 在资产组合构造完成后，我们接下来计算各序位股票组成的投资组合在未来的收益率，比如 t 时期。最常用的投资组合是等权重组合和价值权重组合，它们收益率的计算请参考第一章。这一时期通常称为投资组合的持有期。

3. 在每一时期 $t(t=1,2,\cdots,T)$，我们都按上述步骤操作，即构造资产组合，并追踪其收益率。最后，每一序位都得到一个收益率的时间序列，如表 3-1 所示。由此我们可以计算各序位的平均收益率，如对最高的 β 序位和最低的 β 序位，我们有：

$$\overline{R}^H=\frac{1}{T}\left(R_1^H+R_2^H+\cdots+R_T^H\right)$$

$$\overline{R}^L=\frac{1}{T}\left(R_1^L+R_2^L+\cdots+R_T^L\right)$$

4. 最后，我们要对最高序位和最低序位之间的平均收益率之差进行统计检验。一般使用的统计量是 t 比率。如果 CAPM 成立，它意味着 β 值能够解释期望收益率的变化，那么平均收益率应该随 β 值的上升而增大，也就是说随组合序位的增大而增大。选择最高 β 值序位（H）与最低 β 值序位（L）的收益率时间序列构造 t 比率统计量：

$$t=\frac{\overline{R}^H-\overline{R}^L}{s_{\overline{R}^H-\overline{R}^L}}\xrightarrow{d}\mathcal{N}(0,1) \tag{3.2}$$

其中，

$$s_{\overline{R}^H-\overline{R}^L}=\sqrt{\frac{s_H^2}{T}+\frac{s_L^2}{T}}$$

$$s_i=\sqrt{\frac{\sum_{t=1}^{T}\left(R_t^i-\overline{R}^i\right)^2}{T-1}},i=H,L$$

t 比率统计量可以用来检验零假设：

$$H_0:\ \overline{R}^H-\overline{R}^L=0$$

表 3-1　　单变量排序法

	第一次构造组合		第二次构造组合		…	第 t 次构造组合		…	第 T 次构造组合		
	0	1	1	2		$t-1$	t		$T-1$	T	
	排序、构造组合	计算组合收益率	排序、构造组合	计算组合收益率	…	排序、构造组合	计算组合收益率	…	排序、构造组合	计算组合收益率	平均收益率
最低序位（L）	低 β 组	R_1^L	低 β 组	R_2^L	…	低 β 组	R_t^L	…	低 β 组	R_T^L	$\bar{R}^L$
⋮											
中间序位（M）	中间 β 组	R_1^M	中间 β 组	R_2^M	…	中间 β 组	R_t^M	…	中间 β 组	R_T^M	$\bar{R}^M$
⋮											
最高序位（H）	高 β 组	R_1^H	高 β 组	R_2^H	…	高 β 组	R_t^H	…	高 β 组	R_T^H	$\bar{R}^H$

注：此表描述了单变量排序检验 CAPM 的过程：

1. 首先，在每一时期 $t(t=1,2,\cdots,T)$，利用前一时期 $t-1$ 及此期之前的信息估计股票的 β 值，按照 β 值的大小将所有股票从低到高排序，然后计算 t 时期各序位股票组成的投资组合的收益率，最常用组合收益率有等权重收益率、价值权重收益率和价格权重收益率三种，计算方法参见第一章。

2. 然后，计算各序位组合的平均收益率 $\bar{R}^i = \frac{1}{T}\sum_{t=1}^{T} R_t^i$，　$i = L,\cdots,H$。

3. 最后，用 t 比率统计量式（3.2）检验最高序位（H）组合的平均收益率 $\bar{R}^H$ 与最低序位（L）组合的平均收益率 $\bar{R}^L$ 有没有显著差别。

若 $\overline{R}^H$ 和 $\overline{R}^L$ 没有显著差别，则说明 β 值对期望收益率没有解释能力，CAPM 不成立。

需要注意的是，上述检验是基于收益率分布 iid 的假设之上，在本书第四章，我们将讨论违背这一假设条件时，如何作统计推断。

表 3－2 是 Fama 和 French（1992）按 β 值排序的资产组合月平均收益率。在每年的 6 月底，他们使用前 5 年的月度收益率数据估计 β 值，按 β 值大小将股票先分入 10 个序位，然后再将最高和最低序位平均各分成两组，最后将所有股票分入 12 个序位。之所以要把最高序位平均分成两组，主要目的是表明结果的稳健性，并非由异常值导致。根据单个股票的月度收益率，他们接下来计算每个序位投资组合下一年的等权重月度收益率，然后由此计算每个序位的平均收益率。我们看到，表 3－2 的平均收益率并没有随 β 值的增大而上升，这说明 CAPM 在他们考察的样本期间内不成立。

表 3－2　　按 β 值排序的资产组合月平均收益率（$\overline{R}$）

序位	1A	1B	2	3	4	5	6	7	8	9	10A	10B
$\overline{R}$	1.20	1.20	1.32	1.26	1.31	1.30	1.30	1.23	1.23	1.33	1.34	1.18

注：1. 本表内容取自 Fama 和 French（1992）表 II，收益率的时间跨度 1963 年 7 月至 1990 年 12 月。

2. 在每年 6 月底，使用前 5 年的月度收益率数据估计 β 值，首先按 β 值由小到大排成 10 个序位，序位 1 具有最低的 β 值，序位 10 具有最高的 β 值，然后再把序位 1 和 10 分别均分成两个序位 1A、1B 和 10A、10B，总共得到 12 个序位。

3. 接下来的 1 年计算每个序位等权重组合月收益率，得到 12 个序位的月度收益率时间序列。$\overline{R}$ 就是整个样本期间月度收益率时间序列的平均值。

评注 3.1　排序前 β 估计值与排序后 β 估计值

上面利用 t 时刻已知信息估计 β 值再进行排序，所以这样得到的 β 估计值称为排序前 β 估计值。Fama 和 French（1992）还估计了股票的排序后 β 值，具体步骤如下：第一步，在每年的 6 月底，首先按市值排序将股票分入 10 个序位，然后在每个序位内再按排序前 β 估计值又分成 10 个序位，这样把所有股票分成 100 个组合；第二步，计算这 100 个组合的等权重月收益率，获得每一个组合的月度收益率时间序列。根据这些月度收益率时间序列，可以估计得到每个组合的 β 值。第三步，对每个公司来说，它的 β 值就设定为所属组合的 β 值。因为这样得到的 β 值是根据整个样本期间数据来估计，所以这些时间序列称为排序后 β 估计值。

3.2.2　单变量排序——其他公司特征

金融学文献中还应用其他变量来给股票排序，考察这些变量对股票的收益率有没有解释能力，最常用的有市值（Size），账面/市值比率（B/M）等等，这些变量称为股票的特征变量。更多的特征变量请参见 Fama 和 French（1992）、Fama 和 French（2008）。

表 3－3 是 Fama 和 French（1992）按市值、B/M 比率排序的资产组合月平均收益率。具体的做法是，在每年的 6 月底，根据市值和 B/M 比率由小到大分别将股票先分入 10 个序位，然后再将最高和最低序位平均各分成两组，最后将所有股票分入 12 个序位，计算每个序位投资组合下一年的等权重月度收益率，然后计算每个序位的平均收益率。我们看到明显的市值效应，即小股票比大股票具有更高的期望收益率，以及 B/M 比率效应，即高 B/M 比率股票（价值股）比低 B/M 比率股票（成长股）具有更高的期望收益率。

表 3－3　　按市值、B/M 比率排序的资产组合月平均收益率

序位	1A	1B	2	3	4	5	6	7	8	9	10A	10B
组 A：按市值排序												
$\overline{R}$	1.64	1.16	1.29	1.24	1.25	1.29	1.17	1.07	1.10	0.95	0.88	0.90
组 B：按 B/M 比率排序												
$\overline{R}$	0.30	0.67	0.87	0.97	1.04	1.17	1.30	1.44	1.50	1.59	1.92	1.83

注：1. 本表内容取自 Fama 和 French（1992）表 II 和表 IV，收益率的时间跨度 1963 年 7 月至 1990 年 12 月。

2. 在每年 6 月底，根据市值和 B/M 比率由小到大分别将所有股票排成 10 个序位，然后再把序位 1 和 10 分别均分成两个序位 1A、1B 和 10A、10B，总共得到 12 个序位。

3. 接下来的 1 年计算每个序位等权重组合月收益率，得到 12 个序位的月度收益率时间序列。$\overline{R}$ 就是整个样本期间月度收益率时间序列的平均值。

以上介绍的收益率截面分析排序法既可以用来分析同期关系，也可以用来分析预测关系。也就是说，公司特征变量和收益率可以是同一时期，此时组合构造期与持有期重合。不过，最新的文献侧重于分析预测关系，即使用收益率实现之前的公司特征变量，组合的构造期在持有期之前。这样做的好处是实用性，预测关系的投资策略在金融市场上可实践、操作。

评注 3.2　股票的 β 值是不可直接观察得到的，因此需要首先估计股票的 β 再进行排序分析。金融文献中一般采用 t 时刻之前的股票收益率数据来估计 β 值，然后根据这些估计值对股票进行排序。按特征变量排序也是使用 t 时刻已有的信息来进行排序。使用已有信息排序考察了 β 值和其他特征变量对股票收益率的预测能力，其最大的好处是形成了可执行的投资策略。但也有少量的金融文献使用全部数据估计出来的 β 值排序，如 Fama 和 French（1992），这样做的主要目的是作为稳健性检验。

3.2.3　实证例子：上交所股票惯性效应或反转效应的实证检验

为进一步阐明排序法，本小节我们考查在上交所上市股票的惯性效应或反转效应。**惯性效应**是指过去表现好的股票（称为赢者）会继续表现好，过去表现差的股票（称为输者）会继续表现差。与惯性效应正好相反，**反转效应**是指过去表现好的股票接下来会表现差，过去表现差的股票接下来会表现好。使用美国股市收益率数据，Jegadeesh 和 Titman（1993）的研究显示，在考察期为 3 个月至 12 个月时，过去收益率高的股票接下来也会有高的收益率。他们把买进过去的赢者，卖空过去的输者的投资策略称为相对强度策略，往后的研究中一般称为惯性策略。惯性效应是金融文献中研究得最多、最具争议的股票收益率特征。这主要是因为惯性效应的预测变量就是过去的股票收益率，它可直接观测，并非常容易获取。

我们实证分析所用的数据是所有在上交所交易股票的月度收益率。在每一个月，首先我们计算过去 1 个月、3 个月、6 个月和 12 个月的累积收益率。然后，在每个月的月末，根据过去 1 个月、3 个月、6 个月和 12 个月的收益率，我们分别将所有股票根据过去的收益率由低到高排序，构造 5 个等权重投资组合。接下来持有这 5 个组合 1 个月、3 个月、6 个月或 12 个月。也就是说，我们调整组合的频率是每月 1 次，构造组合利用的信息分别是过去 1 个月、3 个月、6 个月或 12 个月的股票收益率，组合的持有期分别是 1 个月、3 个月、6 个月或 12 个月。

表 3 – 4 报告了以 1990 年 1 月至 2009 年 12 月作为投资组合构造期的每一分位投资组合的平均收益率。表 3 – 4 结果显示，当股票依过去 1 个月的收益率排序时，过去输者（第 1 分位股票）的表现实际上胜过了过去赢者（第 5 分位股票）：平均来说，过去输者的一个月持有期收益率为 2.108%，然而过去赢者的一个月持有期收益率只有 0.833%，它们的差是 1.275%。其他 3 个月、6 个月和 12 个月持有期收益率也具有同样的模式：过去输者与过去赢者的平均收益率之差分别等于 1.877%、2.609% 和 1.058%。以上结果显示上海股市收益率具有反转特征，即过去的输者将表现好而过去的赢者将表现差。表 3 – 4 还报告了依过去 3 个月、6 个月和 12 个月收益率给股票排序的结果，它们具有与过去 1 个月类似的反转特征。

也有证据显示美国股市具有短期反转特征。具体来说，过去表现好具有高收益率的股票在紧接下来的 1 个月的表现变差，相反过去表现差、具有低收益率的股票在紧接下来的 1 个月的表现转好。为消除短期反转效应的影响，我们计算过去收益率，并利用它们在 1 个月后构造组合。也就是说，在每个月我们根据过去的收益率给股票排序，然后跳过 1 个月才开始持有组合。

表 3 – 5 报告了跳过 1 个月才构造投资组合的结果。我们看到，尽管反转特征有所减弱，上海股市依然没有惯性效应。以过去 1 个月的收益率排序为例，持有

表3-4 基于过去收益率构造的五分位投资组合的平均收益率

历史收益率	五分位	持有期			
		1个月	3个月	6个月	12个月
1个月	Q1	2.108%	5.623%	12.229%	25.960%
	Q2	2.083%	5.960%	12.675%	27.267%
	Q3	1.791%	5.629%	12.435%	27.395%
	Q4	1.393%	4.993%	11.619%	27.141%
	Q5	0.833%	3.745%	9.620%	24.901%
	Q5-Q1	-1.275%	-1.877%	-2.609%	-1.058%
3个月	Q1	2.146%	5.899%	11.598%	25.410%
	Q2	1.963%	5.994%	12.717%	26.798%
	Q3	1.738%	5.669%	12.760%	28.093%
	Q4	1.318%	4.691%	11.717%	27.749%
	Q5	1.009%	3.666%	9.794%	24.719%
	Q5-Q1	-1.136%	-2.233%	-1.804%	-0.691%
6个月	Q1	1.993%	5.490%	10.869%	25.652%
	Q2	1.950%	5.857%	12.410%	26.749%
	Q3	1.658%	5.491%	12.342%	27.781%
	Q4	1.484%	4.992%	12.207%	27.125%
	Q5	1.105%	4.153%	10.768%	25.290%
	Q5-Q1	-0.889%	-1.338%	-0.100%	-0.362%
12个月	Q1	1.943%	5.543%	11.789%	26.527%
	Q2	1.880%	5.958%	12.537%	27.566%
	Q3	1.676%	5.469%	12.458%	27.123%
	Q4	1.433%	4.873%	11.714%	27.018%
	Q5	1.256%	4.076%	9.784%	23.803%
	Q5-Q1	-0.687%	-1.467%	-2.006%	-2.724%

注：此表报告了上海股市基于过去收益率构造的五分位投资组合的平均收益率，所用数据是所有在上交所交易股票的月度收益率，截止2010年4月。以1990年1月至2009年12月作为投资组合构造期，在每一个月，首先，我们计算过去1个月、3个月、6个月和12个月的累积收益率。然后，在每个月的月末，根据过去1个月、3个月、6个月和12个月的收益率，由低到高我们分别将所有股票排序，根据排序构造5个等权重投资组合。接下来这5个组合持有1个月、3个月、6个月或12个月。最后计算每个组合的平均持有期收益率。

数据来源：CSMAR数据库（http://www.gtarsc.com/）。

期为1个月、3个月、6个月和12个月的第1分位与第5分位投资组合的平均收益率之差（Q1-Q5）分别下降到了0.711%、0.942%、1.049%和0.914%。

表 3－5　基于过去收益率（跳过 1 个月）构造的五分位投资组合的平均收益率

历史收益率	五分位	持有期			
		1 个月	3 个月	6 个月	12 个月
1 个月	Q1	1.841%	5.038%	11.315%	25.927%
	Q2	1.795%	5.513%	12.001%	26.869%
	Q3	1.649%	5.369%	12.219%	27.044%
	Q4	1.606%	5.098%	11.744%	27.152%
	Q5	1.130%	4.096%	10.267%	25.013%
	Q5－Q1	－0.711%	－0.942%	－1.049%	－0.914%
3 个月	Q1	1.639%	4.907%	10.425%	25.121%
	Q2	1.695%	5.749%	11.938%	26.207%
	Q3	1.814%	5.528%	12.557%	27.613%
	Q4	1.682%	5.003%	12.064%	27.931%
	Q5	1.172%	3.927%	10.640%	25.089%
	Q5－Q1	－0.467%	－0.979%	0.215%	－0.032%
6 个月	Q1	1.567%	4.566%	9.957%	25.073%
	Q2	1.761%	5.397%	11.561%	26.416%
	Q3	1.751%	5.409%	12.192%	27.397%
	Q4	1.630%	5.140%	12.400%	27.102%
	Q5	1.322%	4.702%	11.431%	25.769%
	Q5－Q1	－0.245%	0.136%	1.475%	0.696%
12 个月	Q1	1.644%	4.950%	10.978%	26.480%
	Q2	1.867%	5.579%	12.206%	27.243%
	Q3	1.734%	5.509%	12.130%	26.787%
	Q4	1.509%	4.949%	11.990%	27.251%
	Q5	1.258%	4.098%	9.913%	23.635%
	Q5－Q1	－0.386%	－0.852%	－1.065%	－2.846%

注：此表报告了上海股市基于过去收益率（跳过 1 个月）构造的五分位投资组合的平均收益率，所用数据是所有在上交所交易股票的月度收益率，截止 2010 年 4 月。以 1990 年 1 月至 2009 年 12 月作为投资组合构造期，在每一个月，首先，我们计算过去 1 个月、3 个月、6 个月和 12 个月的累积收益率。然后，跳过 1 个月，在下月的月末，根据前面计算的过去 1 个月、3 个月、6 个月和 12 个月的收益率，由低到高我们分别将所有股票排序，根据排序构造 5 个等权重投资组合。接下来这 5 个组合持有 1 个月、3 个月、6 个月或 12 个月。最后计算每个组合的平均持有期收益率。

数据来源：CSMAR 数据库（http://www.gtarsc.com/）。

3.2.4 双变量或多变量排序

CAPM 的另一含义是，如果资产或资产组合的 β 值相等，那么它们的期望收益率相等，换句话说，β 值完全能够解释股票期望收益率的横截面变化。如果除 β 值之外，其他特征变量仍然对股票期望收益率有解释能力，则说明 CAPM 不成立，我们需要多因子模型。在有两个因子的情况下，我们可以用双排序法来检验这一含义。**双排序**检验涉及到股票的 β 值和另一个我们想考察的特征变量，如市值、B/M 比率等。在一般情况下，假设有两个变量，x_1 和 x_2。首先，双排序可以分为序贯排序与独立排序两种。

序贯排序

序贯排序就是在有两个变量的情况下，先后做两次单排序。与单排序类似，在 $t-1$ 时刻使用已有的信息（见评注 3.2），通过排序把所有的资产分配到不同的序位，然后计算投资组合的收益率，得到每一序位组合收益率的时间序列。在有两个变量 x_1 和 x_2 的情况下，首先要确定 x_1 和 x_2 的顺序。通常如果 x_1 是我们要考察的预测变量，x_2 是控制变量，其顺序是先按 x_2 排序，再按 x_1 排序。下面我们用 β 值和公司市值这两个变量来阐明。与单排序不同的是，序贯排序多了一个步骤：在按 β 值排序把股票分成 N 组之后，还要按特征值的大小将每组股票再分成 M 组，总共得到 $N \times M$ 组股票。最后得到 $N \times M$ 个投资组合收益率时间序列。用 t 比率统计量检验相同 β 值排序的 M 个资产组合，看它们的平均收益率是否有显著差别。如有，则说明给定 β 值之后，另一特征变量仍然对股票期望收益率有解释能力，因此，单因子的 CAPM 不成立，需要引入多因子模型。

独立排序

在有两个变量 x_1 和 x_2 的情况下，**独立排序**的步骤是根据 x_1 和 x_2 分别排序。如果一个公司属于根据 x_1 排序的第 i 个组合，以及根据 x_2 排序的第 j 个组合，那么此公司就属于（i, j）组。以 β 值与另一公司特征变量为例，在调整组合时，首先将所有股票按 β 值排序获得 N 个分位，再将所有股票按另一特征值排序获得 M 个分位，最后所有股票根据这两类分位点分配成 $N \times M$ 个股票组合。

序贯排序和独立排序的区别

序贯排序的每一个子组基本上具有相同的公司数目。对于独立排序来说，这一点一般不成立。然而，当排序变量 x_1 和 x_2 独立时，序贯排序和独立排序没有区别。

双变量排序还可以推广到三个及以上的**多变量排序**，步骤与双变量排序类似。

Fama 和 French（1992）使用双变量排序检验公司市值与股票β对股票平均收益率的解释能力。他们使用的数据有两类：CRSP 中的非金融类上市公司的市场数据，涉及 NYSE、AMEX 和 NASDAQ 三个市场；1962—1989 年 Compustat 中的上市公司损益表与资产负债表。他们的排序过程如下：在t年（t = 1963—1990）的 6 月份，将股票依市值分入 10 个分位，称为市值 10 分位；然后每一个分位的股票又根据排序前β值再分入 10 个分位，其中，股票的β值根据t年 6 月份之前 2 ~ 5 年（如果数据可得）的月度收益率数据估计得到；这样形成 100 个投资组合，每年调整组合 1 次，计算等权重收益率，最后计算组合收益率时间序列的均值。

表 3 – 6 是 Fama 和 French（1992）按市值和β值两个变量进行序贯排序的结果。我们看到，市值与平均收益率之间趋于负向关系。但是，对于给定的市值分位，β值对股票的平均收益率没有解释能力。

表 3 – 6　先按市值（ME）再按β值序贯排序的资产组合月平均收益率

	全部	低β	$\beta-2$	$\beta-3$	$\beta-4$	$\beta-5$	$\beta-6$	$\beta-7$	$\beta-8$	$\beta-9$	高β
全部	1.25	1.34	1.29	1.36	1.31	1.33	1.28	1.24	1.21	1.25	1.14
小 ME	1.52	1.71	1.57	1.79	1.61	1.50	1.50	1.37	1.63	1.50	1.42
ME – 2	1.29	1.25	1.42	1.36	1.39	1.65	1.61	1.37	1.31	1.34	1.11
ME – 3	1.24	1.12	1.31	1.17	1.70	1.29	1.10	1.31	1.36	1.26	0.76
ME – 4	1.25	1.27	1.13	1.54	1.06	1.34	1.06	1.41	1.17	1.35	0.98
ME – 5	1.29	1.34	1.42	1.39	1.48	1.42	1.18	1.13	1.27	1.18	1.08
ME – 6	1.17	1.08	1.53	1.27	1.15	1.20	1.21	1.18	1.04	1.07	1.02
ME – 7	1.07	0.95	1.21	1.26	1.09	1.18	1.11	1.24	0.62	1.32	0.76
ME – 8	1.10	1.09	1.05	1.37	1.20	1.27	0.98	1.18	1.02	1.01	0.94
ME – 9	0.95	0.98	0.88	1.02	1.14	1.07	1.23	0.94	0.82	0.88	0.59
大 ME	0.89	1.01	0.93	1.10	0.94	0.93	0.89	1.03	0.71	0.74	0.56

注：1. 本表内容取自 Fama 和 French（1992）表 I，收益率的时间跨度为 1963 年 7 月至 1990 年 12 月。

2. 他们使用的数据有两个来源：CRSP 中的非金融类上市公司的市场数据，涉及 NYSE、AMEX 和 NASDAQ 三个市场；1962—1989 年 COMPUSTAT 中的上市公司损益表与资产负债表。

3. 排序过程如下：在t年（t = 1963—1990）的 6 月份，将股票依市值首先分入 10 个分位，称为市值 10 分位；其次每一个分位的股票又根据排序前β值再分入 10 个分位。其中，股票的β值根据t年 6 月份之前 2 ~ 5年（如果数据可得）的月度收益率数据估计得到；这样形成 100 个投资组合。每年调整组合 1 次，计算等权重收益率，最后计算组合收益率时间序列的均值。

3.3　Fama – MacBeth 回归

我们看到排序法的优点是简单直观、容易计算，但是推断变量对期望收益率的边际贡献则比较困难。而多元回归正是为了处理这一情况而设计的，它还能检验收益率与预测变量之间关系的函数形式。金融学文献中应用最多的横截面回归检验是 Fama 和 MacBeth（1973）提出的方法：在每一时期作一个横截面回归，并记录每一期的系数估计值。由此我们得到回归系数估计量的一个时间序列。根据此时间序列，我们再用 t 比率进行有关假设检验。

3.3.1 Fama－MacBeth 回归—检验 CAPM

首先我们假定对任意给定时期 t 和不同的资产 i，CAPM 成立：

$$E[R_i]=R_f+\beta_i(E[R_m]-R_f)$$

对于以上模型，如果我们设定以下的横截面回归模型：

$$R_{it}=\gamma_{0t}+\gamma_{1t}\beta_i+\epsilon_{it} \tag{3.3}$$

那么对上式两边取期望，得到 CAPM 的横截面含义是：

$$E[\gamma_{0t}]=R_f$$

$$E[\gamma_{1t}]=E[R_m]-R_f>0$$

在横截面层面上，Fama 和 MacBeth（1973）考虑了 CAPM 的三个可检验的含义：

假设 1：任意资产（或资产组合）的期望收益是其系统风险 β 值的线性函数；

假设 2：β 值完全刻画了资产的系统风险，加入其他变量对期望收益没有影响；

假设 3：高风险对应高的期望收益，即 $E[R_m]-R_f>0$。

为检验以上三个假设，最简单的是考察以下回归方程：

$$R_{it}=\gamma_{0t}+\gamma_{1t}\beta_i+\gamma_{2t}\beta_i^2+\gamma_{3t}s_i+\epsilon_{it} \tag{3.4}$$

其中，s_i 是一个 β 值未能解释的风险度量指标，往往称为公司特有或特质风险；β_i^2 反映了可能存在的 β_i 的非线性特征。

具体到回归方程式（3.4），CAPM 可检验的含义是：

假设 1：线性：$E[\gamma_{2t}]=0$；

假设 2：β 值完全刻画了系统风险：$E[\gamma_{3t}]=0$；

假设 3：风险与期望收益之间的正向权衡关系：$E[\gamma_{1t}]>0$。

Fama 和 MacBeth（1973）估计的具体回归方程是：

$$R_{pt}=\gamma_{0t}+\gamma_{1t}\hat{\beta}_{pt-1}+\gamma_{2t}\hat{\beta}_{pt-1}{}^2+\gamma_{3t}\bar{s}_{pt-1}+u_{pt} \tag{3.5}$$

其中，$\hat{\beta}_{pt-1}$ 和 $\bar{s}_{pt-1}$ 分别是利用 t 时刻之前的数据估计得到的资产组合 p 的 β 估计值

和残差项标准差的估计值。

Fama－MacBeth 回归检验 CAPM 的步骤如下：

1. 在每一时刻 $t(t=1,\cdots,T)$，以 R_{pt} 为因变量，$\hat{\beta}_{pt-1}$、$\hat{\beta}^2_{pt-1}$、$\bar{s}_{pt-1}$ 作为自变量估计回归方程式（3.5），每一个回归系数得到一个估计值的时间序列：

$$(\hat{\gamma}_{i1},\hat{\gamma}_{i2},\cdots,\hat{\gamma}_{iT}),\quad i=1,2,3$$

2. 根据系数估计值的时间序列计算以下的 t 比率：

$$t=\frac{\bar{\gamma}_i}{s_i/\sqrt{T}}\xrightarrow{d}\mathcal{N}(0,1),\quad i=1,2,3$$

$$\bar{\gamma}_i=\frac{1}{T}\sum_{t=1}^{T}\hat{\gamma}_{it},\quad s=\sqrt{\frac{1}{T-1}\sum_{t=1}^{T}(\hat{\gamma}_{it}-\bar{\gamma}_i)^2}$$

检验假设 1、假设 2 和假设 3 的三个零假设。

为减轻回归方程式（3.5）中自变量 β 值是估计而得产生的变量误差的问题，他们将样本区间分成若干个滚动的分析周期。每一分析周期分成三段，前七年称为组合构造信息期。首先，使用这七年的数据估计股票的 β 值，然后，按 β 值从低到高排序，将所有股票分成 20 个投资组合。接下来 5 年时间的数据用来计算回归方程式（3.5）中的自变量，如重新估计每只股票的 β 值，将组合内股票的 β 值估计平均就得到该组合 β 值的估计。在每个分析周期的最后 4 年，每月估计下面的回归方程一次：

$$R_{pt}=\gamma_{0t}+\gamma_{1t}\hat{\beta}_{pt-1}+\gamma_{2t}\hat{\beta}^2_{pt-1}+\gamma_{3t}\bar{s}_{pt-1}+u_{pt}$$
$$p=1,2,\cdots,20$$

分析周期每年滚动一次，最后每个回归系数都得到一条估计值的时间序列。Fama 和 MacBeth（1973）用这些估计值的时间序列来检验 CAPM 的三个含义。总的来说，他们的检验结果没有拒绝 CAPM 对期望收益率的三个含义：整个样本 $\bar{\gamma}_1$ 的 t 值为 2.57，支持期望收益率与 β 值之间的正向关系；$\bar{\gamma}_2$ 的 t 值较小，没有拒绝模型的线性关系；$\bar{\gamma}_3$ 的 t 值较小，没有拒绝公司特质风险对期望收益率没有系统影响的零假设。

评注 3.3　贝塔值的估计与变量误差问题

由于资产的 β 值是不可直接观察的，所以需要先估计出 β 值，再代入回归方程式（3.4）进行估计。这样的话，由于 β 值是估计出来的，与真实的 β 值之间存在误差，这一问题即所谓的变量误差（Error－in－Variable）问题。其结果是 β 的系数估计值，即式（3.3）中的 γ_{1t}，会下偏，截矩的估计值，即式（3.3）中的 γ_{0t}，会上偏。一般处理这一问题的方法是利用投资组合的 β 估计值。其目的是减少 β 估计值的误差。但是这一处理方法的不足是，当投资组合扩大时，其 β 值会趋向于1，这样就会降低实证分析的统计功效。

3.3.2 Fama – MacBeth 回归—其他公司特征

前文提及，还有其他与股票收益率有关的公司特征变量。如果要考察一些公司特征变量对期望收益率是否有解释能力，则可以直接把感兴趣的特征变量加入回归方程，然后再利用 Fama – MacBeth 回归的两个步骤进行检验。如 Fama 和 French（1992）考察的变量有 β 值、市值（ME）、账面/市值比率（B/M）、盈利/市价比率（E/P）等等。在最近的一篇文章中，Fama 和 French（2008）考察了更多的变量，除市值和账面/市值比率之外，还包括惯性、股票净发行量、应计项目等。

下面我们以 Fama 和 French（1992）为例，进一步阐述 Fama – MacBeth 回归在金融中的应用。Fama 和 French（1992）的回归方程是：

$$R=\gamma_0+\gamma_1\beta+\gamma_2\ln(ME)+\gamma_3\ln(BE/ME)+\gamma_4\ln(A/ME)$$
$$+\gamma_5\ln(A/BE)+\gamma_6 E/P\text{虚拟变量}+\gamma_7 E(+)/P+\epsilon$$

其中，R 为股票月度收益率，其来源是 CRSP 数据库，β 为排序后 β 值，ME 为公司市值，BE 为公司普通股账面价值加上递延税项，A 为公司总账面资产，E 为公司盈利。在回归方程中，BE、A 和 E 是公司日历年 $t-1$ 之前的最新会计年度末之值，会计比率（BE/ME、A/ME）采用 $t-1$ 年12月的 ME 为底，ln(ME) 是 t 年6月份的值；如果盈利为正，E(+)/P 为盈利与市价的比率，E/P 虚拟变量等于0；如果盈利为负，E(+)/P 等于0，E/P 虚拟变量等于1。以上这些解释变量与 t 年7月到 $t+1$ 年6月的 CRSP 月度收益率匹配作回归。会计数据与收益率之间的时差保证了会计数据在收益率数据之前已经获得。

表3–7的结果显示，收益率与 β 值之间没有显著的关系，收益率对 β 值单变量回归的系数估计值等于0.15，t 统计量只有0.46，不能拒绝回归系数等于0的零假设。在加入变量 ln(ME) 作回归后，β 的回归系数的估计值甚至符号为负，t 统计量仍然较小，同样不能拒绝回归系数等于0的零假设，这说明 β 值对股票收益率没有解释能力。与此相对应的是，收益率与市值有显著的负向关系，与BE/ME比率为显著的正向关系：单变量回归结果中，ln(ME) 回归系数的估计值为 –0.15，t 统计量等于 –2.58，ln(BE/ME) 回归系数的估计值为0.50，t 统计量等于5.71，它们都显著异于0。收益率对 ln(ME) 和 ln(BE/ME) 同时作回归依然没有改变它们各自回归系数的符号和显著性，加入其他特征变量的回归结果仍然如此。另外，当市值与 BE/ME 加入回归方程后，E/P 与杠杆比率指标对收益率的影响被吸收。

表 3-7　　　　　　　　多变量 Fama - MacBeth 回归结果

β	ln(ME)	ln(BE/ME)	ln(A/ME)	ln(A/BE)	E/P 虚拟变量	E(+)/P
0.15						
(0.46)						
	-0.15					
	(-2.58)					
-0.37	-0.17					
(-1.21)	(-3.41)					
		0.50				
		(5.71)				
			0.50	-0.57		
			(5.69)	(-5.34)		
					0.57	4.72
					(2.28)	(4.57)
	-0.11	0.35				
	(-1.99)	(4.44)				
	-0.11		0.35	-0.50		
	(-2.06)		(4.32)	(-4.56)		
	-0.16				0.06	2.99
	(-3.06)				(0.38)	(3.04)
	-0.13	0.33			-0.14	0.87
	(-2.47)	(4.46)			(-0.90)	(1.23)
	-0.13		0.32	-0.46	-0.08	1.15
	(-2.47)		(4.28)	(-4.45)	(-0.56)	(1.57)

注：1. 本表内容取自 Fama 和 French（1992）表 III，收益率的时间跨度为 1963 年 7 月至 1990 年 12 月。

2. 回归的因变量为股票的月度收益率，自变量在表中第一行列出，β 为排序后 β 值，ME 为公司市值，BE 为公司普通股账面价值加上递延税项，A 为公司总账面资产，E 为公司盈利。在回归方程中，BE、A 和 E 是公司日历年 $t-1$ 之前的最新会计年度末之值，会计比率（BE/ME、A/ME）采用 $t-1$ 年 12 月的 ME 为底，ln（ME）是 t 年 6 月份的值；如果盈利为正，E(+)/P 为盈利与市价的比率，E/P 虚拟变量等于 0；如果盈利为负，E(+)/P 等于 0，E/P 虚拟变量等于 1。以上这些解释变量与 t 年 7 月到 $t+1$ 年 6 月的 CRSP 月度收益率匹配作回归。会计数据与收益率之间的时差保证了会计数据在收益率数据之前获得。

3. 每月做一次回归，得到斜率的一个时间序列，表中估计值为回归斜率的平均值，括号内此平均值除以时间序列的标准差得到的 t 统计量。

评注 3.4　排序法与 Fama - MacBeth 回归的比较

（1）排序法的优势：排序法是非参数法，它没有函数形式的假设，因此它可以发现不同组之间的非线性关系。

（2）排序法的不足：因为观测值在每个组内平均，所以排序法体现不出组内的变量特征；特别是当变量的数目增加时，序贯排序与独立排序都变得非常繁琐。

（3）Fama－MacBeth 回归的优势：回归可以容易地处理多变量情形，而且每一个观测值在模型按拟合时都起到作用。

（4）Fama－MacBeth 回归的不足：回归模型具有特定的函数形式，因此，模型可能不正确。比如说，大部分的金融模型都是线性的，但金融变量之间的关系有可能是非线性的。当模型设定错误时，统计推断很有可能是错误的。

本章回顾

主要概念

CAPM　β 值　风险溢价　单变量排序　双变量序贯排序　双变量独立排序　Fama－MacBeth 回归　变量误差问题（EIV）

主要结果

1. CAPM 的横截面含义是，资产的 β 值越高，那么其期望收益率越高。

2. CAPM 中的 β 系数不可直接观测，必须利用历史数据来估计。

3. 在线性回归模型中，如果观测到的解释变量带有测量误差，将导致变量误差问题（EIV）。其影响是解释变量的系数估计值将偏向零。

4. 排序法的优点有，它是非参数法，没有函数形式的假设，因此它可以发现不同组之间的非线性关系。其主要缺点有：因为观测值在每个组内平均，所以排序法体现不出组内的变量特征；特别是当变量的数目增加时，序贯排序与独立排序都变得非常繁琐。

5. Fama－MacBeth 回归方法的优点是可以容易地处理多变量情形，而且每一个观测值在模型拟合时都起到作用。其主要缺点是回归模型具有特定的函数形式，当模型设定错误时，统计推断很有可能是错误的。

习　题

1. 讨论资产定价模型的横截面含义。解释为什么在 CAPM 中，具有较高 β 值的资产其期望收益率也较高。

2.（变量误差问题）假设作以下回归：

$$y = a + bx + \epsilon$$

但是 y 和 x 的观测值有测量误差，即你只能观测到 $\tilde{y}$ 和 $\tilde{x}$，其中，

$$\tilde{y} = y + e_y, \quad \tilde{x} = x + e_x$$

(a) 使用 $\tilde{y}$ 作以上回归的影响是什么？它是否导致了有偏的 b 估计值？

(b) 使用 $\tilde{x}$ 作以上回归的影响是什么？它是否导致了有偏的 b 估计值？

3. 讨论排序法与 Fama－MacBeth 回归法的主要区别，详细讨论每种方法的优点和缺点。

4. 表 3－8 给出了 2008 年 1 月至 2008 年 12 月 10 只美国股票的月度收益率和市值数据。请检验假设：平均来说，小公司股票要比大公司股票具有更高的收益率。也就是说，公司市值与股票收益率成反比。

(a) 运用排序法检验这一假设。具体做法是，首先在每一个月依市值将股票排序分成 5 个序位（每一序位有两个公司），计算每一序位股票的平均收益率，然后计算每一序位平均收益率时间序列（12 个月）的均值，最后比较不同序位的收益率均值，讨论你所得到的结果。

(b) 运用 Fama－MacBeth 回归检验这一假设。具体做法是，首先在每一个月用股票收益率对公司市值作回归，记录回归系数的估计值。然后，计算 12 个月系数估计值的均值。基于系数估计值的均值，讨论你所得到的结果。

(c) 再次运用 Fama－MacBeth 回归检验这一假设。但此时在每一个月将股票收益率对公司市值的自然对数(即 ln(ME))作回归，并记录回归系数的估计值。研究者在回归中经常使用 ln(ME)的原因是市值的观测值往往会出现异常值，取对数之后可减轻异常值的影响。接下来，计算 12 个月系数估计值的均值。基于系数估计值的均值，讨论你所得到的结果。

(d) 讨论(b)和(c)结果的差异，并回答：为什么你在(b)和(c)中会得到不同的结果？它说明了 Fama－MacBeth 回归的什么问题？

表 3－8　　10 只美国股票的月度收益率和市值　　单位：百万美元

日期	代码	收益率	市值	日期	代码	收益率	市值
20080131	AAPL	－31.664%	118.96	20080229	AB	－6.537%	5.41
20080131	AA	－9.467%	27.38	20080229	ABK	－3.694%	1.13
20080131	AB	－10.365%	5.77	20080229	AAI	－16.241%	0.66
20080131	ABK	－54.831%	1.18	20080229	ABC	－10.273%	6.78
20080131	AAI	20.391%	0.79	20080229	ABV	18.750%	0.29
20080131	ABC	3.811%	7.59	20080229	AAP	－6.261%	3.17
20080131	ABV	－5.882%	0.25	20080229	AAV	12.587%	1.48
20080131	AAP	－5.817%	3.61	20080229	AAU	1.550%	0.12
20080131	AAV	10.546%	1.33	20080331	AAPL	14.782%	126.49
20080131	AAU	2.789%	0.11	20080331	AA	－2.908%	29.37
20080229	AAPL	－7.639%	109.88	20080331	AB	2.143%	5.53
20080229	AA	12.753%	30.25	20080331	ABK	－48.384%	1.65

续表

日期	代码	收益率	市值	日期	代码	收益率	市值
20080331	AAI	-8.587%	0.61	20080630	AAV	-0.698%	1.80
20080331	ABC	-1.774%	6.66	20080630	AAU	-20.705%	0.08
20080331	ABV	-13.947%	0.25	20080731	AAPL	-5.071%	140.81
20080331	AAP	1.700%	3.22	20080731	AA	-5.250%	27.45
20080331	AAV	7.825%	1.58	20080731	AB	-3.237%	4.54
20080331	AAU	-12.214%	0.10	20080731	ABK	88.060%	0.72
20080430	AAPL	21.220%	153.36	20080731	AAI	43.137%	0.33
20080430	AA	-3.078%	28.35	20080731	ABC	4.701%	6.74
20080430	AB	-2.146%	5.41	20080731	ABV	-9.679%	0.17
20080430	ABK	-19.478%	1.33	20080731	AAP	5.820%	3.92
20080430	AAI	-48.333%	0.39	20080731	AAV	-15.236%	1.51
20080430	ABC	-1.049%	6.59	20080731	AAU	7.222%	0.09
20080430	ABV	0.931%	0.25	20080829	AAPL	6.656%	150.18
20080430	AAP	1.850%	3.29	20080829	AA	-4.296%	26.13
20080430	AAV	5.148%	1.66	20080829	AB	4.389%	4.74
20080430	AAU	-1.304%	0.10	20080829	ABK	184.524%	2.05
20080530	AAPL	8.508%	166.41	20080829	AAI	-17.808%	0.28
20080530	AA	16.705%	33.08	20080829	ABC	-1.875%	6.50
20080530	AB	5.031%	5.62	20080829	ABV	2.408%	0.17
20080530	ABK	-32.181%	0.90	20080829	AAP	4.746%	4.12
20080530	AAI	-12.024%	0.34	20080829	AAV	5.965%	1.59
20080530	ABC	2.109%	6.65	20080829	AAU	-29.534%	0.06
20080530	ABV	-1.123%	0.20	20080930	AAPL	-32.956%	100.97
20080530	AAP	16.205%	3.84	20080930	AA	-29.723%	18.37
20080530	AAV	11.018%	1.83	20080930	AB	-31.754%	3.24
20080530	AAU	0.000%	0.10	20080930	ABK	-67.458%	0.67
20080630	AAPL	-11.290%	148.31	20080930	AAI	1.250%	0.28
20080630	AA	-12.244%	29.03	20080930	ABC	-8.193%	5.97
20080630	AB	-14.974%	4.78	20080930	ABV	-14.435%	0.10
20080630	ABK	-57.189%	0.38	20080930	AAP	-7.714%	3.79
20080630	AAI	-32.000%	0.23	20080930	AAV	-18.041%	1.29
20080630	ABC	-3.242%	6.44	20080930	AAU	-17.647%	0.05
20080630	ABV	-7.427%	0.19	20081031	AAPL	-5.341%	95.64
20080630	AAP	-3.499%	3.70	20081031	AA	-49.070%	9.20

续表

日期	代码	收益率	市值	日期	代码	收益率	市值
20081031	AB	-35.045%	2.05	20081128	ABV	-6.954%	0.07
20081031	ABK	15.022%	0.77	20081128	AAP	-2.692%	2.87
20081031	AAI	68.313%	0.48	20081128	AAV	-14.606%	0.73
20081031	ABC	-16.946%	4.96	20081128	AAU	-39.099%	0.02
20081031	ABV	-18.934%	0.08	20081231	AAPL	-7.899%	76.00
20081031	AAP	-21.331%	2.98	20081231	AA	4.647%	9.01
20081031	AAV	-31.877%	0.87	20081231	AB	18.058%	1.82
20081031	AAU	-26.696%	0.04	20081231	ABK	-7.143%	0.37
20081128	AAPL	-13.868%	82.38	20081231	AAI	30.205%	0.52
20081128	AA	-4.957%	8.61	20081231	ABC	13.748%	5.56
20081128	AB	-24.872%	1.54	20081231	ABV	5.624%	0.08
20081128	ABK	-47.388%	0.40	20081231	AAP	11.034%	3.19
20081128	AAI	-16.626%	0.40	20081231	AAV	-17.141%	0.60
20081128	ABC	0.576%	4.89	20081231	AAU	30.000%	0.03

注：此表数据可以在作者的个人主页（http://www.u.arizona.edu/~gjiang/）上下载。

第四章　面板数据模型与方差估计

从前面的第二章和第三章我们看到，金融数据同时具有时间和截面结构。二者结合起来便是面板数据结构。本章将要阐述面板数据模型的各种设定形式以及它们的估计方法。在金融与会计研究文献中，有多种估计方法可以用来处理面板数据，如混合回归、Fama - MacBeth 回归等。

面板数据模型的优势在于它能把我们第二章介绍的资产定价模型时间序列含义与第三章介绍的横截面含义联合起来进行检验。更为重要的是，面板数据模型能综合考虑数据时间序列方向的自相关结构与公司方向的协方差结构。这两种数据结构对资产定价模型的统计推断非常重要，因为正确的统计推断需要使用精确和稳健的标准差估计量，而要得到精确和稳健的标准差估计量必须考虑数据的自相关结构与协方差结构。本章我们重点介绍两种在金融中经常使用的面板数据模型估计方法，混合回归与 Fama - MacBeth 回归，以及几种标准差估计量，如 Fama - MacBeth 回归中的 Fama - MacBeth 标准差估计量、Hansen - Hodrick 标准差估计量和 Newey - West 标准差估计量，面板数据模型中的 OLS 标准差估计量、White 标准差估计量、Newey - West 标准差估计量、公司集聚标准差估计量、时间集聚标准差估计量和公司与时间双重集聚的标准差估计量等。我们还将讨论这些估计量适用的具体假设条件，并提供它们在金融中应用的实证例子。

4.1　面板数据模型

4.1.1　资产定价模型的面板结构

如果我们在每一时刻 $t(t=1,\cdots,T)$ 观察到 N 个资产的收益率，R_{it}，$i=1,\cdots,N$，并且知道系统风险 β_{it}（前文提及，β_{it}不可直接观察获得，一般用 t 时刻以前的信息估计，我们记这一估计值为 $\hat{\beta}_{it-1}$），那么最基本的 CAPM 横截面检验就是估计以下简单回归方程：

$$R_{it}=\gamma_0+\gamma_1\hat{\beta}_{it-1}+\epsilon_{it},\ i=1,\cdots,N;\ t=1,\cdots,T \tag{4.1}$$

CAPM 的横截面含义就是 γ_1 大于 0。R_{it}的数据具有如下结构：

$$\begin{bmatrix} R_{11} & \cdots & R_{1T} \\ \vdots & \ddots & \vdots \\ R_{N1} & \cdots & R_{NT} \end{bmatrix}$$

注意到在以上数据结构中，在每一时刻 t 都具有相同个数（N）的观察值，并且对任意 i 具有相同的 T 期数据。我们把这一数据结构称为平衡的**面板数据**。数据 β_{it}也具有相同的结构：

$$\begin{bmatrix} \beta_{11} & \cdots & \beta_{1T} \\ \vdots & \ddots & \vdots \\ \beta_{N1} & \cdots & \beta_{NT} \end{bmatrix}$$

如果观察值个数不尽相同，我们把这样的数据结构称为**非平衡的面板数据**，比如：

$$\begin{bmatrix} R_{11} & \cdots & R_{1k} & R_{1k+1} & \cdots & R_{1T} \\ \vdots & \vdots & \vdots & \vdots & \vdots & \vdots \\ R_{N_1 1} & \cdots & R_{N_1 k} & R_{N_1 k+1} & \cdots & R_{N_1 T} \\ & & & \vdots & \vdots & \vdots \\ & & & R_{Nk+1} & \cdots & R_{N_T T} \end{bmatrix}$$

具体来说，对不同时期，公司的数目可能不同；对不同公司，它们的样本区间可能不一样。

相比横截面数据或时间序列数据，面板数据的一大优势是它使研究者在为不同公司间或不同时期的差异建模时具有更大的灵活性。下面我们介绍两种常用的面板数据模型设定，固定效应与随机效应的面板数据模型。在对它们的讨论中，我们都假设外生性条件：$E[\epsilon_{it}\mid x_{i1},\cdots,x_{iT}]=0$。

4.1.2 固定效应

固定效应的面板数据模型是金融实证中的常用模型。值得指出的是，在模型中也可以将其他变量，如股票市值、B/M 比率和惯性等，加入回归方程来检验 CAPM 或检验其他变量对收益率是否有预测作用。以下模型设定中，我们继续把 R_{it}作为因变量，但是为体现一般性，我们记 x_{it}为自变量。

固定效应的面板数据模型是指如下设定：

$$R_{it}=\alpha_i+\gamma x_{it}+\epsilon_{it},\quad i=1,\cdots,N;\ t=1,\cdots,T$$

如果我们把 α_i 看成一个待估计的参数，则 α_i 称为“公司固定效应”。“固定”这一名称源于对公司 i 来说，α_i 不随时间变化。公司固定效应体现了公司与公司之间的差别。在金融中，固定效应也通常称为“公司效应”或“产业效应”。固定效应模型通常的处理方法是加入公司虚拟变量或产业虚拟变量。

固定效应也可以体现在时间上，如：

$$R_{it} = \gamma_t + \gamma x_{it} + \epsilon_{it}$$

如果我们把 γ_t 看成一个待估计的参数，则 γ_t 称为“时间固定效应”。γ_t 体现了不同时间的差别。在金融中，时间固定效应通常指“季节效应”或“年份效应”，通常的处理方法是加入季节虚拟变量或年份虚拟变量。

固定效应也可以同时体现在公司和时间上，如：

$$R_{it} = \alpha_i + \gamma_t + \gamma x_{it} + \epsilon_{it}$$

固定效应面板数据模型的参数估计方法有最小二乘虚拟变量（LSDV）、平均数 OLS 估计和离差变换 OLS 估计三种，具体步骤参见 Greene（2005）。

检验群组效应

如果我们想检验不同群组（如公司）之间的 $\alpha_i, i = 1, \cdots, N$ 是否存在差别，即零假设为：

$$H_0: \alpha_1 = \alpha_2 = \cdots = \alpha_N$$

可以使用 F 检验。此检验用到的 F 比率统计量是：

$$F(N-1, NT-N-K) = \frac{(R^2_{LSDV} - R^2_{Pooled})/(N-1)}{(1-R^2_{LSDV})(NT-N-K)} \tag{4.2}$$

其中，R^2_{LSDV} 和 R^2_{Pooled} 分别是由 LSDV 和混合最小二乘法估计模型得到的拟合优度。此检验的思想是，如果零假设成立，即：

$$\alpha_1 = \alpha_2 = \cdots = \alpha_N$$

那么，R^2_{LSDV} 和 R^2_{Pooled} 之间的差别应该很小。如果它们之间的差别较大，即超过了给定显著水平 F 分布的临界值时，我们就拒绝零假设，推断不同群组之间的 α_i，$i = 1, \cdots, N$ 存在差别。

4.1.3　随机效应

随机效应的面板数据模型是指如下设定：

$$R_{it} = \gamma x_{it} + \alpha_i + \epsilon_{it}, \quad i = 1, \cdots, N; t = 1, \cdots, T$$

如果我们把 α_i 看成一个随机变量，并且假设 α_i 与自变量 x_{it} 不相关，即 $\mathrm{Cov}[\alpha_i, x_{it}] = 0$，那么 α_i 称为随机效应。α_i 是一个公司的特定成分。随机效应也可以体现在时间上，如：

$$\begin{cases} R_{it} = \gamma x_{it} + \gamma_t + \epsilon_{it} \quad i = 1, \cdots, N;\ t = 1, \cdots, T \\ \mathrm{Cov}[\gamma_t, x_{it}] = 0 \end{cases}$$

随机效应也可以同时体现在公司和时间上，如：

$$\begin{cases} R_{it} = \gamma x_{it} + \alpha_i + \gamma_t + \epsilon_{it} \quad i = 1, \cdots, N;\ t = 1, \cdots, T \\ \mathrm{Cov}[\alpha_i, x_{it}] = 0, \mathrm{Cov}[\gamma_t, x_{it}] = 0 \end{cases}$$

我们可以将 α_i（或 γ_t，或两者）分解成两部分：

$$\alpha_i = \alpha + a_i$$

其中，$\alpha = E[\alpha_i], E[a_i] = 0$，$\mathrm{Var}\ [a_i]\ = \sigma_a^2$。由于假设 α_i 与自变量 x_{it} 不相关，所以 a_i 与 x_{it} 不相关。因此，将 a_i 并入扰动项 ϵ_{it} 形成新的扰动项 $u_{it} \equiv a_i + \epsilon_{it}$ 满足外生性条件 $\mathrm{Cov}[u_{it}, x_{it}] = 0$，从而系数 γ 的 OLS 估计是相合的。但是即使 ϵ_{it} 是 iid，u_{it} 也不再是 iid，所以方差的 OLS 估计量不是相合的。另外，OLS 估计还降低了参数估计量的有效性。当模型的协方差矩阵形式已知时，我们可以用广义最小二乘（GLS）法估计随机效应模型。当模型的协方差矩阵形式未知时，我们可以用可行广义最小二乘（FGLS）估计模型。具体步骤参见 Greene（2005）和白仲林（2008）。

检验随机效应

随机效应模型中，$\mathrm{Var}[a_i] = \sigma_a^2 > 0$。因此，检验随机效应的零假设和备择假设可以设置为：

$$H_0: \sigma_a^2 = 0$$
$$H_1: \sigma_a^2 > 0$$

观察到这一点，Breusch 和 Pagan（1980）提出以下统计量来检验随机效应：

$$LM = \frac{NT}{2(T-1)}\left[\frac{\sum_{i=1}^{N}\left(\sum_{i=1}^{T}\hat{\epsilon}_{it}\right)^2}{\sum_{i=1}^{N}\sum_{i=1}^{T}\hat{\epsilon}_{it}^2} - 1\right] \tag{4.3}$$

在零假设成立时，此统计量服从自由度为 1 的卡方分布 $\chi^2(1)$。因此，若 LM 统计量的值大于给定显著水平 $\chi^2(1)$ 分布的临界值时，我们就拒绝零假设，推断模型存在随机效应。

评注 4.1 从以上介绍我们看到，在传统的面板数据模型中，当 α_i 被看成一个随机变量时，它被称为“随机效应”；对每一 i，当 α_i 被看成一个需要估计的参数时，称为“固定效应”。在一些近来的微观计量经济学教科书和文献中，如 Wooldridge（2002），α_i 被看成是不可观测效应或不可观测异质性。他们的观点是，当从横截面获得大量的抽样时，那么总是可以将不可观测效应，即 α_i，看成和 R_{it} 和 x_{it} 一样，是从总体中获得的随机抽样。在这些文献中“随机效应”是指不可观测的效应和可观测的解释变量之间没有相关性，即 $\mathrm{Cov}[\alpha_i, x_{it}] = 0, t = 1, \cdots, T$。类似地，在微观计量经济学应用中，“固定效应”通常不是指将 α_i 看成是非随机的，而是指不可观测的效应 α_i 和可观测的解释变量之间可以存在任意的相关性。因此，如果 α_i 被称为“个体固定效应”或“公司固定效应”，从实际应用的目的来看，“固定效应”是指 α_i 与自变量 x_{it} 存在相关性。值得指出的是，在近年新版的一些计量经济学教科书中，如 Greene（2005），对面板数据模型设定也有类似的阐述。

4.2　混合回归与 Fama – MacBeth 回归

4.2.1　混合回归

在金融与会计文献中，一个简便的处理面板数据的做法就是把所有的数据堆垒起来，成为一个普通的回归模型。本小节我们首先介绍平衡的面板数据模型，然后是非平衡的面板数据模型。

面板数据最简单的模型设定是混合回归模型：

$$R_{it} = \gamma_0 + \gamma_1 x_{it} + \epsilon_{it}, \quad i = 1, \cdots, N;\ t = 1, \cdots, T$$

记 $\mathbf{x}_{it} \equiv (1, x_{it})^\top$，$\beta \equiv (\gamma_0, \gamma_1)^\top$，以上回归方程写成：

$$R_{it} = \mathbf{x}_{it}^\top \beta + \epsilon_{it}, \quad i = 1, \cdots, N;\ t = 1, \cdots, T \tag{4.4}$$

把以上 NT 个方程堆垒起来，写成矩阵运算的简洁形式：

$$\mathbf{R} = \mathbf{X}\beta + \epsilon$$

其中，

$$\mathbf{R} = \begin{bmatrix} R_{11} \\ \vdots \\ R_{1T} \\ \vdots \\ R_{N1} \\ \vdots \\ R_{NT} \end{bmatrix}, \quad \mathbf{X} = \begin{bmatrix} \mathbf{x}_{11}^\top \\ \vdots \\ \mathbf{x}_{1T}^\top \\ \vdots \\ \mathbf{x}_{N1}^\top \\ \vdots \\ \mathbf{x}_{NT}^\top \end{bmatrix}, \quad \epsilon = \begin{bmatrix} \epsilon_{11} \\ \vdots \\ \epsilon_{1T} \\ \vdots \\ \epsilon_{N1} \\ \vdots \\ \epsilon_{NT} \end{bmatrix}$$

非平衡面板数据模型的数据结构是：

$$\mathbf{R}=\begin{bmatrix}R_{11}\\ \vdots\\ R_{1T_1}\\ \vdots\\ R_{N1}\\ \vdots\\ R_{NT_N}\end{bmatrix},\ \mathbf{X}=\begin{bmatrix}\mathbf{x}_{11}^{\top}\\ \vdots\\ \mathbf{x}_{1T_1}^{\top}\\ \vdots\\ \mathbf{x}_{N1}^{\top}\\ \vdots\\ \mathbf{x}_{NT_N}^{\top}\end{bmatrix},\ \boldsymbol{\epsilon}=\begin{bmatrix}\epsilon_{11}\\ \vdots\\ \epsilon_{1T_1}\\ \vdots\\ \epsilon_{N1}\\ \vdots\\ \epsilon_{NT_N}\end{bmatrix}$$

显然，对于混合回归来说，平衡与非平衡面板数据没有区别。对于平衡的面板数据和非平衡的面板数据，我们可以运用相同的估计方法。如果假设外生性条件（$\mathrm{Cov}[\mathbf{x}_{it},\epsilon_{js}]=0,\ \forall i,j=1,\cdots,N;\ s,t=1,\cdots,T$），则可以用普通最小二乘（OLS）法得到参数向量 β 的相合估计：

$$\begin{aligned}\hat{\beta}&=(\mathbf{X}^{\top}\mathbf{X})^{-1}(\mathbf{X}^{\top}\mathbf{R})\\&=\left(\sum_{i=1}^{N}\sum_{t=1}^{T}\mathbf{x}_{it}^{\top}\mathbf{x}_{it}\right)^{-1}\left(\sum_{i=1}^{N}\sum_{t=1}^{T}\mathbf{x}_{it}^{\top}R_{it}\right)\end{aligned} \tag{4.5}$$

它称为面板数据模型的**混合最小二乘（Pooled OLS）估计**。因为它就是将所有的数据$\{(R_{it},\mathbf{x}_{it}),\ i=1,\cdots,N;\ t=1,\cdots,T\}$堆垒在一起，作为模型 $R=\mathbf{x}^{\top}\beta+\epsilon$ 的样本，再作 OLS 得到的估计量。

在 ϵ_{it} 独立同分布（iid）并服从正态分布的假设条件下，$\hat{\beta}$ 具有上一章经典线性回归模型假设下参数 OLS 估计量的有限样本分布。

混合回归的优势在于非常简单，并且可以处理非平衡的面板数据。但是，混合回归丢失了扰动项 ϵ_{it} 的方差—协方差结构，通常它的统计推断依赖于很强的假设条件：ϵ_{it} 独立同分布（iid），即没有自相关性，并且服从正态分布。当 ϵ_{it} 不满足这些假设条件时，标准差的估计就可能不是相合的，从而导致错误的统计推断。

4.2.2 Fama - MacBeth 回归

Fama - MacBeth 回归就是在公司截面或时间序列作多个回归，再计算回归估计量的均值和样本方差以得到参数估计量和方差估计。它的计算简单，也可以处理非平衡的面板数据。

公司截面 Fama - MacBeth 回归

当公司截面的关系是研究的重点时，比如说研究的问题是股票收益率与公司市值之间的关系时，金融学中常用的方法是公司截面 Fama - MacBeth 回归。公司截面 Fama - MacBeth 回归的步骤如下：给定每一时刻 t，式（4.4）都是一个线性回归方程，即：

$$R_{it}=\gamma_0+\gamma_1 x_{it}+\epsilon_{it}, \quad i=1, \cdots, N$$

其中，$t=1,\cdots,T$。用 OLS 估计这一方程，得到一个 β 的估计值，因为总共有 T 期，所以有 T 个 β 的估计值，记为 $\hat{\beta}_1,\cdots,\hat{\beta}_T$，其中 $\hat{\beta}_t=(\hat{\gamma}_{0t},\hat{\gamma}_{1t})^\top$，$t=1,\cdots,T$。$\beta$ 的 Fama - MacBeth 估计量定义为 $\hat{\beta}_t$ 的平均值。记 $\hat{\beta}_{\mathrm{FM}}=(\hat{\gamma}_0^{\mathrm{FM}}, \hat{\gamma}_1^{\mathrm{FM}})^\top$，我们有：

$$\hat{\beta}_{\mathrm{FM}}=\frac{1}{T}\sum_{t=1}^{T}\hat{\beta}_t \tag{4.6}$$

其中，

$$\hat{\beta}_t=\sum_{t=1}^{T}\left[\left(\sum_{i=1}^{N}\mathbf{x}_{it}^\top\mathbf{x}_{it}\right)^{-1}\left(\sum_{i=1}^{N}\mathbf{x}_{it}^\top R_{it}\right)\right]$$

如果 $\hat{\beta}_1,\cdots,\hat{\beta}_T$ 独立同分布，则 $\hat{\gamma}_0^{\mathrm{FM}}$ 和 $\hat{\gamma}_1^{\mathrm{FM}}$ 的方差估计就是参数估计量时间序列的样本方差：

$$\widehat{\mathrm{Var}[\hat{\gamma}_0^{\mathrm{FM}}]}=\frac{1}{T-1}\sum_{t=1}^{T}(\hat{\gamma}_{0t}-\hat{\gamma}_0^{\mathrm{FM}})^2$$

$$\widehat{\mathrm{Var}[\hat{\gamma}_1^{\mathrm{FM}}]}=\frac{1}{T-1}\sum_{t=1}^{T}(\hat{\gamma}_{1t}-\hat{\gamma}_1^{\mathrm{FM}})^2$$

以上估计量称为 **Fama - MacBeth 标准差估计量**。得到参数估计值和方差估计之后，最后可以用以下 t 统计量来检验回归系数等于零的零假设：

$$t_0=\frac{\hat{\gamma}_0^{\mathrm{FM}}}{\sqrt{\widehat{\mathrm{Var}[\hat{\gamma}_0^{\mathrm{FM}}]}}\Big/\sqrt{T}}, \quad t_1=\frac{\hat{\gamma}_1^{\mathrm{FM}}}{\sqrt{\widehat{\mathrm{Var}[\hat{\gamma}_1^{\mathrm{FM}}]}}\Big/\sqrt{T}}$$

不过需要强调的是，以上统计推断只有在 $\hat{\beta}_1,\cdots,\hat{\beta}_T$ 独立同分布时才是正确的。

时间序列 Fama - MacBeth 回归

当研究的侧重点是时间序列关系时，比如说因子模型的估计，金融学中常用的方法是时间序列 Fama - MacBeth 回归。时间序列 Fama - MacBeth 回归的步骤如下：给定每一资产 i，式（4.4）也是一个线性回归方程，即：

$$R_{it}=\gamma_0+\gamma_1 x_{it}+\epsilon_{it}, \quad t=1,\cdots,T$$

其中，$i=1,\cdots,N$。同样运用 OLS 估计这一方程，对每个资产 i 我们得到一个 β 的估计值，即 $\hat{\beta}_i=(\gamma_{0i},\gamma_{1i})^\top, i=1,\cdots,N$。因为有 N 个资产，最后会得到 N 个 β 的估计值，即 $\hat{\beta}_1,\cdots,\hat{\beta}_N$。这些估计值的均值和样本方差就是时间序列 Fama - MacBeth 回归的参数估计值和方差估计。

从以上 Fama - MacBeth 回归的步骤我们看到，它最明显的优势是计算简便，并且对非平衡的数据也是可行的。除此之外，公司截面 Fama - MacBeth 回归自动地考虑了时间效应，时间序列 Fama - MacBeth 回归自动地考虑了公司效应。Fama - MacBeth 回归的不足之处在于，公司截面 Fama - MacBeth 回归有可能没有考虑公司效应，时间序列 Fama - MacBeth 回归有可能没有考虑时间效应。此外，β_t 或 β_i 可能不是独立的序列，从而使得以上统计推断可能不正确。

4.3 方差估计

前文提到，混合回归通常没有考虑扰动项 ϵ_{it}的方差—协方差结构。此外，我们假设 Fama - MacBeth 回归得到的 β_t 或 β_i 是独立同分布的序列并以此推出方差估计量。本小节我们将放松此假设，介绍在更一般情况下如何估计方差。除此之外，由于 Fama - MacBeth 回归有可能没有全面考虑公司效应或时间效应，我们还将介绍 Petersen（2009）的更一般的估计方差的方法。

下面我们首先考虑放松 Fama - MacBeth 回归得到的 β_t 是独立同分布时间序列的假设条件下的方差估计。当 Fama - MacBeth 回归得到的 $\hat{\beta}_1,\cdots,\hat{\beta}_T$存在自相关时，方差估计需要进行调整。首先，我们引入 v 阶自协方差矩阵的一个相合估计是：

$$\hat{\Gamma}_v=\frac{1}{T}\sum_{t=v+1}^{T}(\hat{\beta}_t-\hat{\beta}_{\mathrm{FM}})(\hat{\beta}_{t-v}-\hat{\beta}_{\mathrm{FM}})^\top$$

这一结果可以参考 Hamilton（1994）。接下来在介绍各种方差估计时，我们将频繁地用到这一结果。

4.3.1 Hansen - Hodrick 方差估计

Hansen 和 Hodrick（1980）考虑了以下自相关结构的方差估计。Hansen 和 Hodrick（1980）的原文考虑的是未来 $q(q>1)$期变量的预测，但抽样频率是每期 1 次，这使得预测误差项之间部分重叠，因此产生自相关性。具体来说，如果自相关系数在不大于 q 阶时不等于 0，而大于 q 阶时等于 0，即：

$$\mathrm{Cov}[\beta_t,\beta_{t-k}]=\begin{cases}\Gamma_k\neq 0 & k\leqslant v\\ 0 & k>v\end{cases}$$

那么 $\hat{\beta}_{FM}$ 的方差—协方差矩阵的一个相合估计是：

$$\hat{\mathbf{V}}_{HH} = \frac{1}{T}\left[\hat{\Gamma}_0 + \sum_{v=1}^{q}(\hat{\Gamma}_v + \hat{\Gamma}_v^{\top})\right]$$

这一估计量称为 Hansen - Hodrick 估计。

4.3.2　Newey - West 方差估计

Newey and West（1987）考虑了以下自相关性结构：当 $\hat{\beta}_1,\cdots,\hat{\beta}_T$ 具有很长阶数的自相关性并随时间减弱时，即

$$\text{Cov}[\beta_t,\beta_{t-k}] = \Gamma_k \neq 0, \quad \forall k$$

可以使用以下方差—协方差矩阵的相合估计：

$$\hat{\mathbf{V}}_{NW} = \frac{1}{T}\left[\hat{\Gamma}_0 + \sum_{v=1}^{q}\left(1 - \frac{v}{q+1}\right)(\hat{\Gamma}_v + \hat{\Gamma}_v^{\top})\right]$$

此估计量对异方差和自相关性都是稳健的，通常称为 **Newey - West 方差估计**。

4.3.3　Petersen 方差估计

本小节主要介绍 Petersen（2009）提出的金融实证中面板数据模型的方差估计。与混合回归和 Fama - MacBeth 回归相比，Petersen（2009）回到面板数据模型框架中来讨论方差估计问题。Petersen（2009）考虑了下面简单的面板数据回归模型，

$$Y_{it} = X_{it}\beta + \epsilon_{it}$$

其中，X_{it} 与 ϵ_{it} 独立，并且假设它们的均值等于 0，方差有限，即：

$$E[X_{it}] = 0, \text{Var}[X_{it}] = \sigma_X^2 < \infty$$
$$E[\epsilon_{it}] = 0, \text{Var}[\epsilon_{it}] = \sigma_\epsilon^2 < \infty$$

参数 β 的 OLS 估计量是：

$$\hat{\beta}_{OLS} = \frac{\sum_{i=1}^{N}\sum_{t=1}^{T}X_{it}Y_{it}}{\sum_{i=1}^{N}\sum_{t=1}^{T}X_{it}^2} = \frac{\sum_{i=1}^{N}\sum_{t=1}^{T}X_{it}(X_{it}\beta + \epsilon_{it})}{\sum_{i=1}^{N}\sum_{t=1}^{T}X_{it}^2}$$

$$= \beta + \frac{\sum_{i=1}^{N}\sum_{t=1}^{T} X_{it}\epsilon_{it}}{\sum_{i=1}^{N}\sum_{t=1}^{T} X_{it}^2}$$

因为 X_{it} 与 ϵ_{it} 独立，所以 $\hat{\beta}_{\text{OLS}}$ 是无偏的，即 $E[\hat{\beta}_{\text{OLS}}]=\beta$，它也是 β 的相合估计量。

为作统计推断，我们需要估计 $\hat{\beta}_{\text{OLS}}$ 的方差。以下我们介绍在不同情况下 $\hat{\beta}_{\text{OLS}}$ 的渐近方差估计。

扰动项独立同分布的方差估计

首先，最简单的情况是 ϵ_{it} 为独立同分布，此时 $\hat{\beta}_{\text{OLS}}$ 的渐近方差等于：

$$\begin{aligned}
\text{Avar}[\hat{\beta}_{\text{OLS}} - \beta] &= \underset{N\to\infty, T\text{固定}}{\text{plim}}\left[\frac{1}{N^2}\left(\sum_{i=1}^{N}\sum_{t=1}^{T} X_{it}\epsilon_{it}\right)^2\left(\frac{\sum_{i=1}^{N}\sum_{t=1}^{T} X_{it}^2}{N}\right)^{-2}\right] \\
&= \underset{N\to\infty, T\text{固定}}{\text{plim}}\left[\frac{1}{N^2}\left(\sum_{i=1}^{N}\sum_{t=1}^{T} X_{it}^2\epsilon_{it}^2\right)\left(\frac{\sum_{i=1}^{N}\sum_{t=1}^{T} X_{it}^2}{N}\right)^{-2}\right] \\
&= \frac{1}{N}(T\sigma_X^2\sigma_\epsilon^2)(T\sigma_X^2)^{-2} \\
&= \frac{\sigma_\epsilon^2}{\sigma_X^2 NT} \qquad (4.7)
\end{aligned}$$

其中，由 ϵ_{it} 独立得到第二个等式，由 ϵ_{it} 条件同方差得到第三个等式。用 $\hat{\sigma}_\epsilon^2 \equiv \sum_{i=1}^{N}\sum_{t=1}^{T} X_{it}^2\hat{\epsilon}_{it}^2/(NT-1)$，其中残差 $\hat{\epsilon}_{it} \equiv Y_{it} - X_{it}\hat{\beta}_{\text{OLS}}$，代替式（4.7）中的 σ_ϵ^2，用 $\hat{\sigma}_X^2 = \sum_{i=1}^{N}\sum_{t=1}^{T} X_{it}^2/(NT-1)$ 代替 σ_X^2，就得到 $\hat{\beta}_{\text{OLS}}$ 的 OLS 方差估计量。金融数据一般不满足 ϵ_{it} 独立同分布的假设，因此，OLS 估计量渐近方差的形式要比式（4.7）复杂，这种情况下 OLS 方差估计量不是相合的，依它而作出的统计推断可能不正确。

White 异方差稳健方差估计

当 ϵ_{it} 不存在自相关性，但有可能存在条件异方差性时，$\hat{\beta}_{\text{OLS}}$ 的方差的一个相合估计是：

$$V_{\text{White}} = \frac{\sum_{i=1}^{N}\sum_{t=1}^{T} X_{it}^2\hat{\epsilon}_{it}^2}{\left(\sum_{i=1}^{N}\sum_{t=1}^{T} X_{it}^2\right)^2}$$

其中，$\hat{\epsilon}_{it} = Y_{it} - X_{it}\hat{\beta}_{\text{OLS}}$。它是对条件异方差性稳健的方差估计量。White（1980）首先提出了此类估计量，因此称为 **White 方差估计**。

Petersen（2009）考虑了两种金融实证中经常遇到的违背 ϵ_{it} 独立同分布的情

况，公司效应与时间效应。

公司集聚方差估计

第一种不满足独立同分布假设的情况是公司效应。数据具有**公司效应**是指 ϵ_{it} 和 X_{it} 都可以分解成两部分，一部分是公司特有成分，另一部分是独立同分布的成分。其结构可以用公式表示如下：

$$\epsilon_{it}=\gamma_i+\eta_{it}, \quad X_{it}=\mu_i+v_{it}$$

与前面介绍的随机效应模型相比较，以上模型不仅 ϵ_{it} 含有公司特定成分，而且 X_{it} 含有公司特定成分。由于公司特定成分的存在，ϵ_{it} 和 X_{it} 不再是独立同分布的，不同时期的 ϵ_{it}、X_{it}，即 ϵ_{it} 和 ϵ_{is}、X_{it} 和 X_{is} 具有相关性，其中 $t\neq s$。Petersen（2009）假设了以下结构：

$$\mathrm{Corr}[X_{it},X_{js}]=\begin{cases}\rho_X=\sigma_\mu^2/\sigma_X^2 & \text{对于 } i=j,t\neq s\\ 0 & \forall\, i\neq j\end{cases}$$

$$\mathrm{Corr}[\epsilon_{it},\epsilon_{js}]=\begin{cases}\rho_\epsilon=\sigma_\gamma^2/\sigma_\epsilon^2 & \text{对于 } i=j,t\neq s\\ 0 & \forall\, i\neq j\end{cases}$$

在以上结构中，对于不同的公司，自变量之间的相关性等于0，扰动项之间的相关性也等于0。对于同一公司，他们的相关系数等于一个常数，不随时距变化。

公司效应下 OLS 估计量的渐近方差为：

$$\begin{aligned}
\mathrm{Avar}[\hat{\beta}_{\mathrm{OLS}}-\beta] &= \operatorname*{plim}_{N\to\infty,T\text{固定}}\left[\frac{1}{N^2}\left(\sum_{i=1}^{N}\sum_{t=1}^{T}X_{it}\epsilon_{it}\right)^2\left(\frac{\sum_{i=1}^{N}\sum_{t=1}^{T}X_{it}^2}{N}\right)^{-2}\right]\\
&= \operatorname*{plim}_{N\to\infty,T\text{固定}}\left[\frac{1}{N^2}\sum_{i=1}^{N}\left(\sum_{t=1}^{T}X_{it}\epsilon_{it}\right)^2\left(\frac{\sum_{i=1}^{N}\sum_{t=1}^{T}X_{it}^2}{N}\right)^{-2}\right]\\
&= \operatorname*{plim}_{N\to\infty,T\text{固定}}\left[\frac{1}{N^2}\sum_{i=1}^{N}\left(\sum_{t=1}^{T}X_{it}^2\epsilon_{it}^2+2\sum_{t=1}^{T-1}\sum_{s=t+1}^{T}X_{it}X_{is}\epsilon_{it}\epsilon_{is}\right)\right.\\
&\qquad\left.\times\left(\frac{\sum_{i=1}^{N}\sum_{t=1}^{T}X_{it}^2}{N}\right)^{-2}\right]\\
&= \frac{1}{N}[T\sigma_X^2\sigma_\epsilon^2+T(T-1)\rho_X\sigma_X^2\rho_\epsilon\sigma_\epsilon^2](T\sigma_X^2)^{-2}\\
&= \frac{\sigma_\epsilon^2}{\sigma_X^2NT}[1+(T-1)\rho_X\rho_\epsilon]
\end{aligned}\tag{4.8}$$

比较式（4.7）与式（4.8），因为 ρ_X 与 ρ_ϵ 都大于0，所以公司效应使 OLS 估计量的渐近方差增大。如果此时仍然使用 OLS 方差估计，那么将低估真实的方差，从而作出错误的统计推断。因为考虑到公司效应，我们需要使用公司集聚方差估计，即：

$$V_{\text{Firm}} = \frac{N(NT-1)\sum_{i=1}^{N}\left(\sum_{t=1}^{T} X_{it}\hat{\epsilon}_{it}\right)^2}{(NT-k)(N-1)\left(\sum_{i=1}^{N}\sum_{t=1}^{T} X_{it}^2\right)^2}$$

当 ϵ_{it} 和 X_{it} 各自在不同时期的相关性随时滞增加而递减，即 ρ_X 和 ρ_ϵ 随时间递减时，我们可以使用面板数据模型下的 Newey – West 估计，它的关键部分是：

$$\begin{aligned}\sum_{i=1}^{N}\left(\sum_{t=1}^{T} X_{it}\hat{\epsilon}_{it}\right)^2 &= \sum_{i=1}^{N}\left(\sum_{t=1}^{T} X_{it}^2\hat{\epsilon}_{it}^2 + 2\sum_{t=1}^{T-1}\sum_{s=t+1}^{T} w(t-s)X_{it}X_{is}\hat{\epsilon}_{it}\hat{\epsilon}_{is}\right)\\ &= \sum_{i=1}^{N}\left(\sum_{t=1}^{T} X_{it}^2\hat{\epsilon}_{it}^2 + 2\sum_{t=1}^{T-1}\sum_{j=1}^{T-t} w(j)X_{it}X_{it-j}\hat{\epsilon}_{it}\hat{\epsilon}_{it-j}\right)\\ &= \sum_{i=1}^{N}\left(\sum_{t=1}^{T} X_{it}^2\hat{\epsilon}_{it}^2 + 2\sum_{t=1}^{T-1}\sum_{j=1}^{T-t}\left(1-\frac{j}{T}\right)X_{it}X_{it-j}\hat{\epsilon}_{it}\hat{\epsilon}_{it-j}\right)\end{aligned}$$

如果上式中的滞后项等于0，即不存在自相关性时，我们得到 White 估计量的关键部分，即：

$$\sum_{i=1}^{N}\left(\sum_{t=1}^{T} X_{it}\hat{\epsilon}_{it}\right)^2 = \sum_{i=1}^{N}\sum_{t=1}^{T} X_{it}^2\hat{\epsilon}_{it}^2$$

它是对异方差稳健的估计量。White 估计量可以写成：

$$V_{\text{White}} = \frac{\sum_{i=1}^{N}\sum_{t=1}^{T} X_{it}^2\hat{\epsilon}_{it}^2}{\left(\sum_{i=1}^{N}\sum_{t=1}^{T} X_{it}^2\right)^2}$$

评注 4.2 White 估计量由 White（1980）提出，它对任意形式的条件异方差（包括同方差）是稳健的，其计算也非常简便，因此越来越多的实证研究选择至少报告这一估计量得到的方差估计。Newey – West 估计量由 Newey 和 West（1987）提出，它同时对条件异方差和自相关稳健，但他的计算比较复杂，此外还需要选择自相关的滞后阶数。

时间集聚方差估计

当数据具有时间效应时，即 ϵ_{it} 和 X_{it} 可分解成时间特有部分和独立同分布部分：

$$\epsilon_{it} = \delta_t + \eta_{it}, \quad X_{it} = \zeta_t + v_{it}$$

与前面介绍的随机效应模型相比较，与公司效应相对应，时间效应不仅 ϵ_{it} 具有时间特定成分，而且 X_{it} 也具有时间特定成分。时间效应使 ϵ_{it} 和 X_{it} 产生了时间序列上的相关性。与公司效应类似，此时 OLS 方差估计量低估了真实的方差，我们需要使用时间集聚方差估计，它只需要把公司集聚方差估计中的 N 和 T 互换位置即可：

$$V_{\text{Time}} = \frac{T(TN-1)\sum_{i=1}^{T}\left(\sum_{t=1}^{N}X_{it}\hat{\epsilon}_{it}\right)^2}{(TN-k)(T-1)\left(\sum_{i=1}^{T}\sum_{t=1}^{N}X_{it}^2\right)^2}$$

双重集聚方差估计

当数据具有公司和时间双重效应时，即：

$$\epsilon_{it} = \gamma_i + \delta_t + \eta_{it}, \quad X_{it} = \mu_i + \zeta_t + v_{it}$$

其中，γ_i 与 μ_i 是公司效应，δ_t 与 ζ_t 是时间效应。此时，我们需要使用公司与时间双重集聚方差估计：

$$V_{FT} = V_F + V_T - V_{\text{White}}$$

这一估计量由 Thompson（2011）和 Cameron、Gelbach 和 Miller（2006）同时提出。

4.3.4 金融中的实例

为阐明不同方差估计方法的差别和对统计推断的影响，Petersen（2009）考虑了两个实证例子，它们分别具有公司效应和时间效应。

公司效应

表 4-1 是一个公司金融中资本结构影响因素实证分析的结果，研究目的是考察哪些因素对公司资本结构有显著影响。使用的模型是线性回归面板数据模型并加入时间（年份）虚拟变量，因变量是公司资本结构（公司市值/负债比率），自变量为表 4-1 第一列中影响公司资本结构的 8 个变量。它们包括 ln（资产市值）、ln（1+公司年龄）、利润/销售额、有形资产、M/B 比率、广告投入/销售额、研发投入/销售额和研发虚拟变量。使用的数据是 1965—2003 年的年度数据，共计 24286 个公司的年度观察值。参数估计的方法有混合 OLS 和 Fama-MacBeth 两种，方差的估计方法有 White、公司集聚、时间集聚、双重集聚和 Fama-MacBeth 五种。

比较表 4-1 中公司集聚（II）和 White（I）方差估计的结果，前者估计得到的标准差是后者的 3 倍以上，表明扰动项具有显著的公司效应。例如，变量利润/销售额和广告投入/销售额回归系数的 White 标准差估计量分别等于 0.0107 和 0.0841，而公司集聚标准差估计量分别等于 0.0359 和 0.2617，后者是前者的 3 倍多。运用前者作统计推断，回归系数甚至在 1% 水平上具有显著性。但若运用正确

表 4-1　　资本结构回归：公司效应

自变量	I	II	III	IV	V
ln（资产市值）	0.0460**	0.0460*	0.0460**	0.0460*	0.0394**
	(0.0055)	(0.0184)	(0.0074)	(0.0191)	(0.0076)
ln（1+公司年龄）	-0.0432**	-0.0432	-0.0432**	-0.0432	-0.0479**
	(0.0084)	(0.0297)	(0.0067)	(0.0293)	(0.0077)
利润/销售额	-0.0330**	-0.0330	-0.0330**	-0.0330	-0.0299**
	(0.0107)	(0.0359)	(0.0098)	(0.0357)	(0.0097)
有形资产	0.1043**	0.1043**	0.1043**	0.1043**	0.1158**
	(0.0057)	(0.0197)	(0.0083)	(0.0206)	(0.0096)
M/B 比率	-0.0251**	-0.0251**	-0.0251**	-0.0251**	-0.0272**
	(0.0006)	(0.002)	(0.0013)	(0.0023)	(0.0016)
广告投入/销售额	-0.3245**	-0.3245	-0.3245**	-0.3245	-0.3965*
	(0.0841)	(0.2617)	(0.0814)	(0.2609)	(0.1712)
研发投入/销售额	-0.3513**	-0.3513*	-0.3513**	-0.3513*	-0.3359**
	(0.0469)	(0.1544)	(0.0504)	(0.1555)	(0.0501)
研发虚拟变量（>0）	0.0177**	0.0177*	0.0177**	0.0177*	0.0126**
	(0.0024)	(0.0076)	(0.0025)	(0.0077)	(0.0034)
R^2	0.136	0.136	0.136	0.136	0.13
参数估计	OLS	OLS	OLS	OLS	FM
方差估计	White	公司集聚	时间集聚	双重集聚	FM

注：本表使用的模型是线性回归面板数据模型并加入时间（年份）虚拟变量，因变量是公司资本结构（公司市值/负债比率），自变量是第一列的 8 个变量。参数估计的方法包括 OLS 和 Fama - MacBeth 两种，方差的估计方法包括 White(I)、公司集聚(II)、时间集聚(III)、双重集聚(IV)和 Fama - MacBeth(V)五种。括号中的数字为标准差，(*)表示 5% 的水平上显著，(**)表示 1% 的水平上显著。

的方差估计（公司集聚）作统计推断，这两个回归系数在 5% 水平上不具有显著性。表 4-1 中时间集聚(III)和 Fama - MacBeth(V)方差估计得到的标准差和 White(I)差别不大，并且双重集聚(IV)的标准差和公司集聚(II)的标准差差别非常小，表明时间效应不明显。仍以变量利润/销售额和广告投入/销售额为例，公司集聚标准差估计量分别等于 0.0359 和 0.2617，公司与时间双重集聚标准差估计量分别等于 0.0357 和 0.2609，差别很小。表 4-1 的结果表明，公司效应存在时，如果用 White 或时间集聚或 Fama - MacBeth 方差估计将低估真实的标准差。正确的方差估计是公司集聚方差估计。

时间效应

表 4-2 是一个资产定价的实证分析结果，主要目的是检验股票发行是否能解

释收益率。使用的模型是线性回归面板数据模型并加入时间（月份）虚拟变量，因变量是股票月度收益率，自变量是第一列的 4 个变量，它们包括 $\ln(B/M)_{t-5}$、ln(账面收益率)（前 5 年）、市场收益率（前 5 年）和净股票发行。使用的数据是从 1968 年 6 月至 2003 年 12 月的月度数据，共计 844155 个公司的月份观察值。参数的估计方法和方差估计方法和以上例子一样。

表 4-2 资产定价应用：时间效应

自变量	I	II	III	IV	V
$\ln(B/M)_{t-5}$	0.2456**	0.2456**	0.2456**	0.2456**	0.2064**
	(0.0238)	(0.0247)	(0.0924)	(0.0926)	(0.0795)
ln(账面收益率)	0.2482**	0.2482**	0.2482**	0.2482**	0.2145**
（前 5 年）	(0.0385)	(0.0396)	(0.0859)	(0.0864)	(0.0788)
市场收益率（前 5 年）	-0.3445*	-0.3445*	-0.3445*	-0.3445*	-0.3310**
	(0.0257)	(0.0261)	(0.1)	(0.1001)	(0.0893)
净股票发行	-0.5245**	-0.5245**	-0.5245**	-0.5245**	-0.5143**
	(0.0426)	(0.0427)	(0.144)	(0.1441)	(0.1235)
R^2	0.0008	0.0008	0.0008	0.0008	0.0008
参数估计	OLS	OLS	OLS	OLS	FM
方差估计	White	公司集聚	时间集聚	双重集聚	FM

注：本表使用的模型是线性回归面板数据模型并加入时间（月份）虚拟变量，因变量是股票月度收益率，自变量是第一列的 4 个变量。参数估计的方法包括 OLS 和 Fama - MacBeth 两种，方差的估计方法包括 White(I)、公司集聚(II)、时间集聚(III)、双重集聚(IV)和 Fama - MacBeth(V)五种。括号中的数字为标准差，(*)表示 5% 的水平上显著，(**)表示 1% 的水平上显著。

比较表 4-2 中时间集聚(III)和 White(I)方差估计的结果，前者估计得到的标准差是后者的两至三倍，表明扰动项具有显著的时间效应。例如，4 个变量回归系数的 White 标准差估计分别等于 0.0238、0.0385、0.0257 和 0.0426，而时间集聚标准差估计分别等于 0.0924、0.0859、0.1 和 0.144。公司集聚(II)方差估计得到的标准差和 White(I)方差估计差别不大，例如，4 个变量回归系数公司集聚标准差估计分别等于 0.0247、0.0396、0.0261 和 0.0427。双重集聚(IV)的标准差并没有比时间集聚(III)的标准差增加多少，表明公司效应不明显。例如，4 个变量回归系数的双重集聚的标准差估计分别等于 0.0926、0.0864、0.1001 和 0.1441。此外，Fama - MacBeth(V)方差估计的标准差与时间集聚（III）方差估计的标准差相差不大。例如，4 个变量回归系数的 Fama - MacBeth 的标准差估计分别等于 0.0795、0.0788、0.0893 和 0.1235。因此，在时间效应存在时，如果用 White 或公司集聚方差估计将低估真实的标准差，时间集聚(III)和 Fama - MacBeth(V)方差估计是可行的选择。

本章回顾

主要概念

面板数据　面板数据模型　平衡的面板数据　非平衡的面板数据　固定效应　随机效应　混合回归　公司截面 Fama - MacBeth 回归　时间序列 Fama - MacBeth 回归　Fama - MacBeth 标准差估计量　Hansen - Hodrick 标准差估计量　Newey - West 标准差估计量　OLS 标准差估计量　White 标准差估计量　公司集聚标准差估计量　时间集聚标准差估计量　公司与时间双重集聚标准差估计量

主要结果

1. 因为股票收益率和公司特征变量在时间维度与横截面维度都有观测值，所以股票收益率和公司特征变量数据往往具有面板数据结构。面板数据模型可以设定为固定效应模型或随机效应模型，每一种模型中又可以有公司效应或时间效应，或同时包括公司效应和时间效应。

2. 混合回归是一种处理面板数据模型的简单方法，它就是将所有公司的观测值堆垒起来作回归。这种方法的优势是简单方便，缺点是在堆垒所有公司观测值的过程中，没有考虑数据的协方差结构，即时间维度的自协方差结构和公司维度的协方差结构。因此，如果标准差的估计是基于扰动项 iid 的假设，那么很可能导致参数估计值的统计推断出现偏差。

3. 因为公司截面 Fama - MacBeth 回归对每一时期都作一次回归，它考虑了时间效应，但它没有考虑可能的公司效应。与此对应的是，时间序列 Fama - MacBeth 回归对每个公司都作一次回归，所以它考虑了公司效应，但没有考虑可能的时间效应。

4. Fama - MacBeth 回归主要的标准差估计量有 Fama - MacBeth 标准差估计量、Hansen - Hodrick 标准差估计量、Newey - West 标准差估计量。

5. 面板数据模型主要的标准差估计量有 OLS 标准差估计量、White 标准差估计量、公司集聚标准差估计量、时间集聚标准差估计量和公司与时间双重集聚标准差估计量。

6. 当扰动项是 iid 时，可以使用 OLS 标准差估计量；当扰动项只存在条件异方差时，可以使用 White 标准差估计量；当模型存在公司效应时，应该使用公司集聚标准差估计量；当模型存在时间效应时，应该使用时间集聚标准差估计量；当两种效应都存在时，应该使用公司与时间双重集聚标准差估计量。

习　题

1. 解释平衡面板数据与非平衡面板数据的不同。为什么金融数据在很多时候都是非平衡的？

2. 解释面板数据模型中的固定效应与随机效应。

3. 解释处理面板数据的混合回归方法、公司截面 Fama - MacBeth 回归方法和时间序列 Fama - MacBeth 回归方法。讨论每种方法的优点与不足。

4. 在 Fama - MacBeth 回归中，根据以下不同情况，陈述扰动项的假设条件：

(a) Fama - MacBeth 标准差估计量；

(b) Hansen - Hodrick 标准差估计量；

(c) Newey - West 标准差估计量。

5. 在面板数据模型中，根据以下不同情况，陈述扰动项的假设条件：

(a) OLS 标准差估计量；

(b) White 标准差估计量；

(c) Newey - West 标准差估计量；

(d) 公司集聚标准差估计量；

(e) 时间集聚标准差估计量；

(f) 公司与时间双重集聚标准差估计量。

解释为什么在估计标准差时，考虑数据的协方差结构如此重要。

6. 使用第三章习题 4 的数据作以下分析：

(a) 将所有数据堆垒起来作混合回归，因变量为月度收益率，自变量为公司市值。记录市值系数的估计值和 iid 假设条件下的标准差估计，以此计算 t 统计量并作统计推断。

(b) 重复第三章习题 4 的公司截面 Fama - MacBeth 回归：在每个月，将股票收益率对公司市值作回归，记录 β 的估计值；然后，计算 β 估计值时间序列的均值和方差，利用它们计算 t 统计量并作统计推断。计算 Fama - MacBeth 回归的 Hansen - Hodrick 标准差估计量和 Newey - West 标准差估计量，利用它们计算 t 统计量并作统计推断。比较以上三种方差估计量的统计推断结果。

(c) 作时间序列 Fama - MacBeth 回归：对每个公司，将股票收益率对公司市值作回归，记录 β 的估计值；然后，计算 β 估计值序列的均值和方差，利用它们计算 t 统计量并作统计推断并与 (b) 的结果进行比较。

(d) 使用面板数据模型估计公司市值对收益率的影响，使用 White 方差估计量，记录市值系数的估计值和标准差估计，以此计算 t 统计量并作统计推断。

(e) 使用面板数据模型估计公司市值对收益率的影响，使用公司集聚方差估计量，记录市值系数的估计值和标准差估计，以此计算 t 统计量并作统计推断。

(f) 使用面板数据模型估计公司市值对收益率的影响，使用时间集聚方差估计量，记录市值系数的估计值和标准差估计，以此计算 t 统计量并作统计推断。

(g) 使用面板数据模型估计公司市值对收益率的影响，使用公司与时间双重集聚方差估计量，记录市值系数的估计值和标准差估计，以此计算 t 统计量并作统计推断。

(h) 比较以上 Fama - MacBeth 标准差估计量、Hansen - Hodrick 标准差估计量、Newey - West 标准差估计量、公司集聚标准差估计量、时间集聚标准差估计量和公司与时间双重集聚标准差估计量的统计推断结果。并讨论在本练习中，哪些方差估计量最有可能是正确的?

第五章　随机游走检验

资产收益率是否具有可预测性是金融实务中一个经久不衰并广受争议的问题。资产收益率的可预测性在理论与实践上都具有重要意义。在理论上，资产收益率的可预测性对市场有效性具有重要含义；在实践中，共同基金和对冲基金经理的许多投资策略都建立在资产收益率的可预测性之上。本章我们介绍随机游走模型的三种形式，从最强假设条件下的最简单形式到逐步放松假设条件后的更一般形式。随机游走模型的主要假设是将来的资产收益率与历史的资产收益率相互独立或者至少互不相关。

本章我们介绍随机游走模型几种不同的统计检验。不同的随机游走模型在不同的假设条件下的设定，它们的统计性质也随之不同。因此，不同模型的检验需要对应不同的方法。这些方法包括从基于资产收益率顺向和反向的简单方法到诸如方差比率检验的复杂方法等。为进一步阐明这些方法，我们使用方差比率法检验了上证指数日收益率的随机游走性质，同时还考察了中国股市涨跌停板制度对随机游走假说的影响。

由于假设将来的资产收益率与历史的资产收益率相互独立或者互不相关，随机游走假说显然不相容于金融文献经常涉及和金融业界广泛应用的技术分析。技术分析的主要前提是资产价格遵循特定的走势，并且历史往往重复出现。因此，通过考察历史价格的图表和走势，人们能够预测将来的价格走势。需要指出的是，技术分析使用的信息通常不止于历史价格，还包括成交量信息等，但是随机游走模型中的历史信息只限于历史价格。由于随机游走假说与技术分析的不相容，基于技术分析交易策略也可以用作随机游走的经济检验。本章我们对技术分析作全面的介绍，其中的重点是过滤策略。为进一步阐明经济检验方法，我们使用过滤策略检验了上证指数日收益率的随机游走性质。

前面提到，收益率的预测性对市场有效性具有重要含义。然而，一个普遍存在的误区是将随机游走假说等同于市场有效性（EMH）。本章我们将理清随机游走假说与市场有效性之间的关系和不同之处。特别地，我们将讨论 EMH 检验中的联合检验问题。有鉴于此，在诠释随机游走检验结果对市场有效性的含义时，我们需要小心谨慎。

5.1 随机游走的设定

以股票价格为例，本节我们介绍随机游走模型的三种形式，从最强假设条件下的设定形式开始，逐渐放松假设条件过渡到其他设定形式。以下我们记 t 时刻的股价为 P_t。

5.1.1 随机游走 I（RWI）：iid 增量

最简单的随机游走模型是股价变动是独立同分布（iid）的随机变量，记为 RWI，用以下公式表示：

$$P_t = \mu + P_{t-1} + \epsilon_t \tag{5.1}$$
$$\epsilon_t \sim \text{iid}(0, \sigma^2)$$

记股价变化 $\Delta P_t \equiv P_t - P_{t-1}$。根据以上模型设定，我们有：

$$E[\Delta P_t] = \mu,\ \text{Var}[\Delta P_t] = \sigma^2$$

因此，μ 和 σ^2 分别是股价变化的均值和方差，由于投资者风险厌恶的天性，一般来说 μ 大于零。ϵ_t 是均值等于 0 的随机变量，我们称为**冲击**或**扰动项**。

如果 ϵ_t 服从正态分布，即：

$$\epsilon_t \sim \text{iid}\ \mathcal{N}(0,\ \sigma^2)$$

我们称 P_t 是一个离散时间的布朗运动。

由于正态分布的支撑（取值范围）是$(-\infty, +\infty)$，因此以上模型中，股价 P_t 的取值可以小于零，这与上市公司的有限责任性质不符。考虑到股票价格不可能为负的性质，我们一般假设对数价格（$\ln P_t$）服从随机游走过程，即：

$$\ln P_t = \mu + \ln P_{t-1} + \epsilon_t \tag{5.2}$$
$$\epsilon_t \sim \text{iid}(0, \sigma^2)$$

以上模型也可以写成：

$$r_t = \mu + \epsilon_t \tag{5.3}$$
$$\epsilon_t \sim \text{iid}(0,\ \sigma^2)$$

其中，$r_t \equiv \ln P_t - \ln P_{t-1}$ 表示资产的对数收益率。根据以上模型设定，我们有：

$$E[r_t] = \mu,\ \text{Var}[r_t] = \sigma^2$$

因此，模型的经济含义非常明确，它表示各期的对数收益率是 iid 的随机变量，其中，μ 表示对数收益率的期望值，σ^2 表示对数收益率的方差。换句话说，r_t 是均值和方差都是常数的随机变量，并且不同时刻的 r_t 相互独立。

5.1.2　随机游走 II（RWII）：独立增量

下面，我们放松扰动项 ϵ_t 同分布的假设，只保留相互独立假设。换句话说，不同时期的 ϵ_t 可能具有不同的方差甚至不同的分布。这就是独立增量随机游走模型，记为 RWII，用公式表示如下：

$$\ln P_t = \mu + \ln P_{t-1} + \epsilon_t \tag{5.4}$$
$$\epsilon_t \sim \mathrm{id}(0,\ \sigma_t^2)$$

或等价形式：

$$r_t = \mu + \epsilon_t \tag{5.5}$$
$$\epsilon_t \sim \mathrm{id}(0,\ \sigma_t^2)$$

根据以上模型设定，我们有：

$$E[r_t] = \mu,\quad \mathrm{Var}[r_t] = \sigma_t^2$$

上式中收益率的方差 σ_t^2 中的下标 t 表示方差随时间变化而变化。这一性质称为**收益率的异方差性**。

5.1.3　随机游走 III(RWIII)：不相关增量

最后，我们再进一步放松扰动项 ϵ_t 的独立性假设，只假设它们互不相关。这就是不相关增量的随机游走模型，记为 RWIII，用公式表示如下：

$$\ln P_t = \mu + \ln P_{t-1} + \epsilon_t \tag{5.6}$$
$$\mathrm{Cov}[\epsilon_t,\ \epsilon_{t-k}] = 0,\quad \forall k \neq 0$$

或等价形式：

$$r_t = \mu + \epsilon_t \tag{5.7}$$
$$\mathrm{Cov}[\epsilon_t,\ \epsilon_{t-k}] = 0,\quad \forall k \neq 0$$

根据以上模型设定，我们有：

$$E[r_t] = \mu$$
$$\mathrm{Var}[r_t] = \sigma_t^2$$

上式显示，与 RWII 类似，RWIII 中收益率同样具有异方差性。

根据随机变量的性质，两个随机变量如果相互独立，那么它们一定互不相关，可是反过来不一定成立，互不相关并非一定相互独立。当随机变量都服从正态分布时，独立与不相关等价。因此，RWIII 是比 RWII 更为一般的模型。

5.2 随机游走的统计检验

不同设定的随机游走过程有不同的检验方法，以下我们介绍随机游走的统计检验方法。为叙述的简便，我们记 $p_t \equiv \ln P_t$。

5.2.1 顺向/反向比率检验

RWI 最常用的检验方法是**顺向/反向比率检验**，又称为 Cowles - Jones 比率检验，它由 Cowles 和 Jones（1937）提出。

顺向/反向比率检验针对的是收益率均值等于 0 的 RWI，即模型

$$p_t = p_{t-1} + \epsilon_t$$
$$\epsilon_t \sim \text{iid}(0, \sigma^2)$$

下面我们介绍顺向和反向的定义。为引出它们的定义，首先需要定义表示股价是否上涨的指示函数 d_t：

$$d_t = \begin{cases} 1, & \text{如果 } r_t \equiv p_t - p_{t-1} > 0 \\ 0, & \text{如果 } r_t \equiv p_t - p_{t-1} \leqslant 0 \end{cases}$$

也就是说，如果股价相对于前一交易日上涨，则 d_t 等于 1，如果股价没有上涨（下跌或不变），则 d_t 等于 0。

我们定义顺向 Y_t 为：

$$Y_t \equiv d_t d_{t+1} + (1 - d_t)(1 - d_{t+1}) \tag{5.8}$$

下面我们详细解释上式的含义。如果交易日 t 股价上涨，并且下一交易日 $t+1$ 股价也上涨，则我们记它为一个顺向；在这种情况下，式（5.8）右边第一项取值为 1，第二项取值为 0，因此 Y_t 的取值为 1。如果交易日 t 股价下跌，并且下一交易日 $t+1$ 股价也下跌，则我们同样记它为一个顺向；在这种情况下，式（5.8）右边第一项取值为 0，第二项取值为 1，因此 Y_t 的取值同样为 1。以上两种情况综合起来就是，如果相邻的两个交易日股价的涨跌情况一致，那么我们就记它为一个顺向。

我们记顺向个数为：

$$N_s \equiv \sum_{t=1}^{n} Y_t$$

不是顺向的两个相邻价格变化就是**反向**。记股价的观察值为 $p_0, p_1, \cdots, p_{n+1}$。对于每一交易日 $t(t=1,\cdots,n)$ 来说，它不是顺向就是反向，因此反向个数为：

$$N_r \equiv n - N_s$$

如果 ϵ_t 对称（比如 ϵ_t 服从标准正态分布 $\mathcal{N}(0,1)$），那么有：

$$P(d_t = 1) = P(d_t = 0) = \frac{1}{2}$$

如果股价服从 RWI，每一交易日股价的涨跌相互独立，因此我们期待顺向与反向的个数相等，即它们的比率等于1。当观测值数目不大时，这一比率的样本值可能与1相差较大，但随着样本的增加，这一比率应该越来越接近1。基于这一观察，Cowles 和 Jones（1937）构造了以下统计量来检验 RWI：

$$\widehat{CJ} \equiv \frac{N_s}{N_r}$$

其中，$\widehat{CJ}$就是所谓的 Cowles - Jones 比率。在股价服从 RWI 的零假设下，它的极限分布为：

$$\frac{\sqrt{n}}{2}(\widehat{CJ} - 1) \overset{a}{\sim} \mathcal{N}(0,1)$$

评注 5.1　在实际应用中，股票日收益率的平均值一般为正。这意味着正收益率比负收益率更有可能出现。因此股价数据中顺向出现的频率要高于反向出现的频率。这一现象将使 Cowles - Jones 比率统计量出现偏差。为克服这一问题，在作 Cowles - Jones 比率检验时，有必要首先去除日收益率的均值。

5.2.2　串（runs）检验

一系列连续的涨或一系列连续的跌称为一个**串（runs）**，其中前者称为正串，后者称为负串。例如在收益率序列 0110001100 中（1 表示涨，0 表示跌或不变），有 2 个正串，11，11，和 3 个负串，0，000，00，总计串数目等于5。

串检验适用于带漂移项 μ 的 RWI，即：

$$p_t = \mu + p_{t-1} + \epsilon_t, \quad \epsilon_t \sim \mathrm{iid}(0, \sigma^2)$$

串检验的思想是，通过比较样本中的串数目与 RWI 期望得到的串数目，就可以得到 RWI 的一个检验方法。

记 $N_{\text{runs}}(1)$ 为样本中的正串数目，$N_{\text{runs}}(0)$ 为负串数目，$N_{\text{runs}} = N_{\text{runs}}(1) + N_{\text{runs}}(0)$ 为总的串数目，$\hat{\pi} = N_{\text{runs}}(1)/N_{\text{runs}}$ 为样本中正串出现的频率，可以得到如下 RWI 的一个检验统计量［Campbell、Lo 和 MacKinlay（1997）］：在 RWI 的零假设条件下（$\epsilon_t \sim \text{iid}(0,\sigma^2)$），

$$z = \frac{N_{\text{runs}} - 2n\hat{\pi}(1-\hat{\pi})}{2\sqrt{n\hat{\pi}(1-\hat{\pi})[1-3\hat{\pi}(1-\hat{\pi})]}} \overset{a}{\sim} \mathcal{N}(0,1)$$

考虑到 N_{runs} 取整数，而以上 z 统计量的渐近分布标准正态分布是连续分布，应用中往往也使用修正的统计量：

$$z = \frac{N_{\text{runs}} + \frac{1}{2} - 2n\hat{\pi}(1-\hat{\pi})}{2\sqrt{n\hat{\pi}(1-\hat{\pi})[1-3\hat{\pi}(1-\hat{\pi})]}} \overset{a}{\sim} \mathcal{N}(0,1)$$

5.2.3 相关系数检验

RWIII 意味着对数收益率 r_t 的各阶自相关系数都等于 0，因此通过考察样本收益率的各阶自相关系数，我们就可以检验 RWIII。

首先回顾两个随机变量 X 和 Y 的**相关系数**的定义：

$$\rho \equiv \text{Corr}[X,Y] \equiv \frac{\text{Cov}[X,Y]}{\sqrt{\text{Var}[X]}\sqrt{\text{Var}[Y]}}$$

其中，

$$\begin{aligned}\text{Cov}[X,Y] &\equiv E[(X-E[X])(Y-E[Y])] \\ &= E[XY] - E[X]E[Y]\end{aligned}$$

是 X 和 Y 的**协方差**。

记随机变量 X 和 Y 的 n 个样本分别为 $X_1,\cdots,X_n$ 和 $Y_1,\cdots,Y_n$。X 和 Y 的**样本协方差** $\hat{\gamma}$ 和**样本相关系数** $\hat{\rho}$ 的定义分别是：

$$\hat{\gamma} \equiv \frac{1}{n}\sum_{i=1}^{n}(X_i - \overline{X})(Y_i - \overline{Y})$$

$$\hat{\rho} \equiv \frac{\sum_{i=1}^{n}(X_i - \overline{X})(Y_i - \overline{Y})}{\sqrt{\sum_{i=1}^{n}(X_i - \overline{X})^2}\sqrt{\sum_{i=1}^{n}(Y_i - \overline{Y})^2}}$$

假设 $\{r_t\}$ 是一个平稳的时间序列。所谓平稳时间序列，是指其均值、方差及各阶自协方差不随时间变化的时间序列。我们可以定义具有时滞的 r_t 之间的协方差和相关系数，称为 r_t 的自协方差和自相关系数。r_t 的第 k 阶**自协方差**的定义是：

$$\gamma(k) \equiv \mathrm{Cov}[r_t, r_{t+k}]$$

r_t 的第 k 阶**自相关系数**的定义是：

$$\rho(k) \equiv \frac{\gamma(k)}{\gamma(0)}$$

给定对数收益率的样本 $r_1, r_2, \cdots, r_T$，**样本自协方差**和**样本自相关系数**定义为：

$$\hat{\gamma}(k) \equiv \frac{1}{T}\sum_{t=1}^{T-k}(r_t - \bar{r})(r_{t+k} - \bar{r}), \ 0 \leqslant k < T$$

$$\hat{\rho}(k) \equiv \frac{\hat{\gamma}(k)}{\hat{\gamma}(0)}$$

其中，$\bar{r} \equiv \frac{1}{T}\sum_{t=1}^{T} r_t$ 是样本均值。

检验时间序列 m 阶样本系数是否同时等于零的一个统计量是 **Box - Pierce Q 统计量**：

$$Q_m \equiv T\sum_{t=1}^{m}\hat{\rho}^2(k) \overset{a}{\sim} \chi^2(m)$$

其中，$\chi^2(m)$ 表示自由度为 m 的卡方分布。

Box - Pierce Q 统计量的有限样本修正是 **Ljung - Box 统计量**：

$$Q'_m \equiv T(T+2)\sum_{t=1}^{m}\frac{\hat{\rho}^2(k)}{T-k} \overset{a}{\sim} \chi^2(m)$$

5.2.4　方差比率检验

Lo 和 MacKinlay (1988) 提出的方差比率检验对三种类型的随机游走都适用。这一检验基于随机游走的一个重要性质：随机游走增量的方差是时长的线性函数。

以下分析首先假设对数收益率 r_t 是一个**弱平稳**随机过程，即它的均值、方差和自协方差与时间 t 无关。

以两期收益率 $r_t(2) \equiv r_t + r_{t-1}$ 为例，我们定义**方差比率**：

$$VR(2) \equiv \frac{\mathrm{Var}[r_t(2)]}{2\mathrm{Var}[r_t]}$$

其中，它表示两期收益率 $r_t(2)$ 的方差与两倍单期收益率 r_t 的方差之比值。通过简单的计算我们有：

$$VR(2) = \frac{\mathrm{Var}[r_t(2)]}{2\mathrm{Var}[r_t]} = \frac{\mathrm{Var}[r_t + r_{t-1}]}{2\mathrm{Var}[r_t]}$$

$$= \frac{2\mathrm{Var}[r_t] + 2\mathrm{Cov}[r_t, r_{t-1}]}{2\mathrm{Var}[r_t]} = 1 + \rho(1)$$

如果股价是一个随机游走过程，r_t 的各阶自相关系数都等于0，那么我们有方差比率 $VR(2)=1$，即：

$$\mathrm{Var}[r_t(2)] = 2\mathrm{Var}[r_t]$$

更一般地，对于 q 期收益率 $r_t(q) \equiv r_t + \cdots + r_{t-q+1}$，我们有：

$$VR(q) \equiv \frac{\mathrm{Var}[r_t(q)]}{q \cdot \mathrm{Var}[r_t]} = 1 + 2\sum_{k=1}^{q-1}\left(1 - \frac{k}{q}\right)\rho(k)$$

如果股价是一个随机游走过程，r_t 的各阶自相关系数都等于0，那么我们有方差比率 $VR(q)=1$，即：

$$\mathrm{Var}[r_t(q)] = q\mathrm{Var}[r_t]$$

也就是说，随机游走增量的方差是时长 q 的线性函数。

以上分析告诉我们，如果股价服从随机游走过程，则方差比率 $VR(q)=1$，$\forall q$，方差比率的样本值不可能恰好等于1，但是应该与1相差不大。Lo 和 MacKinlay（1988）正是基于这一观察设计了随机游走的方差比率检验。

检验 RWI

首先我们来看最简单的情况，怎样用方差比率来检验 RWI：

$$H_0: \ r_t = \mu + \epsilon_t, \ \epsilon_t \sim \mathrm{iid}\ \mathcal{N}(0, \sigma^2)$$

记 $\{p_0, p_1, \cdots, p_{2n}\}$ 为对数价格的观察值，并且

$$\hat{\mu} \equiv \frac{1}{2n}\sum_{k=1}^{2n}(p_k - p_{k-1}) = \frac{1}{2n}(p_{2n} - p_0)$$

$$\hat{\sigma}_a^2 \equiv \frac{1}{2n}\sum_{k=1}^{2n}(p_k - p_{k-1} - \hat{\mu})^2$$

$$\hat{\sigma}_b^2 \equiv \frac{1}{2n}\sum_{k=1}^{n}(p_{2k} - p_{2k-2} - 2\hat{\mu})^2$$

其中，$\hat{\mu}$ 是 r_t 的样本均值，它是 μ 的无偏估计；$\hat{\sigma}_a^2$ 是 r_t 的样本方差，它是 σ^2 相合但有偏的估计；$\hat{\sigma}_b^2$ 是两期收益率 $r_t(2)$ 样本方差的二分之一，它是 $\mathrm{Var}[r_t(2)]/2$ 相合但有偏的估计。

在 H_0 成立时，Lo 和 MacKinlay（1988）证明：

$$\sqrt{2n}(\widehat{VR}(2) - 1) \equiv \sqrt{2n}\left(\frac{\hat{\sigma}_b^2}{\hat{\sigma}_a^2} - 1\right) \overset{a}{\sim} \mathcal{N}(0, 2)$$

$\widehat{VR}(2)$可以很容易地拓展到$\widehat{VR}(q)$的情形，我们把 q 称为随机游走检验的时长。假设我们有 $nq+1$ 个观察值$\{p_0, p_1, \cdots, p_{nq}\}$。记：

$$\hat{\mu} \equiv \frac{1}{nq}\sum_{k=1}^{nq}(p_k - p_{k-1}) = \frac{1}{nq}(p_{nq} - p_0)$$

$$\hat{\sigma}_a^2 \equiv \frac{1}{nq}\sum_{k=1}^{nq}(p_k - p_{k-1} - \hat{\mu})^2$$

$$\hat{\sigma}_b^2(q) \equiv \frac{1}{nq}\sum_{k=1}^{n}(p_{qk} - p_{qk-q} - q\hat{\mu})^2$$

$$\widehat{VR}(q) \equiv \frac{\hat{\sigma}_b^2(q)}{\hat{\sigma}_a^2}$$

Lo 和 MacKinlay (1988) 证明，在 RWI 的零假设条件下：

$$\sqrt{nq}(\widehat{VR}(q) - 1) \overset{a}{\sim} \mathcal{N}(0, 2(q-1))$$

在以上统计量的基础上，Lo 和 MacKinlay (1988) 从两个方面作出修正，以改善检验统计量的有限样本性质：第一，使用交叠 q 期收益率估计方差，充分利用数据，提高估计量的有效性；第二，使用无偏估计来修正方差估计的偏差。最后，他们导出方差的估计量为：

$$\bar{\sigma}_a^2 \equiv \frac{1}{nq-1}\sum_{k=1}^{nq}(p_k - p_{k-1} - \hat{\mu})^2$$

$$\bar{\sigma}_c^2 \equiv \frac{1}{m}\sum_{k=q}^{nq}(p_k - p_{k-q} - q\hat{\mu})^2$$

$$m \equiv q(nq - q + 1)\left(1 - \frac{q}{nq}\right)$$

方差比率统计量为：

$$\overline{VR}(q) \equiv \frac{\bar{\sigma}_c^2}{\bar{\sigma}_a^2} \tag{5.9}$$

Lo 和 MacKinlay (1988) 证明，在 RWI 的零假设条件下：

$$\psi(q) \equiv \sqrt{nq}(\overline{VR}(q) - 1)\left(\frac{2(2q-1)(q-1)}{3q}\right)^{-1/2} \overset{a}{\sim} \mathcal{N}(0, 1)$$

我们可以利用统计量 $\psi(q)$来检验 RWI。

检验 RWII 和 RWIII

与 RWI 不同的是，RWII 和 RWIII 的波动率可以随时间变化；对于 RWIII，收益率甚至可以是不相互独立的。因此，检验 RWIII 的关键是获得一个对异方差和自相关稳健的统计量。当然，这样的统计量对检验具有独立性的 RWII 也适用。通过附加一些技术性条件，Lo 和 MacKinlay（1988）证明，在股票收益率服从RWIII的零假设条件下，以下统计量渐近服从正态分布，即：

$$\psi(q)^{*} \equiv \frac{\sqrt{nq}(\overline{VR}(q)-1)}{\hat{\theta}(q)} \overset{a}{\sim} \mathcal{N}(0,1) \tag{5.10}$$

其中，

$$\hat{\theta}(q) \equiv 4\sum_{k=1}^{q-1}\left(1-\frac{k}{q}\right)\hat{\delta}_k$$

$$\hat{\delta}_k \equiv \frac{nq\sum_{j=k+1}^{nq}(p_j - p_{j-1} - \hat{\mu})^2(p_{j-k} - p_{j-k-1} - \hat{\mu})^2}{\left[\sum_{j=1}^{nq}(p_j - p_{j-1} - \hat{\mu})^2\right]^2}$$

统计量 $\psi(q)^{*}$ 是对条件异方差和自相关稳健的检验统计量。换句话说，在收益率序列存在条件异方差和自相关时，这一统计量也适用。金融数据一个重要的特征就是波动率聚类，即自回归条件异方差性（ARCH）。ARCH 模型详细的介绍见本书第七章。此外，在 5.2.5 节的实证例子中，我们检验了上证指数收益率的 ARCH 效应。因此，这一统计量对检验金融数据的随机游走性质特别重要。

5.2.5 方差比率检验的应用：上证指数的随机游走检验

作为随机游走检验的实证例子，本小节应用方差比率检验来考察上证指数日收益率的随机游走假说。此外，我们将整个数据样本分为涨跌停板前和涨跌停板后两个子样本，以考察我国股市的涨跌停板制度对随机游走假说的影响。我们使用的原始数据包括 1990 年 12 月 19 日至 2009 年 12 月 31 日上证综合指数（简称上证指数）的交易日和对应收盘价的日频数据，数据来自国泰君安锐智版。这一交易系统可以在国泰君安的网站（www.gtja.com）上下载。

中国股市现行的涨跌停板制度始于 1996 年底，它由沪深两交易所于 1996 年 12 月 13 日发布，并在 1996 年 12 月 26 日开始实施。涨跌停板制度规定除上市首日之外，股票（含 A、B 股）、基金类证券在一个交易日内的交易价格相对上一交易日收市价格的涨跌幅度不得超过 10%，以 S，ST，S*ST 开头的股票不得超过 5%。

图 5－1 是整个样本区间 1990 年 12 月 19 日至 2009 年 12 月 31 日上证指数日收益率的时间序列，它体现了中国股市在这段时间内的发展历程。我们在图上标出了放开股价管制和宣布涨跌停板制度的日期。观察此图，可以对上证指数在不

同历史阶段的表现有初步的印象。从图 5－1 明显看出，涨跌停板前上证指数具有很大的波幅，涨跌停板实施后，上证指数的波幅大大降低。

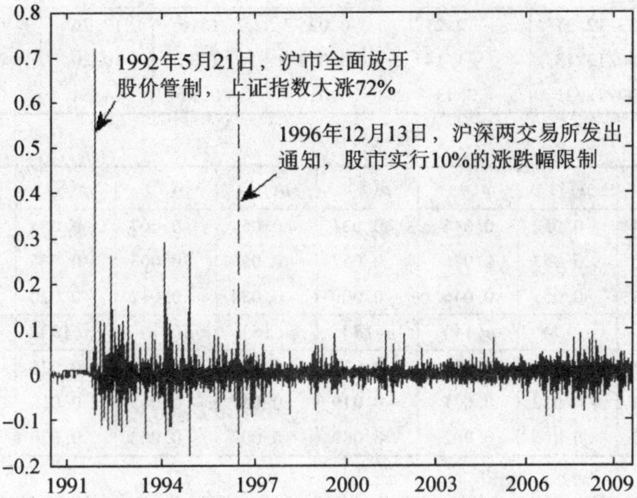

图 5－1　上证指数日收益率：涨跌停板前后

在 1992 年之前的发展早期，中国股市实行了比较严格的价格管制。1992 年 5 月 21 日，沪市全面放开股价管制，上证指数从前一天的收盘价 617.28 点上涨到收盘 1260.31 点，暴涨 72%（以对数收益率计算）。鉴于 1992 年之前的严格价格管制和全面放开管制第一天 1992 年 5 月 21 日股市的暴涨，我们的分析从 1992 年 5 月 22 日开始。为考察涨跌停板制度前后上证指数的表现，我们以 1996 年 12 月 13 日为界将数据截为两段：1992 年 5 月 22 日至 1996 年 12 月 13 日的无涨跌停板限制阶段和 1996 年 12 月 16 日至 2009 年 12 月 31 日的涨跌停板限制阶段。为保持分析的完整性，我们还分析了整个时间段，包括无涨跌停板限制阶段和有涨跌停板限制阶段的数据。因此，我们考察三个时间段上证指数的随机游走假说：1992 年 5 月 22 日至 2009 年 12 月 31 日、1992 年 5 月 22 日至 1996 年 12 月 13 日和 1996 年 12 月 13 日至 2009 年 12 月 31 日。

从最基本的描述性统计量来看（表 5－1 组 A），涨跌停板制度的实施使我国股市发生了一些变化。具体体现在，涨跌停板制度实施后，上证指数日收益率的标准差从之前的 0.038 下降到 0.018，峰度从 10.2 下降到 4.54，偏度由正的 1.35 变成负的 0.31。

表 5－1 组 B 列出了三组收益率的 1～20 阶样本自相关系数：首先，它们的绝对值都很小，绝大多数都不超过 0.06；其次，值得注意的是，就前两阶样本自相关系数而言，涨跌停板前后上证指数收益率的表现有所不同，涨跌停板实施前有一定的正自相关，涨跌停板实施后却具有弱的负相关。

表 5－1　　上证指数日收益率描述性统计量

组 A：

时间段	均值（10^{-4}）	标准差	偏度	峰度	最大值	最小值
1992/05/22 — 2009/12/31	2.21	0.025	1.16	17.26	0.29	－0.18
1992/05/22 — 1996/12/13	－1.14	0.038	1.35	10.20	0.29	－0.18
1996/12/16 — 2009/12/31	3.43	0.018	－0.31	4.54	0.094	－0.104

组 B：

ρ(1)	ρ(2)	ρ(3)	ρ(4)	ρ(5)	ρ(6)	ρ(7)	ρ(8)	ρ(9)	ρ(10)
0.022	0.014	0.052	0.046	0.031	－0.051	0.007	－0.034	0.026	－0.014
0.035	0.030	0.053	0.046	0.052	－0.059	0.003	－0.036	0.059	－0.028
－0.004	－0.024	0.051	0.046	－0.009	－0.034	0.012	－0.020	－0.024	0.017
ρ(11)	ρ(12)	ρ(13)	ρ(14)	ρ(15)	ρ(16)	ρ(17)	ρ(18)	ρ(19)	ρ(20)
－0.040	0.041	0.001	0.013	0.017	0.029	－0.004	0.025	0.020	－0.026
－0.073	0.042	－0.012	0.021	－0.019	0.057	－0.015	0.019	0.043	－0.044
0.035	0.037	0.026	0.002	0.069	－0.007	0.003	0.026	－0.007	0.001

在进行随机游走检验之前，我们先检验收益率是否具有条件异方差性，这将决定我们是否应该选择对条件异方差稳健的方差比率检验统计量。我们使用 Engle（1982）提出的 ARCH 检验，对 ARCH 模型的详细介绍，请参见本书第七章。首先将收益率平方 r_t^2 对其 1 至 q 阶滞后项作回归，即：

$$r_t^2 = \alpha_0 + \alpha_1 r_{t-1}^2 + \cdots + \alpha_q r_{t-q}^2 + \epsilon_t$$

记录以上回归的拟合优度 R^2。在收益率不存在 ARCH 效应的零假设条件下：

$$TR^2 \overset{a}{\sim} \chi^2(q)$$

若由以上检验得到的 p 值很小（一般以 5% 或 1% 为显著性水平），则我们拒绝收益率不存在 ARCH 效应的零假设。

表 5－2 列出了三条收益率时间序列的 ARCH 检验结果，滞后项分别等于 6、12、18。在表 5－2 中，所有的 p 值都非常小（<0.001），因此我们有较大的把握拒绝没有 ARCH 效应的零假设。也就是说，三条收益率的时间序列存在 ARCH 效应。因此，我们应该选择对条件异方差稳健的方差比率检验统计量（5.10）式来检验随机游走假设。

我们选择了 4 个不同的时长：2、5、10、22 天（分别对应上市交易的日，周，双周，月），来检验上证指数的随机游走假设。表 5－3 报告了检验结果。

第一，就整个样本区间来看，方差比率大于 1，这说明上证指数具有一定的惯性效应。在时长等于 5，10 和 22 天时，惯性效应在 1% 的水平上显著。不过，在时长等于 2 天时，惯性效应在 5% 的水平上不显著（临界值等于 1.96），但在 10% 的水平上显著（临界值等于 1.65）。

表 5-2 上证指数日收益率 ARCH 检验结果

时间段	滞后项		
	6	12	18
5/22/92 — 12/31/09	595 (<0.001)	644 (<0.001)	654 (<0.001)
5/22/92 — 12/13/96	141 (<0.001)	153 (<0.001)	156 (<0.001)
12/16/96 — 12/31/09	194 (<0.001)	220 (<0.001)	231 (<0.001)

注：本表的结果基于 Engle（1982）的 ARCH 检验。表中的数值为 ARCH 检验统计量，括号内的值为 p 值，所有的 p 值都小于 0.001。

表 5-3 上证指数方差比率检验结果

时间段	时长			
	2	5	10	22
5/22/92 — 12/31/09	1.05(1.67)	1.17(3.77)**	1.26(4.94)**	1.37(6.65)**
5/22/92 — 12/13/96	1.03(0.70)	1.15(2.09)**	1.26(3.09)**	1.31(3.55)**
12/16/96 — 12/31/09	0.98(-0.74)	1.00(0.08)	1.01(0.32)	1.15(3.06)**

注：本表的结果来自 Lo 和 MacKinlay (1988) 的对条件异方差稳健的方差比率检验（5.10）式，表中的数值为方差比率（5.9）式，括号内的值为 t 值，**表示在 1% 水平上显著。

第二，子样本的结果。对于涨跌停板前的子样本，方差比率检验的结果与整个样本的结果类似，方差比率大于 1，时长为 5、10、22 天的结果在 1% 的水平上显著，这意味着上证指数具有一定的惯性效应。对于涨跌停板后的子样本，检验的结果有所不同：（1）方差比率在时长等于 2 天时小于 1，这说明上证指数具有反转效应，尽管这一效应并不显著；（2）在时长超过 2 天后，方差比率转而大于 1，但只有在长达 22 天时，上证指数才具有显著的惯性效应，时长等于 5 和 10 天时，这一效应都不显著。

以上结果与我们事先预料的有些不一致。因为我们预计，在涨跌停板制度下，市场信息在一两天内不能完全体现在价格中，特别是当信息冲击非常显著时。因此，信息内容有可能需要超过一天的交易才完全被价格所吸收。这样会导致收益率正的自相关性，即惯性效应。但前面的实证结果显示，涨跌停板实施后，上证指数的惯性效应反而减弱。

我们推断，上证指数惯性效应的减弱很可能是因为近年来我国股市逐步走向成熟，市场有效性不断增强而使惯性效应不断减弱，并且这一方面的影响超过了涨跌停板制度对惯性效应的增强作用。

5.3 随机游走的经济检验

本节我们首先对技术分析作一简要的介绍，然后再重点阐述过滤策略检验，并运用过滤策略检验上证指数的随机游走假说（RWII）。

5.3.1 技术分析检验

根据 Edwards 和 Magee（2007）的定义，“**技术分析**是一门科学，它通常用图的形式记录单只股票或‘整个市场’交易的历史情况（价格变化、成交量等），然后从记录下来的历史画面推测出将来的价格走势。”

下面我们介绍一下技术分析中常用的策略、图形和指标。

策略

（1）**过滤策略**：根据这一策略，当资产价格上涨至少 $y\%$ 时，购买并持有资产，直到资产价格由接下来的一个“高点”下跌幅度超过 $y\%$，此时卖出手中持有的资产，并卖空资产；所谓“高点”，是指自上次买入后的最高收盘价。持有空头寸，直到资产价格由接下来的一个“低点”上涨至少 $y\%$，此时填补空头，并购买资产；所谓“低点”，是指自上次卖出后的最低收盘价。涨跌幅在 $y\%$ 以内的价格变动不操作。如此循环操作，直到投资期结束。过滤策略中的门阀值 $y\%$ 称为滤子。在下一小节，我们重点阐述如何用过滤策略检验 RWII，并对上证指数的随机游走假说进行检验。

（2）追涨杀跌法与反向操作法。追涨杀跌法就是在股市上涨时买入股票，股市下跌时卖出股票的投资策略。反向操作法是在大家都看涨的情况下卖出股票，在大家都看跌的情况下买入股票的投资策略。

（3）其他如遗传算法和神经网络原理生成的交易策略等。

图形

（1）K 线图：K 线图源于 18 世纪日本，当时日本大阪米市的商人用来记录米市的行情与价格波动，后逐渐引入到股市及期货市场。单根 K 线由每个分析周期的开盘价、最高价、最低价和收盘价绘制而成。首先根据开盘和收盘的价格画图，它们之间的部分画成矩形实体。如果收盘价格高于开盘价格，则 K 线被称为**阳线**，用空心的实体表示；反之称为**阴线**，用黑色实体或白色实体表示。在国内股票和期货市场，通常用红色表示阳线，绿色表示阴线。由于形似一根根的蜡烛，K 线图又称为蜡烛图。K 线图有直观、立体感强、携带信息量大的特点，蕴涵着丰富的东方哲学思想，能充分显示股价趋势的强弱、买卖双方力量平衡的变化，预测未来市场走向较准确，是各类传播媒介、电脑实时分析系统应用较多的技术分析手段。

（2）移动平均线：移动平均线将一段时期内的股票价格平均值连成曲线，用来显示股价的历史波动情况，进而反映股价指数未来发展趋势。

（3）支撑线与阻力线。支撑线是指市场认同的支撑股票价位的移动平均线，当股票价格下跌到此点时通常会出现反弹。阻力线是指股票价格上升至某一高度时，出现大量的卖盘供应或是买盘接手薄弱，从而使股票继续上涨受阻的价格水平。

（4）圆弧顶底形态。圆弧顶指 K 线在顶部形成的圆弧形状，代表着趋势很平缓的、逐渐的变化。圆弧底形态属于一种盘整形态，多出现在价格底部区域，其形态表现在 K 线图中宛如锅底状。

（5）头肩顶底形态。头肩顶是 K 线图最为常见的倒转形态图表之一，图形以左肩、头、右肩及颈线组成，图中的曲线犹如人的两个肩膀扛着一个头。头肩底跟随下跌市势而行，并发出市况逆转的讯号，头肩顶的图形反转过来就是头肩底的图形。

技术指标

（1）KDJ 随机指标：此指标由 George Lane 所创，K、D、J 分别代表三条指标线，它通过当日或最近几日最高价、最低价及收盘价等价格波动的波幅，反映价格趋势的强弱。

（2）MACD 指标：MACD 是英文 Moving Average Convergence and Divergence 的首字母缩写，也就是指数平滑异同移动平均线，由 Gerald Apple 创造，是一种研判股票买卖时机、跟踪股价运行趋势的技术分析工具。

（3）RSI 相对强弱指标：RSI 是英文 Relative Strength Index 的首字母缩写。RSI 相对强弱指标计算在某一段时间内股价上涨总幅度平均值占总涨跌幅度平均值的百分比，根据一段时间内价格的变动情况，以价格涨跌幅度显示市场的弱强，进而推测价格未来的变动方向。

（4）OBV 能量潮指标：OBV 是英文 On Balance Volume 的首字母缩写。OBV 能量潮指标由 Joe Granville 所创，根据成交量数量化，制成趋势线，配合股价趋势线，从价格的变动及成交量的增减关系，推测市场气氛。

（5）VR 成交量比率指标：VR 是英文 Volume Ratio 的首字母缩写。VR 指标是通过分析一定周期内的价格上升周期的成交量（或成交额）与价格下降周期的成交量的比值的一种中短期技术指标。

（6）SAR 停损转向指标：SAR 是英文 Stop and Reverse 的首字母缩写。由 Wells Wilder 创造，该指标帮助投资者设定一个止损价位，当股价向下跌破止损价位时，要及时抛出股票后持币观望；当股价向上突破 SAR 指标显示的股价压力时，要买入股票或持股待涨。

（7）DMI 趋向指标：DMI 是英文 Directional Movement Index 的首字母缩写。DMI 趋向指标由 Wells Wilder 创造，通过分析股票价格在涨跌过程中买卖双方力量均衡点的变化情况，即多空双方力量的变化受价格波动的影响而发生由均衡到失衡的循环过程，从而提供趋势判断依据的一种技术指标。

(8) 布林线指标：此指标由 John Bollinger 创造，因而得名。其利用统计原理，求出股价的标准差及其信赖区间，从而确定股价的波动范围及未来走势，利用波带显示股价的安全高低价位，因而也被称为**布林带**。

前文提及，RWII 意味着历史信息对将来的价格走势没有预测作用，也就是说技术分析没有作用。如果某些技术图形或指标对将来的价格走势有预测作用，那么就意味着 RWII 不成立。这样我们就可以根据技术分析来检验资产价格是否服从 RWII。

5.3.2 过滤策略检验

资产价格模型 RWII 意味着不同时间段的资产价格变化是相互独立的随机变量，其经济含义是，如果漂移项 μ（资产的期望收益率）大于等于零（因此卖空操作的期望收益率为负），那么任何"证券与现金"的机械交易策略都不可能胜过最简单的买入持有策略。因此，通过将各种交易策略与买入持有策略的市场表现作比较，就可以检验资产价格是否服从 RWII。若某种交易策略的市场表现要胜过买入持有策略，则我们拒绝 RWII 模型，反之则不拒绝 RWII 模型。

金融文献中常用于检验的一种交易策略是过滤策略（见上一小节技术分析中常用策略），过滤策略检验 RWII 的过程如下［Fama 和 Blume（1965）］：

(1) 以样本数据的第一个交易日为起点，总的价格变化（按收盘价计算）高于或等于 $\gamma\%$ 时进行第一次操作：涨幅超过 $\gamma\%$ 购买资产，称为**建立一个多头寸**；跌幅超过 $\gamma\%$ 卖空资产，称为**建立一个空头寸**。此时也称为第一次建仓。第一次建仓日的收盘价定义了第一个参考价格。参考价格即是前期的高点或低点，是过滤策略的重要参数。

(2) 在接下来的每个交易日，考察是否应该调整头寸（换仓）和更新参考价格：前一天是多头寸时，若当天价格比参考价格（前期高点）低 $\gamma\%$，则卖出资产并卖空资产建立空头寸；前一天是空头寸时，若当天价格比参考价格（前期低点）高 $\gamma\%$，则填补空头寸并买进资产建立多头寸。换仓时，参考价格更新，当日收盘价成为新的参考价格。我们看到，换仓包括两个操作，结仓与重新建仓。从建仓开始到下一次结仓称为一次交易。当头寸不需要调整时，还必须检查是否需要更新参考价格：持有长头寸时，若当前价格超过了参考价格（前期高点），则参考价格需要更新，当前价格成为新的参考价格；持有短头寸时，若当前价格低于参考价格（前期低点），则参考价格需要更新，当前价格成为新的参考价格；其他情况下参考价格保持不变。

为计算过滤策略和买入持有策略的收益率并最终进行比较，我们定义以下符号：

P_t：第 t 次交易发生日收盘价，记共有 T 次交易发生，$t=1,2,\cdots,T$；

I_t：第 t 次交易的总利润，即资本利得加上分红，空头寸时取其相反数；

n_t：第 t 次交易的时长；

N：总的交易时长，即 $N=\sum_{t=1}^{T} n_t$；

r_t：第 t 次交易的日收益率，由下式计算而得：

$$P_t(1+r_t)^{n_t}=P_t+I_t$$

我们有：

$$r_t=\left(\frac{P_t+I_t}{P_t}\right)^{1/n_t}-1$$

r_{filter}：过滤策略总的日收益率，即：

$$r_{\text{filter}}=\left[\prod_{t=1}^{T}(1+r_t)^{n_t}\right]^{1/N}-1$$

R_{filter}：过滤策略总的年收益率，即 $R_{\text{filter}}=N_y\times r_{\text{filter}}$，其中 N_y 是每年总的交易日天数。例如，上海股市平均每年交易 242 天，美国股市平均每年交易 252 天。

r_{BH}：买入持有策略总的日收益率，它的定义是：

$$r_{BH}=\left[\prod_{t=1}^{T}(1+r_t^{BH})^{n_t}\right]^{1/N}-1$$

其中，

$$r_t^{BH}=\begin{cases}r_t，\text{如果对应的过滤策略交易是长头寸}\\-r_t，\text{如果对应的过滤策略交易是短头寸}\end{cases}$$

R_{BH}：买入持有策略总的年收益率，即 $R_{BH}=N_y\times r_{BH}$。

我们设定滤子的区间为［0.005，0.5］，其增量 0.5%。也就是说，我们共计有 100 个滤子对上证指数进行了过滤策略检验，使用的数据与上节方差比率检验相同，即 1990 年 12 月 19 日至 2009 年 12 月 31 日上证指数的日收盘价。

表 5－4 报告了由过滤策略检验得到的 10 个代表性滤子的结果，包括过滤策略和买入持有策略的年收益率，以及交易次数。图 5－2 画出了全部 100 个滤子对应的过滤策略和买入持有策略的年收益率，其中横轴为滤子 γ%，纵轴为对应的年收益率。

表 5－4　　上证指数过滤策略检验结果

γ%	0.005	0.01	0.015	0.02	0.03	0.04	0.05	0.1	0.2	0.5
R_{filter}	0.326	0.280	0.304	0.298	0.324	0.362	0.305	0.201	0.105	0.113
R_{BH}	0.226	0.233	0.234	0.235	0.237	0.242	0.240	0.219	0.225	0.204
T	1518	1134	872	710	480	340	278	124	48	10

从图 5 - 2 看到，过滤策略的收益率整体呈随滤子增大而减小的趋势；而买入持有策略的收益率变化不大，在 0. 2 ~ 0. 5 之间波动，它不是常数的原因主要是不同滤子的过滤策略首次建仓和最后一次结仓的时点可能不同。

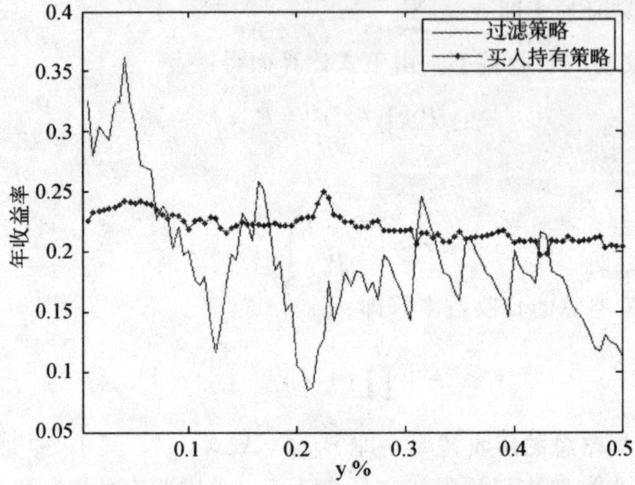

图 5 - 2　上证指数过滤策略与买入持有策略的年收益率

图 5 - 3 画出了过滤策略收益率与对应的购股稳持收益率之差，在滤子较小时（小于 10%），过滤策略一般要胜过买入持有策略，最大值为 12%，发生在滤子 4%；在滤子较大时（大于 10%），买入持有策略一般要胜过过滤策略，即使过滤策略的收益率大于买入持有策略，相差幅度也在 5% 之内。

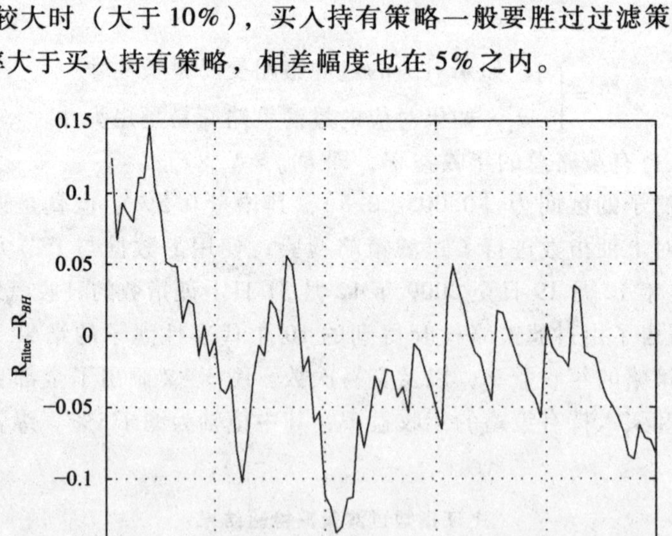

图 5 - 3　上证指数过滤策略与买入持有策略的年收益率之差

以上是没有考虑中国股市交易费用（印花税 + 过户费 + 券商佣金）和中国股市不能作空的结果。当滤子越小时，过滤策略的交易越频繁，交易次数越多，产生的交易费用也就越大。图 5-4 画出了过滤策略的交易次数，交易次数 T 随滤子的增大而迅速减少。另一方面，中国股市是世界上交易费用最高的市场之一。根据《中国资本市场发展报告》的数据，中国股市交易成本 2006 年平均为 50 个基点，而同期美国只有 13 个基点，日本只有 14.4 个基点。因此，若考虑到交易费用，小滤子的过滤策略对买入持有策略的优势可能不再存在。以每次长头寸交易（建仓、结仓）的交易费用为 0.5%（0.1% 印花税 +0.2% 过户费 +0.2% 券商佣金）作初步估算，平均每年只要有 12 次交易，产生的费用便可吞噬掉绝大部分过滤策略高于买入持有策略的收益。

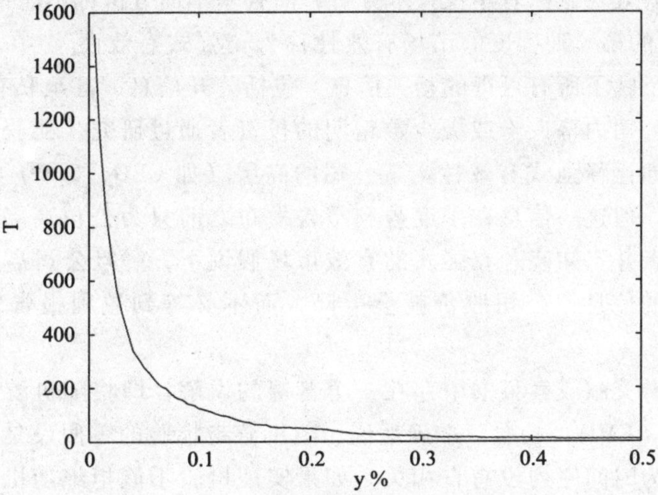

图 5-4 上证指数过滤策略的交易次数

以上过滤策略对上证指数随机游走假说的经济检验结果表明，过滤策略并不优于买入持有策略，我们不能拒绝上证指数是 RWII 的零假设。

5.4 随机游走检验与有效市场假说

金融中的市场有效性是指资本市场能快速、充分地吸收信息，并最终反映到市场价格上的程度。在一个信息有效的市场上，证券价格能迅速、充分地反映所有公开的信息，如公司股本变动、产品、利润、管理水平和增长潜力等。当新的重要信息通过公众传媒到达市场时，公司股价会迅即调整，充分反映新信息带来的冲击。有关市场有效性最有影响的一篇文章是 Fama（1970）：“有效资本市场：理论与实证文献回顾”。在这篇文章中，Fama 基于三种不同形式（或程度）的有效市场假说（EMH）定义了市场有效性：弱式市场有效性、半强式市场有效性和强式市场有效性。

在**弱式有效市场**中，证券价格包含了所有相关的价格和成交量的历史信息。换句话说，研究过去的价格走势对投资来说徒劳无功，因为这样的研究对将来的价格走势没有预测能力。弱式有效性表明证券分析师广泛使用的各种形式的“技术分析”对预测将来的证券价格变化完全没有作用。

在**半强式有效市场**中，证券价格反映了所有相关的，公开可得的信息。这是一个比弱式有效性更强的概念，因为信息集包含的内容更广。在半强式的有效市场假说下，证券价格总是能反映相关的历史信息，并且在新信息通过公众媒介，如因特网、报纸、投资报告、电视、会议电话等披露时，总是能迅速充分地作出反应。半强式有效性意味着不仅技术分析，而且基本面分析都不能带来超额收益。

Fama 定义的第三种程度的市场有效性称为“强式有效性”。在**强式有效市场**中，证券价格反映了所有可得的相关信息，包括公开信息，甚至私有信息。显然，私有信息只有公司内幕人士或极少数精明的投资者通过研究才能获得。下面一个例子可以较好地诠释强式有效性。某公司的高层（如 CEO，CFO）掌握季度盈利将下降的情况。但这一信息在季度盈利报告发布之前只为公司高层所掌握，市场上的一般投资者并不知晓。在强式的有效市场假说下，一旦公司高层或内幕人士获悉盈利下降的信息，公司股价就会下降，而不必等到盈利报告发布时才出现变化。

在有些金融文献或教科书中存在一个普遍的误解，即将随机游走检验等同于有效市场假设（EMH）检验。准确地说，随机游走检验的零假设是收益率不可预测或收益率作为时间序列没有自相关。如果实证检验不能拒绝随机游走假设，那么这一结果对 EMH 有利。然而，不拒绝随机游走假设仅仅说明特定的资产收益率随机游走模型没有被拒绝，资产收益率有可能存在其他形式的可预测性。比如说，随机游走模型中没有出现的变量，如成交量，有可能对资产收益率具有预测能力。

更为重要的是，拒绝随机游走假设并不意味着同时拒绝 EMH。拒绝随机游走假设意味着收益率序列相关并且在某种程度上能够预测。请注意，在一个没有磨擦的市场上资产收益率由两部分组成：期望收益率和不能预期到的部分。前者包括超出无风险收益率的风险溢价部分，后者是投资者对意料之外的信息冲击产生的理性反应。由于信息冲击的随机性，我们可以预计只有后者才是序列不相关的。风险溢价同时受风险水平和投资者的风险厌恶程度二者的影响。通常，我们假设投资者具有某种形式的效用函数来设定均衡模型，并依此来刻画和度量期望收益率或风险溢价。除非完全把握了风险溢价，否则任何 EMH 检验都涉及联合检验问题。如果拒绝资产收益率模型，有可能是因为市场不是有效的，也有可能因为置于期望收益率可风险溢价的假设——即均衡模型——是不正确的。因此，在诠释随机游走检验结果时，我们需要小心谨慎。由于联合检验问题，EMH 检验仍然是金融文献中的一个挑战。

Campbell、Lo 和 MacKinlay（1997）提到，完全有效性不是一个现实的标杆，它在实际应用中不可能达到。即使在理论上，正如 Grossman 和 Stiglitz（1980）显示，如果收集和加工信息需要成本，那么超额收益率可能存在。超额收益率的存在是必需的，以补偿投资者的信息收集和加工成本。当这些成本考虑进来之后，它就不应再被看成是超额收益率了。

本章回顾

主要概念

随机游走　顺向/反向比率检验　串检验　相关系数检验　方差比率检验　技术分析　过滤策略　有效市场假说　弱式有效性　半强式有效性　强式有效性

主要结果

1. 随机游走模型的三种形式是：

(a) RWI：

$$r_t = \mu + \epsilon_t,\ \epsilon_t \sim \mathrm{iid}(0, \sigma^2)$$

(b) RWII：

$$r_t = \mu + \epsilon_t,\ \epsilon_t \sim \mathrm{id}(0, \sigma^2)$$

(c) RWIII：

$$r_t = \mu + \epsilon_t,\ \mathrm{Cov}[\epsilon_t, \epsilon_{t-k}] = 0,\ \forall k \neq 0$$

2. 随机游走的统计检验方法有顺向/反向比率检验、串检验、相关系数检验和方差比率检验。其中顺向/反向比率检验和串检验适用于检验 RWI，相关系数检验适用于 RWIII，方差比率检验适用于 RWI，RWII 和 RWIII。

3. 随机游走的经济检验方法主要是各种技术分析检验，如过滤策略检验，它们适用于 RWII。

4. 证券价格能迅速、充分地反映所有公开的信息的市场称为有效市场。根据信息集的大小，有效市场又区分为三种形式：弱式有效市场、半强式有效市场和强式有效市场。

5. 拒绝随机游走假设并不意味着同时拒绝有效市场假说（EMH）。任何 EMH 检验都涉及到联合检验问题。如果拒绝资产收益率模型，有可能说明市场不是有效的，也有可能是因为置于期望收益率可风险溢价的假设——即均衡模型——是不正确的。

习 题

1. 请写出随机游走模型的三种形式并讨论它们之间的差别。

2. 任取三只上交所或深交所上市的股票价格日频数据（任一交易系统都可下载此数据，如国泰君安锐智版）。

(a) 计算日收益率主要的描述性统计量，如均值、标准差、偏度、峰度、最大值、最小值等。

(b) 计算日收益率的前 20 阶自相关系数，并解释它们的含义。

(c) 运用方差比率检验三只股票的价格是否服从随机游走过程。

3. (a) 请详细描述过滤策略。

(b) 使用习题 2 中的股价日频数据，运用过滤策略对 RWII 作经济检验。比较经济检验与习题 2 中方差比率检验的结果。

(c) 使用习题 2 中的股价日频数据，请考虑中国股市的交易费用和不能卖空的限制对过滤策略检验结果的解释以及对 RWII 检验的含义。

4. 请给出有效市场假说（EMH）的定义，并讨论有效市场的三种形式及各自的含义。

5. 请讨论随机游走检验与有效市场假设检验之间的区别与联系。

第六章　事件研究方法

事件研究是金融学中重要的研究方法之一。事件研究提出的最常见问题是：特定经济事件对公司价值影响几何？典型的经济事件有企业并购（M&A）、盈余发布、新债或新股的发行、股利变动、拆（合）股、宏观经济新闻等等。公司管理层和研究者最关心的问题是上述活动能否提升公司价值。具体地说，市场对上述事件会作出怎样的反应，即公司股价是涨还是跌？要回答这一问题，需要对同类历史事件进行研究。事件研究的结果将帮助管理者作出正确决策。

事件研究方法经历了一些重要的演变，从早期很多比较粗糙的研究，到后来才日渐成熟。最早的事件研究文献可以追溯到 Dolley（1933）考察拆股对股票价格影响的研究。20 世纪 60 年代后期，事件研究方法变得更加改良和成熟。事件研究的经典文献有 Ball 和 Brown（1968）和 Fama、Jensen、Fisher 和 Roll（1969）。Ball 和 Brown（1968）研究了盈余发布所包含的信息。Fama、Jensen、Fisher 和 Roll（1969）研究了去除股利同时发生的影响之后拆股事件的效应。这些文献在研究方法上有两个改进，第一，它们去除了整个市场对股票价格的影响；第二，它们分离了其他相伴事件的影响。Brown 和 Warner（1980）和 Brown 和 Warner（1985）的研究考虑到早期事件研究中统计假设违背情况，进一步改进了事件研究方法中的统计推断。

本章我们介绍事件研究方法，包括估计资产期望收益率模型的详细介绍，如何计算超额收益率以及检验统计量的构造。为进一步诠释事件研究方法的应用，我们使用一个事件研究的实证例子一步一步解释事件研究的完成步骤。

6.1　事件研究的步骤

经过 40 多年的发展，事件研究方法已铸成熟，它广泛地应用于金融业界和金融研究之中。Campbell、Lo 和 MacKinlay（1997）把事件研究的过程总结为七个步骤：定义事件、取样、选择测定模型、估计测定模型并计算超常收益率、加总超常收益率并作假设检验、报告实证结果和解释与总结。本章的介绍将遵循这七个步骤：

第一步：定义事件

首先要确定我们要研究的事件，定义事件窗口，然后根据事件的发生划分时间轴。通常时间轴划分为三个窗口，估计窗口、事件窗口与事件后窗口，如图 6 - 1 所示。

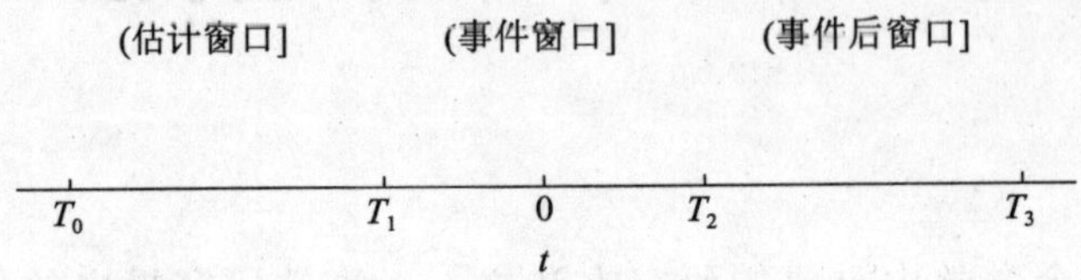

图 6 - 1　事件研究的时间轴

其中：

$t=0$：**事件日**。一般就是指事件发生日。例如，在考察公司盈利报告发布对股价影响的事件研究中，事件日一般确定为公司盈利报告发布的日期。事件日的确定至关重要，在它的基础上我们才能划分时间轴，即确定估计窗口、事件窗口与事件后窗口。

$t \in (T_1, T_2]$：**事件窗口**。这是我们用来测定事件产生影响的时间段。如果事件的影响只发生在事件日，我们将事件窗口就确定为事件日（$t=0$）。但是在实际应用中，由于信息的提前泄露、投资者预期等因素，事件的影响可能在事件发布日（事件日）之前就已经产生，这时我们需要将事件日前的一些交易日纳入事件窗口。例如，并购交易有一个谈判过程，谈判进程往往披露于媒体。因此，在正式公布之前，并购交易的部分影响就已经反应在股价之中。有关研究发现，在收购交易中，一般在交易宣布前 20 个交易日，目标公司的股价就开始上升，因此我们需要将交易宣布前 20 个交易日归入事件窗口。另外，有时为考察事件发生后的影响，事件日后的一些交易日也归入事件窗口。例如，某些事件的影响可能持续一段时间并产生难以预料的后果。此类事件的实例有某些地区或国家之间发生的国际冲突。因此，事件窗口一般是以事件日为中心的一个时间段，具体时长依具体事件、研究目的而定。

$t \in (T_0, T_1]$：**估计窗口**。这是事件研究用来估计测定模型的数据窗口。估计窗口要尽可能地不受到事件的影响，即估计窗口不能与事件窗口重叠。此外，估计窗口不能太短，也不能太长或太过远离事件日。太短不能得到精确有效的参数估计，太长或太过远离事件日则可能受到其他事件的影响，得到不够准确的估计值。在已有事件研究实证文献中（Binder，1998），对于月度数据，研究者一般采用事件窗口前 5 ~ 7 年（60 ~ 84 个数据）作为估计窗口；对于日频数据，一般采用事件窗口前 1 个季度到 1 年（60 ~ 250 个数据）作为估计窗口。

$t \in (T_2, T_3]$：**事件后窗口**。它是事件窗口后的一段时间。它也可以用来估计测定模型，起到和估计窗口相同的作用，但更多地是用来作事件研究的稳健性检验。因此，它的时长选择与估计窗口类似。

在接下来的介绍中，我们记 $L_1 = T_1 - T_0$ 为估计窗口长度，$L_2 = T_2 - T_1$ 为事件窗口长度，$L_3 = T_3 - T_2$ 为事件后窗口长度。

第二步：取样

接下来是选取事件研究的样本公司，获得事件发生前后股价数据。最重要的是我们要选取清洁的事件数据，即没有其他事件相伴发生的事件样本，这样才能准确地测定我们感兴趣事件产生的影响。事件研究取样考虑的其他因素还有：研究的目的、数据的可得性、公司市值、产业代表性等。

第三步：选择测定模型

事件研究的关键是超常收益率的测定。与超常收益率对应的概念是正常收益率，它是指事件不发生条件下证券的期望收益率。我们一般使用模型来测定正常收益率，这一模型称为**测定模型**（各种具体的模型请参见本章6.2.1节）。**超常收益率**（一般考虑事件窗口内）是指实现的收益率减去正常收益率，用公式表示如下：

$$\epsilon_{it} = R_{it} - E[R_{it} \mid X_{it}]$$

其中，ϵ_{it}表示超常收益率，R_{it}表示 t 时期实现的收益率，它受到事件的影响，蕴含了事件带来的信息。显然，为测定超常收益率，我们需要估计正常收益率。**正常收益率**在实际中是不可直接观察的，它是在事件不发生条件下股票的期望收益率。在上面的模型中，X_{it}表示正常情况下（即事件不发生的情况下）收益率测定模型所依赖的信息。因此 $E[R_{it} \mid X_{it}]$ 就是事件不发生条件下股票的收益率期望值。由此，R_{it}分解成两部分，$E[R_{it} \mid X_{it}]$ 和超常收益率 ϵ_{it}。X_{it}有两个最常见的选择：

（1）X_{it} = 常数。此时测定正常收益率的模型称为常数均值收益率模型，或简称为常数模型。常数模型中，R_{it} 的条件期望就是边际期望，即 $E[R_{it} \mid X_{it}] = E[R_{it}]$。

（2）$X_{it} = R_{mt}$（市场组合收益率）。此时测定正常收益率的模型一般选择市场模型。市场模型中，证券收益率 R_{it}是市场组合收益率 R_{mt} 的线性函数：

$$R_{it} = \alpha_i + \beta_i R_{mt} + \epsilon_{it}$$

市场模型、其他期望收益率模型以及计算期望收益率的详细讨论见本章6.2.1节。

第四步：估计测定模型并计算超常收益率

选择好事件研究的测定模型之后，接下来的步骤是使用事件发生前的某一时间段（称为**估计窗口**）的数据来估计测定模型。前面提到，事件日与估计窗口要有一定的距离，以使事件的发生对测定模型的估计结果没有显著的影响，以得到合理的正常收益率测定值。市场模型常用的估计方法是最小二乘法，详细步骤请参见本章6.2.2节。获得测定模型参数估计值后，结合事件窗口的数据（如测定模型是市场模型，则使用事件窗口的市场收益率）来计算超常收益率（参见本章6.2.3节）。

第五步：加总超常收益率并作假设检验

首先定义事件研究的零假设（一般为事件的发生对股票收益率没有影响）。通过对超常收益率在时间上和证券上加总，获得事件研究的检验统计量。在零假设为真条件下，结合模型的假设条件，导出检验统计量的分布，最后作假设检验。超常收益率的加总及检验统计量的分布见本章6.3节。

第六步：报告实证结果

实证结果的报告与一般实证分析类似，需要以表格的形式报告超常收益率的测定值及对应的标准差估计（或t统计量），报告其显著性等。根据不同情况，还有必要进行各种诊断与稳健性检验。

第七步：解释与总结

事件研究的最后一个步骤是对实证结果作出解释与总结。实证结果有可能加深我们对事件影响证券价格机制的理解。在某些情况下，我们还需要考察多种可能的解释，并建立模型进行比较、验证和深入分析。

6.2 测定与分析超常收益率

上一节我们定义了超常收益率，它的准确测定是事件研究的关键。本节介绍测定与分析超常收益率的方法与步骤。首先我们介绍事件研究中常用的测定模型。

6.2.1 常用测定模型

事件研究中常用的测定模型分为两类，统计模型与经济模型。前者纯粹由置于资产收益率的统计假设条件导出，它不依赖于任何经济理论。除统计假设条件之外，后者还依赖于对投资者行为所作的一些假设。

统计模型

最简单的统计模型是常数模型。顾名思义，它的重要假设是资产的期望收益

率是一个常数，模型设定如下。对资产 i，

$$R_{it}=\mu_i+\epsilon_{it},$$
$$E[\epsilon_{it}]=0,$$
$$\mathrm{Var}[\epsilon_{it}]=\sigma_{\epsilon_i}^2$$

其中，R_{it}是 t 时期资产 i 的收益率，μ_i 是 R_{it}的期望值，对给定的公司来说它是一个常数，$\epsilon_{it}\equiv R_{it}-\mu_i$ 称为冲击项。

另一个重要的统计模型是市场模型，它将单个资产的收益率 R_{it}与市场组合收益率 R_{mt}联系起来。市场模型的设定形式为：

$$R_{it}=\alpha_i+\beta_i R_{mt}+\epsilon_{it},$$
$$E[\epsilon_{it}]=0,$$
$$\mathrm{Var}[\epsilon_{it}]=\sigma_{\epsilon_i}^2$$

市场组合收益率 R_{mt}一般用某种市场指数的收益率来表示，如美国金融市场的标准普尔 500 指数，CRSP 价值权重指数、等权重指数，中国金融市场的上证指数，深证成指等。

市场模型在常数模型的基础上有所改进，通过分离资产收益率中由整个市场收益率变动而带来的变动，我们减少了超常收益率的方差，因此可以更容易检验到事件的影响。

还有一些其他的统计模型，如多因子模型，市场调整收益率模型等，有兴趣的读者可以进一步参考 Campbell、Lo 和 MacKinlay (1997)。

经济模型

除统计假设之外，经济模型通过增加一些经济假设导出测定模型的设定形式。以下我们介绍三个常用的经济模型，本书第二章对它们已有详细的介绍。

- CAPM — Sharpe-Lintner 版本：

$$E[R_i]=R_f+\beta_{im}(E[R_m]-R_f)$$

其中，

$$\beta_{im}=\frac{\mathrm{Cov}[R_i,R_m]}{\mathrm{Var}[R_m]}$$

- CAPM — Black 版本：

$$E[R_i]=E[R_{0m}]+\beta_{im}(E[R_m]-E[R_{0m}])$$

其中，

$$\beta_{im}=\frac{\mathrm{Cov}[R_i,\ R_m]}{\mathrm{Var}[R_m]}$$

R_{0m}是零贝塔资产组合的收益率，零贝塔组合是所有与市场组合相关性等于零的资产组合中方差最小的组合。

CAPM 的 Black 版本也可以写成以下形式：

$$E[R_i] = \alpha_{im} + \beta_{im} E[R_m]$$
$$\alpha_{im} = E[R_{0m}](1 - \beta_{im}),\ \forall i$$

- APT —多因子模型［Ross（1976）］：

$$R_i = a_i + b_f^{\top} + \epsilon_i$$
$$E[\epsilon_i | f] = 0$$
$$E[\epsilon_i^2] = \sigma_i^2 \leqslant \sigma^2 < \infty$$

其中，R_i 表示资产 i 的收益率；f 是 $K \times 1$ 的列向量，表示 K 个风险因子，它对所有的资产都相同；ϵ_i 是收益率中风险因子不能解释的部分，称为资产 i 的特质风险；对于给定资产 i，a_i 是常数，b_i 是常数向量。另外，在一个有许多资产的经济中，APT 模型假设

$$E[R_i] \approx \lambda_0 + b_i^{\top} \lambda_k$$

其中，λ_k 表示风险因子的风险溢价。也就是说，资产期望收益率的绝大部分能够由 K 个风险因子的风险溢价来解释。

其他模型

其他常用的测定模型有产业模型，它采用某个产业的收益率为基准；匹配模型，它寻找特征类似的公司股票作为基准等。

6.2.2 估计测定模型

我们在本小节重点介绍在事件研究中应用得最多的测定模型——市场模型的估计。从上一小节的叙述可以知道，市场模型也就是将股票收益率 R_{it} 对市场收益率 R_{mt} 作回归的一元线性回归模型：

$$R_{it} = \alpha_i + \beta_i R_{mt} + \epsilon_{it},\ t \in 2(T_0, T_1] \tag{6.1}$$

事件研究一般使用估计窗口（T_0，T_1］的收益率数据来估计市场模型式（6.1），得到参数估计值 $\hat{\alpha}_i$ 和 $\hat{\beta}_i$。

为表达的简洁，我们把模型（6.1）式写成矩阵形式：

$$\underset{L_1 \times 1}{\mathbf{R}_i} = \underset{L_1 \times 2}{\mathbf{X}_i} \underset{2 \times 1}{\boldsymbol{\beta}_i} + \underset{L_1 \times 1}{\boldsymbol{\epsilon}_i}$$

其中，L_1 在第 1 节已有定义，它表示估计窗口长度；

$\mathbf{R}_i = [R_{iT_0+1} \cdots R_{iT_1}]^\top$，为证券 i 的估计窗口收益率向量；

$$\mathbf{X}_i = \begin{bmatrix} \boldsymbol{\iota} & \mathbf{R}_m \end{bmatrix} = \begin{bmatrix} 1 & R_{mT_0+1} \\ \vdots & \vdots \\ 1 & R_{mT_1} \end{bmatrix}$$，$\boldsymbol{\iota}$ 是元素全为 1 的 $L_1 \times 1$ 列向量，

$\mathbf{R}_m = [R_{mT_0+1}, \cdots, R_{mT_1}]^\top$，为市场组合的估计窗口收益率向量；

$\boldsymbol{\beta}_i = \begin{pmatrix} \alpha_i \\ \beta_i \end{pmatrix}$，为参数向量，$\boldsymbol{\epsilon}_i = \begin{bmatrix} \epsilon_{iT_0+1} \\ \vdots \\ \epsilon_{iT_1} \end{bmatrix}$ 为扰动项向量。

当上述模型满足线性回归模型的经典假设条件时，我们可以用最小二乘（OLS）法估计市场模型（6.1），得到参数向量的 OLS 估计量：

$$\hat{\boldsymbol{\beta}}_i = (\mathbf{X}_i'\mathbf{X}_i)^{-1}\mathbf{X}_i^\top R_i$$

其中，$\hat{\boldsymbol{\beta}}_i$ 是 $\boldsymbol{\beta}$ 的最优线性无偏估计（BLUE）。

统计推断中需要的估计量还有：

$$\hat{\sigma}^2_{\epsilon_i} = \frac{1}{L_1 - 2}\hat{\epsilon}_i'\hat{\epsilon}_i,\ \hat{\epsilon}_i = \mathbf{R}_i - \mathbf{X}_i\hat{\boldsymbol{\beta}}_i$$

参数估计量 $\hat{\boldsymbol{\beta}}_i$ 的方差一协方差矩阵为：

$$\mathrm{Var}[\hat{\boldsymbol{\beta}}_i \mid \mathbf{X}_i] = (\mathbf{X}_i^\top \mathbf{X}_i)^{-1}\boldsymbol{\sigma}^2_{\epsilon_i}$$

以上结果可以参考 Greene（2005）。

6.2.3　计算超常收益率

接下来，我们利用上述估计的模型参数和事件窗口的市场收益率来计算超常收益率：

$$\hat{\boldsymbol{\epsilon}}_i^* = \mathbf{R}_i^* - \hat{\alpha}_i\boldsymbol{\iota} - \hat{\beta}_i\boldsymbol{R}_m^* = \boldsymbol{R}_i^* - \mathbf{X}_i^*\hat{\beta}_i$$

其中：

$\mathbf{R}_i^* = [R_{iT_1+1}, \cdots, R_{iT_2}]^\top$ 是 $-L_2 \times 1$ 的列向量；为证券 i 的事件窗口收益率向量；

$$\mathbf{X}_i^* = \begin{bmatrix} \boldsymbol{\iota} & \mathbf{R}_m^* \end{bmatrix} = \begin{bmatrix} 1 & R_{mT_1+1} \\ \vdots & \vdots \\ 1 & R_{mT_2} \end{bmatrix}$$，$\boldsymbol{\iota}$ 是元素全为 1 的 $L_2 \times 1$ 列向量；

$\mathbf{R}_m^* = [R_{mT_1+1}, \cdots, R_{mT_2}]^\top$，为市场组合的事件窗口收益率向量；

我们把 $\hat{\boldsymbol{\epsilon}}_i^*$ 称为股票 i 在事件窗口的**超常收益率向量**，它是一个 $L_2 \times 1$ 的列向量。

6.2.4 超常收益率的统计性质

容易证明，在事件对证券的收益率没有影响的零假设条件下，

$$E[\hat{\epsilon}_i^* \mid \mathbf{X}_i^*]=0$$

$$\mathrm{Var}[\hat{\epsilon}_i^* \mid \mathbf{X}_i^*]=\mathbf{I}\sigma_{\epsilon_i}^2+\mathbf{X}_i^*(\mathbf{X}_i^{\top}\mathbf{X}_i)^{-1}\mathbf{X}_i^{*\top}\sigma_{\epsilon_i}^2=\mathbf{V}_i$$

在事件研究中一般假设股票的收益率服从正态分布。因此,作为正态分布随机变量的线性组合,超常收益率向量 $\hat{\epsilon}_i^*$ 服从多元正态分布：

$$\hat{\epsilon}_i^* \mid \mathbf{X}_i^* \sim \mathcal{N}(0,\mathbf{V}_i)$$

6.3 超常收益率的加总

为衡量某类事件对市场产生的效应,我们需要对样本中包括的所有股票和事件窗口的某个时间段通盘考虑,也就是说,我们需要将超常收益率在时间上和证券上加总,然后再构造统计量作统计推断。

6.3.1 时间加总

记证券 i 从时间 τ_1 到 $\tau_2(T_1<\tau_1\leqslant\tau_2)$ 的累积超常收益率为 $\mathrm{CAR}_i(\tau_1,\tau_2)$。我们记：

$$\widehat{\mathrm{CAR}}_i(\tau_1,\tau_2)]\equiv\gamma^{\top}\hat{\epsilon}_i^*$$

其中，$\gamma=(0,\cdots,0,1\cdots,1,0,\cdots,0)'$是 $L_2\times1$ 的列身量，在 τ_1-T_1 到 τ_2-T_1 的位置上的元素为1，其余元素为0。通过 γ，我们把时间 τ_1 到 τ_2 之间的超常收益率累加起来。

在事件没有影响的零假设（H_0）条件下，$\widehat{\mathrm{CAR}}_i(\tau_1,\tau_2)$服从均值为0，方差等于

$$\mathrm{Var}[\widehat{\mathrm{CAR}}_i(\tau_1,\tau_2)]=\gamma^{\top}\mathbf{V}_i\gamma\equiv\sigma_i^2(\tau_1,\tau_2) \tag{6.2}$$

的正态分布，即：

$$\widehat{\mathrm{CAR}}_i(\tau_1,\tau_2)\sim\mathcal{N}(0,\sigma_i^2(\tau_1,\tau_2))$$

根据以上性质，我们可以构造统计量：

$$\widehat{\mathrm{SCAR}}_i(\tau_1,\tau_2)=\frac{\widehat{\mathrm{CAR}}_i(\tau_1,\tau_2)}{[\hat{\sigma}_i^2(\tau_1,\tau_2)]^{\frac{1}{2}}}$$

来检验 H_0，其中 $\hat{\sigma}_i^2(\tau_1,\tau_2)$ 由 $\hat{\sigma}_{\epsilon_i}^2$ 替代式（6.2）中的 $\sigma_{\epsilon_i}^2$ 计算而得。这一统计量称为标准累积超常收益率，在 H_0 条件下：

$$\widehat{\mathrm{SCAR}}_i(\tau_1,\tau_2) \sim t(L_1-2)$$

即服从自由度为 L_1-2 的 t 分布。

6.3.2　事件加总

给定 N 次事件样本，在上一小节每一证券在时间上加总后，我们再进行事件加总，有时也称为证券加总，这是因为事件研究使用发生在不同公司的同类事件。

累积超常收益率的事件加总

定义平均累积超常收益率为：

$$\overline{\mathrm{CAR}}(\tau_1,\tau_2) = \frac{1}{N}\sum_{i=1}^{N}\widehat{\mathrm{CAR}}_i(\tau_1,\tau_2)$$

假设各证券的超常收益率不相关，那么 $\overline{\mathrm{CAR}}$（τ_1，τ_2）的方差等于：

$$\mathrm{Var}[\overline{\mathrm{CAR}}(\tau_1,\tau_2)] = \frac{1}{N^2}\sum_{i=1}^{N}\sigma_i^2(\tau_1,\tau_2) \equiv \bar{\sigma}^2(\tau_1,\tau_2)$$

因此，我们有：

$$\overline{\mathrm{CAR}}(\tau_1,\tau_2) \sim \mathcal{N}(0,\bar{\sigma}^2(\tau_1,\tau_2))$$

我们也可以先通过事件加总，然后再时间加总同样得到 $\overline{\mathrm{CAR}}(\tau_1,\tau_2)$。过程如下：记 $\bar{\boldsymbol{\epsilon}}^*$ 为 N 个超常收益率向量的样本均值，即：

$$\bar{\boldsymbol{\epsilon}}^* = \frac{1}{N}\sum_{i=1}^{N}\bar{\boldsymbol{\epsilon}}_i^*$$

那么我们有：

$$\mathrm{Var}[\bar{\boldsymbol{\epsilon}}^*] = \frac{1}{N^2}\sum_{i=1}^{N}\mathbf{V}_i \equiv \mathbf{V}$$

容易证明：

$$\overline{\mathrm{CAR}}(\tau_1,\tau_2) = \boldsymbol{\gamma}^\top\bar{\boldsymbol{\epsilon}}^*$$
$$\mathrm{Var}[\overline{\mathrm{CAR}}(\tau_1,\tau_2)] = \boldsymbol{\gamma}^\top\mathbf{V}\boldsymbol{\gamma} = \bar{\sigma}^2(\tau_1,\tau_2)$$

标准累积超常收益率的事件加总

此外，我们还可以将标准累积超常收益率（SCAR）在事件上加总。记 $\overline{\mathrm{SCAR}}(\tau_1,\tau_2)$ 为标准累积超常收益率 $\widehat{\mathrm{SCAR}}_i(\tau_1,\tau_2)$ 的样本均值，即：

$$\overline{\text{SCAR}}(\tau_1,\tau_2)=\frac{1}{N}\sum_{i=1}^{N}\widehat{\text{SCAR}}_i(\tau_1,\tau_2)$$

它被称为**平均标准累积超常收益率**。如果证券的事件窗口不重叠，当零假设 H_0 成立时，$\overline{\text{SCAR}}(\tau_1,\tau_2)$ 渐近服从均值为 0，方差为 $\frac{L_1-2}{N(L_1-4)}$ 的正态分布，即：

$$\overline{\text{SCAR}}(\tau_1,\tau_2)\overset{a}{\sim}\mathcal{N}\left(0,\frac{L_1-2}{N(L_1-4)}\right)$$

6.3.3 构造统计量

通过时间加总和事件加总得到平均累积超常收益率 $\overline{\text{CAR}}(\tau_1,\tau_2)$ 和平均标准累积超常收益率 $\overline{\text{SCAR}}(\tau_1,\tau_2)$ 之后，需要进一步构造统计量以检验零假设。下面介绍两种方法。

方法一：得到 $\overline{\text{CAR}}(\tau_1,\tau_2)$ 的分布之后，我们可以构造统计量：

$$J_1=\frac{\overline{\text{CAR}}(\tau_1,\tau_2)}{[\hat{\bar{\sigma}}^2(\tau_1,\tau_2)]^{\frac{1}{2}}}$$

其中，

$$\hat{\bar{\sigma}}^2(\tau_1,\tau_2)=\frac{1}{N^2}\sum_{i=1}^{N}\hat{\sigma}_i^2(\tau_1,\tau_2)$$

来检验零假设 H_0。在 H_0 成立条件下，J_1 渐近服从标准正态分布，即：

$$J_1\overset{a}{\sim}\mathcal{N}(0,1)$$

当 J_1 统计量的值大于给定显著性水平对应的标准正态分布临界值时，我们拒绝零假设，认为事件对公司价值有显著影响；反之不拒绝零假设，认为事件对公司价值没有显著影响。统计检验中常用的显著性水平是 5% 和 1%，它们（双边检验）对应的标准正态分布临界值分别为 1.96 和 2.58。

方法二：根据前面导出的 $\overline{\text{SCAR}}(\tau_1,\tau_2)$ 的统计性质，我们可以构造统计量：

$$J_2=\frac{\overline{\text{SCAR}}(\tau_1,\tau_2)}{\left[\frac{L_1-2}{N(L_1-4)}\right]^{\frac{1}{2}}}\overset{a}{\sim}\mathcal{N}(0,1)$$

用来检验零假设 H_0。当 J_2 统计量的值大于给定显著性水平对应的标准正态分布临界值时，我们拒绝零假设，认为事件对公司价值有显著影响；反之不拒绝零假设，认为事件对公司价值没有显著影响。

评注 6.1　一般来说，

(1) 如果不同证券的超额收益率相近，那么应该给予具有较低超额收益率方差的证券更大的权重，在此种情况下使用统计量 J_2 是较好的选择。

（2）如果方差高的证券其超额收益率也高，那么应该给予每一证券实现的累积超额收益率相同的权重，在这一情况下使用统计量 J_1 是更好的选择。

6.4 实证例子

前文提到，事件研究方法广泛地应用于金融研究中。Binder（1998）提供了1969至90年代事件研究方法和实证研究的综述。经过文章作者的允许，本节我们利用 Lamoureux 和 Poon（1987）中的实证研究来阐述事件研究方法的步骤，这篇文章发表在 *Journal of Fiance*，1987 年第 42 期。Lamoureux 和 Poon（1987）研究了市场对拆股和合股事件的反应，并且对实证检验作出理论上的解释。这里我们主要总结他们的事件研究部分，实证检验的理论解释部分请参考原文。为保持和 6.1 节介绍的事件研究七个步骤一致，我们总结如下：

定义事件

作者感兴趣的事件是美国股市（NYSE 和 AMEX）的拆股与合股事件，事件研究的时间轴划分如图 6－2 所示：

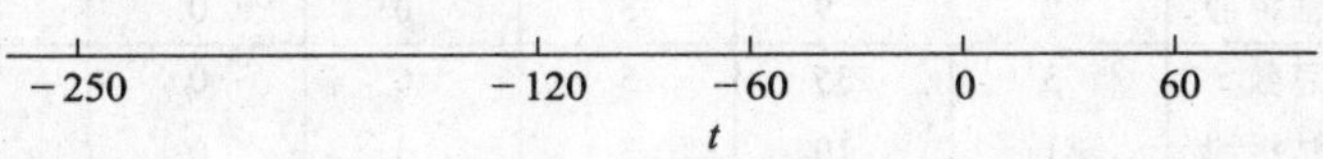

图 6－2　拆股和合股事件研究的时间轴

其中，

$t=0$ 为事件日，作者把拆股（合股）的公告日和执行日都定义为事件日进行研究。公告日是指宣布拆股（合股）的日期，执行日是指拆股（合股）实际执行的日期。为简单计，本章主要介绍以拆股（合股）公告日为事件日的结果。

$t\in[-250,\ -60)$ 为估计窗口，其中 $t\in[-250,\ -120)$ 这 130 天的数据用来估计测定模型，$t\in[-120,\ -60)$ 这 60 天的数据用来估计收益率的方差。估计窗口的选择考虑了估计的有效性和不受其他事件影响两个因素。

$t\in[-60,60]$ 为事件窗口，共计 121 天。事件窗口的选择考虑了信息可能在事件日之前影响市场和事件日之后市场的可能反应两个因素。

取样

为减轻其他因素对拆股事件的污染，保证一定数量的合股事件，作者选择的事件样本是至少 2 拆 5 的拆股和所有合股，时间跨度从 1962 年 7 月至 1985 年 12 月。作者主要考察了没有其他事件（如盈利发布、红利发布、兼并等）干扰的拆股和合股，称为没有被其他事件污染的，或清洁的拆股（合股）。表 6－1 是数据描述，我们看到，拆股事件要多于合股事件，在拆股事件中，3 比 1 的拆股又占大多数；相伴事件发生最多的是分红。这些事件被认为是不清洁的数据。

表 6－1　　Lamoureux 和 Poon（1987）事件研究数据描述

组 A. 拆股：数量、交易所、时间

		拆股因子[a]						
		2.5	3.0	4.0	5.0	7.0	10.0	合计
按交易所								
NYSE	总数	21	109	8	10	0	1	149
	清洁拆股	4	25	3	4	0	1	37
AMEX	总数	7	39	10	9	1	2	68
	清洁拆股	3	20	7	2	0	2	34
按年度								
1962—1965	总数	8	19	4	3	0	2	36
	清洁拆股	2	5	1	0	0	2	10
1966—1970	总数	9	46	4	4	0	0	54
	清洁拆股	4	14	1	1	0	0	20
1971—1975	总数	4	19	2	3	0	0	28
	清洁拆股	0	7	2	2	0	0	11
1976—1980	总数	4	29	3	3	1	0	40
	清洁拆股	0	9	3	0	0	0	12
1980—1985	总数	3	35	5	6	0	1	50
	清洁拆股	1	10	3	3	0	1	18

组 B. 合股：数量、交易所、时间

		合股因子[b]									
		1.2	2	2.5	3.0	3.3	4.0	5.0	10.0	20.0	合计
按交易所											
NYSE	总数	1	2	0	4	0	3	4	1	1	16
	清洁合股	1	0	0	3	0	2	3	1	0	10
AMEX	总数	0	5	1	4	1	4	11	7	0	33
	清洁合股	0	3	0	2	0	3	8	5	0	21
按年度											
1962—1965	总数	0	0	0	0	0	2	7	4	1	14
	清洁合股	0	0	0	0	0	1	6	3	0	10
1966—1970	总数	0	1	0	1	0	1	1	1	0	5
	清洁合股	0	1	0	0	0	1	1	1	0	4
1971—1975	总数	1	2	1	4	0	3	4	2	0	17
	清洁合股	1	0	0	3	0	3	2	1	0	10
1976—1980	总数	0	1	0	2	0	1	3	0	0	7
	清洁合股	0	0	0	2	0	0	2	0	0	4
1980—1985	总数	0	3	0	1	1	0	0	1	0	6
	清洁合股	0	2	0	0	0	0	0	1	0	3

续表

组 C：相伴发生事件的类型（“污染”）		
相伴事件发布	拆股	合股
盈余	46	7
分红	103	2
兼并	9	2
其他	18	1
组 D：拆股和合股前后股价的分布		
价格区域	事件前	事件后
所有拆股		
$P\leqslant 10$	1	10
$10<P\leqslant 20$	19	50
$20<P\leqslant 40$	32	119
$40<P\leqslant 60$	40	22
$60<P\leqslant 80$	43	6
$80<P\leqslant 100$	57	3
$100<P\leqslant 150$	20	3
$150<P$	1	0
	213	213
所有合股		
$P\leqslant 5$	35	10
$5<P\leqslant 10$	11	19
$10<P\leqslant 20$	1	12
$20<P\leqslant 30$	2	8
	49	49

注：a 拆股因子的定义是 1 股旧股换新股的股数；b 合股因子的定义是换 1 股新股的旧股股数。

此表的内容来自 Lamoureux 和 Poon（1987）表 I。

选择测定模型

作者选择市场模型作为测定模型，即：

$$R_{it}=\alpha_i+\beta_i R_{mt}+\epsilon_{it}$$

其中，R_{it}是股票收益率，R_{mt}是市场指数收益率，作者选择的是 CRSP 等权重指数的日频收益率。

估计测定模型并计算超常收益率

如图 6－2 所示，作者选择事件日前 250 天开始共计 130 天的日收益率数据估计测定模型（市场模型）。市场收益率是 CRSP 等权重指数收益率。股票收益率与市场收益率都是简单收益率。为估计股票收益率的方差，作者选择的是事件日前

120 天开始共计 60 天的日收益率数据。

加总超常收益率并作假设检验

对每个事件窗口交易日，作者计算了证券加总的超常收益率（$\bar{\epsilon}^*$），Lamoureux 和 Poon（1987）的原文记为 AER，及其 t 统计量、$\bar{\epsilon}^*>0$ 的百分比和累积平均超常收益率（CAR），Lamoureux 和 Poon（1987）的原文记为 CAER。

报告实证结果

表 6－2 和表 6－3 分别报告了清洁的拆股和合股的实证结果，事件日为公告日，它们来自 Lamoureux 和 Poon（1987）文章中的表 II 和表 IV。

表 6－2　清洁的拆股——公告日为事件日 0

交易日	$\bar{\epsilon}^*$（%）	t 统计量	$\bar{\epsilon}^*$ 大于 0 的百分比（%）	CAR（%）
－60	0.575	2.048	56.92	0.575
－40	0.655	2.254	53.85	4.227
－20	－0.436	－1.499	41.54	3.910
－10	－0.498	－1.713	41.54	4.707
－9	－0.109	－0.377	43.08	4.597
－8	－0.084	－0.290	35.38	4.513
－7	0.140	0.481	58.46	4.653
－6	－0.075	－0.259	44.62	4.577
－5	0.175	0.603	55.38	4.752
－4	0.453	1.558	58.46	5.205
－3	0.045	0.155	47.69	5.250
－2	0.002	0.006	46.15	5.252
－1	0.684	2.356	52.31	5.936
0	1.819	6.263	70.77	7.755
1	2.060	7.091	76.92	9.815
2	0.486	1.674	53.85	10.301
3	－0.477	－1.644	36.92	9.824
4	－0.390	－1.344	41.54	9.433
5	－0.136	－0.469	47.69	9.297
6	－0.333	－0.147	49.23	8.964
7	－0.121	－0.416	46.15	8.843
8	0.610	2.101	50.77	9.453
9	0.408	1.405	49.23	9.861
10	－0.551	－1.899	35.38	9.310
20	0.017	0.058	44.62	8.997
40	0.231	0.795	52.31	7.316
60	－0.325	－1.120	38.46	5.150

注：$N=65$；α 平均值 $=0.00169$；β 平均值 $=1.03344$。

事后选择偏差检验：$\overline{\text{CAR}}$（$t-60$，$t-1$）：5.936；t 统计量：1.876。

此表的内容来自 Lamoureux 和 Poon（1987）表 II。

表 6-3　　清洁的合股—公告日为事件日 0

交易日	$\bar{\epsilon}^*$（%）	t 统计量	$\bar{\epsilon}^*$ 大于 0 的百分比（%）	$\overline{CAR}$（%）
-60	-0.736	-0.723	34.48	-0.736
-40	-0.121	-0.119	48.28	5.521
-20	2.632	2.577	58.62	7.732
-10	0.294	0.289	44.83	4.560
-9	0.338	0.332	27.59	4.897
-8	1.754	1.723	44.83	6.651
-7	-0.911	-0.895	31.03	5.740
-6	0.188	0.185	37.93	5.928
-5	0.016	0.016	51.72	5.945
-4	-1.229	-1.208	44.83	4.716
-3	2.812	2.763	51.72	7.528
-2	-0.444	-0.437	37.73	7.084
-1	-0.174	-0.171	48.28	6.910
0	-2.936	-2.885	20.69	3.974
1	-2.558	-2.514	27.59	1.415
2	0.180	0.177	48.28	1.595
3	-0.168	-0.165	37.93	1.428
4	-1.210	-1.189	34.48	0.217
5	0.808	0.794	51.72	1.026
6	0.965	0.748	48.28	1.991
7	-2.361	-2.320	27.59	-0.370
8	0.623	0.612	55.17	0.253
9	-1.857	-1.824	34.48	-1.604
10	-0.461	-0.453	44.83	-2.065
20	-0.524	-0.515	44.83	-3.590
40	-0.427	-0.420	44.83	-6.557
60	0.540	0.531	51.72	-13.558

注：$N=29$；α 平均值 $=0.00048$；β 平均值 $=1.0144$。

事后选择偏差检验：$\overline{CAR}$（$t-60$，$t-1$）：6.910；t 统计量：0.620。

此表的内容来自 Lamoureux 和 Poon（1987）表 IV。

表 6-2 的结果显示，在发布拆股公告的当日，超常收益率（$\bar{\epsilon}^*$）等于 1.819%，比一般的交易日明显要高，其 t 统计量等于 6.263，大于 1.96，说明它在 5% 水平上显著异于 0。对于事件日的前后两个交易日，也存在显著的正向

反应。

表6－3的结果显示，在发布合股公告的当日，超常收益率（$\bar{\epsilon}^*$）等于－2.936%，比一般的交易日明显要低，其t统计量等于－2.885，小于－1.96，说明它在5%水平上显著异于0。对于事件日的后一交易日，也存在显著的负向反应。

作为稳健性检验，Lamoureux 和 Poon（1987）还以执行日为事件日，使用执行日后250个交易止，计130个交易日的数据估计市场模型，对全部拆股事件作事件研究（结果见 Lamoureux 和 Poon（1987）表 VI），结论与前面类似。

因此，Lamoureux 和 Poon（1987）得出他们的研究结论："……在拆股公告日和执行日，市场存在正向的超常反应。对于合股事件，市场的反应正好相反"。

解释与总结

针对市场对拆股和合股事件的上述反应，Lamoureux 和 Poon（1987）建立并检验了一个模型，最后作出如下解释：他们认为，拆股（合股）的公告会产生一个连锁反应：市场认识到，紧随着拆股（合股）的执行日，股票的成交量会增加（减少），成交量的增加导致了股票收益率的噪声增大，噪声增大提高了股票的税收期权价值。股票的税收期权价值由 Constantinides（1984）首次提出。美国税法允许投资者利用投资损失冲销投资收益，从而降低赋税。因为波幅大的股票更有可能产生更大的损失，所以其他条件相同情况下，波幅大的股票具有更高的价值。这部分多出的价值就是股票的税收期权价值。正是这一价值的提高产生了拆股效应。对于合股事件来说，这一过程引发的反应正好相反。

本章回顾

主要概念

事件研究　正常收益率　超常收益率　经济模型　统计模型　超常收益率时间加总　超常收益率证券加总　检验统计量

主要结果

1. 事件研究最基本的七个步骤可以总结为：定义事件、取样、选择测定模型、估计测定模型并计算超常收益率、加总超常收益率并作假设检验、报告实证结果和解释与总结。

2. 由于信息的提前泄露、投资者预期等因素，事件的影响可能在事件发布日（事件日）之前就已经产生，这时我们需要将事件日前的一些交易日纳入事件窗口。另外，有时为考察事件发生后的影响，事件日后的一些交易日也时常归入事件窗口。

3. 估计窗口要尽可能地不受到事件的影响，即估计窗口不能与事件窗口重叠。此外，估计窗口不能太短，也不能太长或太过远离事件日。

4. 事件后窗口可以用来估计测定模型，但更多地是用来作事件研究的稳健性检验，它的时长选择与估计窗口类似。

5. 事件研究中常用的测定模型分为两类，统计模型与经济模型。前者纯粹由置于资产收益率的统计假设条件导出，它不依赖于任何经济理论。除统计假设条件之外，经济模型还依赖于对投资者行为所作的一些假设。

6. 常用统计模型有常数模型和市场模型。市场模型在常数模型的基础上有所改进，通过分离资产收益率中由整个市场收益率变动而带来的变动，市场模型减少了超常收益率的方差，因此可以更有效地检验事件的影响。

7. 常用经济模型有 CAPM – Sharpe – Lintner 版本、CAPM — Black 版本和 APT 多因子模型。

8. 衡量事件对市场产生的效应，我们需要将超常收益率在时间上和证券上加总，然后再构造统计量作统计推断。

习　题

1. 请简述事件研究的七个步骤。

2. 对事件窗口、估计窗口和事件后窗口的划分要考虑哪些因素？

3. (a) 请解释什么是正常收益率？事件研究中常用的期望收益率模型有哪些？

(b) 请解释什么是超常收益率？怎样计算超常收益率？

4. 请简述事件研究中超常收益率的时间加总和证券加总的过程。

5. 表 6 – 4 列出了东方园林（002310）在 2010 年 8 月 26 日的拆股与分红事件，估计窗口和事件窗口的股票收益率和市场收益率（深证成指收益率）：

表 6 – 4　　某次事件的估计窗口与事件窗口

	日期	股票收益	市场收益率
估计窗口	2010/07/27	0.0120	– 0.0024
	2010/07/28	0.0177	0.0242
	2010/07/29	– 0.0172	0.0013
	2010/07/30	0.0025	– 0.0050
	2010/08/02	0.0171	0.0201
	2010/08/03	– 0.0186	– 0.0159
	2010/08/04	0.0038	0.0037
	2010/08/05	– 0.0065	– 0.0095
	2010/08/06	0.0302	0.0161

续表

	日期	股票收益	市场收益率
估计窗口	2010/08/09	0.0954	0.0068
	2010/08/10	-0.0397	-0.0278
	2010/08/11	0.0696	0.0085
	2010/08/12	0.0093	-0.0118
	2010/08/13	0.0037	0.0192
	2010/08/18	0.0725	0.0000
	2010/08/19	0.0065	0.0034
	2010/08/20	0.0050	-0.0206
	2010/08/23	-0.0508	-0.0010
	2010/08/24	0.0136	0.0121
事件窗口	2010/08/25	0.0165	-0.0226
	2010/08/26	0.0954	0.0041
	2010/08/27	0.0953	0.0023

注：表中的事件是指东方园林（002310）在2010年8月26日的拆股与分红事件，市场收益率是指深证成指收益率。

数据来源：国泰君安锐智版。此表数据可以在作者的个人主页（http://www.u.arizona.edu/~gjiang/）上下载。

(a) 使用常数收益率模型测定股票的正常收益率，并估计事件窗口股票的正常收益率与超常收益率；

(b) 使用市场模型测定股票的正常收益率，报告市场模型在估计窗口的参数估计值及其t统计量值；并估计事件窗口股票的正常收益率与超常收益率。

(注：本题只是进行一次事件的估计，在一般的事件研究中，样本包括多次事件的观测值。)

第七章　ARCH /GARCH 模型

本书第一章指出，资产收益率是金融中最重要的概念之一。和收益率一样，收益率的波动率同样是金融中一个重要的基本概念。直观地说，资产收益率的波动率反映了市场不确定性的程度，因而市场在面临更多不确定性时期资产价格的波动更为显著。波动率也被看成是信息流的一种度量。高波动率一般伴随着对市场更大的信息冲击。金融文献已证实的资产收益率典型特征之一是其波动率随时间变化并且趋向集聚。波动率时变性是信息流不均匀到达市场的结果。此外，波动率集聚体现低波动率往往紧随低波动率，高波动率往往紧随高波动率，以此形成集聚。早在 1960 年代，Mandelbrot（1963）就已经写到："（市场）大的变动紧跟着大的变动——或涨或跌，小的变动紧跟着小的变动。"这一特征就是**波动率集聚**。波动率集聚意味着波动率在时间上具有持续性。

图 7 - 1 是 1997 年至 2010 年上证指数日收益率及其绝对值的时间序列图。收益率绝对值一般用做波动率的替代量①，它体现了上证指数的波动特征。如图所示，波动率随时间变化并趋于集聚。通俗一点说，上证指数一般涨跌平稳，但在大涨大跌之后往往紧跟着大涨大跌。

7.1　条件波动率与资产收益率模型

条件波动率是衡量资产收益率不确定性程度的指标，它的正式定义是条件标准差，记为 σ_t，即：

$$\sigma_t = \sqrt{\mathrm{Var}\ [r_t \mid \mathbf{I}_{t-1}]}$$

其中，$\mathbf{I}_{t-1}$表示投资者在 $t-1$ 时刻所拥有的信息，$\mathrm{Var}[\cdot \mid \mathbf{I}_{t-1}]$表示基于信息集 $\mathbf{I}_{t-1}$条件方差。$t-1$ 时刻的信息集 $\mathbf{I}_{t-1}$是投资者形成下一期资产价格波动率期望值的基础。该信息集不仅包含市场上已经和正在发生的事件，还包含投资者对可能

① 有些文献把收益率绝对值直接用作波动率的度量，如 Cao 和 Tsay（1992）。

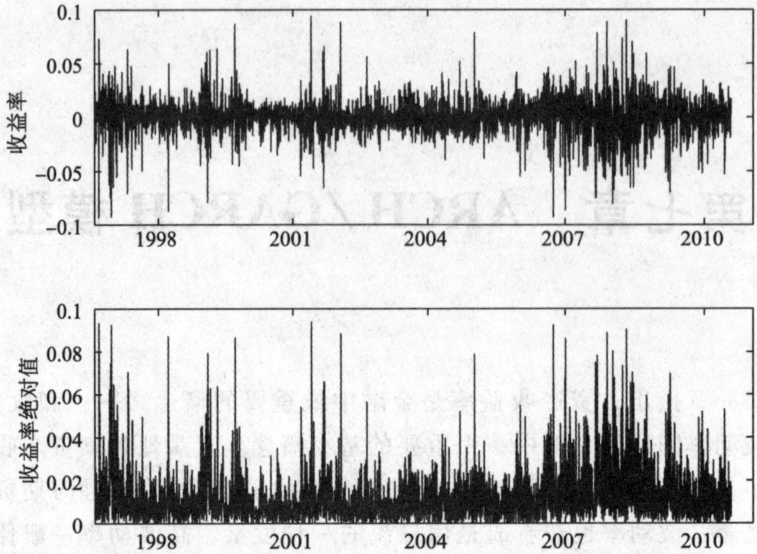

图 7－1　上证指数收盘价计算的日对数收益率及其绝对值：1997—2010

影响资产价格并即将发生事件的预期。一般来说，若流入市场的信息量少，或者冲击程度低，资产价格的不确定性就小，随之条件波动率低。反之，若对市场的信息冲击力大，或者有重大事件预计发生并将对资产价格产生显著影响，那么条件波动率就会升高。

评注 7.1　条件波动率与非条件波动率

条件波动率或方差与非条件波动率或方差有区别。正如以上定义所示，前者是某一时间段上的期望值。非条件方差则可以看成是条件方差的平均值，非条件波动率就是非条件方差的平方根。收益率观测值的样本方差是非条件方差的一个估计值。

条件波动率 σ_t 是金融中非常重要的指标。在均值—方差模型中，它完全衡量了资产组合的风险；它是 Black－Scholes 期权定价模型中最重要的输入变量；它还是风险管理中估计在险值（Value at Risk 或 VaR）的重要变量；条件波动率的不同形式对统计推断的结论也有很大的影响。条件波动率不能直接观察得到，并且波动率的时变特征显示它不是一个常数，因此建立合理的波动率模型对于理解资产价格的动态性质就显得特别重要。ARCH/GARCH 类模型就是为这一目的而提出并发展的。

我们考察如下金融时间序列 r_t 的随机模型：

$$\begin{cases} r_t = \mu_t + \epsilon_t \\ \epsilon_t \equiv \sigma_t z_t \end{cases} \tag{7.1}$$

其中，

$$\mu_t \equiv E[r_t \mid \mathbf{I}_{t-1}]$$

是收益率的条件期望；σ_t 是信息集 $\mathbf{I}_{t-1}$的非负函数；$\mathbf{I}_{t-1}$表示时刻 $t-1$ 的信息集；ε_t 是一个**白噪声过程**；① z_t 是均值为 0，方差为 1 的独立同分布的随机变量序列：

$$z_t \text{ iid},\ E[z_t]=0,\ \mathrm{Var}[z_t]=1$$

金融文献中通常假设 z_t 服从标准正态分布，即：

$$z_t \sim \mathcal{N}(0,1)$$

在实际应用中，μ_t 通常设为常数，即 $\mu_t=\mu$，但有些时间序列模型中也设定为 $(r_{t-1}, r_{t-2}, \cdots; \epsilon_{t-1}, \epsilon_{t-2}, \cdots)$ 的线性函数②；因此 r_t 是一个自回归移动平均（ARMA）过程，如 ARMA（P, Q）过程：

$$r_t=\phi_0+\sum_{p=1}^{P}\phi_p r_{t-p}+\sum_{q=1}^{Q}\theta_q\epsilon_{t-q}+\epsilon_t$$

根据模型式(7.1)，我们有：

$$\begin{aligned}\mathrm{Var}[r_t \mid \mathbf{I}_{t-1}] &\equiv E[(r_t-E[r_t \mid \mathbf{I}_{t-1}])^2 \mid \mathbf{I}_{t-1}]\\ &=E[\epsilon_t^2 \mid \mathbf{I}_{t-1}]=E[\sigma_t^2 z_t^2 \mid \mathbf{I}_{t-1}]\\ &=\sigma_t^2 E[z_t^2 \mid \mathbf{I}_{t-1}]=\sigma_t^2\end{aligned}$$

所以，σ_t^2 即是 r_t 的条件方差。根据不同的 σ_t^2 的设定，我们就得到不同的条件异方差模型。下面，我们介绍条件方差的 ARCH 和 GARCH 模型。

7.2 σ_t^2 的设定

7.2.1 ARCH 模型

ARCH 是英文 AutoRegressive Conditional Heteroscedasticity（自回归条件异方差）的首字母缩写。在最简单的 ARCH 模型中，σ_t^2 设定为前一期冲击 ϵ_{t-1}^2 的线性函数：

$$\sigma_t^2=\alpha_0+\alpha_1\epsilon_{t-1}^2,\quad \alpha_0>0,\ 0<\alpha_1<1 \tag{7.2}$$

① 若 ϵ_t 满足以下条件，则称它是一个白噪声过程：

$$E[\epsilon_t]=0,\quad E[\epsilon_t\epsilon_\tau]=\begin{cases}\sigma^2, & \text{如果 } t=\tau\\ 0, & \text{其他}\end{cases}$$

我们看到，ϵ_t 的非条件方差为一常数 σ^2，但是它的条件方差可以随时间变化。

② 在后面介绍的 ARCH-M 模型中，μ_t 还是 σ_t 的函数；在有些实证文章中，r_t 的回归方程中还加入了其他解释变量，此时 μ_t 的解释也应该作相应的调整。

它记为 ARCH(1)模型。这一模型刻画了波动率集聚特征：条件方差 σ_t^2 受到前一期收益率波动幅度 ϵ_{t-1}^2 的影响，并且因为 $\alpha_1>0$，所以前一期收益率波动幅度越大，t 期收益率的条件方差 σ_t^2 就越大。

图 7－2 是模拟 ARCH(1)过程 r_t 的一条路径，还画出了相伴条件标准差 σ_t 的路径，样本个数 $T=3383$，对应 14 年中国股市的日频数据。模拟过程为：

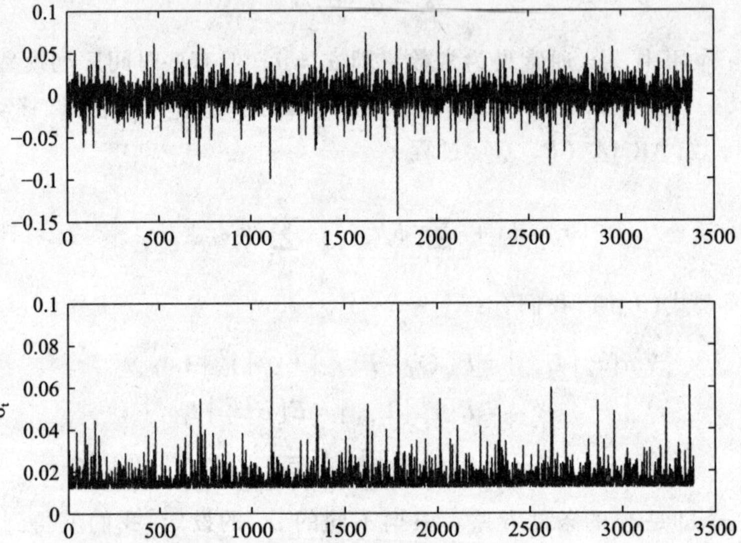

图 7－2　ARCH(1)模型的模拟路径

第一步：参数值设为：

$$\mu=0.033\%,\quad \alpha_0=1.52\times10^{-4},\quad \alpha_1=0.4735$$

这些参数取值与本章第 4 节表 7－1 中上证指数收益率的均值、标准差和峰度相一致。参见本节导出的 ARCH(1)模型的方差和峰度公式。条件方差的初始值设为 $\sigma_0^2=2.89\times10^{-4}$。此初始值的设置与本章第 4 节表 7－1 中上证指数收益率的标准差 0.017 相一致。

第二步：随机抽取 $T+1$ 个标准正态分布的样本值，记为 $z_0,z_1,\cdots,z_T$。

第三步：根据以下式子更新 r_t 和 σ_t：

$$\epsilon_t=\sigma_t z_t \tag{7.3}$$

$$\sigma_t^2=\alpha_0+\alpha_1\epsilon_{t-1}^2 \tag{7.4}$$

$$r_t=\mu+\epsilon_t \tag{7.5}$$

例如，将 σ_0 与 z_0 代入式(7.3)获得 ϵ_0，ϵ_0 代入(7.4)式获得 σ_1，σ_1 与 z_1 代入式(7.3)获得 ϵ_1，ϵ_1 代入式(7.5)获得 r_1。如此继续，最后得到 r_t 的 T 个样本值 $r_1,r_2,\cdots,r_T$ 和 σ_t 的 T 个样本值 $\sigma_1,\sigma_2,\cdots,\sigma_T$。

图 7－2 显示，在 r_t 涨跌幅度较大的时候，条件波动率 σ_t 的值也较高，并且

明显地刻画了收益率 r_t 的波动率集聚特征。

ARCH 模型由经济学家 Robert F. Engle 首先提出[①]。为建立通货膨胀率的动态模型，在一篇开创性的文章中，Engle（1982）把 σ_t^2 设定为 $\epsilon_{t-i}^2(i=1,2,\cdots)$ 的线性函数：

$$\sigma_t^2 = \alpha_0 + \alpha_1\epsilon_{t-1}^2 + \cdots + \alpha_q\epsilon_{t-q}^2 \equiv \alpha_0 + \sum_{l=1}^{q}\alpha_i\epsilon_{t-i}^2 \tag{7.6}$$

为保证波动率恒为正，（α_i，$i=0,1,\cdots,q$）都大于 0，并满足一定的正规条件（例如，$\sum_{i=1}^{q}\alpha_i<1$）使波动率为一平稳过程。模型式（7.6）称为 ARCH（q）模型，其中 q 表示滞后阶数。

ARCH 模型的想法非常直观，由于波动率的集聚特征，条件方差 σ_t^2 受到 t 时刻之前信息冲击的影响，这可以用 $\epsilon_{t-1}^2,\epsilon_{t-2}^2,\cdots$ 来刻画，并且越是相邻的交易日，影响越大。因此我们自然地可以把 σ_t^2 设定为 ϵ_{t-i}^2 的线性函数，并且在一般的实证结果中，α_i 的估计值一般为 i 的减函数。有时候为减少需要估计的参数，研究者也直接把 α_i 设定为 i 的减函数。如 Engle（1982）设定 $\alpha_i=\alpha_1(5-i)/10$，$i=1,\cdots,4$。

若记 $\mu_t=\epsilon_t^2-\sigma_t^2$，则根据式（7.6）有：

$$\epsilon_t^2=\alpha_0+\sum_{i=1}^{q}\alpha_i\epsilon_{t-i}^2+u_t$$

容易证明 u_t 是一个白噪声，因此 ϵ_t^2 是一个自回归（AR（q））过程。

除了波动率集聚之外，ARCH 模型还能刻画资产收益率的另一重要特征，厚尾，也就是其非条件分布的峰度大于正态分布的峰度 3。以最简单的 ARCH（1）（$\sigma_t^2=\alpha_0+\alpha_1\epsilon_{t-1}^2$）模型为例，并假设 z_t 服从标准正态分布 $\mathcal{N}(0,1)$，下面我们首先导出 ϵ_t 的均值和方差，在此基础上再导出 ϵ_t 的峰度，偏度的推导在本章最后作为练习。

（1）计算 ϵ_t 的均值。

$$\begin{aligned} E[\epsilon_t] &= E[E[\epsilon_t \mid \mathbf{I}_{t-1}]] = E[E[\sigma_t z_t \mid \mathbf{I}_{t-1}]] \\ &= E[\sigma_t E[z_t \mid \mathbf{I}_{t-1}]] = E[\sigma_t E[z_t]] \\ &= E[\sigma_t \cdot 0] = 0 \end{aligned}$$

评注 7.2 *以上及接下来的推导过程中，我们应用了概率论中一个非常重要的定理，条件期望的迭代性质，即*

$$E[X]=E[E[X\mid\mathbf{I}]]$$

其中 X 是一个随机变量，$\mathbf{I}$ 是随机变量或信息集。条件期望的迭代性质是条件

① Robert Engle 主要因这一开创性的工作和另一位计量经济学家 Cliver Granger 共同获得 2003 年诺贝尔经济学奖。

期望塔律的一种特殊情况，塔律及条件期望的其他性质及证明请参见 Williams (1991)。

(2) 计算 ε_t 的方差。

$$\begin{aligned}\operatorname{Var}[\epsilon_t] &= E[\epsilon_t^2] = E[E[\epsilon_t^2 \mid \mathbf{I}_{t-1}]]\\ &= E[\alpha_0 + \alpha_1\epsilon_{t-1}^2] = \alpha_0 + \alpha_1 E[\epsilon_{t-1}^2]\end{aligned}$$

因为 ϵ_t 是一个平稳过程，所以有：

$$\operatorname{Var}[\epsilon_t] = E[\epsilon_t^2] = E[\epsilon_{t-1}^2]$$

将上式代入计算方差的等式，我们得到：

$$\operatorname{Var}[\epsilon_t] = \frac{\alpha_0}{1-\alpha_1}$$

这里我们看到，为使方差大于0，必须有 $\alpha_1 < 1$。

(3) 计算 ϵ_t 的 4 阶中心矩。首先我们回顾一下正态分布的矩条件公式。

令 $X \sim \mathcal{N}(\mu,\sigma^2)$，我们有以下 4 个矩条件：

$$\begin{gathered}E[X]=\mu\\ \operatorname{Var}[X] \equiv E(X-\mu)^2 = \sigma^2\\ E(X-\mu)^3 = 0\\ E(X-\mu)^4 = 3\sigma^4\end{gathered}$$

因此，我们有正态分布的峰度：

$$\operatorname{Kurt}[X] \equiv \frac{E(X-\mu)^4}{(\operatorname{Var}[X])^2} = \frac{3\sigma^4}{(\sigma^2)^2} = 3$$

同时，我们也有正态分布中心矩与方差的如下关系式：

$$E(X-\mu)^4 = 3(\operatorname{Var}[X])^2 \tag{7.7}$$

下面，我们利用以上正态分布的性质计算 ϵ_t 的 4 阶条件中心矩：

$$E[\epsilon_t^4 \mid \mathbf{I}_{t-1}] = 3[\operatorname{Var}[\epsilon_t \mid \mathbf{I}_{t-1}]]^2 = 3(\alpha_0 + \alpha_1\epsilon_{t-1}^2)^2$$

以上第一个等式是因为 z_t 服从标准正态分布，所以 $\epsilon_t = \sigma_t z_t$ 的条件分布为正态，由关系式 (7.7) 可得。因此，

$$\begin{aligned}E[\epsilon_t^4] &= E[E[\epsilon_t^4 \mid \mathbf{I}_{t-1}]] = 3E[(\alpha_0 + \alpha_1\epsilon_{t-1}^2)^2]\\ &= 3E[\alpha_0^2 + 2\alpha_0\alpha_1\epsilon_{t-1}^2 + \alpha_1^2\epsilon_{t-1}^4]\end{aligned}$$

由 ϵ_t 的平稳性有 $E[\epsilon_t^4] = E[\epsilon_{t-1}^4]$，并把 $E[\epsilon_{t-1}^2] = \alpha_0/(1-\alpha_1)$ 代入上式可得：

$$E[\epsilon_t^4] = 3\left(\alpha_0^2 + 2\alpha_0\alpha_1\frac{\alpha_0}{1-\alpha_1} + \alpha_1^2 E[\epsilon_t^4]\right)$$

解上式得：

$$E[\epsilon_t^4]=\frac{3\alpha_0^2(1+\alpha_1)}{(1-\alpha_1)(1-3\alpha_1^2)}$$

可以看出，为使 ϵ_t 的 4 阶中心矩大于 0，我们还必须附加一个条件，$1-3\alpha_1^2>0$，即 $0\leqslant\alpha_1<1/\sqrt{3}$。

（4）最后计算 ϵ_t 的峰度。

$$\begin{aligned}\mathrm{Kurt}[\epsilon_t]&=\frac{E[\epsilon_t^4]}{[\mathrm{Var}[\epsilon_t]]^2}=\frac{3\alpha_0^2(1+\alpha_1)}{(1-\alpha_1)(1-3\alpha_1^2)}\times\frac{(1-\alpha_1)^2}{\alpha_0^2}\\&=3\,\frac{1-\alpha_1^2}{1-3\alpha_1^2}>3\end{aligned}$$

前面介绍正态分布矩条件时，我们证明了正态分布的峰度等于 3。这就是峰度减去 3 往往被称为“超额峰度”的由来。如果某分布的峰度大于 3，这就意味着其密度函数尾部的概率值较大，而中间部分概率值一般相应较小。这样的分布被形象地称为**尖峰**（leptokurtic）分布或**厚尾**（fat tail）分布。上述结果表明 ϵ_t 的分布具有厚尾特征。

7.2.2　GARCH 模型

由于资产收益率条件方差的持续性，即自相关系数高并缓慢减弱的特点，ARCH（q）往往需要较大的 q 才能刻画资产收益率波动率的变化。Bollerslev（1986）提出广义 ARCH（GARCH）模型进行改进。GARCH 是英文 Generalized AutoRegressive Conditional Heteroscedasticity 的首字母缩写。最简单的 **GARCH 模型**设定条件方差 σ_t^2 为前一期的条件方差 σ_{t-1}^2 和冲击 ϵ_{t-1}^2 的线性函数：

$$\sigma_t^2=\omega+\beta_1\sigma_{t-1}^2+\alpha_1\epsilon_{t-1}^2 \tag{7.8}$$

这一模型记为 GARCH(1,1) 模型。在 GARCH(1,1) 模型中，Bollerslev（1986）将所有参数都限制大于等于 0 以保证方差为正①；其次，$\beta_1+\alpha_1<1$ 以保证方差过程的平稳性，从而保证收益率过程的平稳性。在以上条件下，GARCH 模型具有以下性质。第一，ϵ_t 的非条件方差为：

$$\mathrm{Var}[\epsilon_t]=\frac{\omega}{1-(\beta_1+\alpha_1)} \tag{7.9}$$

$\mathrm{Var}[\epsilon_t]$ 同时也是 σ_t^2 的非条件均值。第二，参数 β_1 度量条件方差的持续性，

① 但是，Nelson and Cao（1992）证明此限制条件可以放松。

β_1 越接近 1，σ_t^2 的持续性越强。

图 7－3 是模拟 GARCH（1，1）过程 r_t 的一条路径，还画出了相伴条件标准差 σ_t 的路径，样本个数 $T=3383$，对应 14 年中国股市的日频数据。模拟过程如下：

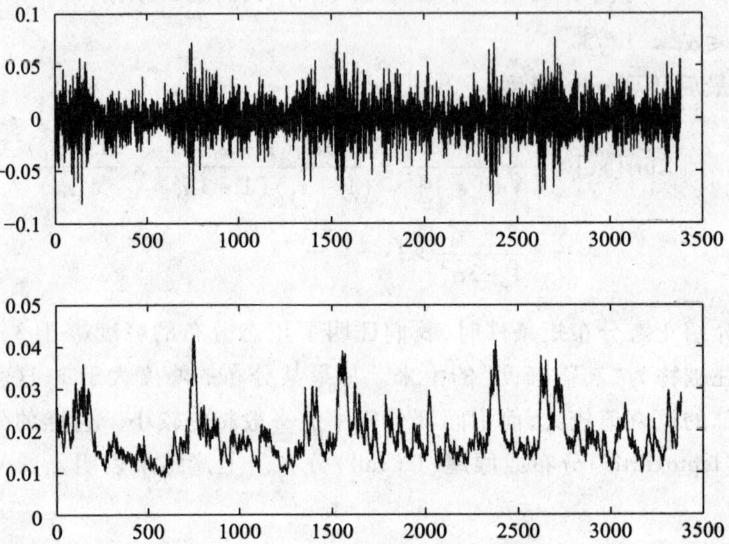

图 7－3　GARCH(1,1)模型的模拟路径

第一步：参数值设为：

$$\mu=0.0245\%，\omega=5.18\times10^{-6}，\beta_1=0.8869，\alpha_1=0.1010$$

这些参数值来自表 7－5 中对上证指数收益率的估计值。它对应收益率 r_t 的均值等于 0.0245%，标准差等于 0.0207，峰度等于 19.76。根据给定的参数设置，分别代入式（7.9）和式（7.14）即可得以上标准差和峰度。条件方差的初始值设为 $\sigma_0^2=0.0207^2$。

第二步：随机抽取 $T+1$ 个标准正态分布的样本值，记为 z_0，z_1，…，z_T。

第三步：根据以下式子更新 r_t 和 σ_t：

$$\epsilon_t=\sigma_t z_t \tag{7.10}$$

$$\sigma_t^{\ 2}=\omega+\beta_1\sigma_{t-1}^2+\alpha_1\epsilon_{t-1}^2 \tag{7.11}$$

$$r_t=\mu+\epsilon_t \tag{7.12}$$

例如，将 σ_0 与 z_0 代入式（7.10）获得 ϵ_0，ϵ_0 代入式（7.11）获得 σ_1，σ_1 与 z_1 代入式（7.10）获得 ϵ_1，ϵ_1 代入式（7.12）获得 r_1。如此继续，最后得到 r_t 的 T 个样本值 $r_1, r_2, \cdots, r_T$ 和 σ_t 的 T 个样本值 σ_1，σ_2，…，σ_T。

图 7－3 也体现了条件方差是刻画收益率波动幅度的指标和收益率的波动率集聚特点。

此外，在图 7－4 中，我们画出了上述模拟的 GARCH(1,1)模型中收益率 r_t 的 1 至 20 阶自相关系数估计值，中间是收益率平方 r_t^2 的 1 至 20 阶阶自相关系数估计值，下方是条件方差 σ_t^2 的 1 至 20 阶自相关系数估计值。我们看到，r_t 只有 2 阶和 19 阶自相关系数刚好超过了 95% 的显著水平线，其他各阶自相关性都不显著，r_t^2 的 1 至 20 阶自相关系数大多显著，但各阶自相关性的估计值都在 0.4 以下。我们还可以观察到条件方差具有很强的持续性，一阶自相关系数在 0.9 以上，并且以非常缓慢的速度下降，在滞后 20 阶后仍然具有显著的自相关系数。这形象地告诉我们，简单的 GARCH(1,1)模型能刻画条件方差的持续性。

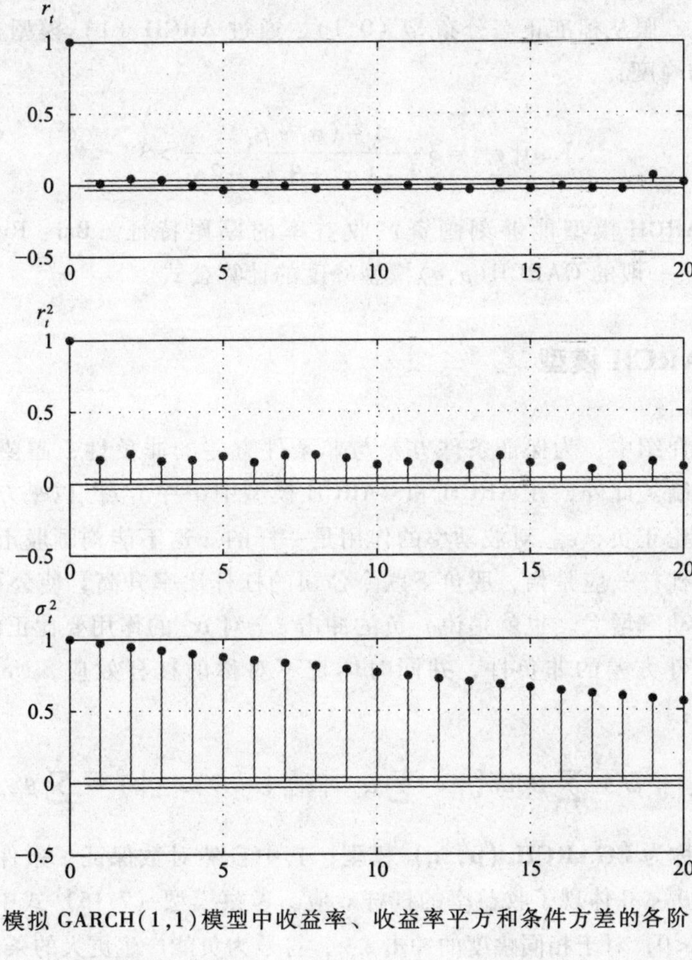

图 7－4　模拟 GARCH(1,1)模型中收益率、收益率平方和条件方差的各阶自相关系数

GARCH 模型的一般形式为：

$$\sigma_t^2 = \omega + \sum_{i=1}^{p} \beta_i \sigma_{t-i}^2 + \sum_{i=1}^{q} \alpha_i \epsilon_{t-i}^2 \tag{7.13}$$

以上模型记为 GARCH（p，q）模型，其中 p 是 σ_t^2 的滞后阶数，q 是 ϵ_t^2 的滞后阶数。GARCH（p，q）模型中，所有参数都限制大于 0 以保证方差为正；另

外，$\sum_{i=1}^{p}\beta_i+\sum_{i=1}^{q}\alpha_i<1$ 以保证方差过程的平稳性。一般来说，p 和 q 的值取 1 或 2 就能很好地描述波动率的变化。将模型式（7.13）中的条件方差滞后项 σ_{t-i}^2 按 σ_t^2 同样的形式展开，一直展开下去，最后我们有：

$$\sigma_t^2=\omega'+\sum_{i=1}^{\infty}\alpha'_i\epsilon_{t-i}^2$$

因此，GARCH（p，q）模型实际上是一个 ARCH（∞）模型，所以它能够以非常简约的形式刻画波动率的高阶自相关性。

GARCH 模型同样还刻画了收益率的厚尾特征。以 GARCH(1,1)模型（7.8）为例，并假设 z_t 服从标准正态分布 $\mathcal{N}(0,1)$，通过 ARCH（1）模型类似的步骤，可以得到 ϵ_t 的峰度：

$$\text{Kurt}[\epsilon_t]=3\frac{1-(\alpha_1+\beta_1)^2}{1-(\alpha_1+\beta_1)^2-2\alpha_1^2}>3 \tag{7.14}$$

因此，GARCH 模型能够刻画资产收益率的厚尾特征。Bai、Russell 和 Tiao（2003）给出了一般的 GARCH(p,q)模型峰度的计算公式。

7.2.3 EGARCH 模型

在前面的介绍中，为保证条件方差与非条件方差的非负性，需要对模型的参数加上一些限制。此外，在 ARCH 和 GARCH 模型中，冲击 ϵ_{t-i}以平方的形式加入 σ_t^2，因此，不论正负，ϵ_{t-i}对波动率的作用是一样的。这不能刻画股市收益率的**杠杆效应**。所谓杠杆效应是指，股价下跌令公司的杠杆比率升高，使公司风险增大，公司股票的波动率增大。也就是说，负的冲击 ϵ_{t-i}对 σ_t^2 的作用要比正的冲击大。

为保证条件方差的非负性，并同时体现不对称的杠杆效应，Nelson（1991）提出如下模型：

$$\ln\sigma_t^2=\omega+\sum_{i=1}^{p}\beta_i\ln\sigma_{t-i}^2+\sum_{i=1}^{q}\alpha_i(|z_{t-i}|-E|z_{t-i}|)+\sum_{i=1}^{q}\theta_i z_{t-i} \tag{7.15}$$

这一模型称为 **EGARCH（p，q）模型**，其中自然对数保证了条件方差的非负性，杠杆系数 $\theta_i<0$ 体现了收益率的杠杆效应。考察模型（7.15）式中的第三个求和式，由于 $\theta_i<0$，对于相同幅度的冲击 z_{t-i}，符号为负能产生更大的条件方差 σ_t^2。

7.2.4 ARCH－M 模型

为衡量期望收益与风险之间的权衡关系，Engle、Lilien 和 Robins（1987）在均值等式中加入了条件标准差：

$$\begin{cases} r_t = \mu_t + \epsilon_t \\ \mu_t \equiv \mu + \delta\sigma_t \quad \delta > 0 \\ \epsilon_t = \sigma_t z_t \end{cases}$$

这一模型在条件均值设定中加入了条件标准差，因此称为 **ARCH-M 模型**。特别指出的是，条件均值具有明显的经济含义，其中 $\delta\sigma_t$ 是风险溢价，体现了高风险，高期望收益率的特点。

7.3　z_t 的设定

前文我们提到，最开始研究者设定 z_t 服从标准正态分布，即具有密度函数：

$$f(z_t) = \frac{1}{\sqrt{2\pi}} e^{-\frac{z_t^2}{2}}$$

此时，r_t 的条件分布是正态分布。后来有人发现，很多金融时间序列的条件分布具有厚尾特征，若 z_t 服从正态分布则不足以刻画这些时间序列的特征。因此金融研究者寻求具有厚尾的分布来改进，常见的有以下三种：

（1）自由度为 $v(v>2)$ 的 **t 分布**。这一分布的密度函数为：

$$g(x) = \frac{\Gamma((v+1)/2}{\sqrt{v\pi}\Gamma(v/2)}\left(1 + \frac{x^2}{v}\right)^{-(v+1)/2}$$

它的均值为 0，标准差为 $\sqrt{v/(v-2)}$。方差标准化之后我们得到 z_t 的密度函数：

$$f(z_t) = \sigma g(\sigma z_t)$$

（2）Nelson（1991）使用了标准化的**广义误差分布**，其参数为 ν：

$$f(z_t) = \frac{\nu \exp[-(1/2)\,|z_t/\lambda|^{\nu}]}{\lambda 2^{(1+1/\nu)}\Gamma(1/\nu)}, \quad 0 < \nu \leqslant \infty$$

其中，

$$\lambda \equiv \left[\frac{2^{-2/\nu}\Gamma(1/\nu)}{\Gamma(3/\nu)}\right]^{1/2}$$

当 $\nu < 2$ 时，这一分布具有比正态分布更厚的尾部。

（3）Bai、Russell 和 Tiao（2003）使用**混合正态分布**：

$$z_t \sim \text{混合正态}(\lambda, \eta) = \begin{cases} \mathcal{N}(0, \sigma^2), & \text{概率为}(1-\eta) \\ \mathcal{N}(0, \lambda\sigma^2), & \text{概率为}\ \eta \end{cases}$$

其中，$\sigma^2 \equiv 1/(1 - \eta + \lambda\eta)$，从而使 z_t 的方差等于 1。

7.4 模型的估计

ARCH/GARCH 类模型的一大优势是能使用极大似然方法估计模型的参数。先看看最简单的情况，条件均值等于常数 $\mu, z_t \sim \mathcal{N}(0,1)$ 的 ARCH（1）模型：

$$\begin{cases} r_t = \mu + \epsilon_t \\ \epsilon_t = \sigma_t z_t \\ \sigma_t^2 = \alpha_0 + \alpha_1 \epsilon_{t-1}^2 \end{cases}$$

由以上模型的设定，在已知 r_{t-1} 的条件下，r_t 服从均值等于 μ，方差等于 σ_t^2 的正态分布，因此它的条件密度函数为：

$$f(r_t \mid r_{t-1}) = \frac{1}{\sqrt{2\pi}\sigma_t}\exp\left[-\frac{(r_t - \mu)^2}{2\sigma_t^2}\right]$$

记参数向量 $\boldsymbol{\theta} \equiv (\mu, \alpha_0, \alpha_1)'$，对数似然函数可以写成：

$$\begin{aligned} L(\boldsymbol{\theta}) &\equiv \ln f(r_T, \cdots, r_t \mid r_0) \\ &= \sum_{t=1}^{T} \ln f(r_t \mid r_{t-1}) \\ &= -\frac{T}{2}\ln(2\pi) - \sum_{t=1}^{T} \sigma_t - \frac{1}{2}\sum_{t=1}^{T} \frac{(r_t - \mu)^2}{\sigma_t^2} \\ &= -\frac{T}{2}\ln(2\pi) - \sum_{t=1}^{T} \sqrt{\alpha_0 + \alpha_1 (r_{t-1} - \mu)^2} - \frac{1}{2}\sum_{t=1}^{T} \frac{(r_t - \mu)^2}{\alpha_0 + \alpha_1 (r_{t-1} - \mu)^2} \end{aligned}$$

最大化对数似然函数 $L(\theta)$ 就求得了 ARCH（1）模型参数 μ，α_0，α_1 的极大似然估计值，通过估计信息矩阵，还可以得到方差估计。

类似地，对于条件均值等于常数 μ，$z_t \sim \mathcal{N}(0, 1)$ 的 GARCH(1,1)模型：

$$\begin{cases} r_t = \mu + \epsilon_t \\ \epsilon_t = \sigma_t z_t \\ \sigma_t^2 = \omega + \beta_1 \sigma_{t-1}^2 + \alpha_1 \epsilon_{t-1}^2 \end{cases}$$

其对数似然函数的形式为：

$$L(\boldsymbol{\theta}) \equiv -\frac{T}{2}\ln(2\pi) - \sum_{t=1}^{T} \sigma_t - \frac{1}{2}\sum_{t=1}^{T} \frac{(r_t - \mu)}{\sigma_t^2} \tag{7.16}$$

其中，

$$\begin{aligned} \sigma_t^2 &= \omega + \beta_1 \sigma_{t-1}^2 + \alpha_1 \epsilon_{t-1}^2 \\ &= \omega + \beta_1 \sigma_{t-1}^2 + \alpha_1 (r_{t-1} - \mu)^2 \end{aligned}$$

与 ARCH 模型不同的是，要计算 GARCH 模型的似然函数(7.16)式的值需要初

始值 σ_0^2,但 σ_0^2 不可直接观察得到,Bollerslev (1986) 提出用样本方差 $\hat{\sigma}^2 \equiv \frac{1}{T}\sum_{t=1}^{T}(r_t-\mu)^2$代替。

其他 ARCH/GARCH 类模型,如 EGARCH,ARCH - M 等模型的对数似然函数可以根据以上过程类似写出。

7.5 实证例子

在本节的实证例子中,我们使用三个股票市场指数的日频数据:上证指数、深证成指和美国 S&P500 指数,时间跨度为 1997 年初至 2010 年底,共计 14 年。下面,我们首先检验各市场指数收益率是否具有 ARCH 效应,然后估计 GARCH(1,1)模型,并诊断该模型能否刻画收益率的条件异方差特征,最后我们估计 EGARCH(1,1)模型以检验各市场指数收益率是否具有杠杆效应。

图 7 - 5 画出了 1997—2010 年上证、深证和 S&P500 指数运行情况,还包括它们的收益率和收益率绝对值时间序列。表 7 - 1 是三条指数收益率的描述性统计量。表 7 - 1 显示,美国股市平均每年 252 个交易日,上海和深圳股市只有 242 个交易日,比美国股市平均每年少 10 个交易日;从市场表现来看,1997—2010 年这 14 年间,上海股市日平均收益率为 3.3‰,折合年收益率 7.99%,深圳股市日平均收益率为 4‰,折合年收益率 9.68%,它们是美国股市的两倍多;上海、深圳股市和美国股市都具有负的偏度;三条市场指数收益率的峰度都大于 3,具有厚尾特征,其中美国股市的峰度最高,进一步结合收益率最大值与最小值的范围来看,美国股市是大涨大跌更为明显的市场。这可能是因为中国股市的涨跌停板制度限制了股市的涨跌幅度。

表 7 - 1 中自相关系数显示,三条指数收益率(r_t)的样本自相关系数都较小,大部分在 5% 水平上不显著。尽管有个别样本自相关系数在 5% 水平上显著,但它们的绝对值都在 0.1 之下。因此我们可以近似地把收益率序列看成是常数条件均值加上没有自相关的噪声过程。

尽管上述结果显示,三条收益率序列没有很强的自相关性,但收益率绝对值($|r_t|$)具有很强的相关性:表 7 - 1 中三条指数收益率绝对值的前 20 阶相关系数绝大部分在 0.15 以上,个别甚至超过了 0.3,并且在 5% 水平上显著。由于收益率绝对值是波动率的一种替代量,上述结果显示收益率很可能具有条件异方差性。下面我们运用 Engle (1982) 提出的 ARCH 检验进一步证实这一性质。

记 $\hat{\epsilon}_t$ 为去均值后的收益率。Engle (1982) 的 ARCH 检验过程如下:首先将 $\hat{\epsilon}_t^2$ 对其 1 至 m 阶滞后项作回归,即:

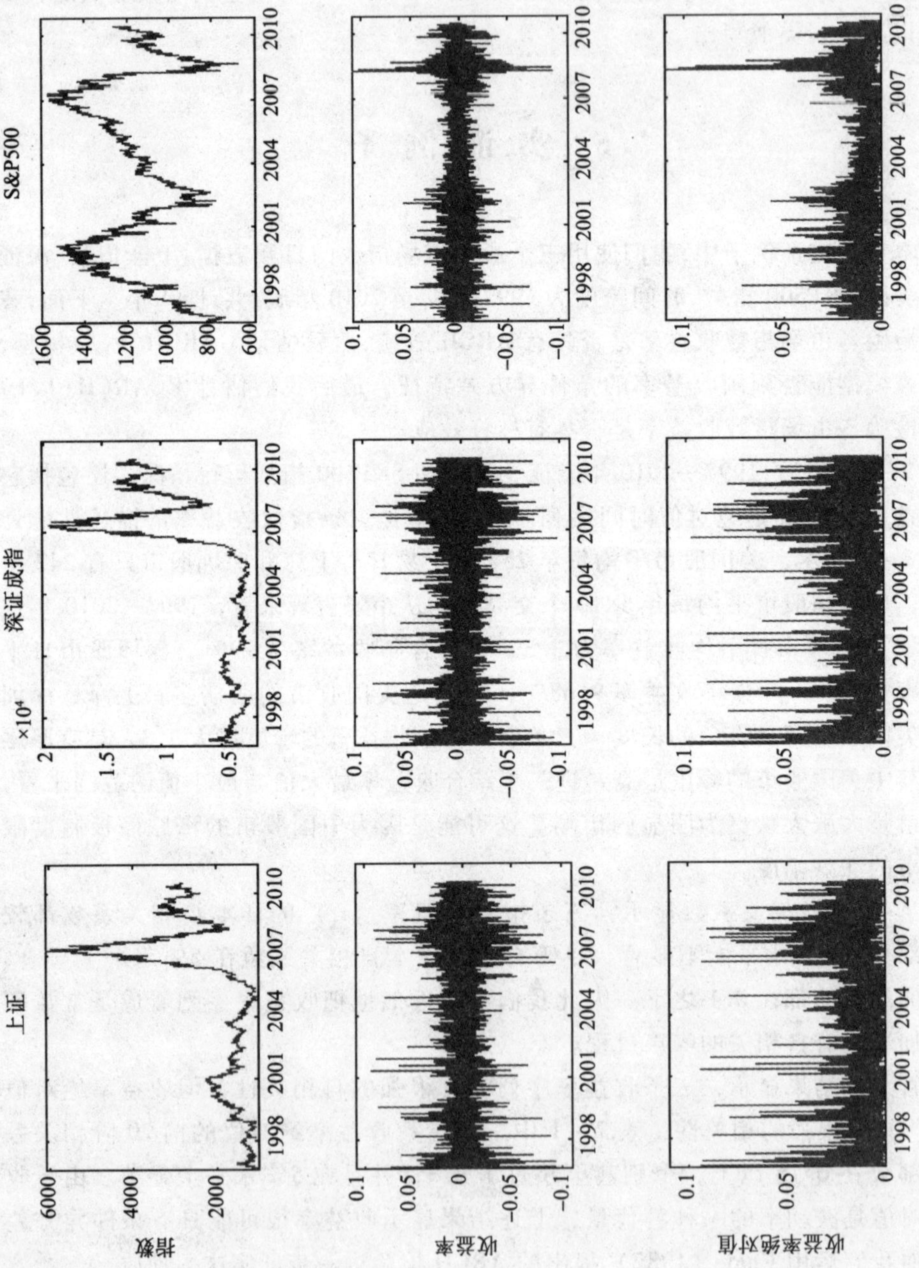

图 7－5　上证、深证和 S&P500 指数：1997—2010 年

表 7-1 三个股市指数日收益率（r_t）及其绝对值（$|r_t|$）的描述性统计量

指数	交易日天数	均值（10^{-4}）	标准差	偏度	峰度	最大值	最小值
		r_t					
上证	3383（242）	3.31	0.017	-0.23	7.11	0.094	-0.093
深证	3385（242）	4.00	0.019	-0.21	6.41	0.095	-0.099
S&P500	3524（252）	1.55	0.013	-0.17	10.15	0.110	-0.095
		$\|r_t\|$					
		120.94	0.012	2.36	11.19	0.094	0
		134.26	0.014	2.19	9.61	0.099	0
		92.05	0.0097	2.99	18.87	0.11	0

自相关系数

$\rho(1)$	$\rho(2)$	$\rho(3)$	$\rho(4)$	$\rho(5)$	$\rho(10)$	$\rho(15)$	$\rho(20)$
r_t							
-0.001	-0.023	0.039*	0.056*	-0.011	0.016	0.073*	-0.005
0.042*	-0.024	0.051*	0.054*	-0.018	0.024	0.057*	0.005
-0.073*	-0.064*	0.030	-0.011	-0.034	0.028	-0.037*	0.017
$\|r_t\|$							
0.17*	0.18*	0.20*	0.18*	0.14*	0.17*	0.12*	0.15*
0.19*	0.20*	0.18*	0.19*	0.15*	0.17*	0.14*	0.15*
0.21*	0.30*	0.25*	0.27*	0.33*	0.27*	0.23*	0.22*

注：* 表示 5% 水平上显著。

数据来源：上证指数和深证成指来自国泰君安锐智版；S&P500 指数来自雅虎金融（http://finance.yahoo.com/）。

$$\hat{\epsilon}_t^2 = \alpha_0 + \alpha_1 \hat{\epsilon}_{t-1}^2 + \alpha_2 \hat{\epsilon}_{t-2}^2 + \cdots + \alpha_m \hat{\epsilon}_{t-m}^2 + u_t$$

然后记录上述回归的拟合优度 R^2。设样本数为 T。在 $\hat{\epsilon}_t \sim \text{iid}\ \mathcal{N}(0,\ \sigma^2)$ 的零假设条件下有：

$$TR^2 \overset{a}{\sim} \chi^2\ (m)$$

若上述检验的结果拒绝零假设，我们推断收益率具有条件异方差性。

表 7-2 的结果显示，滞后项为 5、10、15 阶检验统计量的值都很大，ARCH 检验的 p 值很小，都在 0.001 以下。这说明三条指数收益率都具有非常显著的条件异方差性。

为刻画条件异方差性，我们设定 GARCH 模型。使用上述收益率数据，我们首先估计 GARCH(1,1)模型，其设定如下：

表 7-2　三个市场指数日收益率 ARCH 检验结果

指　数	滞后项		
	5	10	15
上证	182(<0.001)	227(<0.001)	239(<0.001)
深证	206(<0.001)	272(<0.001)	288(<0.001)
S&P500	744(<0.001)	868(<0.001)	999(<0.001)

注：本表的结果基于 Engle（1982）的 ARCH 检验，表中的数值为 ARCH 检验统计量，括号内的值为 p 值，所有的 p 值都小于 0.001。

$$\begin{cases} r_t = \mu + \epsilon_t \\ \epsilon_t = \sigma_t z_t, \quad z_t \sim \text{iid } \mathcal{N}(0,\ 1) \\ \sigma_t^2 = \omega + \beta_1 \sigma_{t-1}^2 + \alpha_1 \epsilon_{t-1}^2 \end{cases}$$

表 7-3 报告了 GARCH(1,1)模型的估计结果。表 7-3 的估计结果显示，对三条股市指数收益率来说，系数 β_1 和 α_1 的估计值都在 1% 水平上显著，并且 β_1 的值接近 1，表明收益率的条件方差具有很强的持续性。此外，β_1 和 α_1 的估计值之和小于 1，这保证了条件方差过程的平稳性。

表 7-3　GARCH(1,1)模型估计结果

	μ	ω	β_1	α_1
上证	2.43×10^{-4}	5.25×10^{-6}	0.88625	0.10146
	(1.17)	(7.37) **	(133.47) **	(15.23) **
深证	7.84×10^{-5}	4.64×10^{-6}	0.90483	0.08545
	(0.32)	(6.56) **	(174.82) **	(15.20) **
S&P500	5.06×10^{-4}	1.48×10^{-6}	0.90878	0.08354
	(3.07) **	(6.87) **	(127.86) **	(12.88) **

注：本表报告了 GARCH(1,1)模型的参数估计结果，括号内的值为 t 统计量，** 表示在 1% 水平上显著。

将表 7-3 中参数估计值分别代入 GARCH(1,1)模型的理论方差值（7.9）式和理论峰度值（7.14）式，我们分别得到 GARCH(1,1)模型给出三条指数收益率的理论标准差为 0.0207，0.0218，0.0139 和理论峰度为 19.17，12.22，33.84。对比表 7-1 中的样本值，我们发现标准差的样本值和理论值差别不大，但峰度的样本值和理论值差别校大，这说明 GARCH(1,1)模型仍有改进的余地。

下面，我们从另一角度来衡量 GARCH(1,1)模型是否能充分地刻画收益率的条件异方差特征。若模型正确设定，标准化冲击 z_t 应服从 iid $\mathcal{N}(0,\ 1)$。因此检验 z_t 的估计值的条件异方差性可以为我们衡量模型的表现提供一个标准。表 7-4 报告了 GARCH(1,1)模型的标准化冲击 z_t 估计值的 ARCH 检验结果。表 7-4 结果显示，对三条股市指数收益率来说，各阶（5，10，15）滞后项的 ARCH 检验统

计量在 5% 的水平上都不显著，这说明 z_t 没有条件异方差性，这与 GARCH(1,1) 模型的设定相符。因此，从这一角度看，GARCH(1,1) 模型较好地刻画了上海、深圳和美国股市收益率的条件异方差特征。

表 7-4　GARCH(1,1) 模型的标准化冲击 z_t 的 ARCH 检验结果

指　数	滞后项		
	5	10	15
上证	2.34(0.55)	4.95(0.89)	9.02(0.88)
深证	2.17(0.83)	4.05(0.95)	5.82(0.98)
S&P500	6.49(0.26)	12.98(0.22)	15.76(0.40)

注：本表的结果基于 Engle（1982）的 ARCH 检验，表中的数值为 ARCH 检验统计量，括号内的值为 p 值，所有的 p 值都大于 0.05。

为检验收益率的杠杆效应，我们还估计了 EGARCH(1,1) 模型：

$$\begin{cases} r_t = \mu + \epsilon_t \\ \epsilon_t = \sigma_t z_t, \quad z_t \sim \text{iid } \mathcal{N}(0,1) \\ \ln\sigma_t^2 = \omega + \beta_1 \ln\sigma_{t-1}^2 + \alpha_1(|z_{t-1}| - E|z_{t-1}|) + \theta_1 z_{t-1} \end{cases}$$

表 7-5 报告了估计结果。表中，杠杆系数 θ_1 的估计值都为负，并且在 1% 水平上显著，这说明三个市场指数的收益率都具有显著的杠杆效应，即股市下跌使风险增大。

表 7-5　EGARCH(1,1) 模型估计结果

	μ	ω	β_1	α_1	θ_1
上证	4.28×10^{-5}	-0.19	0.98	0.21	-0.034
	(0.19)	(-6.92)**	(299.64)**	(16.73)**	(-5.37)**
深证	-3.01×10^{-5}	-0.12	0.98	0.18	-0.02
	(-0.12)	(-5.63)**	(383.54)**	(17.42)**	(-3.67)**
S&P500	8.25×10^{-5}	-0.16	0.98	0.11	-0.123
	(0.53)	(-9.33)**	(516.21)**	(9.66)**	(-17.42)**

注：本表报告了 EGARCH(1,1) 模型的参数估计结果，括号内的值为 t 统计量，** 表示在 1% 水平上显著。

为衡量 EGARCH(1,1) 模型的设定，表 7-6 报告了 EGARCH(1,1) 模型的标准化冲击 z_t 的 ARCH 检验结果。表 7-6 中，大部分 ARCH 检验统计量的 p 值都较大，在 5% 水平上不能拒绝没有条件异方差的零假设。只有 S&P500 指数滞后 5 阶的 ARCH 检验统计量在 5% 水平上显著，其 p 值为 3.7%。因此，EGARCH(1,1) 模型基本上能刻画上海、深圳和美国股市收益率具有杠杆效应的条件异方差特征。

表 7-6　EGARCH(1,1)模型的标准化冲击 z_t 的 ARCH 检验结果

指　数	滞后项		
	5	10	15
上证	3.57 (0.61)	5.89 (0.82)	8.32 (0.91)
深证	3.75 (0.59)	5.27 (0.87)	6.75 (0.96)
S&P500	7.96 (0.16)	19.27 (0.037)*	21.31 (0.13)

注：本表的结果基于 Engle (1982) 的 ARCH 检验，表中的数值为 ARCH 检验统计量，括号内的值为 p 值，*表示在 5% 水平上显著。

本小节对 1997—2010 年上证、深证和 S&P500 指数收益率的 ARCH 检验显示，这三条指数的收益率都具有显著的条件异方差性。GARCH(1,1)模型的估计结果显示，各收益率的标准差的样本值和理论值差别不大，但峰度的样本值和理论值差别校大，这说明 GARCH(1,1)模型有改进余地；另一方面，标准化冲击 z_t 没有条件异方差性，从这一角度，GARCH(1,1)模型较好地刻画了各收益率的条件异方差特征。EGARCH(1,1)模型的估计结果显示，各指数收益率具有显著的杠杆效应；对标准化冲击 z_t 估计值的 ARCH 检验显示，EGARCH(1,1)模型基本上能刻画各指数收益率的条件异方差特征。

本章回顾

主要概念

波动率集聚　波动率　ARCH 模型　GARCH 模型　EGARCH 模型　杠杆效应　ARCH-M 模型　极大似然估计

主要结果

1. 金融资产收益率的分布一般具有尖峰和厚尾特征。资产收益率的波动率随时间变化并趋有集聚特征。

2. 波动率是衡量资产收益率不确定性程度的指标，它的正式定义是条件标准差。

3. 对于金融时间序列 r_t 的随机模型：

$$\begin{cases} r_t = \mu_t + \epsilon_t \\ \epsilon_t \equiv \sigma_t z_t, \quad z_t \text{ iid}, \ E[z_t] = 0, \quad \text{Var}[z_t] = 1 \end{cases}$$

根据不同的 σ_t^2 的设定，我们可以得到不同的条件异方差模型。ARCH/GARCH 模型能刻画资产收益率的波动率集聚和厚尾特征。

4. ARCH (q) 模型对条件方差 σ_t^2 的设定为：

$$\sigma_t^2 = \alpha_0 + \sum_{i=1}^{q} \alpha_i \epsilon_{t-i}^2$$

5. GARCH (p, q) 模型对条件方差 σ_t^2 的设定为：

$$\sigma_t^2 = \omega + \sum_{i=1}^{p} \beta_i \sigma_{t-i}^2 + \sum_{i=1}^{q} \alpha_i \epsilon_{t-i}^2$$

6. 为保证条件方差的非负性，并同时刻画资产收益率的杠杆效应，EGARCH (p, q) 模型对条件方差 σ_t^2 的设定为：

$$\ln\sigma_t^2 = \omega + \sum_{i=1}^{p} \beta_i \ln\sigma_{t-i}^2 + \sum_{i=1}^{q} \alpha_i (|z_{t-i}| - E|z_{t-i}|) + \sum_{i=1}^{q} \theta_i z_{t-i}$$

其中，杠杆系数 $\theta_i < 0$ 体现了收益率的杠杆效应。

7. ARCH－M 模型衡量了期望收益率与风险之间的权衡关系，它的设定为：

$$\begin{cases} r_t = \mu_t + \epsilon_t \\ \mu_t \equiv \mu + \delta\sigma_t \quad \delta > 0 \\ \epsilon_t = \sigma_t z_t \end{cases}$$

8. 随机变量 z_t 的常用设定形式有标准正态分布、t 分布、广义误差分布和混合正态分布。当 z_t 设定为正态分布时，ARCH/GARCH 模型已具有厚尾特征，但是还不足以反映有些金融收益率的厚尾特征。z_t 的其他设定形式能反映更多的厚尾特征。

9. ARCH/GARCH 类模型可使用极大似然方法估计。

习 题

1. 给定 $t-1$ 时刻的信息集 $\mathbf{I}_{t-1}$。请写出时刻 t 资产收益率的条件波动率的定义。

2. 按照本章中的步骤，请导出 ARCH (1) 模型中 ($z_t \sim \mathcal{N}(0, 1)$) 冲击项 ϵ_t 的均值、方差、偏度和峰度（注：本章没有给出偏度的推导过程）。并阐述它为什么能刻画：

(a) 资产收益率的波动率集聚；

(b) 资产收益率分布的厚尾特征。

3. 按照上题中的步骤，请导出 GARCH(1,1)模型中 ($z_t \sim \mathcal{N}(0, 1)$) 冲击项 ϵ_t 的均值、方差、偏度和峰度，并阐述它为什么能刻画：

(a) 资产收益率的波动率集聚；

(b) 资产收益率分布的厚尾特征。

4. 什么是资产收益率的杠杆效应？EGARCH 模型如何能刻画杠杆效应？

5. 给定 GARCH(1,1)过程：

$$\begin{cases} r_t = \mu + \epsilon_t \\ \epsilon_t = \sigma_t z_t,\ z_t \sim \mathcal{N}(0,1) \\ \sigma_t^2 = \omega + \beta_1 \sigma_{t-1}^2 + \alpha_1 \epsilon_{t-1}^2 \end{cases}$$

其中，$\mu = 0.0436\%$；$\omega = 4.07 \times 10^{-7}$，$\beta_1 = 0.944$，$\alpha_1 = 0.05$（与表 7－3 中 S&P500 指数的参数估计值一致）。令条件方差的初始值 $\sigma_0^2 = 0.01^2$（与表 7－1 中 S&P500 指数收益率的标准差一致）。

(a) 模拟以上过程的 1259 个观察值（对应五年美国股市日频数据）。

(b) 画出收益率与收益率绝对值的时间序列图。

(c) 根据模拟的收益率样本，计算其均值、方差、偏度和峰度，并将这些值与问题 3 中计算出的理论值作比较。(提示：为计算这些矩条件的理论值，将本题中给出的参数值代入由问题 3 得到的矩条件公式即可。)

(d) 使用极大似然法估计模型并比较参数估计值与真实值。

6. 请从任一款交易软件（如国泰君安锐智版）下载三只股票（大盘、中盘和小盘股）的最近五年的日频收益率数据（如用价格来计算收益率，确保股价是复权调整后的数据）。

(a) 报告三只股票收益率的描述性统计量，并作比较；

(b) 检验三只股票收益率的 ARCH 效应；

(c) 估计 GARCH(1,1)模型，根据估计结果检查平稳性条件是否满足，讨论条件方差的持续性。并根据估计模型的残差项，来检验 GARCH(1,1)模型是否能充分刻画收益率的条件异方差特征。

(d) 估计 EGARCH(1,1)模型，讨论收益率的杠杆效应。

第八章　随机波动率模型

从上一章我们知道，金融资产收益率的典型特征之一是条件方差随时间变化并呈现集聚特征。上一章我们介绍了 ARCH/GARCH 模型，把条件方差设定为过去信息冲击和滞后条件方差的线性函数，体现了条件方差的时变性和时间上的强持续性。在 ARCH/GARCH 模型中，条件方差 σ_t^2 建模成已知信息 $\mathbf{I}_{t-1}$ 的函数。但是实际上，t 时刻的方差在此之前是未知的，它更可能是一个受到信息流动影响的随机过程。因此，近年来在金融文献中，研究者通过**随机波动率**（SV）来给条件方差时变性建模。此时 t 时刻的条件方差为未知变量，它自身和资产收益率一样，设定为一个随机过程。SV 模型同样可以刻画收益率的波动率集聚、厚尾和杠杆效应。本章主要介绍 SV 模型的设定、统计性质和 GMM 估计方法。

8.1　随机波动率模型的设定

记 r_t 为资产收益率，即 $r_t \equiv \ln(S_t/S_{t-1})$。最常用的随机波动率（SV）模型设定如下：

$$\begin{cases} r_t = \mu_t + \epsilon_t \\ \epsilon_t = e^{h_t/2} z_t, \qquad z_t \sim \text{iid}\ \mathcal{N}(0,\ 1) \\ h_t = \alpha + \beta h_{t-1} + \sigma \nu_t, \qquad 0 < \beta < 1,\ \nu_t \sim \text{iid}\ \mathcal{N}(0,\ 1) \\ \text{Corr}\ [z_t,\ \nu_t] \equiv \rho \end{cases} \tag{8.1}$$

其中，μ_t 是资产的条件期望收益率，一般设定为一个常数。在以上模型中，h_t 是一个平稳的 AR(1) 过程。$\beta > 0$ 刻画了波动率集聚特征，这是因为此时 h_t 和上一期的条件方差 h_{t-1} 成正比。一般 β 的值接近 1，这刻画了条件方差的持续性。$\text{Corr}[z_t,\ \nu_t] \equiv \rho < 0$ 刻画了资产收益率的杠杆效应。如果 $\rho = 0$，我们可以把 e^{h_t} 看成是收益率 r_t 的条件方差，它是在知道 h_t 的条件下 r_t 的方差。函数 e^{h_t} 保证了条件方差为正。SV 模型中，收益率在 t 时刻的条件方差是未知的，建模成受冲击项 z_t 影响的一个随机变量。而在 ARCH/GARCH 模型中，条件方差 σ_t^2 建模成已知信息

$\mathbf{I}_{t-1}$的函数。离散时间 SV 模型由 Taylor（1986）首次提出。SV 模型比较全面的参考文献是 Ghysels、Harvey 和 Renault（1995）。

图 8 - 1 画出了一条 SV 模型的模拟路径，模拟过程如下：

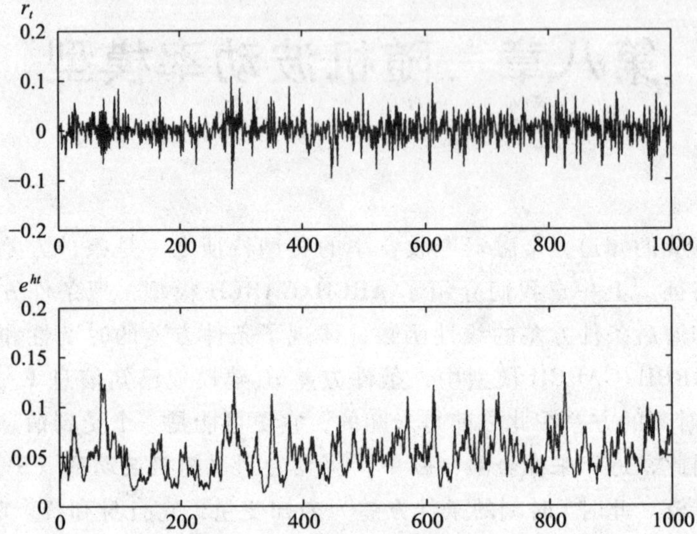

图 8 - 1　SV 模型的模拟路径

第一步：参数值设为：

$$\mu_t = 0,\ \alpha = -0.736,\ \beta = 0.90,\ \sigma = 0.363,\ \rho = 0,\ T = 1000$$

这些参数根据 Andersen 和 Sorensen（1996）进行设置，表示收益率均值为 0，标准差为 0.03，峰度为 6（参见本章第 2 节的矩条件公式）。h_t 的初始条件设置为它的长期均值（参见（式 8.4）），即 $h_0 = -7.36$。

第二步：随机抽取两条 T 维的标准正态分布的样本值，记为 $\nu_1, \cdots, \nu_T$ 和 $z_1, \cdots, z_T$。

第三步：根据以下式子更新 h_t 和 r_t：

$$h_t = \alpha + \beta h_{t-1} + \sigma \nu_t \tag{8.2}$$

$$r_t = e^{h_t/2} z_t \tag{8.3}$$

例如，将 h_0 和 ν_1 代入式（8.2）获得 h_1，将 h_1 和 z_1 代入式（8.3）就可以获得 r_1，如此继续，最后获得 T 个 r_t 和 T 个 h_t 的样本值 $r_1, \cdots, r_T$ 和 $h_1, \cdots, h_T$。

图 8 - 2 上方画出了上述模拟的 SV 模型中收益率 r_t 的 1 至 20 阶自相关系数估计值，中间是收益率平方 r_t^2 的 1 至 20 阶自相关系数估计值，下方是条件方差 e^{h_t} 的 1 至 20 阶自相关系数估计值。收益率 r_t 的各阶自相关系数都不显著，r_t^2 和 e^{h_t} 具有显著的大于零的自相关系数，体现了收益率的波动率集聚特征。

由平稳性，可以很容易地求出 h_t 的非条件均值和方差。即：

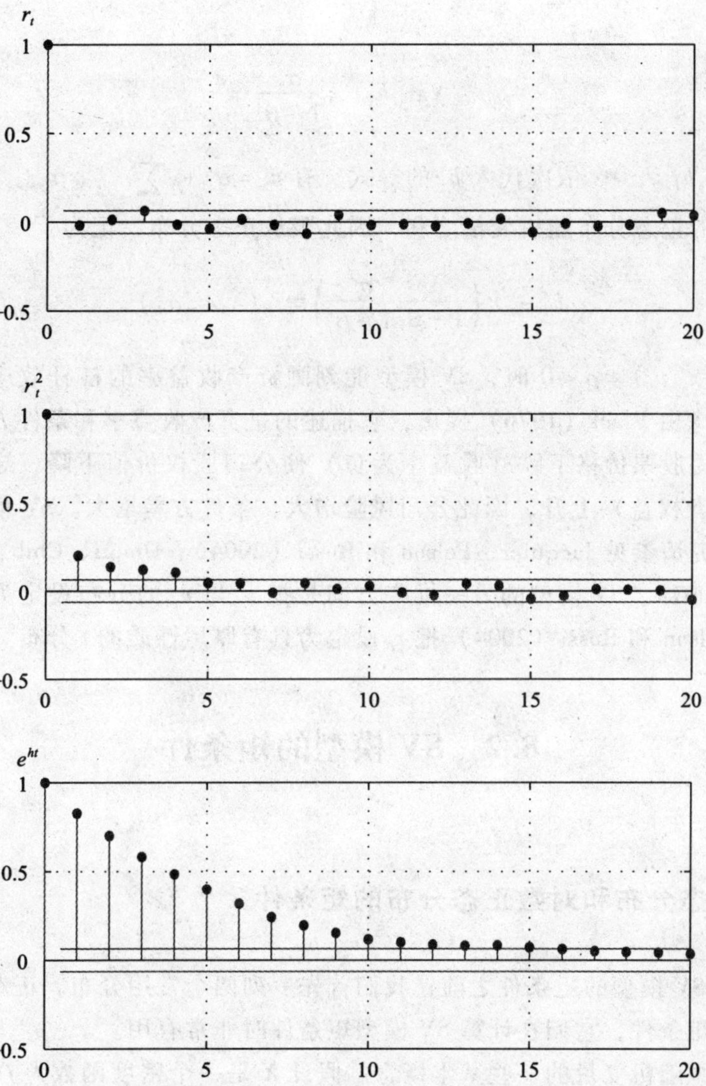

图 8-2　模拟 SV 模型中收益率、收益率平方和条件方差的各阶自相关系数

$$\begin{cases} E[h_t] = E[h_{t-1}] \\ E[h_t] = \alpha + \beta E[h_{t-1}] \end{cases}$$

我们有：

$$E[h_t] = \frac{\alpha}{1-\beta} \tag{8.4}$$

由

$$\begin{cases} \mathrm{Var}[h_t] = \mathrm{Var}[h_{t-1}] \\ \mathrm{Var}[h_t] = \beta^2 \mathrm{Var}[h_{t-1}] + \sigma^2 \end{cases}$$

我们有：

$$\mathrm{Var}[h_t]=\frac{\sigma^2}{1-\beta^2} \tag{8.5}$$

将 h_{t-1}，h_{t-2}，… 依次代入 h_t 的等式，有 $h_t=\alpha'+\sum_{s=0}^{\infty}\sigma_s\nu_{t-s}$，我们发现 h_t 是很多独立的正态分布随机变量之和，因此服从正态分布，记为：

$$h_t\sim\mathcal{N}\left(\frac{\alpha}{1-\beta},\frac{\sigma^2}{1-\beta^2}\right)\equiv\mathcal{N}(\mu_h,\sigma_h^2)$$

当 $\mathrm{Corr}(z_t,\nu_t)\equiv\rho<0$ 时，SV 模型能刻画资产收益率的杠杆效应。“杠杆效应”这一概念由 Black（1976）提出，它描述的是资产收益率和条件方差之间的负相关性。公司股票价格下跌（收益率为负）使公司股权价值下降，导致杠杆比率（负债/所有者权益）上升，因此公司风险增大，条件方差增大。SV 模型中有关杠杆效应的研究请参见 Jacquier、Polson 和 Rossi（2004）、Omori、Chib、Shephard 和 Nakajima（2007）。SV 模型的另一推广方向是把 z_t 与 ν_t 的分布设定为厚尾的。如 Jacquier、Polson 和 Rossi（2004）把 z_t 设定为具有厚尾性质的 t 分布。

8.2 SV 模型的矩条件

8.2.1 正态分布和对数正态分布的矩条件

在导出 SV 模型的矩条件之前，我们首先罗列两个常用分布，正态分布和对数正态分布的矩条件，它们在计算 SV 模型矩条件时非常有用。

首先回顾随机变量的一些基本概念。假设 X 是一个密度函数为 $f(x)$ 的连续型随机变量。最常用的连续型随机变量是正态分布，正态分布 $X\sim\mathcal{N}(\mu,\sigma^2)$ 的密度函数为：

$$f(x)=\frac{1}{\sqrt{2\pi}\sigma}e^{-\frac{(x-\mu)^2}{2\sigma^2}}$$

X 的**均值**（有时也记为 μ_X）定义为：

$$E[X]=\int_{-\infty}^{\infty}xf(x)\,dx$$

方差定义为：

$$\mathrm{Var}[X]=E[(X-\mu_X)^2]=\int_{-\infty}^{\infty}(x-\mu_X)^2f(x)\,dx$$

标准差定义为方差的平方根，即：

$$\sigma_X = \sqrt{\mathrm{Var}[X]}$$

p 阶**原点矩**定义为：

$$E[X^p] = \int_{-\infty}^{\infty} x^p f(x)\,dx$$

p 阶**中心矩**定义为：

$$E[(X-\mu_X)^p] = \int_{-\infty}^{\infty} (x-\mu_X)^p f(x)\,dx$$

p 阶**中心绝对值矩**定义为：

$$E[|X-\mu_X|^p] = \int_{-\infty}^{\infty} |x-\mu_X|^p f(x)\,dx$$

根据以上定义，X 的均值就是 1 阶原点矩，方差就是 2 阶中心矩。另外两个已经多次提到的重要概念，偏度和峰度，这里也回顾一下它们的概念。X 的**偏度**定义为：

$$\mathrm{Skew}[X] = \frac{E[(X-\mu_X)^3]}{(\mathrm{Var}[X])^{3/2}} = \frac{E[(X-\mu_X)^3]}{\sigma_X^3}$$

X 的**峰度**定义为：

$$\mathrm{Kurt}[X] = \frac{E[(X-\mu_X)^4]}{(\mathrm{Var}[X])^2} = \frac{E[(X-\mu_X)^4]}{\sigma_X^4}$$

对于正态分布 $X \sim \mathcal{N}(\mu,\sigma^2)$，广为人知的是它的均值、方差、偏度和峰度分别为 μ,σ^2,0 和 3。

正态分布矩条件

对于正态分布 $X \sim \mathcal{N}(\mu,\sigma^2)$，以下列出一般的中心矩和中心绝对值矩公式：

（1）中心矩($p=1,2,\cdots$)：

$$E[(X-\mu)^p] = \begin{cases} 0 & p\text{ 为奇数} \\ \sigma^p(p-1)!! & p\text{ 为偶数} \end{cases}$$

其中双阶乘 $p!!$ 表示不超过 p 且与 p 有相同奇偶性的所有正整数的乘积。如 $5!!=1\times3\times5=15$，$6!!=2\times4\times6=48$。规定 $0!!=1$。

（2）中心绝对值矩：

$$E[|X-\mu|^p] = \begin{cases} \sqrt{2/\pi}\,\sigma^p(p-1)!! & p\text{ 为奇数} \\ \sigma^p(p-1)!! & p\text{ 为偶数} \end{cases}$$

对数正态分布矩条件

如果一个随机变量 X 的对数服从正态分布，我们称 X 服从对数正态分布，记为 $X \sim \ln \mathcal{N}(\mu,\sigma^2)$，它的密度函数为：

$$f(x) = \frac{1}{\sqrt{2\pi}\sigma x} e^{-\frac{(\ln x-\mu)^2}{2\sigma^2}}$$

以下是对数正态分布的均值、方差和原点矩公式，它们将在计算 SV 模型矩条件时用到：

$$E[X] = e^{\mu + \frac{1}{2}\sigma^2}$$
$$\mathrm{Var}[X] = (e^{\sigma^2} - 1) e^{2\mu + \sigma^2}$$
$$E[X^s] = e^{s\mu + \frac{1}{2}s^2\sigma^2}, \forall s \in \mathbb{R}$$

8.2.2 SV 模型（$\rho = 0$）

当 $\mu_t = 0, \mathrm{Corr}[z_t, \nu_t] = 0$ 时，即式（8.1）中 SV 模型的设定为：

$$\begin{cases} r_t = e^{h_t/2} z_t \\ h_t = \alpha + \beta h_{t-1} + \sigma \nu_t \\ \mathrm{Corr}[z_t, \nu_t] \equiv \rho = 0 \end{cases} \tag{8.6}$$

SV 模型的矩条件很容易求得。此时 $r_t = e^{h_t/2} z_t$，是一个对数正态分布与一个正态分布的乘积。由于 z_t 与 ν_t 不相关，r_t 的矩条件可以拆成一个对数正态分布的矩条件和一个正态分布矩条件的乘积。这两种分布的矩条件容易获得，上节给出了它们常用矩条件的公式。以下结果主要来自 Jacquier、Polson 和 Rossi（1994）：

（1）$E[r_t^m]$：

$$E[r_t^i] = 0,\ i \text{ 为奇数}$$
$$E[r_t^2] = E[e^{h_t} z_t^2] = E[e^{h_t}] E[z_t^2] = \exp(\mu_h + \sigma_h^2/2)$$
$$E[r_t^4] = E[e^{2h_t} z_t^4] = E[e^{2h_t}] E[z_t^4] = 3\exp(2\mu_h + 2\sigma_h^2)$$
$$E[r_t^6] = E[e^{3h_t} z_t^6] = E[e^{3h_t}] E[z_t^6] = 15\exp(3\mu_h + 9\sigma_h^2/2)$$

我们以 $E[r_t^4]$ 为例，来详细推导它的计算过程，其他 $E[r_t^m]$ 可以类似得到。由于 h_t 服从正态分布，所以 e^{h_t} 服从对数正态分布，根据上节对数正态分布原点矩公式

$$E[e^{2h_t}] = e^{2\times\mu_h + \frac{1}{2}\times 2^2 \times \sigma_h^2} = \exp(2\mu_h + 2\sigma_h^2)$$

由于 z_t 服从标准正态分布 $\mathcal{N}(0,1)$，根据上节正态分布中心矩公式：

$$E[z_t^4]=1^4\times(4-1)!!=3!!=1\times3=3$$

所以有：

$$E[e^{2h_t}]E[z_t^4]=3\exp(2\mu_h+2\sigma_h^2)$$

由以上矩条件,我们可以求出 r_t 的峰度为：

$$\begin{aligned}\mathrm{Kurt}[r_t]&=\frac{E[(r_t-E[r_t])^4]}{\mathrm{Var}[r_t]^2}=\frac{E[r_t^4]}{(E[r_t^2])^2}\\&=\frac{3\exp(2\mu_h+2\sigma_h^2)}{\exp(2\mu_h+\sigma_h^2)}=3e^{\sigma_h^2}>3\end{aligned}$$

因此，r_t 的分布具有厚尾性质。

(2) $E[|r_t^m|]$：

$$\begin{aligned}E[|r_t|]&=E[e^{h_t/2}|z_t|]=E[e^{h_t/2}]E[|z_t|]\\&=\sqrt{2/\pi}\exp(\mu_h/2+\sigma_h^2/8)\\E[|r_t|^3]&=E[e^{3h_t/2}|z_t|^3]=E[e^{3h_t/2}]E[|z_t|^3]\\&=2\sqrt{2/\pi}\exp(3\mu_h/2+9\sigma_h^2/8)\end{aligned}$$

我们详细推导 $E[|r_t|^3]$的计算过程。根据上节对数正态分布原点矩公式：

$$\begin{aligned}E[e^{3h_t/2}]&=e^{\frac{3}{2}\times\mu_h+\frac{1}{2}\times\left(\frac{3}{2}\right)^2\times\sigma_h^2}\\&=\exp(3\mu_h/2+9\sigma_h^2/8)\end{aligned}$$

根据上节正态分布中心绝对值矩公式：

$$\begin{aligned}E[|z_t|^3]&=1^3\times(3-1)!!\times\sqrt{2/\pi}\\&=2!!\times\sqrt{2/\pi}=2\sqrt{2/\pi}\end{aligned}$$

所以，

$$E[e^{3h_t/2}]E[|z_t|^3]=2\sqrt{2/\pi}\exp(3\mu_h/2+9\sigma_h^2/8)$$

(3) 其他矩条件(详细推导过程请参见 Jacquier、Polson 和 Rossi (1994))：

$$E[r_t^2r_{t-i}^2]=\exp\{2\mu_h+\sigma_h^2(1+\beta^i)\}$$

$$E[|r_tr_{t-i}|]=\frac{2}{\pi}\exp\{\mu_h+\frac{\sigma_h^2}{4}(1+\beta^i)\}$$

$$\mathrm{Corr}(r_t^2,r_{t-i}^2)=\frac{\exp(\sigma_h^2\beta^i)-1}{3\exp(\sigma_h^2)-1}$$

8.2.3 SV 模型（$\rho \neq 0$）

现在考察 $\mu_t = 0$，$\mathrm{Corr}[z_t, \nu_t] \equiv \rho \neq 0$ 的情形，即式（8.1）中 SV 模型的设定为：

$$\begin{cases} r_t = e^{h_t/2} z_t \\ h_t = \alpha + \beta h_{t-1} + \sigma \nu_t \\ \begin{pmatrix} z_t \\ \nu_t \end{pmatrix} \sim \mathrm{iid}\ \mathcal{N}\left[\begin{pmatrix} 0 \\ 0 \end{pmatrix}, \begin{pmatrix} 1 & \rho \\ \rho & 1 \end{pmatrix}\right] \end{cases} \tag{8.7}$$

在模型（8.7）中，z_t 和 ν_t 都服从标准正态分布，并且它们的相关系数为 ρ，即 $\mathrm{Corr}[z_t, \nu_t] = \rho \neq 0$。

接下来我们导出 r_t 的各种矩条件，即：

$$E[r_t^m] = E[e^{mh_t/2} z_t^m]$$

将 h_t 展开又可写成：

$$E[r_t^m] = E[e^{m(\alpha + \beta h_{t-1} + \sigma \nu_t)/2} z_t^m]$$

使用条件期望的迭代性质，我们有：

$$\begin{aligned} E[r_t^m] &= E[E[r_t^m \mid h_{t-1}]] \\ &= E[E[e^{m(\alpha + \beta h_{t-1} + \sigma \nu_t)/2} z_t^m \mid h_{t-1}]] \\ &= E\{e^{m(\alpha + \beta h_{t-1})/2} \cdot E[e^{m\sigma \nu_t/2} z_t^m \mid h_{t-1}]\} \\ &= E[e^{m(\alpha + \beta h_{t-1})/2}] \cdot E[e^{m\sigma \nu_t/2} z_t^m] \end{aligned}$$

上式第一个期望中包含 h_{t-1}，上节我们导出平稳过程 h_t 的边际分布是正态分布 $\mathcal{N}\left(\frac{\alpha}{1-\beta}, \frac{\sigma^2}{1-\beta^2}\right)$，因此 h_{t-1} 的边际分布同为 $\mathcal{N}\left(\frac{\alpha}{1-\beta}, \frac{\sigma^2}{1-\beta^2}\right)$。根据这一性质，第一个期望值是一个对数正态分布的期望值，容易根据 8.2.1 小节的对数正态分布矩条件公式计算。因此，计算 r_t 矩条件的关键在于导出第二个期望值，即：

$$E[e^{m\sigma \nu_t/2} z_t^m] \tag{8.8}$$

以上期望值中 z_t 和 ν_t 是相关的，因此不能通过将期望值中的两项拆开分别求期望值来计算。这一点使得矩条件的计算比不相关情形更为复杂。观察到 z_t 和 ν_t 服从联合正态分布，Jiang、Knight 和 Wang（2007）提出使用联合正态分布的矩生成函数（MGF）来计算式（8.8）的期望值，并最终导出模型式（8.7）的矩条件。

z_t 和 v_t 的联合矩生成函数为：

$$\begin{aligned} M(w, u) &= E[\exp(wz_t + u\nu_t)] \\ &= \exp\left[\frac{1}{2}(w^2 + u^2 + 2\rho wu)\right] \end{aligned} \tag{8.9}$$

根据联合矩生成函数 $M(w,u)$ 可以写出期望值 $E[\exp(u\nu_t)z_t^k]$ 的解析公式，因为我们有：

$$E[\exp(u\nu_t)z_t^k] = \frac{\partial^k}{\partial w^k}M(w,u)\mid_{w=0} \tag{8.10}$$

上式左边正好是我们希望计算的期望值式（8.8），而上式右边可以根据式（8.9）而导出。具体地，我们有：

$$\frac{\partial}{\partial w}M(w,u)\mid_{w=0} = \rho u e^{u^2/2}$$

$$\frac{\partial^2}{\partial w^2}M(w,u)\mid_{w=0} = (\rho^2 u^2 + 1)e^{u^2/2}$$

$$\vdots$$

$$\frac{\partial^k}{\partial w^k}M(w,u)\mid_{w=0} = W_k(\rho u)e^{u^2}/2$$

其中，

$$W_0(u) = 1$$

$$W_1(u) = u$$

$$W_2(u) = u^2 + 1$$

$$W_3(u) = u^3 + 3u$$

$$\vdots$$

$$W_k(u) = \left(\frac{\partial^k e^{u^2/2}}{\partial u^k}\right)e^{-u^2/2}$$

按照以上步骤，Jiang、Knight 和 Wang（2007）导出 SV 模型式（8.7）的矩条件：

（1）$E[r_t^i](i=1,\cdots,4)$：

$$E[r_t] = \frac{e^{\frac{\alpha}{2(1-\beta)}+\frac{\sigma^2}{8(1-\beta^2)}}\rho\sigma}{2}$$

$$E[r_t^2] = e^{\frac{\alpha}{1-\beta}+\frac{\sigma^2}{2(1-\beta^2)}-\frac{\rho^2\sigma^2}{2}}\left(e^{\frac{\rho^2\sigma^2}{2}} + e^{\frac{\rho^2\sigma^2}{2}}\rho^2\sigma^2\right)$$

$$E[r_t^3] = e^{\frac{3\alpha}{2(1-\beta)}+\frac{9\sigma^2}{8(1-\beta^2)}-\frac{9\rho^2\sigma^2}{8}}\left(\frac{9e^{\frac{9\rho^2\sigma^2}{8}}\rho\sigma}{2} + \frac{27e^{\frac{9\rho^2\sigma^2}{8}}\rho^3\sigma^3}{8}\right)$$

$$E[r_t^4] = e^{\frac{2\alpha}{1-\beta}+\frac{2\sigma^2}{1-\beta^2}-2\rho^2\sigma^2}\left(3e^{2\rho^2\sigma^2} + 24e^{2\rho^2\sigma^2}\rho^2\sigma^2 + 16e^{2\rho^2\sigma^2}\rho^4\sigma^4\right)$$

下面以 $E[r_t]$ 为例，我们演示具体的计算过程，高阶矩条件的计算留作练习。首先计算条件矩：

$$E_{t-1}[r_t] = E_{t-1}[e^{h_t/2}z_t] = E_{t-1}[e^{(\alpha+\beta h_{t-1}+\sigma\nu_t)/2}z_t]$$

$$= e^{(\alpha+\beta h_{t-1})/2} E_{t-1}\left[\exp\left(\frac{\sigma}{2}\cdot v_t\right) z_t\right]$$

$$= \frac{1}{2} e^{\frac{\alpha}{2}+\frac{\sigma^2}{8}+\frac{1}{2}\beta h_{t-1}} \rho\sigma$$

以上最后一个等式由式（8.10）而得。最后我们由条件矩计算非条件矩：

$$E[r_t] = E[E_{t-1}[r_t]] = E\left[\frac{1}{2} e^{\frac{\alpha}{2}+\frac{\sigma^2}{8}+\frac{1}{2}\beta h_{t-1}} \rho\sigma\right]$$

$$= \frac{1}{2} e^{\frac{\alpha}{2}+\frac{\sigma^2}{8}} \rho\sigma E[e^{\frac{1}{2}\beta h_{t-1}}]$$

因为 $h_{t-1} \sim \mathcal{N}\left(\frac{\alpha}{1-\beta}, \frac{\sigma^2}{1-\beta^2}\right)$，所以 $e^{\frac{1}{2}\beta h_{t-1}}$服从对数正态分布，根据对数正态分布性质：

$$E[e^{\frac{1}{2}\beta h_{t-1}}] = \exp\left[\frac{\alpha\beta}{2(1-\beta)} + \frac{\beta^2\sigma^2}{8(1-\beta^2)}\right]$$

将以上结果代入，化简，最后得：

$$E[r_t] = \frac{1}{2}\rho\sigma e^{\frac{\alpha}{2(1-\beta)}+\frac{\sigma^2}{8(1-\beta^2)}}$$

（2）其他矩条件：

$$E[r_t r_{t+1}] = \frac{e^{\frac{\alpha}{1-\beta}+\frac{\left(\frac{1}{2}+\frac{\beta}{2}\right)\sigma^2}{2(1-\beta^2)}}\left(\frac{1}{2}+\frac{\beta}{2}\right)\rho^2\sigma^2}{2}$$

$$E[r_t r_{t+2}] = \frac{e^{\frac{\alpha}{1-\beta}+\frac{\left(\frac{1}{2}+\frac{\beta^2}{2}\right)\sigma^2}{2(1-\beta^2)}}\left(\frac{1}{2}+\frac{\beta^2}{2}\right)\rho^2\sigma^2}{2}$$

$$E[r_t r_{t+3}] = \frac{e^{\frac{\alpha}{1-\beta}+\frac{\left(\frac{1}{2}+\frac{\beta^3}{2}\right)\sigma^2}{2(1-\beta^2)}}\left(\frac{1}{2}+\frac{\beta^3}{2}\right)\rho^2\sigma^2}{2}$$

$$E[r_t r_{t+6}] = \frac{e^{\frac{\alpha}{1-\beta}+\frac{\left(\frac{1}{2}+\frac{\beta^6}{2}\right)\sigma^2}{2(1-\beta^2)}}\left(\frac{1}{2}+\frac{\beta^6}{2}\right)\rho^2\sigma^2}{2}$$

$$E[r_t^2 r_{t+1}^2] = e^{\frac{2\alpha}{1-\beta}+\frac{(2+2\beta)\sigma^2}{2(1-\beta^2)}-\rho^2\sigma^2}\left(e^{\frac{\rho^2\sigma^2}{2}} + e^{\frac{\rho^2\sigma^2}{2}}\rho^2\sigma^2\right)^2$$

8.3 SV 模型的广义矩(GMM)估计

与 ARCH/GARCH 类模型相比,SV 模型的估计要复杂得多。这是因为 SV 模型中波动率过程是潜藏的,即不可直接观察。因此,任何估计步骤都必须处理潜变量,一般要使用替代变量或在似然函数中通过积分去掉潜变量。由于似然函数中的高维积分一般难以降到一维(或大幅降维)积分,数值积分往往需要先将连续时间模型离散化,然后模拟其路径,因此需要非常大的计算量。本章我们的重点是介绍如何利用前面导出的矩条件通过广义矩方法(GMM, Generalized Method of Moments)来估计 SV 模型。有了以上导出的矩条件,就可以用 GMM 来估计 SV 模型的参数。我们首先介绍 GMM 估计量的性质和具体的估计步骤。

8.3.1　广义矩(GMM)估计

给定总体矩条件 $E[f_t(\theta)]=0$，$f_t(\theta)$是 N 维列向量，θ 是 K 维参数向量矩阵，$N\geqslant K$。很多时候我们先获得条件矩 $E[h_t\mid \mathbf{I}_{t-1}]$,根据条件期望的性质有 $E[h_t\cdot z_t]=0$，其中 z_t 是信息集 $\mathbf{I}_{t-1}$ 中的任意元素，称为工具变量。选择不同的工具变量就得到不同的矩条件。具体的例子有 Hansen 和 Singleton（1982）对资产定价模型的 GMM 估计。如果 $N=K$，即矩条件个数等于参数个数时，那么我们得到矩方法。用样本矩

$$g_T(\theta)\equiv\frac{1}{T}\sum_{t=1}^{T}f_t(\theta)$$

代替总体矩，使样本矩等于 0 的估计量称为矩估计量。当 $N>K$，即矩条件个数大于估计参数个数时，这种情况称为过度识别。广义矩（GMM）估计的思想是，选择 θ 值使由模型导出的矩条件与由数据计算的样本矩尽可能接近。GMM 估计量是指使下式目标函数 $J_T(\theta)$最小的估计量：

$$\hat{\theta}_T=\underset{\theta\in\Theta}{\operatorname{argmin}}\{J_T(\theta)\equiv g^{\top}{}_T(\theta)\hat{\mathbf{W}}(\theta)g_T(\theta)\}$$

其中，Θ 是参数空间；$\hat{\mathbf{W}}$ 是一个对称的正定矩阵，称为权重矩阵，依概率收敛于一个对称的正定矩阵 $\mathbf{W}$，它可以是参数 θ 和样本数据的函数，最简单的权重是恒等矩阵 $\mathbf{I}$，它赋予每个矩条件相同的权重。

GMM 估计量具有良好的性质。Hansen（1982）证明，在一定的正规性条件下(主要是样本数据的平稳性和遍历性)：

性质 1：GMM 估计量是相合的，即 $\hat{\theta}_T\xrightarrow{p}\theta$

性质 2：如果

$$\frac{1}{\sqrt{T}}\sum_{t=1}^{T}f_t(\theta)\xrightarrow{d}N(0,\mathbf{S})，\mathbf{S}\text{ 是 }N\times N\text{ 正定矩阵，}$$

那么 $\hat{\theta}_T$ 渐近服从正态分布，渐近方差一协方差矩阵为：

$$\mathrm{Avar}(\hat{\theta}_T)=(\mathbf{G}^{\top}\mathbf{W}\mathbf{G})^{-1}\mathbf{G}^{\top}\mathbf{W}\mathbf{S}\mathbf{W}\mathbf{G}(\mathbf{G}^{\top}\mathbf{W}\mathbf{G})^{-1}$$

其中，$\mathbf{G} \equiv E\left[\frac{\partial f_t(\theta)}{\partial \theta^{\top}}\right]$

性质 3：如果有 $\mathbf{S}$ 的一个相合估计 $\hat{\mathbf{S}}$，那么渐近方差—协方差矩阵的一个相合估计为：

$$\widehat{\mathrm{Avar}(\hat{\theta}_T)} = (\hat{\mathbf{G}}^{\top}\hat{\mathbf{W}}\hat{\mathbf{G}})^{-1}\hat{\mathbf{G}}^{\top}\hat{\mathbf{W}}\hat{\mathbf{S}}\hat{\mathbf{W}}\hat{\mathbf{G}}(\hat{\mathbf{G}}^{\top}\hat{\mathbf{W}}\hat{\mathbf{G}})^{-1} \tag{8.11}$$

其中，

$$\hat{\mathbf{G}} \equiv \frac{1}{T}\sum_{t=1}^{T}\frac{\partial f_t(\hat{\theta}_T)}{\partial \theta^{\top}}$$

性质 4：如果 $\hat{\mathbf{W}} = \hat{\mathbf{S}}^{-1}$，此时得到的 GMM 估计量具有最小的渐近方差—协方差矩阵，称为最优的 GMM 估计量。此时渐近方差—协方差矩阵简化为：

$$\widehat{\mathrm{Avar}(\hat{\theta}_T)} = (\hat{\mathbf{G}}^{\top}\hat{\mathbf{S}}^{-1}\hat{\mathbf{G}})^{-1} \tag{8.12}$$

从以上 GMM 估计量的性质 3、性质 4 可知，要估计渐近方差—协方差矩阵，需要矩阵 $\mathbf{S}$ 的一个相合估计 $\hat{\mathbf{S}}$。$\hat{\mathbf{S}}$ 的一个常用估计量是 Newey – West 估计量

$$\hat{\mathbf{S}} = \hat{\mathbf{\Gamma}}_0 + \sum_{v=1}^{q}\left[1 - \frac{v}{q+1}\right](\hat{\mathbf{\Gamma}}_v + \hat{\mathbf{\Gamma}}_v^{\top})$$

其中，q 是依数据的自相关性选择的一个整数，

$$\hat{\mathbf{\Gamma}}_v = \frac{1}{T}\sum_{t=v+1}^{T} f_t(\hat{\theta}_T) f_t(\hat{\theta}_T)^{\top}$$

其他估计量参见 Hayashi (2000)。

GMM 估计分为以下几个步骤：

第一步，任意选择一个对称的正定矩阵 $\hat{\mathbf{W}}$，一般选 $\hat{\mathbf{W}} = \mathbf{I}$，得到 θ 的一个相合估计 $\hat{\theta}_T$；

第二步，由 $\hat{\theta}_T$ 得到 $\mathbf{S}$ 的一个相合估计 $\hat{\mathbf{S}}$，代入式 (8.11)，得到渐近方差—协方差矩阵的估计值。

如果要得到最优 GMM 估计量，需要多进行一个步骤：

第三步，令 $\hat{\mathbf{W}}$ 等于以上步骤得到的 $\hat{\mathbf{S}}^{-1}$，再进行一次最优化求解，得到最优 GMM 估计量，此时估计的渐近方差—协方差矩阵为式 (8.12)。

过度识别检验

即使模型设定正确，当模型过度识别时，目标函数 $J_T(\hat{\theta}_T)$ 也不可能等于 0，但应该与 0 非常接近。从这一点出发，Hansen (1982) 提出了一个检验模型是否正确设定的统计量：

$$J = TJ_T(\hat{\theta}_T) \sim \chi^2(N-K)$$

当J统计量值大于显著水平对应的卡方分布临界值时，我们拒绝模型的设定，反之则不拒绝。从直观上看，当模型错误设定时，由模型导出的某些矩条件与由数据计算的样本矩不匹配，即两者之间的差别较大。因此GMM估计得到的目标函数值较大，从而上述J统计量值较大。反之当模型正确设定时，模型导出的矩条件与样本矩差别很小，与零很接近，因此GMM估计的目标函数值接近零，从而J统计量值也较小。

8.3.2 蒙特卡罗模拟

从前面的讨论看到，GMM估计中我们需要决定用于估计的矩条件，即要确定什么样的矩条件和多少个矩条件。首先，为决定估计中使用多少个矩条件，我们需要考虑以下权衡关系。从理论上说，纳入更多的矩条件可以提高估计精度，即使用的矩条件越多，GMM估计的结果越好。然而，更多的矩条件意味着我们必须估计一个更高维度的权重矩阵。给定收益率的观察值个数，当矩条件增多时，权重矩阵的估计质量会下降。因此，在实际应用中由于样本有限，矩条件数目的决定必须综合考虑权重矩阵估计质量会随矩条件数目增多而下降的情况；其次，非常高阶的矩条件不可选取，因为资产收益率分布的厚尾性质使这些高阶矩条件的有限样本行为不稳定。GMM估计量的渐近正态性需要矩条件的方差有限，并且在有限样本时能获得它们的良好估计。

具体到现在我们的问题是GMM在估计SV模型时表现如何，或更详细地说，使用特定矩条件时，GMM估计表现如何？为回答以上问题，我们从选择矩条件入手。我们希望能选出一些关键的矩条件，它们在GMM估计获得合意有限样本性质中能起到关键作用。选择合意矩条件的典型方法是蒙特卡罗模拟。蒙特卡罗模拟的基本想法是，假设模型是正确的，然后根据模型和给定的参数值模拟出一些数据，基于这些模拟数据，我们运用估计方法得到参数估计。如果估计方法有合意的性质，那么就会得到精确的参数估计。当然，由于抽样的随机性，评价一种估计方法的表现不能仅仅依赖一个样本得到的结果。基于这一原因，我们重复上述步骤足够多的次数，获得大量的参数估计，然后在此基础上评价估计方法的表现。

以下我们总结使用蒙特卡罗模拟评价GMM估计SV模型的有限样本表现的典型步骤：

第一步：设置一组SV模型的参数值。一般来说，需要使用多组参数值进行实验，组与组之间的某些参数值要有变化。

第二步：基于设置的一组参数值和随机过程的初始值，模拟一条样本路径。设置不同的观测值个数或样本路径长度以考察随观测值数目变化时估计方法的表现。模拟 SV 模型样本路径的详细步骤请参考本章 8.1 节。

第三步：基于第二步的模拟样本，根据特定矩条件实施 GMM 估计，记录参数估计值。

第四步：重复第二步和第三步，每一参数都获得多个估计值。当模拟下一条样本路径时，我们要确保生成的随机变量样本独立于前面生成的样本路径。基于每一参数的众多估计值，我们可以评价特定矩条件 GMM 估计的表现。

Andersen 和 Sorensen（1996）研究了 SV 模型（8.6）（$\rho=0$）的 GMM 估计，模型的参数设置为：

$$\alpha=-0.736,\ \beta=0.90,\ \sigma=0.363$$

矩条件分 5 组，矩条件个数分别为 3，5，9，14，24，其中个数等于 3 的矩条件组是 $E[|r_t|]$，$E[r_t^2]$ 和 $E[r_t r_{t-1}]$，其他请参见表 8.1；权重矩阵的估计是 NeweyWest 方法，滞后项设定等于 10。他们蒙特卡罗模拟实验样本长度 T 分别等于 500，1000，2000，4000，10000 五种情况，每种情况重复 1000 次，得到 1000 个参数估计值。值得指出的是，当矩条件个数等于 3 时，估计方法就是矩方法。在这一方法中，不涉及权重矩阵的估计。表 8－1 报告了 T 等于 1000 和 10000 的蒙特卡罗模拟结果。结果显示：

（1）样本 T 越大，GMM 估计的结果越好。比较表 8－1 中 T＝1000 和 10000 两种情况，样本大时，不收敛的情况减少，估计值的均值更加接近真实值，RMSE 也更小，这表示估计值更为精确。

（2）前文提及，并非 GMM 利用的矩条件个数越多越好，参数估计的质量还和样本大小有关。当样本 T＝1000 时，矩条件数等于 9 时估计的结果最好，相比其他情形具有更接近真实值的估计值均值和更小的 RMSE；而当样本 T＝10000 时，矩条件数等于 14 是最好的情况。

Jiang、Knight 和 Wang（2007）进行了 SV 模型（$\rho\neq0$）GMM 估计的蒙特卡罗模拟试验，他们研究的模型更为一般，在收益率中加入了波动率风险溢价，其设定如下：

$$\begin{cases} r_t=\lambda e^{h_t}+e^{h_t/2}z_t \\ h_t=\alpha+\beta h_{t-1}+\sigma v_t \\ \begin{pmatrix} z_t \\ v_t \end{pmatrix}\sim\mathcal{N}\left[\begin{pmatrix} 0 \\ 0 \end{pmatrix},\ \begin{pmatrix} 1 & \rho \\ \rho & 1 \end{pmatrix}\right] \end{cases}$$

其中，λe^{h_t} 刻画了波动率风险溢价，如果 $\lambda>0$，r_t 与 e^{h_t} 成正比。

他们的蒙特卡罗模拟试验中，参数设置有两组，组间的区别是 ρ 的设置不同，分别是 0.5 和 －0.5：

$$\begin{aligned}(\alpha,\beta,\lambda,\rho,\sigma)&=(-0.01,\ 0.90,\ 0.06,\ 0.50,\ 0.20)\\&=(-0.01,\ 0.90,\ 0.06,\ -0.50,\ 0.20)\end{aligned}$$

对于每组参数，蒙特卡罗模拟试验1000次，每一参数得到1000个估计值，模拟的样本路径长度 T = 2500；矩条件为 $E[r_t^p]$，$p=1,\cdots,4$，$E[r_t r_{t+r}]$，$r=1,3$ 和 $E[r_t^2 r_{t+r}^2]$，$r=1,\cdots,4$，权重矩阵的估计采用了 Parzen 核函数。

表8-2报告了他们 GMM 估计的蒙特卡罗模拟试验结果，它取自 Jiang，Knight 和 Wang（2007）表1。表8-2中模型参数 GMM 估计值的均值和中位数与真实值非常接近。除参数 ρ 之外，GMM 估计值样本的标准差和 RMSE 都较小。这表明 SV 模型（$\rho\neq 0$）GMM 估计在样本适中（T = 2500，相当于10年的日频数据）情况下表现不错。不过参数 ρ 的 GMM 估计值样本的标准差和 RMSE 较大，这说明相对于其他参数，要获得它的精确估计更为不易。

表8-1　　SV 模型（$\rho=0$）GMM 估计的蒙特卡罗模拟结果

矩条件个数	3	5	9	14	24
T = 1000					
$\hat{\alpha}$	-1.475（1.259）	-1.135（.913）	-.801（.571）	-.829（.657）	-.946（.732）
$\hat{\beta}$	.8（.17）	.847（.123）	.892（.077）	.888（.088）	.873（.097）
$\hat{\sigma}$	.458（.201）	.372（.142）	.297（.135）	.287（.143）	.287（.137）
不收敛	422	298	129	88	72
T = 10000					
$\hat{\alpha}$	-.796（.405）	-.763（.268）	-.744（.157）	-.740（.139）	-.795（.161）
$\hat{\beta}$	.892（.055）	.896（.036）	.899（.021）	.900（.019）	.892（.022）
$\hat{\sigma}$	.360（.103）	.354（.068）	.347（.043）	.344（.042）	.348（.039）
不收敛	65	0	0	0	0

注：此表的内容来自 Andersen 和 Sorensen（1996）表1，真实的参数值为 $\alpha=-0.736$，$\beta=0.90$，$\sigma=0.363$。模拟1000次 SV 模型（$\rho=0$）的样本路径进行 GMM 估计，这里只报告了样本路径长度为 $T=1000$ 和 $T=10000$ 两种情况；权重矩阵的估计是 Newey - West 方法，滞后项设定等于10。

表中的矩条件设置如下。令 $\sigma_t\equiv e^{h_t/2}$。记：

$$m1=E[|r_t|]=\sqrt{2/\pi}E[\sigma_t]$$

$$m2=E[r_t^2]=E[\sigma_t^2]$$

$$m1=E[|r_t|^3]=2\sqrt{2/\pi}E[\sigma_t^3]$$

$$m2=E[r_t^4]=3E[\sigma_t^4]$$

$$m4+i=E[|r_t r_{t-i}|]=2/\pi E[\sigma_t\sigma_{t-j}],\ i=1,\cdots,10$$

$$m14+i=E[r_t^2 r_{t-i}^2]=E[\sigma_t^2\sigma_{t-j}^2],\ i=1,\cdots,10$$

$$m24=E[|r_t|r_{t-1}^2]=\sqrt{2/\pi}E[\sigma_t\sigma_{t-j}^2]$$

其中，对于自然数 p、q，

$$E[\sigma_t^p]=\exp(p\mu_h/2+p^2\sigma_h^2/8)$$

$$E[\sigma_t^p\sigma_{t-j}^q]=E[\sigma_t^p]E[\sigma_t^q]\exp(pq\beta^j\sigma_h^2/4)$$

Andersen 和 Sorensen（1996）选择的3个矩条件为 $m1$，$m2$，$m5$，选择的5个矩条件为 $m1$，$m2$，$m4$，$m6$，$m15$，选择的9个矩条件为 $m1-m4$，$m5$，$m7$，$m9$，$m16$，$m18$，选择的14个矩条件为 $m1-m4$，$m6$，$m8$，$m10$，$m12$，$m14$，$m15$，$m17$，$m19$，$m21$，$m23$，选择的24个矩条件为 $m1-m24$。表格中的第一个数字是估计值的均值，括号内的数字是均方误差的平方根（RMSE）。

表 8-2　　SV 模型（$\rho \neq 0$）GMM 估计的蒙特卡罗模拟结果

参数	真实值	均值	中位数	5%分位数	95%分位数	标准差	RMSE
$\rho = 0.50$							
α	-0.01	-0.008	-0.009	-0.031	-0.000	0.012	0.012
β	0.90	0.933	0.966	0.772	0.998	0.085	0.091
λ	0.06	0.060	0.060	0.026	0.095	0.021	0.021
ρ	0.50	0.584	0.500	0.279	1.284	0.297	0.309
σ	0.20	0.175	0.179	0.013	0.305	0.094	0.097
$\rho = -0.50$							
α	-0.01	-0.010	-0.006	-0.034	-0.000	0.014	0.014
β	0.90	0.913	0.933	0.758	0.998	0.099	0.100
λ	0.06	0.065	0.065	0.023	0.101	0.024	0.024
ρ	-0.50	-0.574	-0.501	-1.093	-0.278	0.281	0.291
σ	0.20	0.163	0.177	0.009	0.321	0.112	0.117

注：本表内容取自 Jiang、Knight 和 Wang（2007）表1。试验重复1000次蒙特卡罗模拟GMM估计，样本路径长度 T=2500。矩条件为 $E[r_t^p], p=1, \cdots, 4, E[r_t r_{t+r}], r=1,3$ 和 $E[r_t^2 r_{t+r}^2], r=1, \cdots, 4$。权重矩阵的估计采用了 Parzen 核函数。

8.4　其他估计方法

尽管估计潜变量模型有难度，但近年来这方面的研究仍取得了显著进展，SV 模型就是其中一例。除本章介绍的 GMM［如 Melino 和 Turnbull（1990）、Andersen 和 Sorensen（1996）］之外，还有很多计量方法不断开发出来，它们包括，拟极大似然估计（QMLE）［如 Ruiz（1994）、Harvey 和 Shephard（1996）］、极大似然估计（MLE）［如 Lo（1988），Bates（2006）］，模拟矩方法（SMM）［Duffie 和 Singleton（1993）］、间接推断［Gourieroux、Monfort 和 Renault（1993）］、有效矩方法（EMM）［Gallant 和 Tauchen（1996）］、马尔可夫链蒙特卡罗（MCMC）方法［如 Jacquier、Polson 和 Rossi（1994），Eraker（2001），Chib、Nardari 和 Shephard（2002）］、实证特征函数（ECF）法［如 Singleton（2001），Jiang 和 Knight（2002）、Carrasco、Chernov、Florens 和 Ghysels（2007）］等。这些内容超出了本书的范围，有兴趣的读者可以参考有关文献。

本章回顾

主要概念

随机波动率（SV） 波动率集聚 厚尾分布 SV 模型（$\rho=0$）
SV 模型（$\rho\neq0$） 杠杆效应 GMM 估计 蒙特卡罗模拟

主要结果

1. SV 模型将条件方差设定为一个随机变量，最常用的 SV 模型设定如下：

$$\begin{cases} r_t=\mu_t+\epsilon_t \\ \epsilon_t=e^{h_t/2}z_t, \quad z_t\sim \text{iid}\,\mathcal{N}(0,\ 1) \\ h_t=\alpha+\beta h_{t-1}+\sigma\nu_t, \quad 0<\beta<1,\ \nu_t\sim \text{iid}\,\mathcal{N}(0,\ 1) \\ \text{Corr}\ [z_t,\ \nu_t]\ \equiv\rho \end{cases}$$

2. SV 模型能刻画资产收益率的波动率集聚特征与资产收益率分布的厚尾特征，当 $\rho<0$ 时，它还能刻画资产收益率的杠杆效应。

3. SV 模型（$\rho=0$）的矩条件可以拆成一个对数正态分布的矩条件和一个正态分布矩条件的乘积，因而容易计算。

4. 计算 SV 模型（$\rho\neq0$）的矩条件需要先计算条件矩，其中的关键在于利用 z_t 和 v_t 的联合矩生成函数。

5. 由于 SV 模型中波动率过程不可直接观察，和 ARCH/GARCH 类模型相比，SV 模型的估计更为复杂。

6. 得到 SV 模型的矩条件后，可以用 GMM 来估计模型参数。

7. 评价 GMM 估计 SV 模型的表现的典型方法是蒙特卡罗模拟。

习 题

1. 请说明 SV 模型与 ARCH/GARCH 类模型的主要区别。

2. 请解释：

(a) SV 模型如何能刻画波动率集聚特征和资产收益率分布的厚尾特征；

(b) 在什么模型设定下 SV 模型能刻画收益率的杠杆效应。

3. 请导出 SV 模型（$\rho=0$）（模型（8.6））的均值、方差、偏度和峰度，并说明它能否刻画收益率的厚尾特征。

4. 给定 SV 模型（$\rho=0$）

$$\begin{cases} r_t = e^{h_t/2} z_t, & z_t \sim \text{iid } \mathcal{N}(0,\ 1) \\ h_t = \alpha + \beta h_{t-1} + \sigma \nu_t,\ 0 < \beta < 1,\ \nu_t \sim \text{iid } \mathcal{N}(0,\ 1) \end{cases}$$

和模型参数 $\alpha = -0.736$，$\beta = 0.90$，$\sigma = 0.363$。

(a) 按照本章 8.1 节中的步骤，模拟以上过程一条长度为 1000 的样本路径，设置 $h_0 = -7.36$。

(b) 画出收益率与收益率绝对值的时间序列图。

(c) 计算收益率的均值、方差、偏度和峰度，并将这些值与本章 8.2.2 节中导出的理论值作比较（提示：为计算这些矩条件的理论值，将本题中给出的参数值代入由 8.2.2 节导出的矩条件公式即可）。

(d) 使用矩方法估计模型参数并比较参数估计值与真实值之间的区别，矩条件请采用 $E[|r_t|]$，$E[r_t^2]$，$E[|r_t r_{t-1}|]$（矩条件公式可参见本章 8.2.2 节）。

(e) 使用 GMM 估计模型参数并比较参数估计值与真实值之间的区别，矩条件请采用 $E[|r_t|]$，$E[r_t^2]$，$E[r_t^4]$，$E[|r_t r_{t-2}|]$ 和 $E[r_t^2 r_{t-1}^2]$（矩条件公式可参见本章 8.2.2 节）。

5. 请从任一款交易软件（如国泰君安锐智版）下载近 10 年上证指数的日频数据。

(a) 报告上证指数对数收益率的描述性统计量；

(b) 使用上证指数的去均值收益率和 GMM 估计 SV 模型（$\rho = 0$）(8.6)，矩条件请采用 $E[|r_t|]$，$E[r_t^2]$，$E[r_t^4]$，$E[|r_t r_{t-2}|]$ 和 $E[r_t^2 r_{t-1}^2]$（矩条件公式可参见本章 8.2.2 节）；

(c) 利用上述参数估计值计算收益率的理论峰度（使用本章 8.2.2 节中导出的峰度公式），并和 (a) 中从样本数据计算出的峰度作比较。

第二部分

连续时间模型

第九章　由布朗运动和泊松过程驱动的随机过程

在金融中，连续时间模型被广泛地应用于建立股票价格、汇率、利率以及其他证券价格的动态模型。在连续时间框架下给资产价格建立模型的动机之一是，尽管金融证券只在交易日的某一段时间交易，并且交易只发生在离散的时点，但一般认为资产的内在价值随信息流不断到达市场而持续更新。此外可能更为重要的原因是，连续时间模型在处理金融学应用问题时非常方便有用。这是因为在连续时间模型框架下，往往能导出衍生证券价格解析形式的表达式。广为人知的例子是 Black – Scholes 期权定价公式。Black 和 Scholes（1973）假设股价服从**几何布朗运动**，并在此模型框架下导出了解析形式的欧式看涨期权与看跌期权价格公式。近年来，更为复杂的连续时间模型被陆续提出并广泛应用于债券定价、期权定价、组合策略和风险管理等方面。

本章我们介绍连续时间模型的两大基本要素：布朗运动和泊松过程。布朗运动是一路径连续的随机过程，而泊松过程则往往用来为资产价格突然的不连续变化建模。在金融文献中，一个随机过程如果仅由布朗运动驱动便称为**扩散过程**或**伊藤过程**；若还多一项由泊松过程驱动的不连续部分，则称为**跳跃—扩散过程**。本章我们由布朗运动的定义开始，然后介绍单变量扩散过程，它由一个随机微分方程表示。基于随机微分方程，我们介绍随机积分或伊藤积分的概念。之后，我们拓展到多变量扩散过程。对于单变量与多变量两种情况，我们都介绍其对应的**伊藤引理**。伊藤引理刻画了连续时间模型的重要性质，为处理连续时间模型提供了强有力的工具。本章第二部分的重点是跳跃—扩散过程。同样地，我们将介绍跳跃—扩散过程情形下的伊藤引理。

9.1　布朗运动

1827 年，苏格兰植物学家布朗（Brown）利用显微镜研究悬浮在液体中的花粉粒。他观察到花粉粒的液泡中有微小颗粒在不规则地运动（见图 9 - 1）。随后他将其与空气中微尘的运动作比较，排除了花粉粒液泡中微小颗粒的不规则运动是生命体运动的结果。布朗之后有许多科学家对这一不规则运动作了更深入的研究，逐步建立了严格的数学模型来描述，并将其广泛应用于自然科学与社会科学之中。因为布朗的发现，描述这一运动的随机过程被人们称为“布朗运动”。

图 9 - 1　计算机模拟的微小颗粒运动轨迹

1900 年，法国人 Bachelier 在其博士论文《投机的理论》中，用布朗运动来描述股票价格的变化。爱因斯坦在 1905 年发表的一篇文章中，解释布朗观察到的不规则运动是由水分子对微粒的冲击造成的。20 世纪 20 年代，美国数学家维纳（Wiener）首次用严格的数学模型来构造布朗运动，所以人们也往往把布朗运动称为**维纳过程**。

9.1.1　布朗运动的定义

下面给出布朗运动的数学定义。对于有兴趣进一步了解布朗运动的读者，更为严格的定义和如何构造布朗运动可以参考 Karatzas 和 Shreve（1991）；Øksendal（2003）。

首先我们设定随机过程 $\{W_t: t\in\mathbb{R}_+\}$（在不引起歧义的情况下，有时也简写成 W_t 或 $W(t)$）。如果 W_t 具有以下三个性质，则称为**布朗运动**：

性质 1：W_t 从 0 点出发，即 $W_0=0$；

性质 2：W_t 的所有路径连续，即映射 $t\mapsto W_t(\omega)$ 是从 $\mathbb{R}_+$ 到 $\mathbb{R}$ 的连续函数，$\forall\omega$；

性质 3：对于任意时刻 t_1 和 t_2，任意正数 h_1，h_2（见图 9 - 2），W_t 的增量服从均值为 0，方差等于时间间隔的正态分布，即：

$$W_{t_1+h_1}-W_{t_1}\sim\mathcal{N}(0,h_1)$$

$$W_{t_2+h_2}-W_{t_2}\sim\mathcal{N}(0,h_2)$$

另外，如果 $t_1+h_1\leqslant t_2$，那么两个不重叠的 W_t 增量相关系数等于 0，即：

$$\mathrm{Cov}[W_{t_1+h_1}-W_{t_1},W_{t_2+h_2}-W_{t_2}]=0$$

由正态分布的性质，不相关的两个正态分布随机变量相互独立，我们有 $W_{t_1+h_1}-W_{t_1}$ 与 $W_{t_2+h_2}-W_{t_2}$ 相互独立。

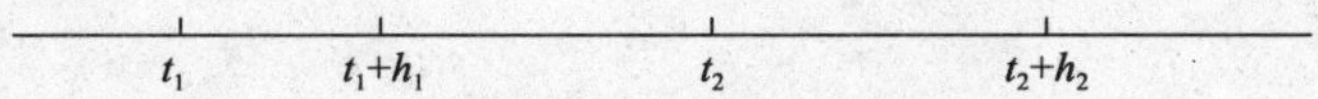

图 9－2　布朗运动的性质 3

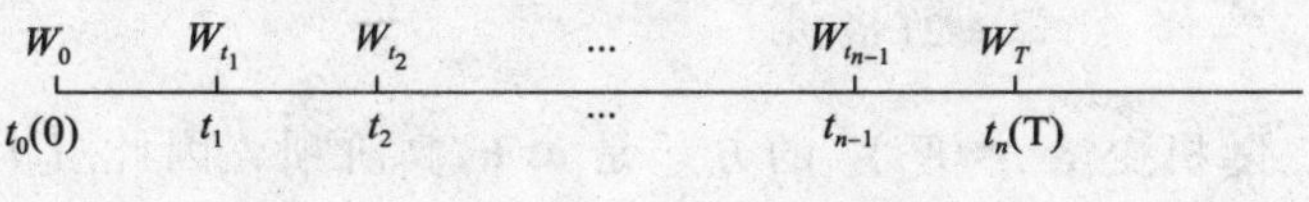

图 9－3　时间段［0，T］的一个分割

根据以上定义，我们可以把布朗运动分解成许多独立的正态分布随机变量之和。具体来说，给定将来的任意时刻 T，对时间段$[0,T]$的任意分割$\Pi\equiv\{t_0,t_1,\cdots,t_n\}$，$0=t_0<t_1<\cdots<t_n=T$（见图 9－3），我们有：

$$\begin{aligned}W_T&=W_T-W_0\\&=W_{t_n}-W_{t_{n-1}}+W_{t_{n-1}}-W_{t_{n-2}}+\cdots+W_{t_2}-W_{t_1}+W_{t_1}-W_{t_0}\\&=\sum_{i=1}^{n}[W_{t_i}-W_{t_{i-1}}]\end{aligned}\tag{9.1}$$

其中，$\{W_{t_i}-W_{t_{i-1}},i=1,\cdots,n\}$是相互独立的随机变量，并分别服从均值为 0，方差为时间间隔 t_i-t_{i-1} 的正态分布。

9.1.2　布朗运动的瞬时变化 dW_t

在任意时刻 t，对任意的$\Delta t>0$，我们记布朗运动的增量：

$$\Delta W_t\equiv W_{t+\Delta t}-W_t$$

当 Δt 表示时间的微小增量时（也就是说 Δt 趋近于零但不等于零），记 $\Delta t\equiv dt$，此时我们处于连续时间模型的框架中。我们记：

$$dW_t\equiv W_{t+dt}-W_t$$

即 dW_t 表示 t 增加微小的 dt 后，布朗运动的增量。我们称 dW_t 为布朗运动的瞬时变化。根据布朗运动的性质 3，我们有：

$$dW_t\sim\mathcal{N}(0,\ dt)$$

由正态分布的性质，我们有：

$$E[(dW_t)^2]=dt$$
$$\text{Var}[(dW_t)^2]=2(dt)^2$$

以上第一个等式成立是因为 $E[(dW_t)^2]=\text{Var}[dW_t]$，第二个等式由以下步骤推出：

$$\begin{aligned}\text{Var}[(dW_t)^2]&=E[\{(dW_t)^2-E[(dW_t)^2]\}^2]\\&=E[(dW_t)^4]-(dt)^2=3(dt)^2-(dt)^2\\&=2(dt)^2\end{aligned}$$

上式显示，随机变量 $(dW_t)^2$ 的方差是 dt 的高阶项，因此 $(dW_t)^2$ 依均方收敛于 dt。

9.2 随机微分方程

布朗运动限定了它在任意时间段内变化的期望值为 0，单位时间的方差为 1。这在大多数情况下过于简单，和现实世界差距太大。人们便设法在布朗运动的基础上添加一些元素，建立更为丰富的模型。假设我们要为一经济变量（如资产价格、利率或汇率）的动态变化建立模型，记它为一随机过程 X_t。我们认为，X_t 在较短时间区间 Δt 内的变化，即从 X_t 到 $X_{t+\Delta t}$，可以近似地分解成一个确定的时间趋势 $\mu(X_t,t)\Delta t$ 和一个除时间趋势以外的随机扰动项 $\sigma(X_t,t)(W_{t+\Delta t}-W_t)$：

$$\begin{aligned}\Delta X_t&\equiv X_{t+\Delta t}-X_t\\&\simeq\mu(X_t,t)\Delta t+\sigma(X_t,t)(W_{t+\Delta t}-W_t)\end{aligned}$$

这样，我们在 X_t 的动态变化中加入了时间趋势，随机项在单位时间的方差也不再限定为 1，而是 $\sigma^2(\cdot)$，并且 $\mu(\cdot)$ 和 $\sigma(\cdot)$ 可以是 X_t 和时间 t 的函数。这样极大地扩展和丰富了布朗运动的应用。在时间区间趋近于 0（但不等于 0）时，我们称此时 X_t 的变化为瞬时变化，并且使用连续时间记号记上式为：

$$dX_t=\mu(X_t,t)\,dt+\sigma(X_t,t)\,dW_t \tag{9.2}$$

以上等式（9.2）称为 X_t 满足的**随机微分方程**，函数 $\mu(\cdot)$ 称为**漂移项**，$\sigma(\cdot)$ 称为**扩散项**。满足式（9.2）的随机过程 X_t 称为**扩散过程**或伊藤过程。

以上是不严格的、基于直观的讨论。那么式（9.2）严格的数学含义是怎样的呢？解释清楚这个问题还要从常微分方程出发。

常微分方程：

$$dX_t=a(X_t,t)\,dt \tag{9.3}$$

只不过是下式一种更为直观的写法：

$$X_t' \equiv \frac{dX_t}{dt} = a(t;X_t)$$

其中，X_t' 是函数 X_t 对变量 t 的导数，它严格的数学定义早为我们所熟知。比较式（9.3）与式（9.2），式（9.3）是式（9.2）中 $\sigma(\cdot)=0$ 的特例，也就是说常微分方程中没有随机项。常微分方程式（9.3）在金融中一般用来给无风险债券价格建立模型，如：

$$\frac{dB_t}{B_t} = rdt \tag{9.4}$$

其中，B_t 表示无风险债券价格，r 表示连续复利的无风险利率。上式的解是：

$$B_t = B_0 e^{rt}$$

其中，B_0 是债券价格的初始值。

如果式（9.2）中 W_t 对时间 t 可以求导，此导数记为 W_t'，那么世界就变得简单了。我们可以将式（9.2）写成：

$$dX_t = [\mu(X_t,t) + \sigma(X_t,t)W_t']\, dt$$

此时，解随机微分方程的问题就简化为解常微分方程的问题。随机性质体现在，对于不同的路径，有一个不同的解。遗憾的是，可以证明，几乎每一条布朗运动的路径 W_t（ω）处处不可导。详细证明参见 Karatzas 和 Shreve（1991）。这里的"几乎"是指除一个零测集之外。

既然此路不通，人们换了另一种思路。常微分方程式（9.3）还可以写成以下等价的积分方程的形式：

$$X_t = X_0 + \int_0^t a(s,X_s)\, ds \tag{9.5}$$

那么我们也可以将随机微分方程式（9.2）写成等价的随机积分方程的形式：

$$X_t = X_0 + \int_0^t \mu(X_u,u)\, du + \int_0^t \sigma(X_u,u)\, dW_u \tag{9.6}$$

其中，等式右边第一个积分是我们熟悉的**黎曼积分**。如果我们能确定第二个积分形式的定义，则随机微分方程式（9.2）的数学定义问题便得到了解决，即随机积分方程式（9.6）的等价形式。

我们在下一小节介绍应用得最为广泛的（尤其在金融中）随机积分的定义。它是由日本数学家伊藤清在 20 世纪 40 年代提出，因此被称为**伊藤积分**。伊藤清还证明了给随机积分的计算带来极大方便的伊藤引理。主要以伊藤积分和伊藤引理为基石的处理随机过程的数学分支称为伊藤微积分或随机微积分。

另外需要指出的是，为使随机微分方程式（9.2）存在解，漂移项μ（·）和扩散项σ（·）需要满足一定的正规性条件。有关扩散过程解的存在性与唯一性问题，请参见 Karatzas 和 Shreve（1991），Øksendal（2003），更一般的跳跃—扩散过程解存在的条件，请参见 Duffie、Pan 和 Singleton（2000）及其给出的参考文献。

9.3 伊藤积分与伊藤引理

我们分三步来介绍伊藤积分的定义，其中略去的证明可参阅 Øksendal（2003）或施里夫（2008）。

第一步：简单过程对布朗运动的伊藤积分。

给定闭区间$[0,T]$的一个时间分割$\Pi=\{t_0,t_1,\cdots,t_n\}$，即插入在 0 和 T 之间的有限个分点：

$$0=t_0<t_1<\cdots<t_n=T$$

对应于分割Π的简单过程$\sigma(t)$是指在每一子区间$[t_j,\ t_{j+1})$上取值为常数的随机过程。

给定简单过程$\sigma(t)$和布朗运动W_t，对任意的$t\in[0,T]$，$t_k\leqslant t\leqslant t_{k+1}$，我们记$\sigma(t)$对$W_t$的**伊藤积分**为：

$$I_t\equiv\int_0^t\sigma(u)dW_u$$

它的定义为：

$$\begin{aligned}I_t&\equiv\sigma(t_0)(W_{t_1}-W_{t_0})+\sigma(t_1)(W_{t_2}-W_{t_1})+\cdots+\sigma(t_k)(W_t-W_{t_k})\\&=\sum_{j=0}^{k-1}\sigma(t_j)(W_{t_{j+1}}-W_{t_j})+\sigma(t_k)(W_t-W_{t_k})\end{aligned}\tag{9.7}$$

其中如上所述，$t\leqslant t_{k+1}$。

第二步：用简单过程逼近一般的随机过程。

给定随机过程$\sigma(t)$，其路径可以是连续的，在满足一定正规条件下①，$\sigma(t)$可以由一个简单过程序列$\sigma_n(t)$在某种意义上逼近。具体来说，存在一个简单过程序列$\sigma_n(t)$使下式成立：

$$\lim_{n\to\infty}E\left[\int_0^T|\sigma_n(t)-\sigma(t)|^2dt\right]=0$$

① 这些正规条件包括，$\sigma(t)$必须是适应的，并满足平方可积条件：$E\left[\int_0^T\sigma^2(t)dt\right]<\infty$。适应性的具体概念可参阅 Øksendal（2003）。

第三步：由简单过程序列 $\sigma_n(t)$ 的伊藤积分来定义一般过程 $\sigma(t)$ 的伊藤积分。

记逼近 $\sigma(t)$ 的简单过程序列 $\sigma_n(t)$ 所定义的伊藤积分为 I_t^n，具体参见式（9.7）。可以证明，I_t^n 在以下意义上收敛于一个唯一的随机过程 I_t：

$$\lim_{n\to\infty} E \sup_{0\leq u\leq t} [I_u - I_u^n]^2 = 0$$

我们把这样得到的 I_t 定义为 $\sigma(t)$ 对布朗运动 W_t 的伊藤积分，记为：

$$I_t = \int_0^t \sigma(u)dW_u \tag{9.8}$$

我们将满足随机微分方程式（9.2）的随机过程 X_t 称为一个伊藤过程，或者一个扩散过程。

伊藤积分具有以下两个非常重要的性质（证明请参阅 Øksendal (2003)）：

（1）伊藤等距映射：

$$E\Big[\Big(\int_0^t \sigma(u)dW_u\Big)^2\Big] = E\Big[\int_0^t \sigma^2(u)du\Big] \tag{9.9}$$

（2）伊藤积分 $\int_0^t \sigma(u)dW_u$ 是一个鞅。

评注 9.1　所谓鞅是指一个没有漂移项，即漂移项等于 0 的随机过程。鞅的重要特征是其将来值的期望值等于今天值，即：

$$E[X_s \mid \mathbf{I}_t] = X_t, \quad s > t$$

其中，$\mathbf{I}_t$ 是 t 时刻的信息集。鞅的严格定义请参阅 Øksendal（2003）或施里夫（2008）。常见的鞅有布朗运动，以及我们刚刚介绍的伊藤积分等。

下面，我们介绍在处理随机微分方程中非常重要的伊藤引理。假设给定一个随机过程 X_t，它是一个伊藤过程，我们有时候需要知道它的函数 $f(t,X_t)$ 是一个什么样的随机过程，或者说它满足什么样的随机微分方程。伊藤引理是解决这一问题的强有力工具，它简化了求伊藤积分的运算，使得我们可以不必通过原始定义来求积分。在介绍伊藤引理之前，我们先引入两个基本概念。

设 $f(t),g(t)$ 是定义在 $[0,T]$ 上的函数。$\Pi = \{t_0, t_1, \cdots, t_n\}$ 是 $[0,T]$ 的一个时段分割。截至时间 T，f 的**二次变差**定义为：

$$[f,f]_T \equiv \lim_{\|\Pi\|\to 0} \sum_{j=0}^{n-1} [f(t_{j+1}) - f(t_j)]^2 \equiv \int_0^T df(t)\ df(t)$$

其中，$\|\Pi\| \equiv \max\{|t_i - t_{i-1}|, i=1,\cdots,n\}$，表示分割 Π 中最大的时间间隔。

f 和 g 的**交互变差**定义为：

$$\begin{aligned}[f,g]_T &\equiv \lim_{\|\Pi\|\to 0} \sum_{j=0}^{n-1} [f(t_{j+1}) - f(t_j)][g(t_{j+1}) - g(t_j)] \\ &\equiv \int_0^T df(t)dg(t)\end{aligned}$$

利用以上概念，我们可以证明以下性质：

设 W_t 是一布朗运动，$f(t)=t$。那么对任意的 $T\geqslant 0$，我们有：

$[W,W]_T=T$，即布朗运动的二次变差等于 T；

$[W,f]_T=0$，即布朗运动与函数 t 的交互变差等于0；

$[f,f]_T=0$，即函数 $f(t)=t$ 的二次变差等于0。

我们将以上结果表示成以下计算规则：

$$dW_t\,dW_t=dt \tag{9.10}$$

$$dW_t\,dt=0 \tag{9.11}$$

$$dt\;dt=0 \tag{9.12}$$

这些规则大大简化下面伊藤引理的推导。对以上规则的严格定义，可参阅 Øksendal（2003）或施里夫（2008）。

作为上述计算规则的具体应用，我们现在运用它来计算伊藤过程 X_t 的二次变差。

$$\begin{aligned} dX_t\,dX_t &= \sigma^2(t)\,dW_t\,dW_t+2\sigma(t)\mu(t)\,dW_t\,dt+\mu^2(t)\;dt\;dt \\ &= \sigma^2(t)\;dt \end{aligned}$$

因此，

$$[X,X]_T=\int_0^T dX_t\,dX_t=\int_0^T\sigma^2(t)\;dt$$

也可表述成：

$$d[X,X]_t=\sigma^2(t)\;dt$$

伊藤引理可以表述如下：

伊藤引理：设 $X(t)$ 是由式（9.2）描述的伊藤过程。函数 $f(t,x)$ 的偏导数 $f_t(t,x)$，$f_x(t,x)$ 和 $f_{xx}(t,x)$（分别简写成 f_t,f_x,f_{xx}）存在并且连续。则对于任意 $T\geqslant 0$有：

$$\begin{aligned} f(T,X_T) &= f(0,X_0)+\int_0^T f_t\,dt+\int_0^T f_x\,dX_t+\frac{1}{2}\int_0^T f_{xx}d[X,X]_t \\ &= f(0,X_t)+\int_0^T\left[f_t+f_x\mu(t)+\frac{1}{2}f_{xx}\sigma^2(t)\right]dt+\int_0^T f_x\sigma(t)\,dW_t \end{aligned}$$

我们习惯于将它写成下面的微分形式：

$$\begin{aligned} df(t,X_t) &= f_t\,dt+f_x\,dX_t+\frac{1}{2}f_{xx}\,d[X,X]_t \\ &= \left[f_t+f_x\mu(t)+\frac{1}{2}f_{xx}\sigma^2(t)\right]dt+f_x\sigma(t)\,dW_t \end{aligned} \tag{9.13}$$

从直观上来说，伊藤引理也可以看成是把双变量函数$f(t,X_t)$对它的两个变量t和X_t泰勒展开，并略去dt的高阶项而得。结合前面的计算规则，这一过程可以演示如下：

$$df(t,X_t)=f_t\,dt+f_x\,dX_t+\frac{1}{2}f_{xx}\,dX_t\,dX_t$$
$$=\left[f_t+f_x\mu(t)+\frac{1}{2}f_{xx}\sigma^2(t)\right]dt+f_x\sigma(t)\,dW_t$$

伊藤的原始证明告诉我们，可以通过式（9.10）、式（9.11）和式（9.12）的计算规则来进行推导，可以得到同样的结果。

9.4　多维布朗运动及伊藤引理

有时候我们需要对多个变量的动态变化建模，这需要引入多维的布朗运动及对应的随机微积分理论。

首先我们给出**多维布朗运动**的定义：

一个m-维布朗运动$\mathbf{W}_t=(W_{1t},\cdots,W_{mt})^\top$是具有以下性质的随机过程：

1. 每一$W_{it}(i=1,\cdots,m)$都是一个一维布朗运动；
2. 如果$i\neq j$，那么W_{it}与W_{jt}独立。

在m-维布朗运动$\mathbf{W}_t$的基础上，我们可以构造n个伊藤过程：

$$dX_{1t}=\mu_1\,dt+\sigma_{11}\,dW_{1t}+\cdots+\sigma_{1m}\,dW_{mt}$$
$$dX_{2t}=\mu_2\,dt+\sigma_{21}\,dW_{1t}+\cdots+\sigma_{2m}\,dW_{mt}$$
$$\cdots$$
$$dX_{nt}=\mu_n\,dt+\sigma_{n1}\,dW_{1t}+\cdots+\sigma_{nm}\,dW_{mt}$$

我们可以将这n个伊藤过程写成矩阵形式：

$$d\mathbf{X}_t=\mu dt+\Sigma\,d\mathbf{W}_t \tag{9.14}$$

其中，

$$X_t\equiv\begin{bmatrix}X_{1t}\\ \vdots\\ X_{nt}\end{bmatrix},\ \mu_t\equiv\begin{bmatrix}\mu_1\\ \vdots\\ \mu_n\end{bmatrix},\ \Sigma\equiv\begin{bmatrix}\sigma_{11}&\cdots&\sigma_{1m}\\ \vdots&&\vdots\\ \sigma_{n1}&\cdots&\sigma_{nm}\end{bmatrix},\ d\mathbf{W}_t\equiv\begin{bmatrix}dW_{1t}\\ \vdots\\ dW_{mt}\end{bmatrix}$$

我们称满足式（9.14）的随机过程$\mathbf{X}_t$为n-维扩散过程或伊藤过程。

与一维伊藤过程类似，n-维伊藤过程的伊藤引理可以表述如下：

伊藤引理：给定$\mathbf{X}_t$为式（9.14）表示的n-维伊藤过程。函数$f(t,x)$（$x\in$

$\mathbb{R}^n$) 的偏导数$f_t(t,\mathbf{x})$，$f_{x_i}(t,\mathbf{x})$和$f_{x_ix_j}(t,\mathbf{x})$(分别简写成f_t,f_{x_i},$f_{x_ix_j}$)存在并且连续。则对于任意$T\geqslant 0$有：

$$df = f_t\,dt + \sum_{i=1}^{n} f_{x_i}\,dX_{it} + \frac{1}{2}\sum_{i=1}^{n}\sum_{j=1}^{n} f_{x_ix_j}\,dX_{it}\,dX_{jt} \tag{9.15}$$

其中，

$$dW_{it}\,dW_{jt} = \begin{cases} dt, 如果\ i=j \\ 0, 如果\ i\neq j \end{cases}$$

下面我们以二维伊藤过程为例说明多维伊藤引理。

二维伊藤引理：$\mathbf{W}_t=(W_{1t},W_{2t})'$是一个二维布朗运动，$X_t$，$Y_t$分别是以下伊藤过程：

$$dX_t = \mu_1(t)\,dt + \sigma_{11}(t)\,dW_{1t} + \sigma_{12}(t)\,dW_{2t}$$
$$dY_t = \mu_2(t)\,dt + \sigma_{21}(t)\,dW_{1t} + \sigma_{22}(t)\,dW_{2t}$$

函数$f(t,x,y)$的偏导数f_t,f_x,f_y,f_{xx},f_{xy},f_{yy}存在并且连续；则有：

$$df(t,X,Y) = f_t\,dt + f_x\,dX + f_y\,dY + \frac{1}{2}f_{xx}\,dX\,dX + f_{xy}\,dX\,dY + \frac{1}{2}f_{yy}\,dY\,dY \tag{9.16}$$

其中，

$$dX\,dX = (\sigma_{11}^2 + \sigma_{12}^2)\,dt$$
$$dX\,dY = (\sigma_{11}\sigma_{21} + \sigma_{12}\sigma_{22})\,dt$$
$$dY\,dY = (\sigma_{21}^2 + \sigma_{22}^2)\,dt$$

二维以上的伊藤引理可以类似得到。

9.5 模拟扩散过程

在实际应用中，我们经常需要模拟各种连续时间模型的样本路径。首先，我们需要将连续时间模型离散化。对扩散过程：

$$dX_t = \mu(X_t,t)\,dt + \sigma(X_t,t)\,dW_t$$

最简单常用的方法就是将它离散成：

$$X_{t+\Delta t} - X_t = \mu(X_t,t)\Delta t + \sigma(X_t,t)(W_{t+\Delta t} - W_t)$$

这种方法称为**欧拉离散化**。

以下我们记模拟样本路径的时长为T，离散的时间间隔为h，这样我们需要生

成 $n=T/h$ 个实现值以连成一条样本路径。比如，$T=22$ 表示 1 个月 22 个交易日，$h=1/(6.5\times60)$ 表示时间间隔为 1 分钟，它对应的是每个交易日 6.5 小时交易时间，每小时 60 分钟。

本小节我们介绍如何模拟各种扩散过程的样本路径。我们的介绍从最简单的布朗运动开始，然后是几何布朗运动，最后是比较复杂的对数随机波动率模型。对每一模型，我们首先给出其离散形式，然后介绍模拟样本路径的方法，最后画出模拟的样本路径。

布朗运动

根据式（9.1），$W_T=\sum_{i=1}^{n}(W_{t_i}-W_{t_{i-1}})$，我们可以应用这一性质来模拟布朗运动的轨迹：令初始值等于 0，把时间段 $[0,T]$ 分割成 n 个等距的小区间，区间长度等于 $t_i-t_{i-1}\equiv h$，$h=T/n$，用计算机模拟生成 n 个独立正态分布随机变量 $N(0,h)$，依次加起来就得到布朗运动的一条轨迹。这一模拟过程的算法如下：

算法 9.1　模拟布朗运动的路径

模拟布朗运动的路径分以下几个步骤：

第 1 步：设置参数值。设定初始值 $W_0=0$。

第 2 步：生成 n 个独立的标准正态分布 $\mathcal{N}(0,1)$，记为 $Z_i, i=1,\cdots,n$。

第 3 步：做以下循环：

$$W_i=W_{i-1}+\sqrt{h}Z_i, i=1,\cdots,n$$

这样得到的 $W_0,W_1,\cdots,W_n$ 就是布朗运动的一条路径。

图 9-4 是由计算机模拟得到的三条布朗运动的路径，其中的参数设置为 $T=22$，$h=1/(6.5\times60)$。

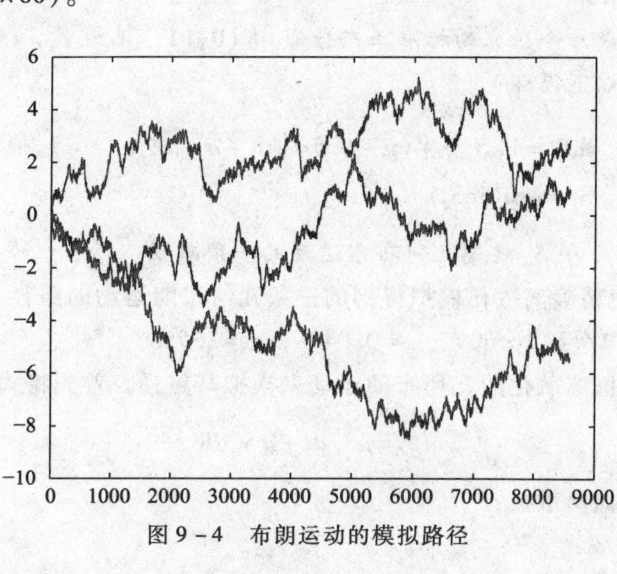

图 9-4　布朗运动的模拟路径

几何布朗运动

几何布朗运动由以下随机微分方程表示：

$$\frac{dS_t}{S_t}=\mu dt+\sigma dW_t \tag{9.17}$$

其中，参数 μ 表示单位时间股票的期望收益率，σ 是股票的波动率，即单位时间收益率的标准差。Black 和 Scholes（1973）应用此模型来描述股价运动，并最终导出欧式期权的定价公式。

由伊藤引理，我们有：

$$d\ln S_t=(\mu-\frac{1}{2}\sigma^2)\ dt+\sigma\ dW_t$$

因为上式中漂移项和扩散项都是常数，所以我们可以在两边同时积分得到下式：

$$\ln S_{t+\Delta t}-\ln S_t=(\mu-\frac{1}{2}\sigma^2)\Delta t+\sigma\Delta W_t \tag{9.18}$$

其中，$\Delta W_t\equiv W_{t+\Delta t}-W_t$。根据布朗运动的性质，$\Delta W_t$ 是均值等于 0、方差等于 Δt 的正态分布，即 $\Delta W_t\sim\mathcal{N}(0,\Delta t)$。我们可以根据式（9.18）模拟对数价格，最后得到价格的样本路径。由以上离散过程得到的各个时点股价的分布就是它们的精确分布，我们称之为精确离散化。模拟过程的算法如下：

算法 9.2　模拟几何布朗运动的路径（精确离散化）

模拟几何布朗运动的路径分以下几个步骤：

第 1 步：设置参数值。设定初始值 $S_0=100$。记对数价格为 $\ln S$，我们有 $\ln S_0=\ln(100)$。

第 2 步：生成 n 个独立的标准正态分布 $\mathcal{N}(0,1)$，记为 Z_i，$i=1,\cdots,n$。

第 3 步：做以下循环：

$$\ln S_i=\ln S_{i-1}+(\mu-0.5\sigma^2)h+\sigma\sqrt{h}Z_i,\quad i=1,\cdots,n$$
$$S_i=\exp(\ln S_i)$$

这样得到的 $S_0,S_1,\cdots,S_n$ 就是几何布朗运动的一条路径。

图 9-5 是由精确离散化模拟得到的一条几何布朗运动的路径，其中的参数设置为 $T=22$，$h=1/(6.5\times60)$，$\mu=0.04\%$，$\sigma=1.5\%$。

我们也可根据离散化的几何布朗运动来模拟其路径。首先将式（9.17）写成：

$$dS_t=\mu S_t\ dt+\sigma S_t\ dW_t$$

然后将其近似离散成：

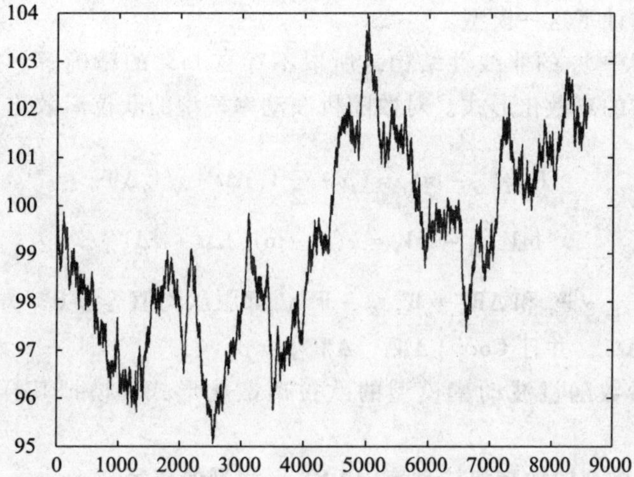

图 9－5　几何布朗运动的模拟路径

$$S_{t+\Delta t} = S_t + \mu S_t \Delta t + \sigma S_t \Delta W_t \tag{9.19}$$

其中，$\Delta W_t \equiv W_{t+\Delta t} - W_t$。

根据式（9.19）我们可以模拟股价的样本路径。算法如下：

算法 9.3　模拟几何布朗运动的路径（欧拉离散化）

模拟几何布朗运动的路径分以下几个步骤：

第 1 步：设置参数值。设定初始值，如 $S_0 = 100$。

第 2 步：生成 n 个独立的标准正态分布 $\mathcal{N}(0,1)$，记为 $Z_i, i=1,\cdots,n$。

第 3 步：做以下循环：

$$S_i = S_{i-1} + \mu S_{i-1} h + \sigma S_{i-1}\sqrt{h} Z_i,\quad i = 1,\cdots,n$$

这样得到的 $S_0, S_1, \cdots, S_n$ 就是几何布朗运动的一条路径。

对数随机波动率模型

对数随机波动率模型是指：

$$\begin{aligned} d\ln S_t &= \left(\mu - \frac{1}{2}V_t\right) dt + \sqrt{V_t}\, dW_t \\ d\ln V_t &= \kappa\left(\alpha - \ln V_t\right) dt + \sigma\, dW_t^v \\ dW_t\, dW_t^v &= \rho dt \end{aligned} \tag{9.20}$$

其中，对数波动率 $\ln V_t$ 服从一个 Omstein－Uhlenbeck（OU）过程。对数随机波动率模型中参数 μ 表示单位时间股票的期望收益率，α 表示对数波动率的长期均值，κ 是均值回复的速率，σ 是对数波动率的波动率，ρ 是收益率与波动率的相关系数，$\rho < 0$ 体现了股价的杠杆效应。Andersen、Benzoni 和 Lund（2002）使用 SP500 股

票指数收益率估计了这一模型。

由于此模型中 V_t 的非线性结构，所以不存在 $\ln S_t$ 的精确解。为模拟其路径，我们需要依赖它的离散化形式。对数随机波动率模型的欧拉离散化为：

$$\ln S_{t+\Delta t} - \ln S_t = (\mu - \frac{1}{2}V_t)\Delta t + \sqrt{V_t}\Delta W_t$$

$$\ln V_{t+\Delta t} - \ln V_t = \kappa(\alpha - \ln V_t)\Delta t + \sigma\Delta W_t^v$$

其中，$\Delta W_t \equiv W_{t+\Delta t} - W_t$ 和 $\Delta W_t^v \equiv W_{t+\Delta t}^v - W_t^v$，都服从均值等于0，方差等于 Δt 的正态分布 $\mathcal{N}(0,\ \Delta t)$，并且 Corr $[\Delta W_t,\ \Delta W_t^v] = \rho$。

根据以上对数随机波动率模型的欧拉离散化形式，模拟其样本路径的算法如下：

算法 9.4　模拟对数随机波动率（LSV）模型的路径

模拟对数随机波动率模型的路径分以下几个步骤：

第 1 步：设置参数值。设定初始值，如 $S_0 = 100$，$V_0 = \exp(\alpha)$。记对数价格为 $\ln S$，对数波动率为 $Y = \ln V$，我们有 $S_0 = \ln(100), Y_0 = \alpha$。

第 2 步：生成两条 n 个独立的标准正态分布 $\mathcal{N}(0,\ 1)$ 序列，分别记为 $Z0_i$，$Z1_i$，$i = 1, \cdots, n$。然后，根据 $Z0_i$ 和 $Z1_i$ 构建一个新的序列 $Z2_i$：

$$Z2_i = \rho Z1_i + \sqrt{1-\rho^2}Z0_i$$

这样得到 $Z1_i, Z2_i, i = 1, \cdots, n$，是相关系数等于 ρ 的两个标准正态分布模拟值。

第 3 步：首先模拟波动率过程。做以下循环：

$$Y_i = Y_{i-1} + \kappa(\alpha - Y_{i-1})h + \sigma\sqrt{h}Z1_i,\quad i = 1, \cdots, n$$
$$V_i = \exp(Y_i)$$

这样得到的 $V_0, V_1, \cdots, V_n$ 就是波动率过程的一条路径。

第 4 步：然后做以下循环，得到价格过程：

$$\ln S_i = \ln S_{i-1} + (\mu - 0.5V_{i-1})h + \sqrt{V_{i-1}}\sqrt{h}Z2_i,\quad i = 1, \cdots, n$$
$$S_i = \exp(\ln S_i)$$

这样得到的 $S_0, S_1, \cdots, S_n$ 就是对数随机波动率模型的一条路径。

图 9 - 6 是由计算机模拟得到的一条对数随机波动率模型的价格路径，其中的参数设置为 $T = 22$，$h = 1/(6.5\times 60)$，$\mu = 0.04\%$，$\kappa = 0.015$，$\alpha = -10$，$\sigma = 0.1$，$\rho = -0.5$。

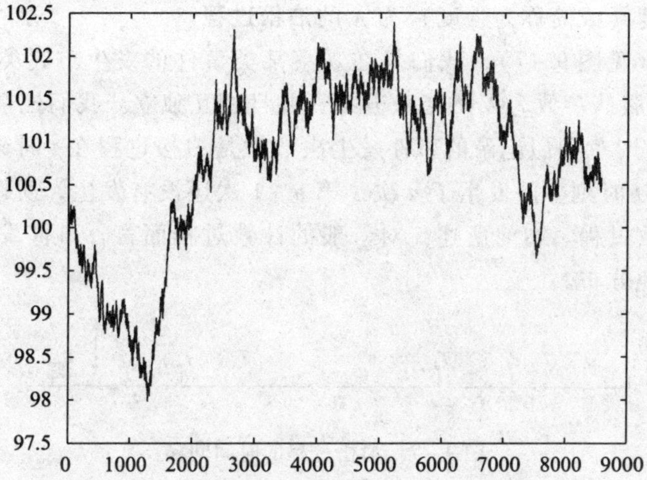

图 9－6　对数随机波动率模型的模拟路径

9.6　跳跃—扩散过程

以上我们介绍了扩散过程，最重要的一个特征就是其路径是连续的。有时候，某些消息（如盈余发布、并购交易和宏观经济政策发布等）会给市场带来非常大的冲击，使资产价格产生大幅变动。为了对这种情况建立模型，在金融学中一般在扩散过程的基础上加上一个跳跃过程，使金融变量的路径变成不连续的，这样的模型称之为**跳跃—扩散过程**。跳跃的幅度和发生跳跃的时间（或给定时间内发生跳跃的次数）都可以是随机的。跳跃的幅度可以用很多随机变量来建模，如正态分布、指数分布等。而发生跳跃的次数则通常用泊松过程来建模。现有文献还考虑了由二项分布和 Lévy 过程驱动的跳跃，但在本章我们侧重于泊松过程驱动的跳跃。

在定义泊松过程之前，我们首先定义指数分布。**指数分布**是一种连续型概率分布，它具有如下密度函数：

$$f(x) = \lambda e^{-\lambda x}, \quad x > 0$$

其中，λ 为指数分布的参数。如果随机变量 X 服从参数为 λ 的指数分布，我们记为 $X \sim \varepsilon(\lambda)$。

以下是泊松过程的定义：

记 $(\tau_i)_{i \geqslant 1}$ 为一独立同分布的指数分布随机变量序列，它们的参数为 λ，$T_n = \sum_{i=1}^{n} \tau_i$。我们称如下定义的随机过程 $(N_t,\ t \geqslant 0)$：

$$N_t = \sum_{n \geqslant 1} 1_{\{T_n < t\}}$$

为一个到达强度（或简称为强度）为 λ 的**泊松过程**。

形象地看（见图 9－7），我们是在观察某类事件的发生。此类事件发生的时间间隔 $(\tau_i)_{i\geq 1}$ 服从参数为 λ 的指数分布，并且相互独立。我们把事件发生的次数记录下来，在 t 时刻我们记录的事件发生次数就是泊松过程在 t 时刻的实现值 N_t。图 9－7 中，在 t 时刻事件发生了 n 次，第 $n+1$ 次还没有发生，所以 $N_t=n$。泊松过程是一个计数过程。如前所述，对一般的计数过程而言，事件发生的时间间隔也可以服从其他分布。

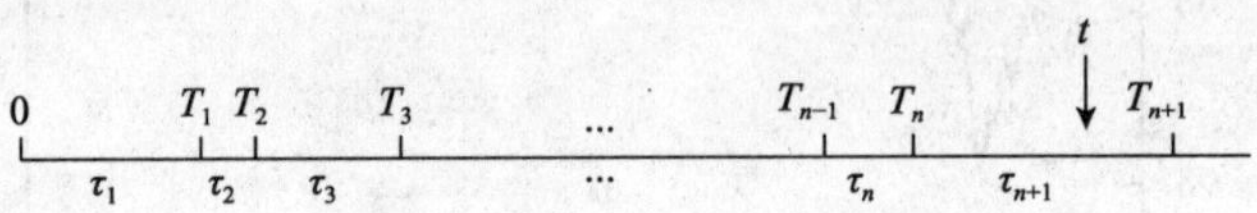

图 9－7　泊松过程的时间间隔

可以证明，强度为 λ 的泊松过程 $(N_t, t\geq 0)$ 具有以下性质：

性质 1：$N_0=0$。

性质 2：N_t 的路径 $t\to N_t$ 是右连续，左极限存在的函数，即：

$$\lim_{s\downarrow t} N(s,\omega)=N(t,\omega),\lim_{s\uparrow t} N(s,\omega)\text{存在}, \quad \forall \omega, t$$

其中，$s\downarrow t$ 表示 s 从 t 的右边（即大于 t）趋近 t，$s\uparrow t$ 表示 s 从 t 的左边（即小于 t）趋近 t。具有以上性质的函数简称为右连左极函数。

性质 3：N_t-N_s 独立于 N_u，$0\leq u\leq s$，并服从均值为 $\lambda(t-s)$ 的泊松分布，$\forall 0\leq s<t$。

上述性质 3 也是我们将之称为泊松过程的原因。此外，由性质 3，泊松过程在 $[0, T]$ 时间段的跳跃次数服从参数为 λT 的泊松分布，并且从图 9－8 可以看出，泊松过程的跳跃幅度为 1。

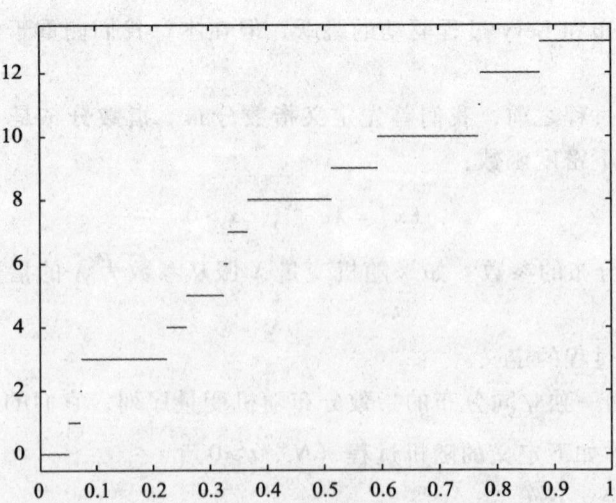

图 9－8　泊松过程的一条模拟路径

下面我们介绍复合泊松过程，它在$[0,T]$时间段的跳跃次数仍服从参数为λT的泊松分布，不过它的跳跃幅度可以是一个随机变量。

记N_t是一个强度为λ的泊松过程，$(Y_i, i=1,2,\cdots)$是独立同分布的随机变量序列，具有分布函数F，与N_t独立。我们定义如下的复合随机过程Z_t：

$$Z_t \equiv \sum_{i=1}^{N_t} Y_i$$

其中，Z_t称为一个具有强度λ、跳跃幅度分布F的**复合泊松过程**。

我们可以将复合泊松过程作进一步的推广，它的强度λ可以是时间和其他变量的函数，它的跳跃幅度Y_i也可以是相互依赖的，或在不同的时点服从不同的分布。也就是说，它们的分布函数可以是时间和其他变量的函数，等等。这样作推广的随机过程是比较一般的复合泊松过程。

为方便下面的叙述，我们引入一些记号。复合泊松过程的路径是右连左极的，因此我们可以定义

$$Z_{t-} \equiv \lim_{u\uparrow t} Z_u, \quad Z_{t+} \equiv \lim_{u\downarrow t} Z_u = Z_t$$

其中，$t-$和$t+$分别表示左极限和右极限。因此$\Delta Z_t \equiv Z_t - Z_{t-}$就是复合泊松过程在$t$时刻的跳跃幅度。如果跳跃幅度$Y_i$为独立同分布，为简化符号，我们用$Y$来表示这一随机变量，那么跳跃发生时，$\Delta Z_t = Y$，其他时刻，$\Delta Z_t = 0$。

给原来的扩散过程式（9.6）加上一个复合泊松过程，就得到一个跳跃—扩散过程：

$$X_t = X_0 + \int_0^t \mu(X_u, u)\ du + \int_0^t \sigma(X_u, u)\,dW_u + \int_0^t Y_u\,dN_u \tag{9.21}$$

其中，$\mu(X_u,u)$和$\sigma(X_u,u)$分别是前面定义的漂移函数和扩散函数；$\int_0^t Y_u\,dN_u = \sum_{i=1}^{N_t} Y_i$是一复合泊松过程；$Y_i$表示复合泊松过程的跳跃幅度，也是随机过程$X_t$的跳跃幅度。其发生跳跃的时刻由泊松过程$N_t$来决定。前面我们提到，复合泊松过程$J_t \equiv \sum_{i=1}^{N_t} Y_i$的跳跃幅度序列$(Y_i, i=1,2,\cdots)$可以是非常一般的随机变量序列。

我们有时也把式（9.21）写成如下微分形式：

$$dX_t = \mu(X_u, u)\ dt + \sigma(X_u, u)\,dW_t + Y_t\,dN_t \tag{9.22}$$

其中，$t\in[0,T]$。

以下是跳跃—扩散过程的伊藤引理：

伊藤引理：给定X_t是式（9.21）或式（9.22）表示的跳跃—扩散过程。函数$f(t,x)$的偏导数$f_t(t,x)$，$f_x(t,x)$和$f_{xx}(t,x)$（分别简写成f_t, f_x, f_{xx}）存在并且连续。

则对于任意 $T \geqslant 0$ 有：

$$f(T,X_T) - f(0,X_0) = \int_0^T \left[f_t + f_x\mu + \frac{1}{2}f_{xx}\sigma^2\right]dt + \int_0^T f_x\sigma \, dW_t + \int_0^T [f(X_{t-} + Y_t) - f(X_{t-})] \, dN_t \tag{9.23}$$

其中，$\int_0^T [f(X_{t-} + Y_t) - f(X_{t-})] \, dN_t = \sum_{i\geqslant 1, T_i \leqslant T} [f(X_{T_i-} + Y_i) - f(X_{T_i-})]$，式中的 T_i 是第 i 次跳跃发生的时间，Y_i 是第 i 次跳跃的幅度。

如果我们掌握了扩散过程的伊藤引理，那么跳跃—扩散过程的伊藤引理式（9.23）非常容易理解：我们想考察的是 f 从时刻 0 到时刻 T 的变化，这一变化可以分解成 X_t 的扩散部分 $\mu(X_u,u)\, dt + \sigma(X_u,u)dW_t$ 带来的变化和跳跃部分 $Y_t dN_t$ 带来的变化之和。式（9.23）第一行，等式右边部分是由扩散过程伊藤引理得到的扩散部分带来的变化；跳跃部分带来的变化应该是 $[0,T]$ 时期内 X_t 的每次跳跃带来的 f 的变化的加总，这就是第二行的加和表达式。在跳跃时刻 T_i，X_t 从 X_{T_i-} 跳跃到 $X_{T_i-} + Y_i$，从而由此跳跃引致 f 的变化是：

$$f(X_{T_i-} + Y_i) - f(X_{T_i-})$$

我们往往也把式（9.23）写成微分形式：

$$df = \left[f_t + f_x\mu + \frac{1}{2}f_{xx}\sigma^2\right]dt + f_x\sigma \, dW_t + [f(X_{t-} + Y_t) - f(X_{t-})] \, dN_t$$

9.7 模拟跳跃—扩散过程

泊松过程

由泊松过程的定义我们可以很容易地模拟出泊松过程的路径。模拟 $[0,T]$ 时间段泊松过程的一条路径可以按照以下步骤：首先生成若干个参数为 λ 的独立同分布指数分布随机变量，记其实现值分别为 $\tau_1,\tau_2,\tau_3,\cdots$，它们的部分和分别记为 $T_1,T_2,T_3,\cdots$（见图 9-7），即：

$$T_n = \sum_{i=1}^{n} \tau_i, \quad n = 1,2,\cdots$$

直到它们的和首次超过 T 时停止。假设此时我们得到 n 个模拟值，则有：

$$\sum_{i=1}^{n} \tau_i = T_n > T, \quad \sum_{i=1}^{n-1} \tau_i = T_{n-1} < T$$

那么泊松过程的实现路径为：

$$N_t=\begin{cases}0 & t\in[0,T_1)\\ 1 & t\in[T_1,T_2)\\ \vdots & \vdots\\ n-2 & t\in[T_{n-2},T_{n-1})\\ n-1 & t\in[T_{n-1},T]\end{cases}$$

根据以上步骤，模拟泊松过程路径的算法如下：

算法 9.5 模拟泊松过程的路径

模拟泊松过程的路径分以下几个步骤：

第 1 步：设置参数。设定初始值 $N_0=0$，$\tau_0=0$，$T_0=0$。

第 2 步：做以下循环：

生成指数分布 $\tau_i\sim\varepsilon(\lambda)$。计算 $T_i=\sum_{j=1}^{i}\tau_j$。如果 $T_i\leqslant T$，则

$$N_{\tau_i}=N_{\tau_{i-1}}+1$$

如果 $T_i>T$，循环停止。

这样生成的 $N_t=i,t\in[\tau_i,\tau_{i+1})$就是泊松过程的一条样本路径。

图 9－8 是模拟得到的一条泊松过程的路径，参数设置为 $T=1,\lambda=10$。

复合泊松过程

复合泊松过程的路径模拟和泊松过程类似，不过这里还要模拟跳跃幅度 Y_i 的实现值，发生跳跃时不是给路径加上 1，而是加上 Y_i 的实现值。算法如下：

算法 9.6 模拟复合泊松过程的路径

模拟复合泊松过程的路径分以下几个步骤：

第 1 步：设定初始值 $N_0=0,\tau_0=0,T_0=0$。

第 2 步：做以下循环：

生成指数分布 $\tau_i\sim\varepsilon(\lambda)$。计算 $T_i=\sum_{j=1}^{i}\tau_j$。如果 $T_i\leqslant T$，生成分布函数为 F 的独立随机变量 Y_i，并计算：

$$N_{\tau_i}=N_{\tau_{i-1}}+Y_i$$

如果 $T_i>T$，循环停止。

这样生成的 $N_t=\sum_{j=1}^{i}Y_j,t\in[\tau_i,\tau_{i+1})$ 就是复合泊松过程的一条样本路径。

图 9－9 是复合泊松过程的一条模拟路径，参数设置为 $T=1$，$\lambda=10$，Y_i 服从标准正态分布 $\mathcal{N}(0,1)$。我们看到，此时路径不再是单调上升的，跳跃幅度不再是 +1，而是具有丰富的上下不同幅度的变化。

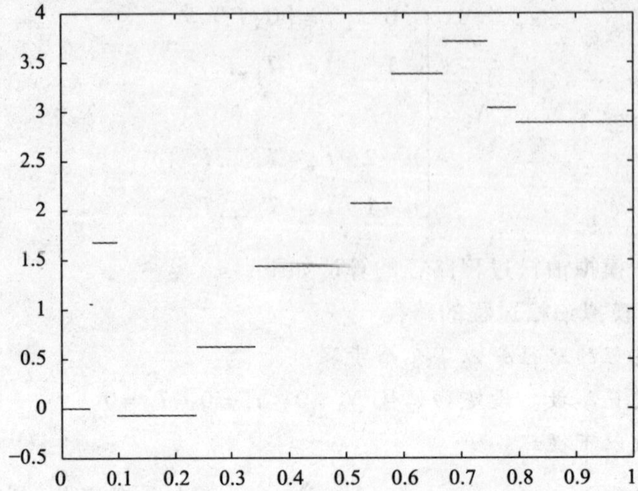

图 9－9　复合泊松过程的一条模拟路径

Merton 跳跃—扩散过程

考虑到资产价格的大幅变动，Merton（1976）提出以下跳跃—扩散模型来为股票价格建模：

$$\frac{dS_t}{S_{t-}} = (\mu - \lambda E[J_t])\ dt + \sigma\ dW_t + J_t\ dN_t$$

其中，S_{t-} 表示股价在 t 时刻的左极限，即 $S_{t-} \equiv \lim_{u \uparrow t} S_u$；$W_t$ 是一标准布朗运动；N_t 是一到达强度为 λ 的泊松过程，即 $\text{Prob}(dN_t = 1) = \lambda dt$；跳跃幅度 $J_t \equiv (Y_t - 1)$ 是一随机变量，Merton（1976）假设 $1 + J_t$，即 Y_t，服从对数正态分布，即 $\ln Y_t \sim \mathcal{N}(\mu_J, \sigma_J^2)$；$W_t, N_t, Y_t$ 相互独立。此模型中参数含义是，μ 表示股票单位时间（我们这里设为 1 天）期望收益率，σ 是没有跳跃发生时的股票波动率，λ 表示单位时间发生跳跃的次数。

根据跳跃—扩散过程的伊藤引理，我们有：

$$d\ln S_t = (\mu - \lambda E[J_t] - \frac{1}{2}\sigma^2)\ dt + \sigma\ dW_t + \ln Y_t\ dN_t$$

上式的离散化形式是：

$$\ln S_{t+\Delta t} - \ln S_t = (\mu - \lambda E[J_t] - \frac{1}{2}\sigma^2)\Delta t + \sigma \Delta W_t + \sum_{i=N(t)+1}^{N(t+\Delta t)} \ln Y_i \quad (9.24)$$

其中，$\Delta W_t \equiv W_{t+\Delta t} - W_t$。根据布朗运动的性质，$\Delta W_t$ 是均值等于 0，方差等于 Δt 的正态分布，即 $\Delta W_t \sim \mathcal{N}(0, \Delta t)$。我们可以根据式（9.24）模拟对数价格，最后得到价格的样本路径。算法如下：

算法 9.7 模拟 Merton 跳跃—扩散过程的路径

模拟 Merton 跳跃—扩散过程的路径分以下几个步骤：

第 1 步：设置参数值。设定初始值，如 $S_0=100$。记对数价格为 $\ln S$，有 $\ln S_0=\ln(100)$。

第 2 步：生成 n 个独立的标准正态分布 $\mathcal{N}(0,1)$，记为 $Z_i, i=1,\cdots,n$。

第 3 步：做以下循环：

(a) 根据泊松分布 Poisson(λh) 生成一个实现值 N。如果 $N\geqslant 1$，转到第(b)步，否则如 $N=0$，则令 $M=0$，直接转到第(c)步。

(b) 根据 Y 的分布，生成 $\ln Y_1,\cdots,\ln Y_N$，令 $M=\ln Y_1+\cdots+\ln Y_N$。

(c) 计算价格：

$$\begin{aligned}\ln S_i &= \ln S_{i-1}+(\mu-\lambda E[J_t]-0.5\sigma^2)h+\sqrt{h}Z_i+M, \quad i=1,\cdots,n\\ S_i &= \exp(\ln S_i)\end{aligned}$$

这样得到的 $S_0,S_1,\cdots,S_n$ 就是 Merton 跳跃—扩散过程的一条路径。

图 9-10 是模拟得到的一条 Merton 模型的价格路径，其中 $\ln Y\sim\mathcal{N}(\mu_J,\sigma_J^2)$，参数设置为 $T=22$，$h=1/(6.5\times 60)$，$\mu=0.03\%$，$\sigma=0.90\%$，$\mu_J=-0.5\%$，$\sigma_J=2\%$，$\lambda=0.2$。其中，$\lambda=0.2$ 表示平均每 10 天发生 2 次跳跃，每次跳跃的幅度服从一个均值为 -0.5%，标准差为 2% 的正态分布。

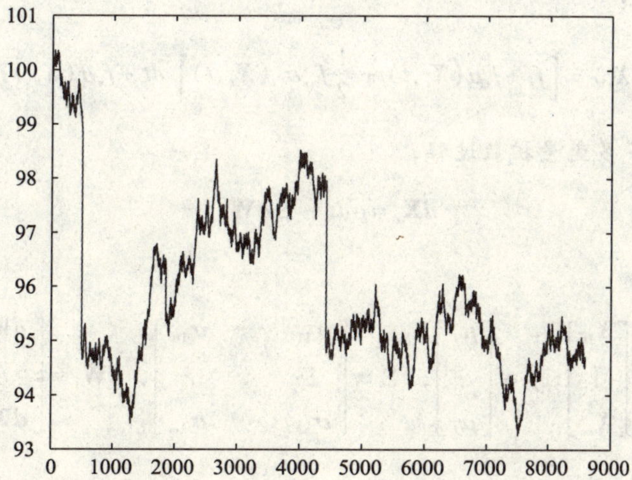

图 9-10 Merton 跳跃—扩散过程的一条模拟路径

本章回顾

主要概念

布朗运动　随机微分方程　扩散过程　伊藤过程　随机微积分　随机积分或伊藤积分　伊藤引理　精确离散化　欧拉离散化　泊松过程　复合泊松过程　跳跃—扩散过程

主要结果

1. 布朗运动就是连续时间的随机游走过程。

2. 扩散过程或伊藤过程的路径连续，但其路径处处不可导。

3. 扩散过程的漂移项刻画由时间进展带来的确定性变化，扩散项刻画其随机变化。

4. 跳跃—扩散模型中，跳跃项刻画随机过程的不连续变化。

5. 对于以下单变量扩散过程，

$$dX_t = \mu(X_t, t)\ dt + \sigma(X_t, t) dW_t$$

伊藤引理是：

$$df(t, X_t) = \left[f_t + f_x \mu(X_t, t) + \frac{1}{2} f_{xx} \sigma^2(X_t, t)\right] dt + f_x \sigma(X_t, t) dW_t$$

6. 对于以下多变量扩散过程，

$$d\mathbf{X}_t = \mu dt + \Sigma\, d\mathbf{W}_t,$$

其中，

$$X_t \equiv \begin{bmatrix} X_{1t} \\ \vdots \\ X_{nt} \end{bmatrix},\ \mu \equiv \begin{bmatrix} \mu_1 \\ \vdots \\ \mu_n \end{bmatrix},\ \Sigma \equiv \begin{bmatrix} \sigma_{11} & \cdots & \sigma_{1m} \\ \vdots & & \vdots \\ \sigma_{n1} & \cdots & \sigma_{nm} \end{bmatrix},\ d\mathbf{W}_t \equiv \begin{bmatrix} dW_{1t} \\ \vdots \\ dW_{mt} \end{bmatrix}$$

伊藤引理是：

$$df = f_t\, dt + \sum_{i=1}^{n} f_{x_i}\, dX_{it} + \frac{1}{2} \sum_{i=1}^{n} \sum_{j=1}^{n} f_{x_i x_j}\, dX_{it}\, dX_{jt}$$

其中，

$$dW_{it}\, dW_{jt} = \begin{cases} dt & \text{如果 } i = j, \\ 0 & \text{如果 } i \neq j. \end{cases}$$

7. 对于以下跳跃—扩散过程，

$$dX_t = \mu\ dt + \sigma dW_t + Y_t\ dN_t$$

伊藤引理是：

$$df = \left[f_t + f_x\mu + \frac{1}{2}f_{xx}\sigma^2\right]dt + f_x\sigma\ dW_t + \left[f(X_{t-} + Y_t) - f(X_{t-})\right]\ dN_t$$

8. 在实际应用中，我们经常需要模拟各种连续时间模型的样本路径。为此，我们需要将连续时间模型离散化。有时我们可以将模型精确离散化，而最简单常用的方法是欧拉离散化，它还可以处理没有精确离散形式的模型。

习　题

1. 请解释为什么布朗运动就是第五章定义的第Ⅰ类随机游走过程。

2. 给定以下扩散过程，

$$dX_t = \mu(X_t, t)\ dt + \sigma(X_t, t) dW_t$$

其中，W_t 是标准布朗运动。给出漂移项 $\mu(X_t, t)\ dt$ 和扩散项 $\sigma(X_t, t) dW_t$ 的直观解释。假设你要为两只股票 A 和 B 的收益率建模，使用的模型是漂移项和扩散项都等于常数的扩散过程。股票 A 具有更高期望收益率的同时也具有更大的波动率。你认为哪只股票应具有更高的漂移项，哪只股票应具有更高的扩散项？

3. 给定以下几何布朗运动（又称 Black - Scholes 模型），

$$\frac{dS_t}{S_t} = \mu dt + \sigma\ dW_t$$

其中，参数 $\mu = 0.04\%$，$\sigma = 2\%$。

(a) 用伊藤引理导出 $\ln S_t$ 满足的随机微分方程并据此模拟一条价格的路径。设时长为 22 天，离散时间间隔 1 分钟，并假设每天交易 6.5 个小时。

(b) 先将此模型欧拉离散化，然后模拟一条价格的路径。设时长为 22 天，离散时间间隔 1 分钟，并假设每天交易 6.5 个小时。

4. 给定以下 Merton 跳跃—扩散过程，

$$\frac{dS_t}{S_{t-}} = \mu dt + \sigma dW_t + (Y_t - 1)\ dN_t$$

其中，参数 $\mu = 0.04\%$，$\sigma = 1\%$，$\mu_J = -0.5\%$，$\sigma_J = 1\%$，$\lambda = 0.25$。

(a) 先将此模型精确离散化，然后模拟它的一条路径。设时长为 22 天，离散时间间隔 1 分钟，并假设每天交易 6.5 个小时。

(b) 将模型欧拉离散化后重复以上练习。

第十章　金融中常用连续时间模型的统计性质

前一章我们提到，连续时间模型在金融中广泛地应用于描述股票价格、利率、汇率以及其他金融证券价格或指数的动态过程。本章将对金融中常用连续时间模型作全面深入的介绍。本章有两个目标：第一，基于具体例子介绍处理连续时间模型的各种技巧；第二，为各种模型统计性质提供一个方便的参考，以便于读者掌握金融中常用模型。本章第一节包括单因子扩散模型，接下来第二节是多因子扩散模型。第三节我们的重点是跳跃—扩散过程，包括单因子和多因子模型。单因子扩散过程包括最简单的算术布朗运动、几何布朗运动（或著名的 Black - Scholes 模型）、Ornstein - Uhlenbeck（OU）过程以及平方根过程。跳跃—扩散过程包括了新近文献提出的比较复杂的模型，如同时包含随机跳跃和随机波动率的资产收益率模型，其中在最一般的模型设定中，随机波动率也可以有跳跃。

我们导出每一模型的重要统计性质，包括其转移密度或条件特征函数、边际密度或边际特征函数、各种条件矩和非条件矩。边际密度对理解模型的动态性质至关重要。然而在本章我们将看到，只有具有特定结构的模型，如仿射模型，才可以解出解析形式的转移密度。并且，我们的阐述显示需要使用不同的方法来导出转移密度。本章我们将演示，对于简单模型，如几何布朗运动（或 Black - Scholes 模型）和 OU 过程（或 Vasicek 模型），如何通过直接解随机微分方程而导出转移密度。对于更为复杂的模型，有时在频域上处理问题比在时域上更为方便。也就是说，导出随机过程的条件特征函数比导出转移密度要容易。通过考察各种模型，如平方根过程（或 CIR 模型）和 Heston（1993）随机波动率模型，我们阐述求解条件特征函数的一般方法。有了条件特征函数，我们就可以根据它导出模型的各种矩条件以及转移密度函数。

除每一模型的统计性质之外，我们还介绍这些模型在金融中的主要应用。例如，对于几何布朗运动和 Heston（1993）随机波动率模型，我们介绍它们在股票期权定价中的应用。对于多因子仿射扩散过程，我们在 Duffie 和 Kan（1996）的框架下阐述其在利率期限结构建模中的应用。

从便于教学的目的出发，本章由最简单的模型结构开始逐步过渡到相对复杂的模型结构，重点是介绍各种具体的模型。尽管如此，我们还在附录部分加入了仿射框架下模型的一般设定形式，它囊括了前面介绍的所有仿射模型。若有学生和研究者对超出本章范围的模型感兴趣，这一模型设定提供了一个很好的一般性框架。

10.1 单因子扩散模型

本章首先考虑最简单的连续时间模型，即**单因子扩散模型**：

$$dX_t = \mu(X_t;\theta)dt + \sigma(X_t;\theta)dW_t \tag{10.1}$$

其中，X_t 为此模型唯一的状态变量，它是取值为实数的随机变量；θ 是模型的参数向量；W_t 是一维标准布朗运动；函数 $\mu(\cdot)$ 和 $\sigma^2(\cdot)$ 分别称为漂移项和扩散项，它们分别是 X_t 的瞬时条件均值和瞬时条件标准差。

为完整性起见，我们首先讨论针对单因子扩散模型的一般性结果，即伊藤引理以及导出其转移密度函数的柯尔莫哥洛夫方程。

10.1.1 一般性的结果

伊藤引理 假设 X_t 满足随机微分方程（10.1），此外实值函数 $f(t, x)$ 的偏导数 f_t，f_x 和 f_{xx} 存在并且连续，则 $f(t, X_t)$ 满足以下随机微分方程：

$$df = \left[f_t + f_x\mu(X_t;\theta) + \frac{1}{2}f_{xx}\sigma^2(X_t;\theta)\right]dt + f_x\sigma(X_t;\theta)dW_t \tag{10.2}$$

伊藤引理的简单证明过程请参见本书第九章。

柯尔莫哥洛夫方程 为了解单因子扩散过程的统计性质，我们通常有必要导出其转移密度函数。记 $p(x_s, s \mid x_t, t)$ 为单因子扩散模型（10.1）的转移密度函数，它是 X_s 在 $X_t = x_t$ 条件下的密度函数。$p(x_s, s \mid x_t, t)$ 满足柯尔莫哥洛夫向后方程：

$$-\frac{\partial p}{\partial t} = \mu(x_t;\theta)\frac{\partial p}{\partial x_t} + \frac{1}{2}\sigma^2(x_t;\theta)\frac{\partial^2 p}{\partial x_t^2} \tag{10.3}$$

和柯尔莫哥洛夫向前方程（也称为 Fokker－Planck 方程）：

$$\frac{\partial p}{\partial s} = -\frac{\partial}{\partial x_s}[\mu(x_s;\theta)p] + \frac{1}{2}\frac{\partial^2}{\partial x_s^2}[\sigma^2(x_s;\theta)p] \tag{10.4}$$

其边界条件为：

$$p(x,t\mid x_t,t)=\delta(x-x_t)$$

其中，函数 $\delta(\cdot)$ 满足以下两个条件：

$$\delta(x)=\begin{cases}0, & x\neq 0\\ \infty, & x=0\end{cases} \quad 和 \int_{-\infty}^{\infty}\delta(x)dx=1$$

其中，$\delta(\cdot)$ 称为 **Dirac delta 函数或脉冲函数**。我们也可以把脉冲函数看成是正态分布密度函数在标准差 σ 趋近于 0 时的极限，即：

$$\delta(x)=\lim_{\sigma\to 0}\frac{1}{\sqrt{2\pi}\sigma}\exp\left(-\frac{x^2}{2\sigma^2}\right)$$

有关脉冲函数更多的性质请参见 Rudin（1991）。

10.1.2 单因子仿射扩散模型

我们首先介绍几个单因子仿射扩散模型。**仿射模型**是指在模型（10.1）中，漂移项 $\mu(\cdot)$ 和扩散项 $\sigma^2(\cdot)$ 为状态变量 X_t 的仿射函数：

$$\begin{cases}\mu(X_t;\theta)=k_0+k_1X_t\\ \sigma^2(X_t;\theta)=h_0+h_1X_t\end{cases} \tag{10.5}$$

其中，系数向量 $\theta\equiv(k_0,k_1,h_0,h_1)^{\top}$。

算术布朗运动

算术布朗运动是指满足如下随机微分方程的随机过程：

$$dX_t=\mu dt+\sigma dW_t \tag{10.6}$$

其中，μ 与 σ 是常数。显然算术布朗运动是仿射模型，其系数向量的各元素分别为：

$$k_0=\mu, k_1=0, h_0=\sigma^2, h_1=0$$

通过式（10.6）两边对时间积分，我们可以很容易得到它的解：

$$X_{t+\tau}=X_t+\mu\tau+\sigma(W_{t+\tau}-W_t) \tag{10.7}$$

因此，$X_{t+\tau}$ 服从均值为 $X_t+\mu\tau$，方差为 $\sigma^2\tau$ 的条件正态分布，即：

$$X_{t+\tau}\mid X_t\sim\mathcal{N}(X_t+\mu\tau,\sigma^2\tau)$$

X_t 的转移密度函数为：

$$p(X_{t+\tau}\mid X_t)=\frac{1}{\sqrt{2\pi\sigma^2\tau}}\exp\left\{-\frac{[X_{t+\tau}-(X_t+\mu\tau)]^2}{2\sigma^2\tau}\right\}$$

根据算术布朗运动的解式（10.7），X_t 的变动 $X_{t+\tau}-X_t$ 服从均值为 $\mu\tau$，方差为 $\sigma^2\tau$ 的正态分布，即：

$$E[X_{t+\tau}-X_t]=\mu\tau$$

$$\mathrm{Var}[X_{t+\tau}-X_t]=\sigma^2\tau$$

$$X_{t+\tau}-X_t\sim\mathcal{N}(\mu\tau,\sigma^2\tau)$$

几何布朗运动或 Black－Scholes 模型

几何布朗运动是指状态变量 X_t 满足如下随机微分方程：

$$\frac{dX_t}{X_t}=\mu dt+\sigma dW_t \tag{10.8}$$

其中，μ，σ 是常数。

这一模型对 X_t 来说不是仿射型的，但通过伊藤引理可以将它变成其对数 $\ln X_t$ 的仿射模型。我们记 $Y\equiv\ln X$，将：

$$\frac{\partial Y}{\partial t}=0,\frac{\partial Y}{\partial X}=\frac{1}{X},\frac{\partial^2 Y}{\partial X^2}=-\frac{1}{X^2}$$

代入伊藤引理式（10.2），我们有：

$$dY_t=(\mu-\frac{1}{2}\sigma^2)dt+\sigma dW_t \tag{10.9}$$

对比式（10.6），上式表明 Y_t 是一个漂移项为 $\mu-\frac{1}{2}\sigma^2$，扩散项为 σ^2 的算术布朗运动。因此 Y_t 的转移密度函数为：

$$p(Y_{t+\tau}\mid Y_t)=\frac{1}{\sqrt{2\pi\sigma^2\tau}}\exp\left\{-\frac{[Y_{t+\tau}-(Y_t+(\mu-\frac{1}{2}\sigma^2)\tau)]^2}{\sigma^2\tau}\right\}$$

即 $Y_{t+\tau}$ 服从条件正态分布：

$$Y_{t+\tau}\sim\mathcal{N}(Y_t+(\mu-\frac{1}{2}\sigma^2)\tau,\sigma^2\tau)$$

$Y_{t+\tau}-Y_t$ 服从均值为$(\mu-\frac{1}{2}\sigma^2)\tau$，方差为 $\sigma^2\tau$ 的正态分布，即：

$$E[Y_{t+\tau}-Y_t]=(\mu-\frac{1}{2}\sigma^2)\tau$$

$$\mathrm{Var}[Y_{t+\tau}-Y_t]=\sigma^2\tau$$

$$Y_{t+\tau}-Y_t\sim\mathcal{N}\left(\left(\mu-\frac{1}{2}\sigma^2\right)\tau,\sigma^2\tau\right)$$

金融中的应用

Black 和 Scholes（1973）利用几何布朗运动描述股票价格（记为 S_t）的动态变化，

$$\frac{dS_t}{S_t}=\mu dt+\sigma dW_t \tag{10.10}$$

并导出了著名的 Black - Scholes 期权定价公式。因此，金融文献中往往也将几何布朗运动称为 Black - Scholes 模型。下面，我们基于以上股票价格的几何布朗运动模型，导出对数收益率和股票价格的统计性质以及欧式看涨期权定价公式。

记 $\ln S_t$ 为对数价格。根据前面的分析，对数价格 $\ln S_t$ 服从算术布朗运动：

$$d\ln S_t=(\mu-\frac{1}{2}\sigma^2)dt+\sigma dW_t \tag{10.11}$$

对数收益率 $\Delta\ln S_{t+\tau}$定义为：

$$\Delta\ln S_{t+\tau}\equiv\ln S_{t+\tau}-\ln S_t \tag{10.12}$$

对式（10.11）两边积分得：

$$\ln S_{t+\tau}-\ln S_t=\int_t^{t+\tau}\left(\mu-\frac{1}{2}\sigma^2\right)du+\int_t^{t+\tau}\sigma dW_u=\left(\mu-\frac{1}{2}\sigma^2\right)\tau+\sigma\sqrt{\tau}\epsilon=\Delta\ln S_{t+\tau}$$

其中，$\epsilon\sim\mathcal{N}(0,1)$。因此 $\ln S_{t+\tau}$服从均值为 $\ln S_t+(\mu-\frac{1}{2}\sigma^2)\tau$，方差为 $\sigma^2\tau$ 的条件正态分布，即：

$$E[\ln S_{t+\tau}\mid\ln S_t]=\ln S_t+(\mu-\frac{1}{2}\sigma^2)\tau$$

$$\mathrm{Var}[\ln S_{t+\tau}\mid\ln S_t]=\sigma^2\tau$$

$$\ln S_{t+\tau}\mid\ln S_t\sim\mathcal{N}\left(\ln S_t+\left(\mu-\frac{1}{2}\sigma^2\right)\tau,\sigma^2\tau\right)$$

根据前面的推导，我们还得到对数收益率 $\Delta\ln S_{t+\tau}$服从均值为$\left(\mu-\frac{1}{2}\sigma^2\right)\tau$，方差为 $\sigma^2\tau$ 的正态分布，即：

$$E[\Delta\ln S_{t+\tau}]=\left(\mu-\frac{1}{2}\sigma^2\right)\tau$$

$$\mathrm{Var}[\Delta\ln S_{t+\tau}]=\sigma^2\tau$$

$$\Delta\ln S_{t+\tau}\sim\mathcal{N}\left(\left(\mu-\frac{1}{2}\sigma^2\right)\tau,\sigma^2\tau\right)$$

由以上结论可知，$S_{t+\tau}$服从参数为 $\ln S_t + \left(\mu - \frac{1}{2}\sigma^2\right)\tau$ 和 $\sigma^2\tau$ 的条件对数正态分布，即：

$$S_{t+\tau} \mid S_t \sim \ln \mathcal{N}\left(\ln S_t + \left(\mu - \frac{1}{2}\sigma^2\right)\tau, \sigma^2\tau\right)$$

根据对数正态分布的性质，$S_{t+\tau}$的条件均值和条件方差分别等于：

$$E[S_{t+\tau} \mid S_t] = S_t e^{\mu\tau}$$

$$\mathrm{Var}[S_{t+\tau} \mid S_t] = (e^{\sigma^2\tau} - 1)(S_t e^{\mu\tau})^2$$

此性质确保了 S_t 的非负性。由于股份公司的有限责任，这一性质对股票来说很重要。

以下我们导出 Black - Scholes 欧式看涨期权定价公式。我们介绍常用的两种方法：构造无风险投资组合法与风险中性定价法。

构造无风险投资组合法

假设股票价格 S_t 服从几何布朗运动式（10.8），并且市场上存在无风险资产，连续复利表示的无风险利率为常数 r。考虑执行价格为 K，到期日为 T 的欧式看涨期权。欧式是指期权只能在到期日 T 执行。记 t（$t < T$）时刻此期权的价格为 c（S_t，t），它是股票价格 S_t 和时间 t 的函数。此期权在到期日 T 的支付为：

$$c(S_T, T) = \max(S_T - K, 0) \tag{10.13}$$

其中，max（$S_T - K$，0）表示取 $S_T - K$ 和 0 两者中的最大值，有的金融文献与教科书中也写成（$S_T - K$）$^+$。

假设市场不存在套利，我们现在利用股票和看涨期权构造一个无风险的投资组合。我们的组合由一个看涨期权和 w 个股票的空头构成，它的价值记为 H，即：

$$H_t = c(S_t, t) - wS_t$$

它在很小时间内的价值变动为：

$$dH_t = dc(S_t, t) - wdS_t \tag{10.14}$$

由伊藤引理，我们有：

$$dc = \left(\frac{\partial c}{\partial t} + \frac{\partial c}{\partial S}\mu S_t + \frac{1}{2}\frac{\partial^2 c}{\partial S^2}\sigma^2 S_t^2\right)dt + \frac{\partial c}{\partial S}\sigma S_t dW_t \tag{10.15}$$

将式（10.10）和式（10.15）代入式（10.14），我们得到：

$$dH_t = \left(\frac{\partial c}{\partial t} + \frac{\partial c}{\partial S}\mu S_t + \frac{1}{2}\frac{\partial^2 c}{\partial S^2}\sigma^2 S_t^2 - w\mu S_t\right)dt + \left(\frac{\partial c}{\partial S}\sigma S_t - w\sigma S_t\right)dW_t$$

要使组合 H 为无风险组合，我们须消去不确定项。根据上式，只要取 $w=\frac{\partial c}{\partial S}$ 即可。此时组合的价值变动为：

$$dH_t=\left(\frac{\partial c}{\partial t}+\frac{1}{2}\frac{\partial^2 c}{\partial S^2}\sigma^2 S_t^2\right)dt$$

另一方面，由于组合 H 为无风险组合，它必须获得无风险收益率 r，即：

$$dH_t=rH_t dt$$

同时，由于 $H_t=c(S_t,t)-wS_t$，$w=\frac{\partial c}{\partial S}$，我们有：

$$dH_t=r\left(c-\frac{\partial c}{\partial S}S_t\right)dt$$

比较以上两个式子，我们得到欧式期权价格 $c(S_t,t)$ 满足的偏微分方程（PDE）：

$$\frac{\partial c}{\partial t}+\frac{1}{2}\frac{\partial^2 c}{\partial S^2}\sigma^2 S_t^2+\frac{\partial c}{\partial S}rS_t-rc=0$$

结合边界条件式（10.13），得到 $c(S_t,t)$ 的解：

$$c(S_t,t)=S_tN(d_1)-Ke^{-r(T-t)}N(d_2)$$

其中，N（·）为标准正态分布的分布函数，

$$d_1=\frac{\ln(S_t/K)+\left(r+\frac{1}{2}\sigma^2\right)(T-t)}{\sigma\sqrt{T-t}}$$

$$d_2=d_1-\sigma\sqrt{T-t}$$

这就是著名的 Black－Scholes 欧式看涨期权定价公式。根据类似的步骤或看涨—看跌期权平价公式可以导出欧式看跌期权定价公式。

风险中性定价法

下面我们介绍另一种相对简单的导出 Black－Scholes 期权定价公式的方法，它不需要解 PDE，只需要应用简单的变量替换和正态分布密度函数的性质。但是，它需要引入风险中性定价原理。风险中性定价原理是指，根据资产定价基本定理（参见 Duffie，1996），若市场不存在套利，那么存在一个风险中性测度 Q，所有资产都可以在此风险中性概率测度下定价。即首先以风险中性的概率计算资产的期望支付，然后以无风险利率贴现，就得到资产的价格。之所以称为风险中性，是因为投资者对所有资产，不论是无风险资产还是风险资产，所要求的期望收益率

都是无风险收益率 r。因此，在风险中性概率测度下，股票价格过程为：

$$\frac{dS_t}{S_t} = rdt + \sigma dW_t$$

根据伊藤引理，我们有：

$$d\ln S_t = \left(r - \frac{1}{2}\sigma^2\right)dt + \sigma dW_t$$

两边积分得到：

$$\ln S_T - \ln S_t = \left(r - \frac{1}{2}\sigma^2\right)\tau + \sigma(W_T - W_t)$$

其中，$W_T - W_t$ 是均值等于 0，方差为 $\tau \equiv T - t$ 的正态分布随机变量。因此，到期日对数股价 $\ln S_T$ 服从参数为 m 和 v^2 的正态分布，即：

$$\ln S_T \sim \mathcal{N}(m, v^2)$$

其中，

$$m \equiv \ln S_t + \left(r - \frac{1}{2}\sigma^2\right)\tau, \quad v^2 \equiv \sigma^2\tau \tag{10.16}$$

因此，股价 S_t 服从参数为 m 和 v^2 的对数正态分布，记为：

$$S_T \sim \ln\mathcal{N}(m, v^2)$$

根据风险中性定价，看涨期权的价格是：

$$c = e^{-r\tau}E^Q[\max(S_T - K, 0)] \tag{10.17}$$

其中，E^Q［·］表示风险中性概率测度下的期望值。

为计算以上期望值，我们首先作一个变量替换，令：

$$U \equiv \frac{\ln S_T - m}{v}$$

那么 U 是一个标准正态分布随机变量，即：

$$U \sim \mathcal{N}(0,1)$$

它的概率密度函数为：

$$f(u) = \frac{1}{\sqrt{2\pi}}e^{-\frac{u^2}{2}}$$

将 $S_T = e^{m+Uv}$ 代入式（10.17），看涨期权价格为：

$$c = e^{-r\tau}E^{Q}[\max(e^{m+Uv}-K,0)]$$
$$= e^{-r\tau}\int_{\frac{\ln K-m}{v}}^{\infty}(e^{m+uv}-K)f(u)\,du$$
$$= e^{-r\tau}\int_{\frac{\ln K-m}{v}}^{\infty}e^{m+uv}f(u)\,du - Ke^{-r\tau}\int_{\frac{\ln K-m}{v}}^{\infty}f(u)\,du$$

上式第二项中的积分比较简单，它等于 $N\left(-\frac{\ln K-m}{v}\right)$，其中 $N(\cdot)$ 是标准正态分布的分布函数。现在我们来求上式第一项中的积分。因为：

$$e^{m+uv}f(u)=\frac{1}{\sqrt{2\pi}}e^{-\frac{u^2}{2}}e^{m+uv}=\frac{1}{\sqrt{2\pi}}e^{\frac{-u^2+2uv+2m}{2}}$$
$$=\frac{1}{\sqrt{2\pi}}e^{-\frac{(u-v)2}{2}}e^{m+\frac{1}{2}v^2}=e^{m+\frac{1}{2}v^2}f(u-v)$$

所以，

$$\int_{\frac{\ln K-m}{v}}^{\infty}e^{m+uv}f(u)\,du = e^{m+\frac{1}{2}v^2}\int_{\frac{\ln K-m}{v}}^{\infty}f(u-v)\,du$$

（通过变量替换 $w=u-v$）

$$= e^{m+\frac{1}{2}v^2}\int_{\frac{\ln K-m}{v}-v}^{\infty}f(w)\,dw$$
$$= e^{m+\frac{1}{2}v^2}N\left(v-\frac{\ln K-m}{v}\right)$$

将以上两个积分值，以及式（10.16）中 m 和 v 的值代入，整理，我们得到欧式看涨期权定价公式：

$$c = S_tN(d_1)-Ke^{-r\tau}N(d_2)$$

其中，

$$d_1=\frac{\ln(S_t/K)+\left(r+\frac{1}{2}\sigma^2\right)\tau}{\sigma\sqrt{\tau}}$$

$$d_2=d_1-\sigma\sqrt{\tau}$$

这一过程导出的结果与构造无风险投资组合法得到的结果完全相同。

以上过程的推导还可参阅 Hull（2006），郑振龙和陈蓉（2008）。

10.1.3 Ornstein－Uhlenbeck 过程或 Vasicek 模型

Ornstein－Uhlenbeck 过程（简称 OU 过程）是指状态变量 X_t 满足如下随机微

分方程：

$$dX_t = \kappa(\alpha - X_t)dt + \sigma dW_t \tag{10.18}$$

其中，κ，α，σ 为常数。α 在金融文献中经常被称为随机过程 X_t 的长期均值。当 $\kappa > 0$ 时，我们说 X_t 具有**均值回复**性质。这是因为，当 $X_t > (<) \alpha$，即 X_t 处于其长期均值之上（下）时，漂移项 $\kappa(\alpha - X_t) < (>) 0$，这驱使 X_t 向其长期均值 α 回复。当 κ 越大时，X_t 向均值回复的速度越快，因此 κ 称为均值回复速率。

这一过程由物理学家 Ornstein 和 Uhlenbeck 于 1930 年提出，在金融中的应用最早是 Vasicek（1977），他利用这一模型描述瞬时利率的动态变化。因此金融文献中一般也把它称为 Vasicek 模型。

OU 过程是仿射型的，其系数向量的各元素分别为：

$$k_0 = \kappa\alpha, \kappa_1 = \kappa, h_0 = \sigma^2, h_1 = 0$$

与算术布朗运动不同，我们不能简单地对方程（10.18）两边积分而导出其转移密度函数。为导出 X_t 的转移密度函数，需要首先对 X_t 作一个变换，然后对此变换运用伊藤引理，最后在等式两边对时间积分。详细过程如下：

令 $Y_t \equiv e^{\kappa t} X_t$，我们对 Y_t 运用伊藤引理：因为：

$$\frac{\partial Y_t}{\partial t} = \kappa e^{\kappa t} X_t, \quad \frac{\partial Y_t}{\partial X_t} = e^{\kappa t}, \quad \frac{\partial^2 Y_t}{\partial X_t^2} = 0$$

所以，

$$\begin{aligned} dY_t &\equiv d(e^{\kappa t} X_t) \\ &= [\kappa e^{\kappa t} X_t + e^{\kappa t}\kappa(\alpha - X_t)]dt + e^{\kappa t}\sigma dW_t \\ &= \kappa\alpha e^{\kappa t} dt + \sigma e^{\kappa t} dW_t \end{aligned}$$

上式两边积分可得：

$$\int_0^t dY_u = \int_0^t \kappa\alpha e^{\kappa u} du + \int_0^t \sigma e^{\kappa u} dW_u$$

从而，

$$Y_t = Y_0 + \alpha(e^{\kappa t} - 1) + \int_0^t \sigma e^{\kappa u} dW_u$$

设 $X_0 = x_0$，将 $Y_t = e^{\kappa t} X_t$ 和 $Y_0 = x_0$ 代入上式，整理得到 X_t 的解：

$$X_t = \alpha + (x_0 - \alpha)e^{-\kappa t} + \sigma\int_0^t e^{-\kappa(t-u)} dW_u$$

因为伊藤积分是鞅（鞅的定义及其性质见评注 9.1），所以 $E[\int_0^t e^{-\kappa(t-u)} dW_u] = 0$，

因此，X_t 的期望等于：

$$E[X_t] = \alpha + (x_0 - \alpha) e^{-\kappa t}$$

X_t 的方差为：

$$\begin{aligned} \mathrm{Var}[X_t] &= E\{X_t - E[X_t]\}^2 \\ &= \sigma^2 E\left\{\int_0^t e^{-\kappa(t-u)} dW_u\right\}^2 \\ &= \sigma^2 \int_0^t e^{-2\kappa(t-u)} du \\ &= \frac{\sigma^2(1-e^{-2\kappa t})}{2\kappa} \end{aligned}$$

由于 $\int_0^t e^{-\kappa(t-u)} dW_u$ 可以看成是很多正态分布之和，正态分布之和仍服从正态分布，所以 X_t 服从正态分布：

$$X_t \sim \mathcal{N}\left(\alpha + (x_0 - \alpha) e^{-\kappa t}, \frac{\sigma^2(1-e^{-2\kappa t})}{2\kappa}\right)$$

同样的推导过程可以得到，在 $X_t = x_t$ 的条件下，$X_{t+\tau}$（$\tau > 0$）的分布为：

$$X_{t+\tau} \mid X_t \sim \mathcal{N}(\mu_\tau, \sigma_\tau^2)$$

其中，

$$\mu_\tau = \alpha + (X_t - \alpha) e^{-\kappa\tau}$$

$$\sigma_\tau^2 = \frac{\sigma^2(1-e^{-2\kappa\tau})}{2\kappa}$$

因此，X_t 的转移密度函数为：

$$p(X_{t+\tau} \mid X_t) = \frac{1}{\sqrt{2\pi}\sigma_\tau} \exp\left\{-\frac{(X_{t+\tau} - \mu_\tau)^2}{2\sigma_\tau^2}\right\} \tag{10.19}$$

在式（10.19）中令 $\tau \to \infty$，我们便得到 X_t 的边际分布，它是一均值为 α，方差为 $\sigma^2/2\kappa$ 的正态分布：

$$X_t \sim \mathcal{N}\left(\alpha, \frac{\alpha^2}{2\kappa}\right)$$

其中，α 是 X_t 的非条件（长期）均值，$\sigma^2/2\kappa$ 是非条件方差。

金融中的应用

Vasicek（1977）假设瞬时利率 r_t 服从 OU 过程，即：

$$dr_t = \kappa(\alpha - r_t)dt + \sigma dW_t \tag{10.20}$$

根据这一模型，并假设 r_t 是影响债券价格的唯一变量，Vasicek（1977）导出了债券价格的解析公式。

以下我们首先给出瞬时利率的定义，然后导出瞬时利率服从 OU 过程时无违约风险债券价格公式。

记 t 时刻到期日 $T(t \leqslant T)$ 的无违约风险债券价格为 $P(t,T)$。记 $\tau \equiv T-t$ 为债券的期限，有时我们也把债券价格记为 $P(t,\tau)$。不失一般性，我们设债券的面值等于 1，即：

$$P(t,t) = P(T,T) = 1$$

债券的到期收益率 $R(t,\tau)$ 定义为：

$$R(t,\tau) \equiv -\frac{\ln P(t,\tau)}{\tau}$$

瞬时利率 r_t 是指期限趋近于零的债券到期收益率，即：

$$r_t \equiv \lim_{\tau \to 0} R(t,\tau)$$

令债券价格是 r_t 和到期期限 τ 的函数，记为 $P(r_t,\tau)$。由伊藤引理，我们有：

$$\begin{aligned} dP &= \left[\frac{\partial P}{\partial t} + \frac{\partial P}{\partial r}\kappa(\alpha - r) + \frac{1}{2}\frac{\partial^2 P}{\partial r^2}\sigma^2\right]dt + \frac{\partial P}{\partial r}\sigma dW_t \\ &\equiv \mu_P(r,\tau)Pdt - \sigma_P(r,\tau)PdW_t \end{aligned} \tag{10.21}$$

其中，

$$\mu_P(r,\tau) \equiv \left[\frac{\partial P}{\partial t} + \frac{\partial P}{\partial r}\kappa(\alpha - r) + \frac{1}{2}\frac{\partial^2 P}{\partial r^2}\sigma^2\right]/P$$

$$\sigma_P(r,\tau) \equiv -\frac{\partial P}{\partial r}\sigma/P$$

如果假设市场不存在套利，那么不同期限债券的 Sharpe 比率必须相等，即：

$$\frac{\mu_P(r,\tau_1) - r}{\sigma_P(\tau_1)} = \frac{\mu_P(r,\tau_2) - r}{\sigma_P(\tau_2)}$$

以上比值通常也称为风险的市场价格，它表示的是无套利条件下，资产的单位风险所要求的风险溢价（期望收益率中超出无风险收益的部分）。Vasicek（1977）假设风险的市场价格等于一个常数 λ，即对任意期限 τ：

$$\frac{\mu_P(r,\tau) - r}{\sigma_P(\tau)} = \lambda$$

将式（10.21）的 $\mu_p(\cdot)$ 和 $\sigma_p(\cdot)$ 代入上式，并且代入 $\frac{\partial P}{\partial t}=-\frac{\partial P}{\partial \tau}$，我们得到债券价格 $P(r,\tau)$ 满足的一个 PDE：

$$\frac{1}{2}\frac{\partial^2 P}{\partial r^2}\sigma^2+[\kappa(\alpha-r)+\lambda\sigma]\frac{\partial P}{\partial r}-\frac{\partial P}{\partial \tau}-rP=0 \qquad (10.22)$$

其边界条件为 $P(r_t, 0)=1$。

为解 PDE 式（10.22），我们猜它的解为：

$$P(r,\tau)=\exp[A(\tau)+B(\tau)r]$$

因为 $P(r,0)=1$，所以函数 $A(\tau)$ 和 $B(\tau)$ 的初始条件为 $A(0)=B(0)=0$。我们有：

$$\frac{\partial P}{\partial r}=PB(\tau)$$

$$\frac{\partial^2 P}{\partial r^2}=PB^2(\tau)$$

$$\frac{\partial P}{\partial \tau}=P[A'(\tau)+B'(\tau)r]$$

将以上式子代入式（10.22），整理并消去 P 得：

$$\frac{1}{2}\sigma^2B^2(\tau)+(\kappa\alpha+\lambda\sigma)B(\tau)-A'(\tau)-[\kappa B(\tau)+B'(\tau)+1]r=0$$

因为上式对任意的 r 都成立，所以我们有：

$$\kappa B(\tau)+B'(\tau)+1=0$$

$$\frac{1}{2}\sigma^2B^2(\tau)+(\kappa\alpha+\lambda\sigma)B(\tau)-A'(\tau)=0$$

上面是两个常微分方程，结合初始条件 $A(0)=B(0)=0$，容易得到 $A(\tau)$ 和 $B(\tau)$ 的解为：

$$B(\tau)=\frac{e^{-\kappa\tau}-1}{\kappa}$$

$$A(\tau)=[-B(\tau)-\tau]\left(\alpha+\lambda\frac{\sigma}{\kappa}-\frac{1}{2}\frac{\sigma^2}{\kappa^2}\right)-\frac{\sigma^2B^2(\tau)}{4\kappa}$$

当 $\kappa>0$ 时，Vasicek 模型可以描述利率的均值回复特征。但是由于 Vasicek 模型中利率的边际分布是正态分布，因此利率小于 0 的概率为正。名义利率小于 0 会产生套利机会，因此 Vasicek 模型为名义利率建模存在这一缺陷。

评注 10.1 对于一般的瞬时利率过程，

$$dr=\mu(r,\theta)dt+\sigma(r,\theta)dW_t$$

和一般的风险的市场价格设定，

$$\frac{\mu_P(r,\tau)-r}{\sigma_P(\tau)}=\lambda(r,t)$$

结合伊藤引理和无套利假设，我们可以类似地导出债券价格满足的 PDE：

$$\frac{1}{2}\frac{\partial^2 P}{\partial r^2}\sigma^2(\cdot)+[\mu(\cdot)+\lambda(\cdot)\sigma(\cdot)]\frac{\partial P}{\partial r}-\frac{\partial P}{\partial \tau}-rP=0 \tag{10.23}$$

其边界条件为 $P(r,0)=1$。

平方根过程或 CIR 模型

平方根过程中，状态变量 X_t 满足随机微分方程：

$$dX_t=\kappa(\alpha-X_t)dt+\sigma\sqrt{X_t}dW_t \tag{10.24}$$

这一模型是仿射型的，其系数向量的各元素分别为：

$$\kappa_0=\kappa\alpha,\kappa_1=\kappa,h_0=0,h_1=\sigma^2$$

扩散项中有状态变量 X_t 的平方根，这便是平方根过程的由来。Cox、Ingersoll 和 Ross（1985）在一般均衡的框架下导出瞬时利率服从这一过程，并在此基础上导出债券价格公式和债券期权价格公式，因此金融文献中往往也把它称为 CIR 模型。

与 Vasicek 模型或 Ornstein－Uhlenbeck 过程类似，当 $\kappa>0$ 时，CIR 模型同样具有均值回复性质。与 Vasicek 模型不同的是，CIR 模型是一个取值非负的随机过程，0 是它的反射边界。这是因为，若我们假设 $\kappa>0$ 和 X_t 的长期均值 $\alpha>0$，当 $X_t=0$ 时，漂移项 $\kappa(\alpha-X_t)=\kappa\alpha>0$，扩散项 $\sigma\sqrt{X_t}=0$，此时不确定性消失，X_t 的变化 $dX_t=\kappa\alpha dt$ 为正，X_t 只会往上走，因此 X_t 不会小于 0。当 $2\kappa\alpha<\sigma^2$ 时，X_t 可以到达反射边界 0。

与 Vasicek 模型的另一不同点是，CIR 模型的转移密度函数不太容易获得。下面我们利用这一模型来演示如何首先导出条件特征函数（CCF），然后再通过 CCF 来得到转移密度函数。

评注 10.2　特征函数、矩条件与密度函数

设随机变量 X 的密度函数为 $f_X(x)$。X 特征函数的定义为：

$$\psi(X,u)\equiv E[e^{iuX}]=\int_{-\infty}^{\infty}e^{iux}f_X(x)dx$$

其中，$i=\sqrt{-1}$。也就是说，$\psi(X,u)$ 是密度函数 $f_X(x)$ 的傅立叶变换。

X 的 k 阶矩定义为：

$$m_k \equiv E[X^k] = \int_{-\infty}^{\infty} x^k f_X(x)\,dx$$

有时密度函数难以直接获得，而特征函数却相对容易获得，由特征函数可以计算矩条件和密度函数。由特征函数计算矩条件的公式如下：

$$E[X^k] = (-i)^k \psi^{(k)}(X,0)$$

由特征函数计算密度函数的公式如下：

$$f_X(x) = \frac{1}{2\pi}\int_{-\infty}^{\infty} e^{-iux}\psi(X,u)\,du$$

这一过程称为 $\psi(X,u)$ 的傅立叶逆变换。

有关特征函数更多的性质与应用，请参见本书第十三章。

CIR 模型的条件特征函数

首先我们写出 CIR 模型：

$$dX_t = \kappa(\alpha - X_t)\,dt + \sigma\sqrt{X_t}\,dW_t$$

CIR 模型的条件特征函数定义为：

$$\psi(X_{t+\tau},u,\tau;X_t) \equiv E[\exp\{iuX_{t+\tau}\} \mid X_t]$$

其中，$\tau \equiv T - t$。

对 $\psi(\cdot)$ 运用伊藤引理，我们有：

$$d\psi = \left[-\frac{\partial\psi}{\partial\tau} + \frac{\partial\psi}{\partial X_t}\kappa(\alpha - X_t) + \frac{1}{2}\frac{\partial^2\psi}{\partial X_t^2}\sigma^2 X_t\right]dt + \frac{\partial\psi}{\partial X_t}\sigma\sqrt{X_t}\,dW_t$$

由条件期望的迭代性质（参见本书第七章评注 7.2），$\psi(X_{t+\tau}, u, \tau; X_t)$ 是一个鞅，所以其漂移项等于 0，即：

$$-\frac{\partial\psi}{\partial\tau} + \frac{\partial\psi}{\partial X_t}\kappa(\alpha - X_t) + \frac{1}{2}\frac{\partial^2\psi}{\partial X_t^2}\sigma^2 X_t = 0 \tag{10.25}$$

并满足边界条件 $\tau = 0$ 时，

$$\psi(X_{t+\tau},u,0;X_t) = e^{iuX_t}$$

我们猜 PDE 式（10.25）的解为：

$$\psi(X_{t+\tau},u,\tau;X_t) = \exp[C(\tau) + D(\tau)X_t] \tag{10.26}$$

并且 $C(\tau)$ 和 $D(\tau)$ 分别具有边界条件：

$$C(0) = 0 \tag{10.27}$$

$$D(0) = iu \tag{10.28}$$

根据式（10.26），我们有：

$$\frac{\partial\psi}{\partial\tau}=\psi\cdot[C'(\tau)+D'(\tau)X_t]$$

$$\frac{\partial\psi}{\partial X_t}=\psi\cdot D(\tau)$$

$$\frac{\partial^2\psi}{\partial X_t^2}=\psi\cdot D^2(\tau)$$

将以上偏导数代入式（10.25），消去 ψ，整理得：

$$-C'(\tau)+\kappa\alpha D(\tau)+\left[\frac{1}{2}\sigma^2D^2(\tau)-\kappa D(\tau)-D'(\tau)\right]X_t=0$$

因为上式对所有的 X_t 都成立，所以有：

$$\frac{1}{2}\sigma^2D^2(\tau)-\kappa D(\tau)-D'(\tau)=0 \tag{10.29}$$

$$-C^{\top}(\tau)+\kappa\alpha D(\tau)=0 \tag{10.30}$$

其中，式（10.29）是一个 Riccati 方程，$C(\tau)$和 $D(\tau)$的边界条件分别是式（10.27）和式（10.28）。

我们首先求解 Riccati 方程式（10.29）。对式（10.29）分离变量后，我们有：

$$\frac{dD}{\frac{1}{2}\sigma^2D^2-\kappa D}=d\tau$$

记方程$\frac{1}{2}\sigma^2D^2-\kappa D=0$ 的非零解为 $d_1\equiv 2\kappa/\sigma^2$，上式分解因式有：

$$\left(\frac{1}{D}-\frac{1}{D-d_1}\right)dD=-\kappa d\tau$$

上式两边积分得：

$$\ln\left(\frac{D}{D-d_1}\right)=-\kappa\tau+c_1$$

其中，c_1 为一常数。由上式我们有：

$$\frac{D}{D-d_1}=c_2e^{-\kappa\tau},c_2=e^{c_1}$$

解出：

$$D(\tau)=\frac{-c_2e^{-\kappa\tau}d_1}{1-c_2e^{-\kappa\tau}} \tag{10.31}$$

由边界条件 $D(0)=iu$，我们可以解出式（10.31）的常数：

$$c_2=\frac{iu}{iu-d_1}$$

将 $c_2=iu/(iu-d_1)$ 和 $d_1\equiv 2\kappa/\sigma^2$ 代入式（10.31），整理，我们得到 $D(\tau)$ 的解为：

$$D(\tau)=\frac{iue^{-\kappa\tau}}{1-iu/c}$$

其中，

$$c\equiv\frac{2\kappa}{\sigma^2(1-e^{-\kappa\tau})}$$

将 $D(\tau)$ 代入式（10.30），并结合边界条件式（10.27），我们得到：

$$C(\tau)=-\frac{2\kappa\alpha}{\sigma^2}\ln\left(1-\frac{iu}{c}\right)$$

将 $C(\tau)$ 和 $D(\tau)$ 代入式（10.26），最后我们得到状态变量 X_t 的 CCF 为：

$$\psi(X_{t+\tau},u,\tau;X_t)=\exp\left\{-\frac{2\kappa\alpha}{\sigma^2}\ln\left(1-\frac{iu}{c}\right)+\frac{iue^{-\kappa\tau}}{1-iu/c}X_t\right\}\tag{10.32}$$

其中，

$$c\equiv\frac{2\kappa}{\sigma^2(1-e^{-\kappa\tau})}$$

CIR 模型的转移密度函数

CIR 模型的 CCF 式（10.32）通过 Fourier 逆变换之后便得到 CIR 模型的转移密度函数，它是一非中心卡方分布，χ^2 $[2cX_{t+\tau};\ 2q+2,\ 2u]$，其自由度等于 $2q+2$，非中心参数等于 $2u$：

$$p(X_{t+\tau}\mid X_t)=ce^{-u-v}\left(\frac{v}{u}\right)^{q/2}I_q(2(uv)^{1/2})$$

其中，

$$c=\frac{2\kappa}{\sigma^2(1-e^{-\kappa\tau})},\quad u=cX_te^{-\kappa\tau}$$

$$v=cX_{t+\tau},\qquad q=\frac{2\kappa\alpha}{\sigma^2}-1$$

$I_q(\cdot)$ 为 q 阶第一类贝塞尔函数：

$$I_q(\gamma) \equiv \left(\frac{\gamma}{2}\right)^q \sum_{n=0}^{q} \frac{(\gamma/2)^{2n}}{n!\Gamma(q+n+1)}, \quad \Gamma(\gamma) \equiv \int_0^\infty u^\gamma e^{-u} du$$

根据非中心卡方分布的性质，X_t 的条件均值与条件方差分别为：

$$E[X_{t+\tau} \mid X_t] = \alpha(1-e^{-\kappa\tau}) + e^{-\kappa\tau}X_t$$

$$\mathrm{Var}[X_{t+\tau} \mid X_t] = \frac{\alpha\sigma^2}{2\kappa}(1-e^{-\kappa\tau})^2 + \frac{\sigma^2}{\kappa}(e^{-\kappa\tau}-e^{-2\kappa\tau})X_t$$

在 CCF 和转移密度函数中将 $\tau\to\infty$，我们分别得到：

- X_t 的边际特征函数：

$$\psi(X_t,u) = \left[1-\frac{iu\sigma^2}{2\kappa}\right]^{-2\kappa\alpha/\sigma^2}$$

- X_t 的边际密度函数，它是一个伽马分布的密度函数：

$$f(x_t) = \frac{\omega^s}{\Gamma(s)} x_t^{s-1} e^{-\omega x_t}$$

其中，

$$\omega \equiv \frac{2\kappa}{\sigma^2}, s \equiv \frac{2\kappa\alpha}{\sigma^2}$$

在条件均值和条件方差中令 $\tau\to\infty$ 或根据伽马分布的性质，我们可以得到 X_t 边际分布的均值与方差：

$$E[X_t] = \alpha$$

$$\mathrm{Var}[X_t] = \frac{\alpha\sigma^2}{2\kappa}$$

金融中的应用

Cox、Ingersoll 和 Ross（1985）的一般均衡模型框架中，瞬时利率 r_t 的动态变化服从平方根过程，

$$dr_t = \kappa(\alpha - r_t)dt + \sigma\sqrt{r_t}dW_t$$

如前文所述，当 $\kappa>0$ 时，这一模型能刻画利率的均值回复效应，并且这一模型中，利率始终保持大于等于 0。因此 CIR 模型克服了 Vasicek 模型在描述利率动态变化时利率可以小于 0 的不足。

Cox、Ingersoll 和 Ross（1985）设定风险的市场价格为：

$$\lambda(r,t) = \frac{-\lambda\sqrt{r}}{\sigma}$$

将上式和$\mu(\cdot)=\kappa(\alpha-r),\sigma(\cdot)=\sigma\sqrt{r}$代入式（10.23）：

$$\frac{1}{2}\frac{\partial^2 P}{\partial r^2}\sigma^2(\cdot)+[\mu(\cdot)+\lambda(\cdot)\sigma(\cdot)]\frac{\partial P}{\partial r}-\frac{\partial P}{\partial \tau}-rP=0$$

得到债券价格满足的 PDE：

$$\frac{1}{2}\frac{\partial^2 P}{\partial r^2}\sigma^2 r+\frac{\partial P}{\partial r}[\kappa(\alpha-r)-\lambda r]-\frac{\partial P}{\partial \tau}-rP=0$$

按照和上一小节同样的方法，可以得到债券价格的解为：

$$P(r,\tau)=\exp[A(\tau)+B(\tau)r]$$

其中，

$$B(\tau)=\frac{-2(e^{\gamma\tau}-1)}{2\gamma+(\kappa+\gamma+\lambda)(e^{\gamma\tau}-1)},\gamma\equiv\sqrt{(\kappa+\lambda)^2+2\sigma^2}$$

$$A(\tau)=\frac{2\kappa\alpha}{\sigma^2}\ln\left(\frac{2\gamma e^{(\kappa+\gamma+\lambda)\tau/2}}{2\gamma+(\kappa+\gamma+\lambda)(e^{\gamma\tau}-1)}\right)$$

接下来，我们介绍一个单因子非仿射扩散模型。非仿射扩散模型是指在模型（10.1）中，漂移项μ（·）和扩散项σ^2（·）不是状态变量 X_t 的仿射函数，即不满足式（10.5）。

10.1.4 CEV 模型或 CKLS 模型

Chan、Karolyi、Longstaff 和 Saunders（1992）使用并检验以下描述短期利率动态变化的模型，

$$dX_t=(\alpha+\beta X_t)dt+\sigma X_t^{\gamma}dW_t \tag{10.33}$$

它称为**常数弹性方差（CEV）模型**，Chan、Karolyi、Longstaff 和 Saunders（1992）之后的很多金融文献也将其称为 CKLS 模型。加上参数的不同限制，这一模型囊括了前面我们介绍的单因子模型，如表 10－1 所示。

不幸的是，非仿射模型一般没有闭式转移密度函数和闭式矩条件。我们往往需要将非仿射模型离散化，以得到近似矩条件。下面以 CKLS 模型为例阐述这一方法。

表 10－1　CKLS 模型（$dX_t=(\alpha+\beta X_t)dt+\sigma X_t^{\gamma}dW_t$）的特例

模型	α	β	σ^2	γ
算术布朗运动		0		0
几何布朗运动	0			1
Vasicek				0
CIR				1/2

将式（10.33）离散化，我们有：

$$\begin{aligned} X_{t+1}-X_t &\approx \kappa(\alpha-X_t)+\sigma X_t^{\gamma}(W_{t+1}-W_t) \\ &\equiv \kappa(\alpha-X_t)+\varepsilon_{t+1} \end{aligned}$$

对 $\varepsilon_{t+1}\equiv\sigma X_t^{\gamma}(W_{t+1}-W_t)$ 取条件期望得：

$$E_t[\varepsilon_{t+1}]=0,\quad E_t[\varepsilon_{t+1}^2]=\sigma^2X_t^{2\gamma}$$

由条件期望的迭代性质（参见本书第七章评注 7.2），可以得到矩条件：

$$E[m_t(\theta)]\equiv E\begin{bmatrix}\varepsilon_{t+1}\\ \varepsilon_{t+1}X_t\\ \varepsilon_{t+1}^2-\sigma^2X_t^{2\gamma}\\ (\varepsilon_{t+1}^2-\sigma^2X_t^{2\gamma})X_t\end{bmatrix}=0$$

其中，$\theta=(\kappa,\alpha,\sigma,\gamma)^{\top}$。以上矩条件可以用于模型的 GMM 估计中。更为详细的内容请参阅 Chan、Karolyi、Longstaff 和 Saunders（1992）或本书第十一章 11.1.3 节。由于将随机微分方程离散化时只是近似等式，这一过程得到的矩条件为近似矩条件。

10.2　多因子扩散模型

本章介绍的第二类连续时间模型是多因子扩散过程。**多因子扩散模型**中有多个状态变量，即状态变量 $X_t\equiv(X_{1t},\cdots,X_{nt})^{\top}$，$n>1$。$X_t$ 的分量 X_{it} 服从以下扩散过程：

$$dX_{it}=\mu_i(X_t,t)dt+\sigma_i(X_t,t)dW_{it},\quad i=1,\cdots,n \tag{10.34}$$

其中，$dW_{it}dW_{jt}=\rho_{ij}dt$，有时我们说 ρ_{ij} 是布朗运动 W_{it} 与 W_{jt} 的相关系数。我们有时也将以上模型写成简洁的矩阵形式：

$$dX_t=u(X_t,t)dt+\Sigma(X_t,t)dW_t$$

其中，$u(X_t,t)=(\mu_1(X_t,t),\cdots,\mu_n(X_t,t))^{\top}$，$\Sigma(X_t,t)$ 是一对角矩阵，对角线上的元素分别为 $\sigma_1(X_t,t),\cdots,\sigma_n(X_t,t)$，$W_t$ 为 n 维的布朗运动。

为完整性起见，我们首先介绍多因子扩散模型的伊藤引理，然后再介绍具体的、不同形式的多因子扩散模型。

伊藤引理　假设（X_t；$t\geqslant0$）满足随机微分方程（10.34），并且实值函数 $f(t,x_1,\cdots,x_n)$ 的偏导数 f_t，f_{x_i} 和 $f_{x_ix_j}$ 存在并且连续，则 $f(t,X_t)$ 服从以下随机微分方程：

$$df = \left[\sum_{i=1}^{n} \left(f_t + f_{x_i}\mu_i + \frac{1}{2} f_{x_i x_j} \sigma_i^2 \right) + \sum_{i=1}^{n} \sum_{j>i}^{n} f_{x_i x_j} \sigma_i \sigma_j \rho_{ij} \right] dt + \sum_{i=1}^{n} f_{x_i} \sigma_i dW_i$$

下面，我们介绍两个具体的多因子仿射扩散模型。

10.2.1 Heston 随机波动率（SV）模型

Heston（1993）的 SV 模型是指如下资产价格过程的设定：

$$\begin{cases} \dfrac{dS_t}{S_t} = \mu dt + \sqrt{V_t} dW_t \\ dV_t = \kappa(\alpha - V_t)dt + \sigma\sqrt{V_t} dW_t^v \\ dW_t dW_t^v = \rho dt \end{cases} \tag{10.35}$$

其中，S_t 表示资产价格，V_t 表示资产收益率的瞬时方差或波动率，它由一个平方根过程描述，这保证了 V_t 的非负性。ρ 是资产价格冲击 W_t 和波动率冲击 W_t^v 的相关系数，$\rho<0$ 体现了资产价格的杠杆效应。

SV 模型是 Black - Scholes 模型的推广，它把扩散项从一个常数 σ^2 推广到一个随机过程 V_t，V_t 服从我们前面介绍的平方根过程。

Heston 随机波动率模型的条件特征函数

令 $\ln S_t$ 表示对数价格。$\ln S_t$ 的 CCF 定义为：

$$\psi(\ln S_{t+\tau}, u, \tau; \ln S_t, V_t) \equiv E[\exp(iu\ln S_{t+\tau} \mid \ln S_t, V_t)]$$

对 $\ln S_t$ 运用伊藤引理，我们有：

$$d\ln S_t = \left(\mu - \frac{1}{2}V_t\right)dt + \sqrt{V_t} dW_t$$

根据与求解 CIR 模型的 CCF 过程中相同的道理，我们得到 $\psi(\cdot)$ 满足的 PDE 为：

$$\begin{aligned} &-\frac{\partial\psi}{\partial\tau} + \frac{\partial\psi}{\partial\ln S_t}\left(\mu - \frac{1}{2}V_t\right) + \frac{\partial\psi}{\partial V_t}\kappa(\alpha - V_t) \\ &\quad + \frac{1}{2}\frac{\partial^2\psi}{\partial(\ln S_t)^2}V_t + \frac{1}{2}\frac{\partial^2\psi}{\partial V_t^2}\sigma^2 V_t + \frac{\partial^2\psi}{\partial\ln S_t \partial V_t}\rho\sigma V_t = 0 \end{aligned} \tag{10.36}$$

我们猜 PDE 式（10.36）的解为：

$$\psi(\ln S_{t+\tau}, u, \tau; \ln S_t, V_t) = \exp[C(\tau) + D(\tau)V_t + iu\ln S_t] \tag{10.37}$$

根据式（10.37），我们得到以下偏导数：

$$\frac{\partial\psi}{\partial\tau}=\psi\cdot[C'(\tau)+D'(\tau)V_t]$$

$$\frac{\partial\psi}{\partial\ln S_t}=\psi\cdot iu,\quad \frac{\partial^2\psi}{\partial(\ln S_t)^2}=\psi\cdot(-u^2)$$

$$\frac{\partial\psi}{\partial V_t}=\psi\cdot D(\tau),\quad \frac{\partial^2\psi}{\partial V_t^2}=\psi\cdot D^2(\tau)$$

将以上偏导数代入式（10.36），消去 ψ，整理，最后得到 $C(\tau)$ 和 $D(\tau)$ 满足的常微分方程：

$$\frac{1}{2}\sigma^2D^2(\tau)+(\rho\sigma iu-\kappa)D(\tau)\quad D'(\tau)-\frac{1}{2}(iu+u^2)=0 \tag{10.38}$$

$$\mu iu+\kappa\alpha D(\tau)-C'(\tau)=0 \tag{10.39}$$

首先我们先解 $D(\tau)$。对式（10.38）分离变量，我们有：

$$\frac{dD}{\frac{1}{2}\sigma^2D^2(\tau)+(\rho\sigma iu-\kappa)D(\tau)-\frac{1}{2}(iu+u^2)}=d\tau \tag{10.40}$$

记一元二次方程：

$$\frac{1}{2}\sigma^2D^2(\tau)+(\rho\sigma iu-\kappa)D(\tau)-\frac{1}{2}(iu+u^2)=0$$

的两个解分别为：

$$d_1\equiv\frac{-(\rho\sigma iu-\kappa)-\sqrt{(\rho\sigma iu-\kappa)^2+\sigma^2(iu+u^2)}}{\sigma^2}$$

$$d_2\equiv\frac{-(\rho\sigma iu-\kappa)+\sqrt{(\rho\sigma iu-\kappa)^2+\sigma^2(iu+u^2)}}{\sigma^2}$$

记常数：

$$\begin{aligned}c&\equiv\frac{1}{2}\sigma^2(d_1-d_2)\\&=-\sqrt{(\rho\sigma iu-\kappa)^2+\sigma^2(iu+u^2)}\end{aligned}$$

那么，式（10.40）可以写成：

$$\left(\frac{1}{D-d_1}-\frac{1}{D-d_2}\right)dD=cd\tau$$

上式两边积分得：

$$\ln\left(\frac{D-d_1}{D-d_2}\right)=c\tau+c_1,c_1\text{ 为一常数}$$

因此，我们有：

$$\frac{D-d_1}{D-d_2}=ge^{c\tau},\quad g\equiv e^{c_1}$$

解出：

$$D(\tau)=\frac{d_1-ge^{c\tau}d_2}{1-ge^{c\tau}} \tag{10.41}$$

由边界条件 $D(0)=0$，我们得到：

$$g=\frac{d_1}{d_2}$$

把 $g=d_1/d_2$ 代入式（10.41），我们最后得到 $D(\tau)$ 的解为：

$$D(\tau)=d_1\frac{1-e^{c\tau}}{1-ge^{c\tau}}$$

由式（10.39）得：

$$C'(\tau)=\mu iu+\kappa\alpha D(\tau)$$

对上式两边积分，并由边界条件 $C(0)=0$，我们最后得到 $C(\tau)$ 的解为：

$$C(\tau)=\mu iu\tau+\kappa\alpha\left[d_1\tau-\frac{2}{\sigma^2}\ln\left(\frac{1-ge^{c\tau}}{1-g}\right)\right]$$

最后，我们得到 $\ln S_t$ 的 CCF 为：

$$\psi(\ln S_{t+\tau},u,\tau;\ln S_t,V_t)=\exp[C(\tau)+D(\tau)V_t+iu\ln S_t] \tag{10.42}$$

其中，

$$D(\tau)=d_1\frac{1-e^{c\tau}}{1-ge^{c\tau}},$$

$$C(\tau)=\mu iu\tau+\kappa\alpha\left[d_1\tau-\frac{2}{\sigma^2}\ln\left(\frac{1-ge^{c\tau}}{1-g}\right)\right]$$

将式（10.42）除以 exp（$iu\ln S_t$），我们便得到收益率 $\Delta\ln S_{t+\tau}$ 的条件特征函数：

$$\begin{aligned}\psi(\Delta\ln S_{t+\tau},u,\tau;\ln S_t,V_t)&\equiv E[e^{iu\Delta\ln S_{t+\tau}}\mid\ln S_t,V_t]\\&=\exp[C(u,\tau)+D(u,\tau)V_t]\end{aligned} \tag{10.43}$$

其中，它不依赖于 $\ln S_t$。

因为 $\Delta\ln S_{t+\tau}$ 的条件特征函数只是依赖 V_t，所以条件特征函数式（10.43）通过积分消去 V_t，便得到收益率 $\Delta\ln S_{t+\tau}$ 的边际特征函数：

$$\begin{aligned}\psi(\Delta\ln S_{t+\tau},u,\tau) &\equiv E[e^{iu\Delta\ln S_{t+\tau}}]\\ &= \int_0^\infty \psi(\Delta\ln S_{t+\tau},u,\tau;\ln S_t,V_t)f(V_t)dV_t\\ &= \exp[C(u,\tau)]\int_0^\infty \exp[D(u,\tau)V_t]f(V_t)dV_t\\ &= \left[1-\frac{D(u,\tau)\sigma^2}{2\kappa}\right]^{-2\kappa\alpha/\sigma^2}\exp[C(u,\tau)]\end{aligned}$$

上面第二个等式中的积分项就是伽马分布的矩生成函数，由此我们可以得到第三个等式。

通过特征函数ψ（$\Delta\ln S_{t+\tau}$，u，τ）可以得到收益率$\Delta\ln S_{t+\tau}$的精确矩条件：

$$E[\Delta\ln S_{t+\tau}]=\mu$$

$$\mathrm{Var}[\Delta\ln S_{t+\tau}]=\alpha$$

$$E[(\Delta\ln S_{t+\tau}-\mu)^3]=\frac{3}{\kappa^2}(e^{-\kappa}+\kappa-1)\alpha\rho\sigma$$

$$E[(\Delta\ln S_{t+\tau}-\mu)^4]=3\ \mathrm{Var}[\Delta\ln S_{t+\tau}]^2+\phi_0$$

其中，

$$\phi_0=\frac{3}{\kappa^3}(e^{-\kappa}+\kappa-1+4((2+\kappa)e^{-\kappa}+\kappa-2)\rho^2)\alpha\sigma^2$$

从以上式子可以看出，收益率偏度的符号由ρ的符号决定，收益率存在正的超额峰度，即其分布具有厚尾特征。

Jiang 和 Knight（2002）还从联合特征函数得到$\Delta\ln S_t$精确的交叉矩：

$$E[(\Delta\ln S_t-\mu)(\Delta\ln S_{t+\tau}-\mu)]=0$$

$$\begin{aligned}\mathrm{Cov}[(\Delta\ln S_t-\mu)^2,(\Delta\ln S_{t+\tau}-\mu)^2] &= \frac{1}{2\kappa^3}e^{-(\tau+1)\kappa}(e^{\kappa}-1)\\ &\quad\times(e^{\kappa}-1+4\rho^2(e^{\kappa}-\kappa-1))\alpha\sigma^2,\tau>1\end{aligned}$$

金融中的应用

Heston（1993）首次使用这一模型描述资产价格的动态变化，并导出了期权的解析公式。假设股价由 Heston SV 模型描述，无风险利率为常数r。由伊藤引理，到期日为T，执行价格为K的欧式看涨期权价格$c(S_t,V_t,t)$满足以下 PDE：

$$\begin{aligned}&\frac{1}{2}VS^2\frac{\partial^2 c}{\partial S^2}+\rho\sigma VS\frac{\partial^2 c}{\partial S\partial V}\frac{1}{2}\sigma V^2\frac{\partial^2 c}{\partial V^2}+rS\frac{\partial c}{\partial S}\\ &\quad+[\kappa(\alpha-V)-\lambda(S,V,t)]\frac{\partial c}{\partial V}-rc+\frac{\partial c}{\partial t}=0\end{aligned}$$

和边界条件：

$$c(S,V,T)=(S-K)^{+}$$
$$c(0,V,T)=0$$
$$\frac{\partial c}{\partial S}(\infty,V,t)=1$$
$$rS\frac{\partial c}{\partial S}(S,0,t)+\kappa\alpha\frac{\partial c}{\partial V}(S,0,t)-rc(S,0,t)+\frac{\partial c}{\partial t}(S,0,t)=0$$
$$c(S,\infty,t)=S$$

其中，$\lambda(S,V,t)$是波动率风险价格，Heston（1993）设定$\lambda(S,V,t)=\lambda V$。

仿照 Black - Scholes 公式，Heston（1993）首先猜欧式看涨期权的解为：

$$c(S,V,t)=SP_1-Ke^{-r\tau}P_2,\tau\equiv T-t$$

P_1 与 P_2 没有解析形式，但是 Heston 解出他们特征函数 ψ_1 与 ψ_2 的解析形式，然后，通过以下特征函数的逆变换得到 P_1 与 P_2 的表达式：

$$P_j(\ln S,V,T;\ln K)=\frac{1}{2}+\frac{1}{\pi}\int_0^{\infty}\mathrm{Re}\left[\frac{e^{-iu\ln K}\psi_j}{iu}\right]du,j=1,2$$

其中，Re[·]表示取复数的实部：

$$\psi_j=e^{C(\tau)+D(\tau)\tau+iu\ln S},\quad j=1,2$$

其中，

$$C(\tau)=rui\tau+\frac{\kappa\alpha}{\sigma^2}\left\{(b_j-\rho\sigma ui+d)\tau-2\ln\left[\frac{1-ge^{d\tau}}{1-g}\right]\right\}$$
$$D(\tau)=\frac{b_j-\rho\sigma ui+d}{\sigma^2}\left[\frac{1-e^{d\tau}}{1-ge^{d\tau}}\right]$$

和

$$g=\frac{b_j-\rho\sigma ui+d}{b_j-\rho\sigma ui-d}$$
$$d=\sqrt{(\rho\sigma ui-b_j)^2-\sigma^2(2c_jui-u^2)}$$

其中，

$$c_1=\frac{1}{2},\quad c_2=-\frac{1}{2}$$
$$b_1=\kappa+\lambda-\rho\sigma,\quad b_2=\kappa+\lambda$$

通过数值积分，我们可以很方便地得到 P_1 与 P_2 的值，从而得到期权的价格。

10.2.2 Duffie - Kan 仿射期限结构模型（ATSM）

在这一模型中，状态变量 X_t 服从一个“仿射扩散”过程：

$$dX_t = K(\theta - X_t)dt + \Sigma\sqrt{S(X_t)}dW_t \tag{10.44}$$

其中，$\theta \in \mathbb{R}^n$，$K \in \mathbb{R}^{n\times n}$，$\Sigma \in \mathbb{R}^{n\times n}$，$S(X_t)$ 是 $n \times n$ 的对角阵，对角线上的元素为：

$$S(X_t)_{ii} = \alpha_i + \beta_i^{\top} X_t$$

其中，$\alpha_i \in \mathbb{R}^n$，$\beta_i \in \mathbb{R}^{n\times n}$，$\forall i = 1, \cdots, n$。

本章附录给出了一般仿射跳跃—扩散（AJD）模型的 CCF 的求解过程。由于 ATSM 是 AJD 模型的一个特例，因此它的 CCF 比较容易求得，通过 CCF，我们可以导出 ATSM 的统计性质。

ATSM 除以上状态变量 X_t 的仿射设定外，它还设定瞬时利率 r_t 是状态变量 X_t 的仿射函数：

$$r_t = \delta_0 + \delta_1^{\top} X_t$$

其中，$\delta \in \mathbb{R}$，$\delta_1 \in \mathbb{R}^n$。

ATSM 的优势是可以得到接近解析形式的债券价格公式。如果模型（10.44）是在风险中性测度下的设定，Duffie 和 Kan（1996）导出的债券定价公式为：

$$P(t,\tau) = e^{A(\tau) - B(\tau)^{\top} X_t}$$

其中，$A(\tau)$和 $B(\tau)$分别是以下常微分方程（ODE）的解：

$$A'(\tau) = -\theta^{\top} K^{\top} B(\tau) + \frac{1}{2}\sum_{i=1}^{n}[\Sigma^{\top} B(\tau)]_i^2 \alpha_i - \delta_0$$

$$B'(\tau) = -K^{\top} B(\tau) - \frac{1}{2}\sum_{i=1}^{n}[\Sigma^{\top} B(\tau)]_i^2 \beta_i + \delta_1$$

初始条件为 $A(0) = 0$，$B(0) = 0_n$。Dai 和 Singleton（2000）研究了各种 ATSM 的结构差别和描述实际利率数据的表现问题。

以下我们介绍一个非仿射利率期限结构模型。

10.2.3 二次期限结构模型（QTSM）

状态变量 X_t 服从一个均值回复的多元扩散过程：

$$dX_t = (\mu + \xi X_t)dt + \Sigma dW_t \tag{10.45}$$

其中，μ 是 n 维常数向量，ξ 和 Σ 是 $n\times n$ 方阵，并且 ξ 可对角化，其特征值都是负的实数；W_t 是 n 维标准布朗运动。

瞬时利率 r_t 是状态变量 X_t 的二次函数：

$$r_t=\delta_0+\delta_1^{\top}X_t+X_t^{\top}\Psi X_t$$

其中，δ_0 是一个常数，δ_1 是 n 维向量，ψ 是 $n\times n$ 常数矩阵。为保证利率为非负，还要假设 Ψ 半正定，$\delta_0-\frac{1}{4}\delta_1^{\top}\psi^{-1}\delta_1\geqslant 0$。

Ahn 和 Gallant（2002）系统地研究了 QTSM 的债券定价问题。如果模型（10.45）是在风险中性测度下的设定，他们导出的债券公式为：

$$P(t,\tau)=e^{A(\tau)+B(T)^{\top}X_t+X_t^{\top}C(\tau)X_t}$$

其中，$A(\tau)$、$B(\tau)$和 $C(\tau)$分别是以下常微分方程（ODE）的解：

$$C'(\tau)=2C(\tau)\Sigma\Sigma^{\top}C(\tau)+[C(\tau)(\xi-\delta_1)+(\xi-\delta_1)^{\top}C(\tau)]-\psi$$

$$B'(\tau)=2C(\tau)\Sigma\Sigma^{\top}B(\tau)+(\xi-\delta_1)^{\top}B(\tau)+2C(\tau)(\mu-\delta_0)-\beta$$

$$A'(\tau)=\mathrm{tr}[\Sigma\Sigma^{\top}C(\tau)]+\frac{1}{2}B(\tau)^{\top}\Sigma\Sigma^{\top}B(\tau)+B(\tau)^{\top}(\mu-\delta_0)-\alpha$$

初始条件为 $A(0)=0$，$B(0)=0_n$，$C(0)=0_{n\times n}$。

Cheng 和 Scaillet（2007）指出，通过引入新的状态变量，QTSM 可以转化成 ATSM，不过 QTSM 的二次方程的设定更为简约方便。

10.3 跳跃—扩散模型

最后，我们介绍**跳跃—扩散模型**，它的一般形式的设定如下：

$$dX_t=\mu(X_t)dt+\sigma(X_t)dW_t+J_tdN_t \tag{10.46}$$

其中，W_t 是布朗运动，N_t 是计数过程（最常用的是泊松过程），跳跃幅度 J_t 是随机变量；W_t，N_t，J_t 一般假设相互独立。

以上模型的含义是，在没有跳跃发生时，X_t 的动态变化遵循一个扩散过程，当发生 1 次跳跃时，X_t 增加 J_t，具体由 J_t 的实现值决定。

我们首先叙述跳跃—扩散模型的伊藤引理，然后再详细介绍具体的跳跃—扩散模型。

伊藤引理 若状态变量 X_t 服从跳跃—扩散过程式（10.46），$f(X_t,t)$是 X_t 的二阶可微函数，t 的一阶可微函数，则 $f(X_t,t)$服从以下跳跃—扩散过程：

$$df = \left[f_t + f_x \mu(\cdot) + \frac{1}{2}f_{xx}\sigma^2(\cdot)\right]dt + f_x\sigma(\cdot)dW_t$$
$$+ [f(X_{t-} + J_t, t) - f(X_{t-}, t)]dN_t$$

更详细的介绍可以参见本书第九章。

10.3.1 Merton 模型

考虑到资产价格的大幅变动，Merton（1976）提出以下跳跃—扩散模型来为股票价格建模：

$$\frac{dS_t}{S_{t-}} = (\mu - \lambda E[J_t])dt + \sigma dW_t + J_t dN_t \tag{10.47}$$

其中，W_t 是一标准布朗运动；N_t 是一到达强度为 λ 的泊松过程，即 Prob（$dN_t =$ 1）$=\lambda dt$；跳跃幅度 J_t 是一随机变量，它的期望值等于 $E[J_t]$；W_t，N_t，J_t 相互独立。Merton 模型是 Black - Scholes 模型的推广。当 $\lambda = 0$ 时，Merton 模型退化成 Black - Scholes 模型。由于：

$$E[J_t dN_t - \lambda E[J_t]dt] = E[J_t]\lambda dt - \lambda E[J_t]dt = 0$$

所以，$J_t dN_t - \lambda E[J_t]dt$ 表示的随机过程是一个鞅。以上设定使得参数 μ 具有明确的经济含义，它表示股票的期望收益率：

$$\begin{aligned} E\left[\frac{dS_t}{S_{t-}}\right] &= (\mu - \lambda E[J_t])dt + E[\sigma dW_t] + E[J_t]E[dN_t] \\ &= (\mu - \lambda E[J_t])dt + 0 + E[J_t]\lambda dt \\ &= \mu dt \end{aligned}$$

根据伊藤引理，令 $\gamma \equiv \mu - \lambda E[J_t] - \frac{1}{2}\sigma^2$，我们有：

$$d\ln S_t = \gamma dt + \sigma dW_t + \ln(1 + J_t)dN_t \tag{10.48}$$

以上等式的前两项来自连续路径的变化，最后一项是跳跃部分带来的变化。对于跳跃部分，我们的直观解释如下：当发生跳跃时，根据式（10.47），资产价格的变化为：

$$\frac{S_t - S_{t-}}{S_{t-}} = J_t$$

所以由跳跃导致的资产价格变化是：

$$S_{t-} \to S_t = (1 + J_t)S_{t-}$$

根据以上结果，由跳跃导致的对数资产价格变化是：

$$\ln S_{t-} \to \ln S_t = \ln[(1+J_t)S_{t-}]$$

因此，我们有：

$$\begin{aligned}\ln S_t - \ln S_{t-} &= \ln[(1+J_t)S_{t-}] - \ln S_{t-}\\ &= \ln(1+J_t)\end{aligned}$$

Merton 模型的密度函数

记 $Y_t \equiv \ln(1+J_t)$。Merton（1976）对跳跃幅度的设定是：

$$Y_t \sim \mathcal{N}(\mu_J, \sigma_J^2)$$

那么 $1+J_t = e^{Y_t}$服从参数为（μ_J，σ_J^2）的对数正态分布。由对数正态分布的性质有：

$$\begin{aligned}E[J_t] &= E[1+J_t] - 1\\ &= e^{\mu_J + \frac{1}{2}\sigma_J^2} - 1\end{aligned}$$

由式（10.48），资产的对数收益率为：

$$\begin{aligned}\Delta \ln S_{t+\tau} &\equiv \ln S_{t+\tau} - \ln S_t\\ &= \gamma\tau + \sigma(W_{t+\tau} - W_t) + \sum_{i=N_t}^{N_{t+\tau}} Y_i\end{aligned} \tag{10.49}$$

因此，$\Delta\ln S_{t+\tau}$的密度函数可以写成：

$$f(x) = \sum_{n=0}^{+\infty} \frac{(\lambda\tau)^n}{n!} e^{-\lambda\tau} \phi(\gamma\tau + n\mu_J, \sigma^2\tau + n\sigma_J^2)$$

其中，ϕ（·，·）是正态分布的密度函数。它是由正态分布与泊松分布复合而成的密度函数。

由式（10.49），我们还可以写出价格 S_t 的解为：

$$S_t = S_0 \exp\left(\gamma t + \sigma W_t + \sum_{i=1}^{N_t} Y_i\right)$$

在 $N_t = n$，即发生 n 次跳跃条件下，

$$\sum_{i=1}^{N_t} Y_i = \sum_{i=1}^{n} Y_i \sim \mathcal{N}(\mu_J n, \sigma_J^2 n)$$

此时，S_t 为对数正态分布，即：

$$\ln S_t \mid N_t = n \sim \mathcal{N}(\ln S_0 + \gamma t + \mu_J n, \sigma^2 t + \sigma_J^2 n)$$

对于 Merton 模型，上面我们已经显示其密度函数可以由一个复合泊松正态分布来导出。以下我们推导出 Merton 模型中收益率的 CCF。基于 CCF，我们可以容易地推导出收益率的均值、方差等各种矩条件。

Merton 跳跃—扩散模型的条件特征函数

首先，我们写下 Merton 跳跃—扩散模型：

$$\frac{dS_t}{S_{t-}}=(\mu-\lambda E[J_t])dt+\sigma dW_t+J_t dN_t$$

令 $\gamma\equiv\mu-\lambda E[J_t]-\frac{1}{2}\sigma^2, Y_t\equiv\ln(1+J_t)\sim\mathcal{N}(\mu_J,\sigma_J^2)$，由伊藤引理我们有：

$$d\ln S_t=\gamma dt+\sigma dW_t+Y_t dN_t$$

$\ln S_t$ 的条件特征函数定义为：

$$\psi(\ln S_{t+\tau},u,\tau;\ln S_t)\equiv E[e^{iu\ln S_{t+\tau}}\mid \ln S_t]$$

由伊藤引理：

$$d\psi=\left[-\frac{\partial\psi}{\partial\tau}+\frac{\partial\psi}{\partial\ln S_t}\gamma+\frac{1}{2}\frac{\partial^2\psi}{\partial(\ln S_t)^2}\sigma^2\right]dt$$
$$+\frac{\partial\psi}{\partial\ln S_t}\sigma dW_t+[\psi(\ln S_{t-}+Y_t)-\psi(\ln S_{t-})]dN_t$$

由条件期望的迭代性质（参见本书第七章评注 7.2），$\psi(\ln S_{t+\tau},u,\tau;\ln S_t)$是一个鞅，所以其漂移项等于 0，即：

$$-\frac{\partial\psi}{\partial\tau}+\frac{\partial\psi}{\partial\ln S_t}\gamma+\frac{1}{2}\frac{\partial^2\psi}{\partial(\ln S_t)^2}\sigma^2+\lambda E_t[\psi(\ln S_t+Y)-\psi(\ln S_t)]=0 \tag{10.50}$$

同时，满足边界条件 $\tau=0$ 时，

$$\psi(\ln S_{t+\tau},u,0;\ln S_t)=e^{iu\ln S_t}$$

我们推测 PDE 式（10.50）的解为：

$$\psi(\ln S_{t+\tau},u,\tau;\ln S_t)=\exp[A(\tau)+iu\ln S_t] \tag{10.51}$$

并且 $A(\tau)$具有边界条件：

$$A(0)=0$$

我们首先推导：

$$
\begin{aligned}
&E_t[\psi(\ln S_t + Y) - \psi(\ln S_t)] \\
&= E_t[e^{A(\tau) + iu(\ln S_t + Y)} - \psi(\ln S_t)] \\
&= \psi \cdot E_t[e^{iuY} - 1] = \psi \cdot [e^{iu\mu_J - \frac{1}{2}u^2\sigma_J^2} - 1]
\end{aligned}
$$

将以上运算结果及偏导数：

$$
\frac{\partial \psi}{\partial \tau} = \psi \cdot A'(\tau), \quad \frac{\partial \psi}{\partial \ln S_t} = \psi \cdot iu, \quad \frac{\partial^2 \psi}{\partial (\ln S_t)^2} = \psi \cdot (-u^2)
$$

代入式（10.50），消去 ψ，整理得：

$$
-A'(\tau) + iu\gamma - \frac{1}{2}u^2\sigma^2 + \lambda[e^{iu\mu_J - \frac{1}{2}u^2\sigma_J^2} - 1] = 0
$$

即：

$$
A'(\tau) = iu\gamma - \frac{1}{2}u^2\sigma^2 + \lambda[e^{iu\mu_J - \frac{1}{2}u^2\sigma_J^2} - 1]
$$

对上式两边积分，并结合边界条件 $A(0)=0$，我们最后得到 $A(\tau)$ 的解为：

$$
A(\tau) = iu\gamma\tau - \frac{1}{2}u^2\sigma^2\tau + \lambda\tau[e^{iu\mu_J - \frac{1}{2}u^2\sigma_J^2} - 1]
$$

将 $A(\tau)$ 代入式（10.51），我们得到 $\ln S_t$ 的 CCF 为：

$$
\psi[\ln S_{t+\tau}, u, \tau; \ln S_t] = \exp[A(\tau) + iu\ln S_t] \tag{10.52}
$$

其中，

$$
A(\tau) = iu\gamma\tau - \frac{1}{2}u^2\sigma^2\tau + \lambda\tau[e^{iu\mu_J - \frac{1}{2}u^2\sigma_J^2} - 1]
$$

由 Merton 模型的 CCF 式（10.52），我们可以得到对数收益率 $\Delta\ln S_{t+\tau} \equiv \ln S_{t+\tau} - \ln S_t$ 的特征函数为：

$$
\begin{aligned}
\psi(\Delta\ln S_{t+\tau}, u, \tau) &\equiv E[e^{iu\Delta\ln S_{t+\tau}}] \\
&= \exp[A(u, \tau)]
\end{aligned} \tag{10.53}
$$

由 $\Delta\ln S_{t+\tau}$ 的特征函数我们可以导出它的均值与方差：

$$
\begin{aligned}
E[\Delta\ln S_{t+\tau}] &= (\gamma + \lambda\mu_J)\tau \\
\mathrm{Var}[\Delta\ln S_{t+\tau}] &= (\sigma^2 + \lambda\sigma_J^2)\tau
\end{aligned}
$$

在金融中的应用

在跳跃风险可以分散化解的假设条件下，Merton（1976）导出在以上模型设定下欧式看涨期权价格 $c(S,\tau)$ 满足的 PDE：

$$\frac{1}{2}\sigma^2 S^2 c_{SS} + (r - \lambda E[J_t])Sc_S + c_t - rc + \lambda E[c(S(1+J_t),\tau) - c(S,\tau)] = 0$$

边界条件与 Black - Scholes 模型相同。

Merton（1976）证明，以上 PDE 的解为：

$$c(S,\tau) = \sum_{n=0}^{\infty} \frac{(\lambda'\tau)^n}{n!} e^{-\lambda'\tau} BS(S,\tau;K,\sigma_n^2,r_n) \tag{10.54}$$

其中，

BS（·）为 Black - Scholes 看涨期权定价公式

$$\lambda' \equiv \lambda(1 + E[J_t])$$

$$\sigma_n^2 \equiv \sigma^2 + n\sigma_J^2/\tau$$

$$r_n \equiv r - \lambda E[J_t] + n(\mu_J + \frac{1}{2}\sigma_J^2)/\tau$$

也可通过风险中性定价法来导出 Merton 跳跃—扩散模型的期权定价公式：

$$\begin{aligned} c(S,\tau) &= e^{-r\tau} E^Q[\max(S_T - K, 0)] \\ &= \sum_{n=0}^{\infty} \frac{(\lambda'\tau)^n}{n!} e^{-\lambda'\tau} e^{-r\tau} E^Q[\max(S_T - K, 0) \mid N_\tau = n] \\ &= \sum_{n=0}^{\infty} \frac{(\lambda'\tau)^n}{n!} e^{-\lambda'\tau} BS(S,\tau;K,\sigma_n^2,r_n) \end{aligned}$$

其中，上式中的 λ'，σ_n^2，r_n 与式（10.54）中完全相同。

10.3.2　其他单因子跳跃—扩散模型

在 Merton 跳跃—扩散模型的基础上，后来又有其他学者提出了新的跳跃—扩散模型，其中比较重要的有 Ball 和 Torous（1983）提出的 Bernoulli 跳跃—扩散模型和 Kou（2002）提出的双指数跳跃—扩散模型。

我们首先介绍 Ball 和 Torous（1983）提出的 **Bernoulli 跳跃—扩散模型**。在式（10.48）中，记 $\alpha \equiv \mu - \lambda E[J_t] - \frac{1}{2}\sigma^2, Y_t \equiv \ln(1+J_t) \sim \mathcal{N}(\mu_J, \delta^2)$。

对式（10.48）两边积分，我们有：

$$\begin{aligned} \ln S_{t+1} - \ln S_t &= \int_t^{t+1} \alpha du + \int_t^{t+1} \sigma dW_u + \int_t^{t+1} Y_u dN_u \\ &= \alpha + \sigma(W_{t+1} - W_t) + \sum_{j=1}^{N_{t+1}-N_t} Y_j \end{aligned}$$

其中，$W_{t+1}-W_t \sim \mathcal{N}(0,\ 1)$，$N_{t+1}-N_t \sim \text{Poisson}\ (\lambda)$。

Ball 和 Torous（1983）将泊松分布 $N_{t+1}-N_t$ 用一个参数为 λ 的 Bernoulli 分布近似替代。也就是说，在给定的单位时间，股价最多发生一次跳跃，发生概率是 λ，并且当跳跃发生时，跳跃幅度由一个正态分布的随机变量 $Y_j \sim \mathcal{N}(\mu_J,\ \delta^2)$ 决定。此时对数收益率写成：

$$\ln S_{t+1}-\ln S_t=\begin{cases}\alpha+\sigma(W_{t+\tau}-W_t)+Y_j & \text{概率等于 } \lambda\\ \alpha+\sigma(W_{t+\tau}-W_t) & \text{概率等于 } 1-\lambda\end{cases} \tag{10.55}$$

因此，资产收益率的密度函数为：

$$f(x)=(1-\lambda)\phi(\alpha,\sigma^2)+\lambda\phi(\alpha+\mu_J,\sigma^2+\delta^2) \tag{10.56}$$

其中，ϕ（·，·）是正态分布的密度函数。

Kou（2002）提出的**双指数跳跃—扩散模型**是指：

$$\begin{aligned}&\frac{dS_t}{S_t}=(\mu-\lambda E[J_t])dt+\sigma dW_t+J_t dN_t\\&Y_t\equiv\ln(1+J_t)\sim D\varepsilon(\eta_1,\eta_2,p)\\&E[J_t]=\frac{p\eta_1}{\eta_1-1}+\frac{(1-p)\eta_2}{\eta_2+1}-1\end{aligned} \tag{10.57}$$

其中，N_t 是到达强度为 λ 的泊松过程，$D\varepsilon$（η_1，η_2，p）是指参数为 η_1，η_2，p 的双指数分布，它具有如下的概率密度函数：

$$f(y)=p\eta_1 e^{-\eta_1 y}1_{\{y\geqslant 0\}}+(1-p)\eta_2 e^{\eta_2 y}1_{\{y<0\}} \tag{10.58}$$

其中，$\eta_1>1$，$\eta_2>0$，$1\geqslant p\geqslant 0$。指数分布只产生正的跳跃，而双指数分布还可以产生负的跳跃，并且如果 η_1 不等于 η_2，收益率的跳跃幅度还可以是不对称的。

双指数跳跃—扩散模型的优势是可以导出美式期权的解析近似公式和一些路径依赖期权的解析公式。

10.3.3 Bates 的 SVJ 模型

Bates（1996）提出的随机波动率—跳跃（SVJ）模型满足如下随机微分方程：

$$\begin{aligned}&\frac{dS_t}{S_{t-}}=(\mu-\lambda E[J_t])dt+\sqrt{V_t}dW_t+J_t dN_t\\&dV_t=\kappa(\alpha-V_t)dt+\sigma\sqrt{V_t}dW_t^v\\&dW_t dW_t^v=\rho dt,\ln(1+J_t)\sim\mathcal{N}(\mu_J,\sigma_J^2)\end{aligned} \tag{10.59}$$

其中，$E[J_t]=e^{\mu_J+\frac{1}{2}\sigma_J^2}-1$。此模型在价格过程中加入跳跃推广了 Heston（1993）SV 模型，将波动率设定为一个随机过程又推广了 Merton（1976）模型。

Bates SVJ 模型的条件特征函数

根据伊藤引理，对数资产价格 $\ln S_t$ 满足的 SDE 为：

$$d\ln S_t=\left(\gamma-\frac{1}{2}V_t\right)dt+\sqrt{V_t}dW_t+Y_tdN_t$$

其中，$\gamma\equiv\mu-\lambda E[J_t]$。

$\ln S_t$ 的条件特征函数定义为：

$$\psi(\ln S_{t+\tau},u,\tau;\ln S_t,V_t)\equiv E[e^{iu\ln S_{t+\tau}}\mid \ln S_t,V_t]$$

根据与求解 CIR 模型的 CCF 过程中相同的道理，我们得到 ψ（·）满足的 PDE 为：

$$-\frac{\partial\psi}{\partial\tau}+\frac{\partial\psi}{\partial\ln S_t}\left(\gamma-\frac{1}{2}V_t\right)+\frac{\partial\psi}{\partial V_t}\kappa(\alpha-V_t)+\frac{1}{2}\frac{\partial^2\psi}{\partial(\ln S_t)^2}V_t+\frac{1}{2}\frac{\partial^2\psi}{\partial V_t^2}\sigma^2V_t$$
$$+\frac{\partial^2\psi}{\partial\ln S_t\partial V_t}\rho\sigma V_t+\lambda E_t[\psi(\ln S_t+Y)-\psi(\ln S_t)]=0 \tag{10.60}$$

记 $\eta\equiv e^{iu\mu_J-\frac{1}{2}u^2\sigma_J^2}-1$。我们猜 PDE 式（10.60）的解为：

$$\psi(\ln S_{t+\tau},u,\tau;\ln S_t,V_t)=\exp[C(\tau)+D(\tau)V_t+iu\ln S_t+\lambda\tau\eta] \tag{10.61}$$

将 ψ（·）的各阶偏导数代入式（10.60），消去 ψ，整理，最后得到 $C(\tau)$ 和 $D(\tau)$ 满足的常微分方程：

$$\frac{1}{2}\sigma^2D^2(\tau)+(\rho\sigma iu-\kappa)D(\tau)-D'(\tau)-\frac{1}{2}(iu+u^2)=0 \tag{10.62}$$

$$\gamma iu+\kappa\alpha D(\tau)-C'(\tau)=0 \tag{10.63}$$

式（10.62）与式（10.38）完全一样，而式（10.63）与式（10.39）的差别是常数 γ 代替了 μ，因此，按照与 Heston 随机波动率模型一样的解法，我们得到 $C(\tau)$ 和 $D(\tau)$ 的解为：

$$D(\tau)=d_1\frac{1-e^{c\tau}}{1-ge^{c\tau}} \tag{10.64}$$

$$C(\tau)=\gamma iu\tau+\kappa\alpha\left[d_1\tau-\frac{2}{\sigma^2}\ln\left(\frac{1-ge^{c\tau}}{1-g}\right)\right] \tag{10.65}$$

其中，常数 d_1，c，g 与 Heston 随机波动率模型中一样。

将 $C(\tau)$ 和 $D(\tau)$ 代入式（10.61），最后我们得到 $\ln S_t$ 的 CCF 为：

$$\psi(\ln S_{t+\tau},u,\tau;\ln S_t,V_t)=\exp[C(\tau)+D(\tau)V_t+iu\ln S_t+\lambda\tau\eta] \tag{10.66}$$

其中，$C(\tau)$和$D(\tau)$的表达式分别是式（10.64）和式（10.65）。

由式（10.66），我们可以得到对数收益率 $\Delta\ln S_{t+\tau}\equiv\ln S_{t+\tau}-\ln S_t$ 的条件特征函数为：

$$\begin{aligned}\psi(\Delta\ln S_{t+\tau},u,\tau;\ln S_t,V_t)&\equiv E[e^{iu\Delta\ln S_{t+\tau}}\mid\ln S_t,V_t]\\&=\exp[C(u,\tau)+D(u,\tau)V_t+\lambda\tau\eta]\end{aligned}$$

它与 $\ln S_t$ 无关。

由 CCF，通过傅立叶逆变换可以得到转移密度函数。$\Delta\ln S_{t+\tau}$的各种条件矩也可以通过 CCF 而导出。

与 Heston SV 模型一样，通过积分可以积掉 V_t，得到 $\Delta\ln S_{t+\tau}$的边际特征函数：

$$\begin{aligned}\psi(\Delta\ln S_{t+\tau},u,\tau)&\equiv E[e^{iu\Delta\ln S_{t+\tau}}]\\&=\int_0^\infty\psi(\Delta\ln S_{t+\tau},u,\tau;\ln S_t,V_t)f(V_t)dV_t\\&=\exp[C(u,\tau)+\lambda\tau(e^{iu\mu_J-\frac{1}{2}u^2\sigma^2}-1)]\int_0^\infty\exp[D(u,\tau)V_t]f(V_t)dV_t\\&=\left[1-\frac{D(u,\tau)\sigma^2}{2\kappa}\right]^{-2\kappa\alpha/\sigma^2}\exp[C(u,\tau)+\lambda\tau\eta]\end{aligned}$$

由 $\Delta\ln S_{t+\tau}$的特征函数，我们可以通过傅立叶逆变换得到 $\Delta\ln S_{t+\tau}$的边际密度函数。$\Delta\ln S_{t+\tau}$的各种矩条件也可以通过特征函数而导出。

Bates（1996）将 SVJ 模型应用于外汇期权定价，Bates（2000）将 SVJ 模型应用于股票期权定价。

10.3.4 随机波动率—双跳跃模型

Duffie、Pan 和 Singleton（2000）分析了资产价格 S_t 与随机波动率 V_t 都存在跳跃的模型，并把它命名为随机波动率—双跳跃模型，其设定如下：

$$\begin{aligned}\frac{dS_t}{S_{t-}}&=(\mu-\lambda E[J_t])dt+\sqrt{V_t}dW_t+J_tdN_t\\dV_t&=\kappa(\alpha-V_t)dt+\sigma\sqrt{V_t}dW_t^v+J_t^vdN_t^v\\dW_tdW_t^v&=\rho dt\end{aligned} \tag{10.67}$$

令 $Y_t\equiv\ln(1+J_t)$，由伊藤引理，我们可导出 $\ln S_t$ 的随机过程：

$$d\ln S_t=\left(\mu-\lambda E[J_t]-\frac{1}{2}V_t\right)dt+\sqrt{V_t}dW_t+Y_tdN_t$$

在跳跃部分，此模型包括了三种形式的跳跃：

（1）对数价格 ln S 的跳跃：到达强度为 λ^y，跳跃幅度服从均值等于 μ_y，方差等于 σ_y^2 的正态分布 $\mathcal{N}(\mu_y, \sigma_y^2)$；

（2）波动率 V 的跳跃：到达强度为 λ^v，跳跃幅度服从均值等于 μ_v 的指数分布 $\varepsilon(1/\mu_v)$；

（3）ln S 和 V 同时发生的、相关的跳跃：到达强度为 λ^c；V 的跳跃幅度的边际分布服从均值等于 $\mu_{c,v}$ 的指数分布；在 V 的跳跃幅度等于 z_v 条件下，Y 的跳跃幅度服从均值等于 $\mu_{c,y}+\rho J z_v$，方差等于 $\sigma_{c,y}^2$ 的正态分布。

在 ln S_t 和 V_t 已知的条件下，$\Delta \ln S_{t+\tau}$ 的条件特征函数为：

$$\begin{aligned}\psi(\Delta \ln S_{t+\tau}, u, \tau; \ln S_t, V_t) &\equiv E[\exp(iu\Delta \ln S_{t+\tau}) \mid \ln S_t, V_t] \\ &= \exp[C(u,\tau) + D(u,\tau)V_t]\end{aligned}$$

其中，

$$D(u,\tau) = -\frac{a(1-e^{-\gamma\tau})}{2\gamma - (\gamma+b)(1-e^{-\gamma\tau})}$$

$$C(u,\tau) = C_0(u,\tau) - \lambda\tau(1+iuE[J_t]) + \lambda\int_0^\tau \theta(u, D(u,s))ds$$

其中，

$$b = iu\sigma\rho - \kappa, a = iu + u^2, \gamma = \sqrt{b^2 + a\sigma^2}$$

$$C_0(u,\tau) = iuE[J_t]\tau - \kappa\alpha\left(\frac{\gamma+b}{\sigma^2}\tau + \frac{2}{\sigma^2}\ln\left[1 - \frac{\gamma+b}{2\gamma}(1-e^{-\gamma\tau})\right]\right)$$

根据跳跃的设定形式，我们有：

$$\theta(c_1,c_2) = \frac{\lambda^y\theta^y(c_1) + \lambda^v\theta^v(c_2) + \lambda^c\theta^c(c_1,c_2)}{\lambda} \tag{10.68}$$

其中，

$$\lambda = \lambda^y + \lambda^v + \lambda^c$$

$$\theta^y(c) = \exp\left(\mu_y c + \frac{1}{2}\sigma_y^2 c^2\right)$$

$$\theta^v(c) = \frac{1}{1-\mu_v c}$$

$$\theta^c(c_1,c_2) = \frac{\exp(\mu_{c,y}c_1 + \frac{1}{2}\sigma_{c,y}^2 c_1^2)}{1 - \mu_{c,v}c_2 - \rho J\mu_{c,v}c_1}$$

最后可以计算积分式：

$$\int_0^\tau \theta(u,D(u,s))ds = \frac{\lambda^y f^y(u,\tau) + \lambda^v f^v(u,\tau) + \lambda^c f^c(u,\tau)}{\lambda}$$

其中，

$$f^y(u,\tau) = \tau\exp\left(iu\mu_y - \frac{1}{2}u^2\sigma_y^2\right)$$

$$f^v(u,\tau) = \frac{\gamma - b}{\gamma - b + \mu_v a}\tau - \frac{2\mu_v a}{\gamma^2 - (b-\mu_v a)^2}\ln\left[1 - \frac{(\gamma+b)-\mu_v a}{2\gamma}(1-e^{-\gamma\tau})\right]$$

$$f^c(u,\tau) = \exp\left(iu\mu_{c,y} - \frac{1}{2}u^2\sigma_{c,y}^2\right)d$$

其中，

$$c = 1 - iu\rho J\mu_{c,v}$$

$$d = \frac{\gamma - b}{(\gamma-b)c + \mu_{c,v}a}\tau - \frac{2\mu_{c,v}a}{(\gamma c)^2 - (bc-\mu_{c,v}a)^2}\ln\left[1 - \frac{(\gamma+b)c-\mu_{c,v}a}{2\gamma c}(1-e^{-\gamma\tau})\right]$$

给定 CCF，通过傅立叶逆变换可以得到收益率 $\Delta\ln S_{t+\tau}$ 基于 V_t 的条件密度函数。$\Delta\ln S_{t+\tau}$ 的各种条件矩也可以通过 CCF 而导出。

10.3.5 其他仿射模型

Bakshi、Cao 和 Chen（1997）在 SVJ 模型的基础上，加入了随机利率，他们的模型称为随机波动率—跳跃—随机利率（SVJ－SI）模型。

以上几个模型都是 Duffie、Pan 和 Singleton（2000）框架下的仿射跳跃—扩散（AJD）模型，附录是计算一般形式 AJD 模型 CCF 的过程。下面我们介绍一个非仿射模型。

10.3.6 线性—二次期限结构模型（LQTSM）

模型的设定

Jiang 和 Yan（2009）研究了把 ATSM 和 QTSM 综合在一起的 LQTSM。在这一模型中，$n_1 + n_2$ 维状态变量 $X_t \equiv \begin{pmatrix} X_{1t} \\ X_{2t} \end{pmatrix}$ 服从以下随机微分方程：

$$dX = (\mu_X - \lambda\mu_{Q_X})dt + \Sigma_X dW + Q_X dN \tag{10.69}$$

其中，$W_t \equiv \begin{pmatrix} W_{1t} \\ W_{2t} \end{pmatrix}$是 $n_1 + n_2$ 维标准布朗运动，N_t 是强度为 λ 的泊松过程。跳跃幅度 $Q_X = \begin{pmatrix} Q_{X_1} \\ 0 \end{pmatrix}$，表示只有状态变量 X_1 部分才产生跳跃。N，Q_X，W 相互独立。漂移项和扩散项分别为以下形式：

$$\mu_X = \begin{pmatrix} \mu_{X_1} \\ \mu_{X_2} \end{pmatrix}, \quad \sum_X \sum_X^\top = \begin{pmatrix} \Omega_{11} & \Omega_{12} \\ \Omega'_{12} & \Omega_{22} \end{pmatrix}$$

线性—二次的结构显示在跳跃强度 $\lambda(\cdot)$、μ_{X_1} 以及 Ω_{11} 中元素是 X_1 的线性函数以及 X_2 的二次函数；μ_{X_2} 和 Ω_{12} 中元素是 X_2 的仿射函数；Ω_{22} 是常数矩阵。另外，瞬时利率 r_t 是 X_1 的线性函数，X_2 的二次函数。

与 ATSMs 和 QTSMs 的关系

模型式（10.69）是仿射与二次期限结构模型的综合体。若仅有仿射型状态变量 X_1，则它就是 Duffie、Pan 和 Singleton（2000）的跳跃—扩散仿射期限结构模型。在没有跳跃项时，Dai 和 Singleton（2000）考察 ATSMs 的设定与拟合集优度问题。另一方面，若仅有二次状态变量 X_2，则它就是 Ahn 和 Gallant（2002）、Leippold 和 Wu（2002）的二次期限结构模型。值得注意的是这些文献中提出的二次模型没有跳跃项。与 Dai 和 Singleton（2000）对 ATSMs 的研究类似，Ahn 和 Gallant（2002）提供了 QTSMs 的实证研究。

值得指出的是，LQTSM 并非 ATSM 和 QTSM 的简单堆垒。要看出这一点，请注意 X_2（以二次的形式）出现在 X_1 的漂移项和扩散项之中。此外，X_2（以二次的形式）出现在跳跃的到达强度中。这使得我们有更大的自由度来刻画 λ 的动态变化。Cheng 和 Scaillet（2007）提供了 LQTSMs 的可允条件和结构限制。

金融中的应用

（1）债券定价。为债券定价，我们需要知道风险中性测度下状态变量的动态形式。Jiang 和 Yan（2009）给出了一种从客观测度到风险中性测度的变换。由线性—二次设定可以得到接近解析形式的债券价格公式。假设模型参数的设定如下：

$$\mu_{X_1} = \kappa_{10} + \kappa_{11}X_1 + \kappa_{12}X_2 + \zeta(X_2), (\kappa_{10}, \kappa_{11}, \kappa_{12}) \in \mathbb{R}^{n_1} \times \mathbb{R}^{n_1 \times n_1} \times \mathbb{R}^{n_1 \times n_2}$$

$$\zeta(X_2) = (X_2^\top \zeta_1 X_2, \cdots, X_2^\top \zeta_{n_1} X_2)^\top, \zeta_i \in \mathbb{R}^{n_2 \times n_2}$$

$$\mu_{X_2}=\kappa_{20}+\kappa_{22}X_2,(\kappa_{20},\kappa_{22})\in\mathbb{R}^{n_2}\times\mathbb{R}^{n_2\times n_2}$$

$$(\Omega_{11})_{ij}=(\omega_{10})_{ij}+(\omega_{11})_{ij}^{\top}X_1+(\omega_{12})_{ij}^{\top}X_2+X_2^{\top}v_{ij}X_2$$

$$((\omega_{10})_{ij},(\omega_{11})_{ij},(\omega_{12})_{ij},v_{ij})\in\mathbb{R}\times\mathbb{R}^{n_1}\times\mathbb{R}^{n_2}\times\mathbb{R}^{n_2\times n_2}$$

$$(\Omega_{12})_{ij}=(\omega_{20})_{ij}+(\omega_{22})_{ij}^{\top}X_2,((\omega_{20})_{ij},(\omega_{22})_{ij})\in\mathbb{R}\times\mathbb{R}^{n_2}$$

$$\lambda=\varphi+\phi^{\top}X_1+\psi^{\top}X_2+X_2^{\top}\psi X_2,(\varphi,\phi,\psi,\Psi)\in\mathbb{R}\times\mathbb{R}^{n_1}\times\mathbb{R}^{n_2}\times\mathbb{R}^{n_2\times n_2}$$

$$r=\alpha+\beta^{\top}X_1+\gamma^{\top}X_2+X_2^{\top}\Phi X_2,(\alpha,\beta,\gamma,\Phi)\in\mathbb{R}\times\mathbb{R}^{n_1}\times\mathbb{R}^{n_2}\times\mathbb{R}^{n_2\times n_2}$$

其中，方阵 Ω_{22}，ζ_i，v_{ij}，ψ 和 Φ 是对称的。

记期限 τ 的零息债券价格为 $P(X_1,X_2,\tau)$，它是状态变量的函数。在无套利的假设条件下，债券价格 $P(X_1,X_2,\tau)$ 满足以下 PDE：

$$0=P_t-rP+[\kappa_{10}^*+\kappa_{11}^*X_1+\kappa_{12}^*X_2+\zeta^*(X_2)-\lambda^*\mu_{Q_{X_1}}^*]^{\top}P_{X_1}+(\kappa_{20}^*+\kappa_{22}^*X_2)^{\top}P_{X_2}$$
$$+\frac{1}{2}\mathrm{tr}[\Omega_{11}P_{X_1X_1^{\top}}+2\Omega_{12}^{\top}P_{X_1X_2^{\top}}+\Omega_{22}P_{X_2X_2^{\top}}]+\lambda^*E[P(X_1+Q_{X_1}^*,X_2,\tau)-P(X_1,X_2,\tau)]$$

其中，边界条件为 $P(X_1,\ X_2,\ 0)=1$。

记 θ 为风险中性测度下模型参数向量。Jiang 和 Yan（2009）证明，债券价格公式为：

$$P(X_1,X_2,\tau;\theta)=e^{A(\tau)+B(\tau)^{\top}X_1+C(\tau)^{\top}X_2+X_2^{\top}D(\tau)X_2}$$

其中，$(A,B,C,D)\in\mathbb{R}\times\mathbb{R}^{n_1}\times\mathbb{R}^{n_2}\times\mathbb{R}^{n_2\times n_2}$，$D$ 是对称矩阵，(A,B,C,D) 的初始值都等于 0，并满足以下 ODE：

$$\frac{dA}{d\tau}=-\alpha+(\kappa_{10}^{*\top}-\varphi^*\mu_{Q_{X_1}}^{*\top})B+\kappa_{20}^{*\top}C+\frac{1}{2}B^{\top}\omega_{10}B$$
$$+B^{\top}\omega_{20}C+\frac{1}{2}C^{\top}\Omega_{22}C+\mathrm{tr}(\Omega_{22}D)+\varphi^*(\delta_X^*(B)-1),$$

$$\frac{dB}{d\tau}=-\beta+(\kappa_{11}^{*\top}-\phi^*\mu_{Q_{X_1}}^{*\top})B+\frac{1}{2}\sum_{i,j}B_iB_j(\omega_{11})_{ij}+\phi^*(\delta_X^*(B)-1),$$

$$\frac{dC}{d\tau}=-\gamma+(\kappa_{12}^{*\top}-\psi^*\mu_{Q_{X_1}}^{*\top})B+\kappa_{22}^{*\top}C+2D\kappa_{20}^*+2D\omega_{20}^{\top}B+2D\Omega_{22}C$$
$$+\frac{1}{2}\sum_{i,j}B_iB_j(\omega_{12})_{ij}+\sum_{i,j}B_iC_j(\omega_{22})_{ij}+\psi^*(\delta_X^*(B)-1),$$

$$\frac{dD}{d\tau}=-\Phi+\sum_iB_i\zeta_i^*-\psi^*\mu_{Q_{X_1}}^{*\top}B+(D\kappa_{22}^*+\kappa_{22}^{*\top}D)+2D\Omega_{22}D$$
$$+\frac{1}{2}\sum_{i,j}B_iB_jv_{ij}+\sum_{i,j}B_i(D_j(\omega_{22})_{ij}^{\top}+(\omega_{22})_{ij}D_j^{\top})+\psi^*(\delta_X^*(B)-1)$$

（2）条件特征函数。为模型估计，导出状态变量的条件特征函数（CCF）非常有用。这是因为通过 CCF 可以非常方便地计算条件矩，并且 CCF 建立了观测变量与不可观测变量矩条件之间的联系。记 LQTSM 状态变量的 CCF 为 $f(s,X,\tau)$。通过伊藤引理与 CCF 的鞅性质，CCF 满足以下 PDE：

$$0=f_t+(\kappa_{10}^*+\kappa_{11}^*X_1+\kappa_{12}^*X_2+\zeta^*(X_2)-\lambda^*\mu_{Q_{X_1}}^*)^\top f_{X_1}+(\kappa_{20}^*+\kappa_{22}^*X_2)^\top f_{X_2}$$

$$+\frac{1}{2}\text{tr}[\Omega_{11}f_{X_1X_1^\top}+2\Omega_{12}^\top f_{X_1X_2^\top}+\Omega_{22}f_{X_2X_2^\top}]$$

$$+\lambda^*E[f(s,X_1+Q_{X_1}^*,X_2,\tau)-f(s,X_1,X_2,\tau)]$$

其中，边界条件是 $f(s,X,0)=e^{is^\top X}$。

Jiang 和 Yan（2009）证明，X_t 的 CCF 在风险中性测度下的解是：

$$f(s,X(t),\tau;\theta)=e^{i[A^*(s,\tau)+B^*(s,\tau)^\top X_1+C^*(s,\tau)^\top X_2+X_2^\top D^*(s,\tau)X_2]}$$

其中，$i=\sqrt{-1}$，$s=\begin{pmatrix}s_1\\s_2\end{pmatrix}$，$(s_1,\ s_2)\in\mathbb{R}^{n_1}\times\mathbb{R}^{n_2}$，$(A^*,\ B^*,\ C^*,\ D^*)\in\mathbb{R}\times\mathbb{R}^{n_1}\times\mathbb{R}^{n_2}\times\mathbb{R}^{n_2\times n_2}$，$D^*$ 是对称矩阵，$(A^*,\ B^*,\ C^*,\ D^*)$ 是与导出债券价格类似的 ODE 的解，边界条件是 $A^*(s,0)=0$，$B^*(s,0)=s_1$，$C^*(s,0)=s_2$，$D^*(s,0)=0$。

表 10－2　　常用分布的统计性质

分布	记号	支撑	密度函数	分布函数	特征函数	均值	方差
正态	$\mathcal{N}(\mu,\sigma^2)$	$(-\infty,\infty)$	$\frac{1}{\sqrt{2\pi\sigma^2}}e^{-\frac{(x-\mu)^2}{2\sigma^2}}$	$\frac{1}{2}\left[1+\text{erf}\left(\frac{x-\mu}{\sqrt{2\sigma^2}}\right)\right]$	$\exp\left[iu\mu-\frac{1}{2}\sigma^2u^2\right]$	μ	σ^2
指数	$\varepsilon(\lambda)$	$[0,\infty)$	$\lambda e^{-\lambda x}$	$1-e^{-\lambda x}$	$(1-iu/\lambda)^{-1}$	$1/\lambda$	$1/\lambda^2$
伽马	$\Gamma(k,\theta)$	$[0,\infty)$	$x^{k-1}\frac{\exp(-x/\theta)}{\Gamma(k)\theta^k}$	$\frac{\gamma(k,x/\theta)}{\Gamma(k)}$	$(1-iu\theta)^{-k}$	$k\theta$	$k\theta^2$
泊松	Poisson(λ)	$\{0,1,2,\cdots\}$	$\frac{\lambda^k}{k!}e^{-\lambda}$	$e^{-\lambda}\sum_{j=0}^{k}\frac{\lambda^j}{j!}$	$\exp[\lambda(e^{iu}-1)]$	λ	λ

本章回顾

主要概念

仿射模型　二次模型　随机波动率　转移密度　边际密度　条件特征函数　边际特征函数　条件矩　非条件矩　动态对冲　风险中性定价　期权定价　风险溢价　利率期限结构

主要结果

1. 本章导出了以下模型的主要统计性质：

(a) 算术布朗运动：

$$dX_t = \mu dt + \sigma dW_t$$

(b) 几何布朗运动：

$$\frac{dX_t}{X_t} = \mu dt + \sigma dW_t$$

(c) O－U 过程（或 Vasicek 模型）：

$$dX_t = \kappa(\alpha - X_t)dt + \sigma dW_t$$

(d) 平方根过程（或 CIR 模型）：

$$dX_t = \kappa(\alpha - X_t)dt + \sigma\sqrt{X_t}dW_t$$

(e) CEV 模型（或 CKLS 模型）：

$$dX_t = (\alpha + \beta X_t)dt + \sigma X_t^{\gamma} dW_t$$

(f) Heston 随机波动率模型：

$$\frac{dS_t}{S_t} = \mu dt + \sqrt{V_t}dW_t$$

$$dV_t = \kappa(\alpha - V_t)dt + \sigma\sqrt{V_t}dW_t^v$$

$$dW_t dW_t^v = \rho dt$$

(g) Merton 跳跃—扩散模型：

$$\frac{dS_t}{S_{t-}} = (\mu - \lambda E[J_t])dt + \sigma dW_t + J_t dN_t$$

(h) Bates 的 SVJ 模型：

$$\frac{dS_t}{S_{t-}} = (\mu - \lambda E[J_t])dt + \sqrt{V_t}dW_t + J_t dN_t$$

$$dV_t = \kappa(\alpha - V_t)dt + \sigma\sqrt{V_t}dW_t^v$$

$$dW_t dW_t^v = \rho dt, \ln(1 + J_t) \sim \mathcal{N}(\mu_J, \sigma_J^2)$$

(i) Duffie、Pan 和 Singleton（2000）随机波动率—双跳跃模型：

$$\frac{dS_t}{S_{t-}} = (\mu - \lambda E[J_t])dt + \sqrt{V_t}dW_t + J_t dN_t$$

$$dV_t = \kappa(\alpha - V_t)dt + \sigma\sqrt{V_t}dW_t^v + J_t^v dN_t^v$$

$$dW_t dW_t^v = \rho dt$$

2. 随机过程的条件矩可以由转移密度导出：

$$E[X_{t+\tau}^k \mid X_t] = \int_{\infty}^{\infty} X_{t+\tau}^k f(X_{t+\tau} \mid X_t) dX_{t+\tau}$$

也可以由条件特征函数导出：

$$E[X_{t+\tau}^k \mid X_t] = (-i)^k \psi^{(k)}(X_t, \tau, 0)$$

3. 给定金融证券的收益率过程：

$$dC_t / C_t = \mu_t dt + \sigma_t dW_t$$

在市场均衡或无套利条件下，期望收益率与风险的关系如下：

$$\mu_t = r_t + \lambda_t \sigma_t$$

其中，r_t 是无风险收益率，λ_t 一般称为风险的市场价格。以上关系式一般用来导出衍生证券满足的偏微分方程（PDE）。结合衍生证券的支付形式，解 PDE 可得到衍生证券的价格。

习 题

1. 给定如下几何布朗运动或 Black－Scholes 模型：

$$\frac{dS_t}{S_t} = \mu dt + \sigma dW_t$$

（a）利用伊藤引理导出 $\ln S_t$ 满足的随机微分方程。

（b）导出 $\ln S_t$ 的转移密度函数，即在 $\ln S_t$ 条件下 $\ln S_{t+\tau}$ 的条件密度函数。

（c）导出 $\ln S_{t+\tau} - \ln S_t$ 的前两阶矩。

（d）使用（b）的结果导出在 S_t 条件下 $S_{t+\tau}$ 的条件密度函数。

（e）导出在 S_t 条件下 $S_{t+\tau}$ 的前两阶矩。

2. 在 Vasicek 模型中，假设利率服从 O－U 过程：

$$dr_t = \kappa(\alpha - r_t)dt + \sigma dW_t$$

（a）导出利率过程的转移密度和边际密度，即 $f(r_{t+\tau} \mid r_t)$ 和 $f(r_t)$。（提示：令 $X_t = e^{\kappa t} r_t$，然后使用伊藤引理。）

（b）导出在 r_t 条件下 $r_{t+\tau}$ 的前两阶矩。

3. 给定如下平方根过程或 CIR 模型：

$$dr_t = \kappa(\alpha - r_t)dt + \sigma\sqrt{r_t}dW_t$$

（a）导出此过程的条件特征函数，即在 r_t 条件下 $r_{t+\tau}$ 的特征函数。

（b）导出在 r_t 条件下 $r_{t+\tau}$ 的前两阶矩。

（c）导出此过程的边际特征函数。

（d）导出 r_t 的前两阶非条件矩。

4.（a）假设 N_t 服从一强度为 λ 的泊松过程。导出 N_t 的特征函数。利用矩条件与特征函数之间的关系导出 N_t 的均值与方差。

（b）令：

$$J_t = \sum_{i=1}^{N_t} Y_i$$

其中，N_t 服从以上定义的泊松过程，Y_i 服从均值为 μ_J，标准差为 σ_J 的正态分布 $\mathcal{N}(\mu_J, \sigma_J^2)$。即 J_t 是跳跃幅度为正态分布随机变量的复合泊松过程。导出 J_t 的特征函数。利用矩条件与特征函数之间的关系导出 J_t 的均值、方差、偏度和峰度。

附录：仿射跳跃—扩散（AJD）模型的 CCF

假设状态变量 X_t 服从如下随机微分方程：

$$dX_t = \mu(X_t)dt + \sigma(X_t)dW_t + dZ_t \tag{10.70}$$

其中，W 是一取值在 $\mathbb{R}^n$ 上的 $(\mathscr{F}_t)$ —标准布朗运动；$\mu: D\to\mathbb{R}^n$，$\sigma: D\to\mathbb{R}^{n\times n}$，$Z$ 是一纯跳跃过程，跳跃幅度服从 $\mathbb{R}^n$ 上的给定概率分布 v，跳跃的到达强度为 $\{\lambda(X_t): t\geqslant 0\}$，$\lambda: D\to[0,\infty)$。这一随机过程的初始值 X_0 假设服从某一平凡分布。要使上式（10.70）有解，信息流 $(\mathscr{F}_t)$、状态空间和随机过程的系数函数，即 $(D, \mu(\cdot), \sigma(\cdot), \lambda(\cdot), v)$，必须满足一定的正规性条件，具体可参见 Duffie、Pan 和 Singleton（2000）给出的参考文献；这一随机过程 $\{X_t; t\geqslant 0\}$ 称之为**跳跃—扩散过程**。

如果系数方程 $\mu(\cdot)$，$\sigma(\cdot)\sigma(\cdot)^{\top}$，和 $\lambda(\cdot)$ 具有仿射结构，即：

$$\mu(X_t) = K_0 + K_1 X_t$$

$$[\sigma(X_t)\sigma(X_t)^{\top}]_{ij} = [H_0]_{ij} + [H_1]_{ij} X_t$$

$$\lambda(X_t) = l_0 + l_1 X_t$$

其中，$K=(K_0,K_1)\in\mathbb{R}^n\times\mathbb{R}^{n\times n}$，$H=(H_0,H_1)\in\mathbb{R}^{n\times n}\times\mathbb{R}^{n\times n\times n}$，$l=(l_0,l_1)\in\mathbb{R}\times$

$\mathbb{R}^n$,则这一模型称为**仿射跳跃—扩散（AJD）模型**。

令:

$$g(c) = \int_{\mathbb{R}^n} \exp\{c \cdot z\} dv(z), c \in \mathbb{C}^n$$

Duffie、Pan 和 Singleton（2000）给出了 AJD 模型条件特征方程的显示解:

$$\begin{aligned}\psi(u; X_{t+\tau} \mid X_t) &\equiv E[\exp\{iuX_{t+\tau}\} \mid X_t] \\ &= \exp\{C(\tau,u) + D(\tau,u)^{\top} X_t\}\end{aligned}$$

其中，$i=\sqrt{-1}$，$C(\cdot)$和$D(\cdot)$满足以下取复值的黎卡提方程:

$$\frac{\partial D(\tau,u)}{\partial \tau} = K_1^{\top} D(\tau,u) + \frac{1}{2} D(\tau,u)^{\top} H_1 D(\tau,u) + l_1(g(D(\tau,u))-1)$$

$$\frac{\partial C(\tau,u)}{\partial \tau} = K_0^{\top} D(\tau,u) + \frac{1}{2} D(\tau,u)^{\top} H_0 D(\tau,u) + l_0(g(D(\tau,u))-1)$$

其中，边界条件为$D(0,u)=iu$，$C(0,u)=0$。

本章所介绍的仿射模型，不论单因子还是多因子，不论是扩散过程还是跳跃—扩散过程，都是 AJD 模型的特例。

第十一章　连续时间模型的参数估计方法

前面我们提到，连续时间模型被广泛地应用于金融学中。在实际应用中，这些模型需要使用观测数据进行估计。从本章开始，接下来的三章，我们介绍各种连续时间模型的估计方法。本章的重点是参数模型的各种估计方法。在参数模型中，漂移项、扩散项和可能有的跳跃项都由参数形式的函数设定。因此，对这些模型估计的主要目的是得到参数估计值并作统计推断。

本章开始第一节介绍一些简单的估计方法，如累积量匹配、矩方法和广义矩方法（GMM），接下来第二节是极大似然估计（MLE），最后一节介绍拟极大似然估计（QMLE）和近似极大似然估计（AMLE）。对每种方法，我们都讨论其在实际应用中的利与弊。另外，为进一步阐明这些方法，我们还加入了一些实证例子。

11.1　累积量匹配、矩方法和广义矩方法

11.1.1　累积量匹配法

首先我们介绍累积量的概念。累积量可以由它的生成函数来定义。记 X 为一随机变量，X 的**累积量（Cumulant）生成函数**，记为 $g(u)$，就是 X 的特征函数取对数，即：

$$g(u)=\ln(E[e^{iuX}])$$

由 $g(u)$，我们可以定义 n 阶累积量（记为 K_n）为：

$$K_n=\frac{1}{i^n}g^{(n)}(0) \tag{11.1}$$

在以下例子中，我们根据式（11.1）分别计算了正态分布和泊松分布随机变

量的各阶累积量。

【例 11-1】正态分布与泊松分布的累积量。

首先由上一章附录，我们知道正态分布随机变量 $X \sim \mathcal{N}(\mu, \sigma^2)$ 的特征函数为：

$$\psi(u) = \exp\left[iu\mu - \frac{1}{2}\sigma^2 u^2\right]$$

对以上特征函数取对数，正态分布随机变量 X 的累积量生成函数为：

$$g(u) = iu\mu - \frac{1}{2}\sigma^2 u^2$$

根据式（11.1），X 的各阶累积量为：

$$K_1 = \mu,\ K_2 = \sigma^2,\ K_3 = K_4 = \cdots = 0$$

由上一章附录，泊松分布 $Y \sim \text{Poisson}(\lambda)$ 的特征函数为：

$$\psi(u) = \exp[\lambda(e^{iu} - 1)]$$

对以上特征函数取对数，Y 的累积量生成函数为：

$$g(u) = \lambda(e^{iu} - 1)$$

根据式（11.1），Y 的各阶累积量为：

$$K_1 = K_2 = K_3 = K_4 = \cdots = \lambda$$

在上一章我们还看到，根据随机变量的特征函数可以求得矩条件，公式如下：

$$m_n = (-i)^n \psi^{(n)}(X, 0)$$

其中，$m_n \equiv E[X^n]$ 表示随机变量 X 的 n 阶原点矩，$\psi(X, u)$ 是 X 的特征函数。因此累积量与原点矩之间有着紧密的联系，知道累积量可以导出原点矩，反过来，由原点矩可以得到累积量，它们之间的关系可以由如下递归公式表示：

$$K_n = m_n - \sum_{k=1}^{n-1} \binom{n-1}{k-1} K_k m_{n-k} \tag{11.2}$$

由式（11.2），我们有：

$$K_1 = m_1$$

$$K_2 = m_2 - m_1^2$$

$$K_3 = m_3 - 3m_1 m_2 + 2m_1^3$$

$$K_4 = m_4 - 3m_2^2 - 4m_1 m_3 + 12m_1^2 m_2 - 6m_1^4$$

用样本矩 $\overline{m}_n \equiv 1/T \sum_{t=1}^{T} X_t^n$ 代替以上式子中的总体矩 m_n，我们便得到样本累

积量，记为 $\overline{K}_n$。选择与参数个数相同的几个累积量 K_n，令 K_n 与样本累积量 $\overline{K}_n$ 相匹配，也就是 $K_n=\overline{K}_n$，就得到参数的一个（相合）估计量。这种参数估计方法称为**累积量匹配法**。

有时候累积量容易计算，形式简单，如上一例子中正态分布与泊松分布的累积量都有比较简单的表达式。因此，用累积量匹配法估计参数在某些情况下比较方便。下面我们给出一个例子。

【例 11-2】 跳跃—扩散过程模型参数估计：累积量匹配法。

Press（1967）用累积量匹配法估计了以下股票跳跃—扩散过程模型的参数：

$$Z_t = Z_0 + \sigma W_t + \sum_{k=1}^{N_t} Y_k \tag{11.3}$$

其中，Z_t 表示 t 时刻股票的对数价格，W_t 是一布朗运动，N_t 是到达强度为 λ 的泊松过程，Y_k 是 iid 的随机变量序列，其分布为均值为 μ_J，方差为 σ_J^2 的正态分布 $N(\mu_J,\sigma_J^2)$。σ^2，λ，μ_J，σ_J^2 都是常数，是模型中需要估计的参数。

根据模型（11.3），对数收益率，即 Z_t 的增量 ΔZ_t 是一个正态分布与复合泊松分布之和，

$$\Delta Z_t \equiv Z_t - Z_{t-1} = \sigma(W_t - W_{t-1}) + \sum_{k=N_{t-1}+1}^{N_t} Y_k, \quad t = 1,2,\cdots$$

并且 ΔZ_t，$t=1$，2，…是 iid 的随机变量序列。

容易求得 ΔZ_t 的累积量生成函数 $g(u)$ 为：

$$g(u) = -\frac{u^2\sigma^2}{2} + \lambda[e^{iu\mu_J - u^2\sigma_J^2/2} - 1]$$

为估计模型的四个未知参数 σ^2，λ，μ_J，σ_J^2，我们需要四个累积量。根据累积量的公式（11.1），ΔZ_t 的前四阶累积量为：

$$\begin{aligned}
K_1 &= \lambda\mu_J \\
K_2 &= \sigma^2 + \lambda(\mu_J^2 + \sigma_J^2) \\
K_3 &= \lambda\mu_J(\mu_J^2 + 3\sigma_J^2) \\
K_4 &= \lambda(\mu_J^4 + 6\mu_J^2\sigma_J^2 + 3\sigma_J^4)
\end{aligned}$$

将前 4 阶样本矩：

$$\overline{m}_n \equiv \frac{1}{T}\sum_{t=1}^{T} \Delta Z_t^n, \quad n = 1,2,3,4$$

替代总体矩，得到前四阶样本累积量 $\overline{K}_n$，$n=1$，2，3，4。令：

$$\overline{K}_n = K_n, \quad n = 1,2,3,4$$

我们有：

$$\hat{\mu}_J^4 - \frac{2\overline{K}_3}{\overline{K}_1}\hat{\mu}_J^2 + \frac{3}{2}\frac{\overline{K}_4}{\overline{K}_1}\hat{\mu}_J - \frac{1}{2}\frac{\overline{K}_3^2}{\overline{K}_1^2} = 0 \tag{11.4}$$

$$\hat{\lambda} = \frac{\overline{K}_1}{\hat{\mu}_J} \tag{11.5}$$

$$\hat{\sigma}_J^2 = \frac{\overline{K}_3 - \hat{\mu}_J^2\overline{K}_1}{3\overline{K}_1} \tag{11.6}$$

$$\hat{\sigma}^2 = \overline{K}_2 - \hat{\lambda}(\hat{\mu}_J^2 + \hat{\sigma}_J^2) \tag{11.7}$$

由式（11.4），可以解出 $\hat{\mu}_J$，把 $\hat{\mu}_J$ 分别代入式（11.5）和式（11.6），得到 $\hat{\lambda}$ 和 $\hat{\sigma}_J^2$，最后将前面得到的 $\hat{\mu}_J$，$\hat{\lambda}$ 和 $\hat{\sigma}_J^2$ 代入式（11.7），得到估计值 $\hat{\sigma}^2$。以上第一个方程中的 $\hat{\mu}_J$ 可以解出两个不同符号的实根，选择其一使 $\hat{\lambda} > 0$。

11.1.2　矩方法

矩方法是指令样本矩与总体矩相等来估计参数的方法，其中矩条件的个数与估计参数个数相等。

假设我们有 K 个需要估计的参数，记为 $\theta = (\theta_1, \cdots, \theta_K)^\top$。与此同时，我们又推导出 K 个矩条件，记为 $E[f_t(\theta)] = 0$，其中 $f_t(\theta)$ 是 K 维列向量。

我们记以上 K 个矩条件对应的样本矩为 $m_T(\theta)$，即：

$$m_T(\theta) \equiv \frac{1}{T}\sum_{t=1}^{T} f_t(\theta)$$

在矩条件中用样本矩代替总体矩，得到以下方程组：

$$m_T(\theta) = 0$$

解以上方程组，得到一个唯一解：

$$\hat{\theta}_T = \hat{\theta}_T(y_1, \cdots, y_T)$$

其中，y_1，…，y_T 表示观测数据。

以上过程得到的估计量 $\hat{\theta}_T$ 就称为参数 θ 的矩估计量。它是 θ 的相合估计，并渐近服从正态分布，渐近方差矩阵对应下一节介绍的广义矩方法（GMM）中一种特殊情形，即矩条件个数等于估计参数个数并且权重矩阵 $\mathbf{W} = \mathbf{I}$。

下面我们以几何布朗运动为例来阐述矩方法的具体应用。

【例 11－3】　几何布朗运动的矩估计。

对于股价模型几何布朗运动，

$$d\ln S_t = \mu dt + \sigma dW_t$$

我们要估计两个参数μ和σ^2。假设我们观测的时间间隔为Δ，观测的股价记为S_0，S_Δ，$S_{2\Delta}$，…，$S_{T\Delta}$。根据几何布朗运动的性质，对数收益率$r_t \equiv \ln S_{t\Delta} - \ln S_{(t-1)\Delta}$服从均值为$\mu\Delta$，方差为$\sigma^2\Delta$的正态分布，即：

$$r_t \sim \mathcal{N}(\mu\Delta, \sigma^2\Delta)$$

并且r_1，…，r_T是iid的随机变量序列。根据正态分布的性质，我们有：

$$E[r_t] = \mu\Delta, \quad E[r_t^2] = (\mu\Delta)^2 + \sigma^2\Delta$$

因此，我们得到两个矩条件：

$$E[r_t - \mu\Delta] = 0, \quad E[r_t^2 - (\mu\Delta)^2 - \sigma^2\Delta] = 0$$

用样本矩替代总体矩，解方程得到参数的矩估计量为：

$$\hat{\mu} = \frac{1}{T\Delta}\sum_{t=1}^{T} r_t$$

$$\hat{\sigma}^2 = \frac{1}{T\Delta}\sum_{t=1}^{T}(r_t - \bar{r})^2, \quad \bar{r} \equiv \frac{1}{T}\sum_{t=1}^{T} r_t$$

我们还可以证明，它们的渐近协方差矩阵为：

$$\begin{bmatrix} \frac{\sigma^2}{T\Delta} & 0 \\ 0 & \frac{2\sigma^4}{T} \end{bmatrix}$$

将$\hat{\sigma}^2 = \frac{1}{T\Delta}\sum_{t=1}^{T}(r_t - \bar{r})^2$代替以上矩阵中的$\sigma^2$便是渐近协方差矩阵的估计。

11.1.3 广义矩（GMM）估计

给定N个总体矩条件，$E[f_t(\theta)] = 0$，其中$f_t(\theta)$是N维列向量，θ是K维参数向量，$N \geq K$，即矩条件个数大于等于估计参数个数。如果$N = K$，即矩条件个数等于估计参数个数，用样本矩：

$$g_T(\theta) \equiv \frac{1}{T}\sum_{t=1}^{T} f_t(\theta)$$

代替总体矩，使样本矩等于0的估计量便是我们上节介绍的矩估计量。当$N > K$时，一般不存在θ使每个样本矩同时等于0，这种情况称为过度识别。GMM便是处理过度识别情况的参数估计方法。GMM 的思想是，选择 θ 让每个矩条件尽可能接近 0。具体来说，GMM 估计量是指使下式目标函数 $J_T(\theta)$ 最小的估计量：

$$\hat{\theta}_T = \arg\min_{\theta \in \Theta} \{ J_T(\theta) \equiv g_T(\theta)^\top \hat{\mathbf{W}} g_T(\theta) \} \tag{11.8}$$

其中，Θ 是参数空间；$\hat{\mathbf{W}}$ 是一个对称的正定矩阵，称为权重矩阵。权重矩阵 $\hat{\mathbf{W}}$ 依概率收敛于一个对称的正定矩阵 $\mathbf{W}$。$\hat{\mathbf{W}}$ 可以是参数 θ 和样本数据的函数。最简单的权重矩阵是恒等矩阵 $\mathbf{I}$，它赋予每个矩条件相同的权重。

Hansen（1982）证明，在一定的正规条件下，GMM 估计量具有如下良好的性质（有关正规条件及其证明请参见 Hansen（1982））：

性质 1：相合性：GMM 估计量是相合的，即 $\hat{\theta}_T \xrightarrow{p} \theta$。

性质 2：渐近正态性。如果：

$$\frac{1}{\sqrt{T}} \sum_{t=1}^{T} f_t(\theta) \xrightarrow{d} \mathcal{N}(\mathbf{0}, \mathbf{S}), \mathbf{S} \text{ 是 } N \times N \text{ 正定矩阵}$$

那么 $\hat{\theta}_T$ 渐近服从正态分布，即：

$$\sqrt{T}(\hat{\theta}_T - \theta) \xrightarrow{d} \mathcal{N}(0, \mathrm{Avar}(\hat{\theta}_T))$$

其中，

$$\mathrm{Avar}(\hat{\theta}_T) = (\mathbf{G}^\top \mathbf{W} \mathbf{G})^{-1} \mathbf{G}^\top \mathbf{W} \mathbf{S} \mathbf{W} \mathbf{G} (\mathbf{G}^\top \mathbf{W} \mathbf{G})^{-1}$$

$$\mathbf{G} \equiv E\left[\frac{\partial f_t(\theta)}{\partial \theta^\top}\right]$$

性质 3：方差估计。给定 $\mathbf{S}$ 的一个相合估计 $\hat{\mathbf{S}}$，那么渐近协方差矩阵 $\mathrm{Avar}(\hat{\theta}_T)$ 的一个相合估计为：

$$\widehat{\mathrm{Avar}(\hat{\theta}_T)} = (\hat{\mathbf{G}}^\top \hat{\mathbf{W}} \hat{\mathbf{G}})^{-1} \hat{\mathbf{G}}^\top \hat{\mathbf{W}} \hat{\mathbf{S}} \hat{\mathbf{W}} \hat{\mathbf{G}} (\hat{\mathbf{G}}^\top \hat{\mathbf{W}} \hat{\mathbf{G}})^{-1} \tag{11.9}$$

其中：

$$\hat{\mathbf{G}} \equiv \frac{1}{T} \sum_{t=1}^{T} \frac{\partial f_t(\hat{\theta}_T)}{\partial \theta^\top}$$

$\widehat{\mathrm{Avar}(\hat{\theta}_T)}/T$ 便是 $\hat{\theta}_T$ 渐近协方差矩阵的一个估计量。

性质 4：最优权重矩阵。如果 $\hat{\mathbf{W}} = \hat{\mathbf{S}}^{-1}$，此时得到的 GMM 估计量具有最小的

渐近协方差矩阵，称为最优的 **GMM 估计量**。因此 $\hat{\mathbf{S}}^{-1}$ 也称为**最优权重矩阵**。此时渐近协方差矩阵简化为：

$$\widehat{\mathrm{Avar}(\hat{\theta}_T)} = (\hat{\mathbf{G}}^{\top}\hat{\mathbf{S}}^{-1}\hat{\mathbf{G}})^{-1} \tag{11.10}$$

性质 5：Hansen - J 检验。在过度识别情况下，若各矩条件设定正确，即 $E[f_t(\theta)]=0$，那么样本矩条件与零应该非常接近，因此目标函数值 $J_T(\hat{\theta}_T)$ 的值接近于零。Hansen（1982）基于以上想法提出检验过度识别限制的一个检验：在各矩条件设定正确的零假设下，统计量 $TJ_T(\hat{\theta}_T)$ 渐近服从自由度为 $N-K$ 的卡方分布，即：

$$TJ_T(\hat{\theta}_T)\xrightarrow{d}\chi^2(N-K)$$

如果上述统计量 $TJ_T(\hat{\theta}_T)$ 的值大于给定显著水平的卡方分布临界值，那么它表明模型很有可能错误设定。

性质 6：似然比检验。此检验用来检验原模型的限制条件。假设模型的限制条件为 $H_0: a(\theta)=0$，其中 $a(\theta)$ 是 r 维向量，代表对原模型的 r 个限制。检验 H_0 的统计量为：

$$T[J_T(\tilde{\theta}_T)-J_T(\hat{\theta}_T)]\xrightarrow{d}\chi^2(r)$$

其中，$J_T(\tilde{\theta}_T)$ 是估计受限制模型得到的目标函数值。如果零假设为真，那么，$J_T(\tilde{\theta}_T)$ 和 $J_T(\hat{\theta}_T)$ 的值应该差别不大。如果它们的差别较大，以显著水平的卡方分布临界值为界，那么我们就拒绝零假设。

从以上 GMM 估计量的性质 3、性质 4 可知，要估计渐近协方差矩阵，需要矩阵 $\mathbf{S}$ 的一个相合估计 $\hat{\mathbf{S}}$。$\hat{\mathbf{S}}$ 的一个常用估计量是 Newey - West 估计量，即：

$$\hat{\mathbf{S}} = \hat{\mathbf{\Gamma}}_0 + \sum_{v=1}^{q}\left[1-\frac{v}{q+1}\right](\hat{\mathbf{\Gamma}}_v + \hat{\mathbf{\Gamma}}_v^{\top})$$

其中，q 是依数据的自相关性选择的一个整数，

$$\hat{\mathbf{\Gamma}}_v = \frac{1}{T}\sum_{t=v+1}^{T} f_t(\hat{\theta}_T)f_t(\hat{\theta}_T)^{\top}$$

其他估计量参见 Hayashi（2000）。

GMM 估计分为以下几个步骤：

（1）任意选择一个对称的正定矩阵 $\hat{\mathbf{W}}$，一般选 $\hat{\mathbf{W}}=\mathbf{I}$，得到 θ 的一个相合估

计 $\hat{\theta}_T$；

(2) 由 $\hat{\theta}_T$ 得到 $\mathbf{S}$ 的一个相合估计 $\hat{\mathbf{S}}$，代入式（11.9），得到渐近协方差矩阵的估计值。

如果要得到最优 GMM 估计量，需要多进行一个步骤：

(3) 令 $\hat{\mathbf{W}}$ 等于以上步骤得到的 $\hat{\mathbf{S}}^{-1}$，再进行一次最优化求解，得到最优 GMM 估计量，然后再代入式（11.10）得到渐近协方差矩阵的估计。

下面我们介绍几个具体的例子来阐述 GMM 的应用。

【例 11-4】 Vasicek 模型和 CIR 模型的 GMM 估计（精确矩条件）。

对于 Vasicek 模型，

$$dX_t = \kappa(\alpha - X_t)dt + \sigma dW_t$$

我们在第十章导出了它的条件矩和非条件矩，因此可以利用它们构造矩条件，然后使用 GMM 来估计模型的参数 $\theta \equiv (\kappa, \alpha, \sigma)^\top$。记观测数据为 X_0，X_Δ，$X_{2\Delta}$，…，$X_{T\Delta}$。Jiang 和 Knight（1999）构造的四个矩条件为：

$$f_t(\theta) \equiv \begin{bmatrix} \epsilon_t \\ \epsilon_t^2 - E[\epsilon_t^2 \mid X_{(t-1)\Delta}] \\ \epsilon_t X_{(t-1)\Delta} \\ (\epsilon_t^2 - E[\epsilon_t^2 \mid X_{(t-1)\Delta}])X_{(t-1)\Delta} \end{bmatrix} \tag{11.11}$$

其中，$\epsilon_t \equiv X_{t\Delta} - X_{(t-1)\Delta} - E[X_{t\Delta} - X_{(t-1)\Delta} \mid X_{(t-1)\Delta}]$。根据第十章导出的 Vasicek 模型条件均值与条件方差，我们有：

$$E[X_{t\Delta} - X_{(t-1)\Delta} \mid X_{(t-1)\Delta}] = (1 - e^{-\kappa\Delta})(\alpha - X_{(t-1)\Delta})$$

$$E[\epsilon_t^2 \mid X_{(t-1)\Delta}] = \frac{\sigma^2}{2\kappa}(1 - e^{-2\kappa\Delta})$$

对于 CIR 模型，

$$dX_t = \kappa(\alpha - X_t)dt + \sigma\sqrt{X_t}dW_t$$

我们同样在第十章导出了它的条件矩和非条件矩，因此可以类似地构造矩条件，然后使用 GMM 来估计模型的参数 $\theta \equiv (\kappa, \alpha, \sigma)^\top$。Jiang 和 Knight（1999）构造的四个矩条件为式（11.11），不过式中的条件与 Vasicek 模型不同。根据第十章导出的 CIR 模型条件均值与条件方差，我们有：

$$E[X_{t\Delta} - X_{(t-1)\Delta} \mid X_{(t-1)\Delta}] = (1 - e^{-\kappa\Delta})(\alpha - X_{(t-1)\Delta})$$

$$E[\epsilon_t^2 \mid X_{(t-1)\Delta}] = \frac{\alpha\sigma^2}{2\kappa}(1 - e^{-\kappa\Delta})^2 + \frac{\sigma^2}{\kappa}(e^{-\kappa\Delta} - e^{-2\kappa\Delta})$$

需要强调的是，以上给出的矩条件都是模型的精确矩条件，它没有模型 Euler 离散化后产生的离散误差。

【例 11-5】 CKLS 模型的 GMM 估计（近似矩条件）

对于 CKLS 模型，

$$dX_t = \kappa(\alpha - X_t)dt + \sigma X_t^{\gamma} dW_t$$

有四个参数 $\theta \equiv (\kappa, \alpha, \sigma, \gamma)^{\top}$。此模型不存在精确的离散形式，它的 Euler 离散形式为：

$$X_{t\Delta} - X_{(t-1)\Delta} \approx \kappa(\alpha - X_{(t-1)\Delta})\Delta + \sigma X_{(t-1)\Delta}^{\gamma}(W_{t\Delta} - W_{(t-1)\Delta}) \tag{11.12}$$

记 $\epsilon_t \equiv \sigma X_{(t-1)\Delta}^{\gamma}(W_{t\Delta} - W_{(t-1)\Delta})$，我们有：

$$E[\epsilon_t \mid X_{(t-1)\Delta}] = 0,$$
$$E[\epsilon_t^2 \mid X_{(t-1)\Delta}] = \sigma^2 X_{(t-1)\Delta}^{2\gamma}\Delta$$

另一方面，根据式（11.12），

$$\epsilon_t \approx X_{t\Delta} - X_{(t-1)\Delta} - \kappa(\alpha - X_{(t-1)\Delta})\Delta$$

结合以上条件，Chan、Karolyi、Longstaff 和 Saunders（1992）构造的四个矩条件为式（11.11）：

$$f_t(\theta) \equiv \begin{bmatrix} \epsilon_t \\ \epsilon_t^2 - E[\epsilon_t^2 \mid X_{(t-1)\Delta}] \\ \epsilon_t X_{(t-1)\Delta} \\ (\epsilon_t^2 - E[\epsilon_t^2 \mid X_{(t-1)\Delta}])X_{(t-1)\Delta} \end{bmatrix}$$

值得指出的是，与上一例子不同，这一矩条件并非精确矩条件，存在离散误差，因此被称为近似矩条件。此外，对于无限制模型，因为它的参数个数与矩条件相同，所以实际上就是矩估计。

11.2 极大似然估计

记 X_0，X_Δ，$X_{2\Delta}\cdots$，$X_{T\Delta}$是马尔可夫过程 X_t 的 $T+1$ 个观察值，观察的时间间隔为 Δ。由马尔可夫过程的性质，它们的联合概率密度函数可以写成

$$f(X_0, X_\Delta, X_{2\Delta}\cdots, X_{T\Delta}; \theta) = p_0(X_0; \theta)\prod_{t=1}^{T} p(X_{t\Delta}, \mid X_{(t-1)\Delta}; \theta)$$

其中，θ 是需要估计的参数向量，$p(X_{t\Delta} \mid X_{(t-1)\Delta}; \theta)$是转移密度函数，$f(\cdot)$称为似

然函数。$f(\cdot)$的对数，记为$L(\theta)$，称为**对数似然函数**：

$$L(\theta) \equiv \ln p_0(X_0;\theta) + \sum_{t=1}^{T} \ln p(X_{t\Delta}, | X_{(t-1)\Delta};\theta) \tag{11.13}$$

极大似然(ML)估计量，记作$\hat{\theta}_{ML}$，是指使似然函数$f(\cdot)$的值最大的估计量，它等价于选择θ值使对数似然函数$L(\theta)$最大：

$$\hat{\theta}_{ML} \equiv \arg\max_{\theta} L(\theta)$$

有时初始密度函数$p_0(X_0;\theta)$会使计算变得复杂。我们可以不需要设定$p_0(X_0;\theta)$,直接使对数条件似然函数$L(\theta)$最大来得到θ的估计值，

$$\hat{\theta}_{CML} \equiv \arg\max_{\theta} L(\theta) \equiv \sum_{t=1}^{T} \ln p(X_{t\Delta}, | X_{(t-1)\Delta};\theta)$$

这样得到的$\hat{\theta}_{CML}$称为条件极大似然估计值。在一定的正规性条件下，$\hat{\theta}_{ML}$与$\hat{\theta}_{CML}$都是θ的相合估计，并且具有相同的渐近正态分布（详细阐述请参阅 Wooldridge（1994））。以下的 ML 估计量都指条件 ML 估计量，并且记为$\hat{\theta}_{ML}$。

11.2.1 ML 估计量的性质

记得分矩阵$s_t(\theta)$和海塞矩阵$H_t(\theta)$分别为：

$$s_t(\theta) \equiv \frac{\partial \ln p(X_{t\Delta}, | X_{(t-1)\Delta};\theta)}{\partial\theta}$$

$$H_t(\theta) \equiv \frac{\partial^2 \ln p(X_{t\Delta}, | X_{(t-1)\Delta};\theta)}{\partial\theta\partial\theta^{\top}}$$

并且我们记：

$$H(\theta) \equiv \frac{\partial^2 L(\theta)}{\partial\theta\partial\theta^{\top}} = \sum_{t=1}^{T} \frac{\partial^2 \ln p(X_{t\Delta}, | X_{(t-1)\Delta};\theta)}{\partial\theta\partial\theta^{\top}}$$

在一定的正规性条件下（Greene，2007），ML 估计量$\hat{\theta}_{ML}$有如下重要性质：

性质 1：相合性：$\hat{\theta}_{ML}$是θ的相合估计，即：

$$\hat{\theta}_{ML} \xrightarrow{p} \theta$$

性质 2：渐近正态性：我们有：

$$\sqrt{T}(\hat{\theta}_{ML} - \theta) \xrightarrow{d} \mathcal{N}\left(0, \left\{ -\lim_{T\to\infty} E\left[\frac{1}{T}H(\theta)\right]\right\}^{-1}\right)$$

我们也把以上性质看作当 T 很大时，$\hat{\theta}_{ML}$近似服从正态分布，记做：

$$\hat{\theta}_{ML} \overset{a}{\sim} \mathcal{N}(\theta, I(\theta)^{-1}) \tag{11.14}$$

其中，

$$I(\theta) \equiv -E[H(\theta)] = -E\left[\frac{\partial^2 L(\theta)}{\partial\theta\partial\theta^{\top}}\right]$$

称为**费雪信息矩阵**。

性质 3：渐近有效性：MLE 估计量的渐近方差达到克拉美—劳（Cramer - Rao）下界，在参数 θ 的所有相合并渐近正态分布的估计量中，它的方差是最小的。

前面提到，$\hat{\theta}_{ML}$的渐近协方差矩阵是 $I(\theta)^{-1}$，以下是估计渐近协方差矩阵 $I(\theta)^{-1}$的三种常用方法［Greene（2005）］：

（1）若期望 $E[H(\theta)]$的形式可知，直接将 $\hat{\theta}_{ML}$代入便得到一个估计量，即：

$$\widehat{I(\theta)^{-1}_1} = \{-E[H(\hat{\theta}_{ML})]\}^{-1}$$

（2）一般情况下，期望 $E[H(\theta)]$的形式未知，用样本值代替期望值便得到第二个估计量，即：

$$\widehat{I(\theta)^{-1}_2} = \{-H(\hat{\theta}_{ML})\}^{-1}$$

（3）BHHH（Berndt - Hall - Hall - Hausman）估计量：

$$\widehat{I(\theta)^{-1}_3} = [\hat{G}^{\top}\hat{G}]^{-1}$$

其中，

$$\hat{G} = [\hat{g}_1, \cdots, \hat{g}_T)]^{\top}$$

$$\hat{g}_t = \frac{\partial \ln p(X_{t\Delta}, | X_{(t-1)\Delta}; \hat{\theta})}{\partial\hat{\theta}}$$

下面我们用几个具体的例子来阐述 MLE 的应用。

【例 11-6】 几何布朗运动的 MLE。

对于股价模型几何布朗运动，

$$d\ln S_t = \mu dt + \sigma dW_t$$

在本章矩估计的例子中，我们看到对数收益率 $r_t \equiv \ln S_{t\Delta} - \ln S_{(t-1)\Delta}$ 服从正态分布 $N(\mu\Delta,\sigma^2\Delta)$，并且 r_1，…，r_T 是 iid 的随机变量序列。r_t 的密度函数为：

$$p(r_t) = \frac{1}{\sqrt{2\pi\sigma^2\Delta}}\exp\left[-\frac{(r_t-\mu\Delta)^2}{2\sigma^2\Delta}\right]$$

据此，我们可以写出对数似然函数：

$$L(\mu,\sigma^2) = -\frac{T}{2}\ln(2\pi) - \frac{T}{2}\ln(\sigma^2\Delta) - \frac{1}{2}\sum_{t=1}^{T}\left[\frac{(r_t-\mu\Delta)^2}{\sigma^2\Delta}\right]$$

MLE 的一阶条件为：

$$\frac{\partial L}{\partial\mu} = \frac{1}{\sigma^2}\sum_{t=1}^{T}(r_t-\mu\Delta) = 0$$

$$\frac{\partial L}{\partial\sigma^2} = -\frac{T}{2\sigma^2} + \frac{1}{2\sigma^4\Delta}\sum_{t=1}^{T}(r_t-\mu\Delta)^2 = 0$$

解以上两个方程，得到参数的 ML 估计量为：

$$\hat{\mu} = \frac{1}{T\Delta}\sum_{t=1}^{T}r_t$$

$$\hat{\sigma}^2 = \frac{1}{T\Delta}\sum_{t=1}^{T}(r_t-\bar{r})^2, \quad \bar{r} \equiv \frac{1}{T}\sum_{t=1}^{T}r_t$$

现在我们来求 ML 估计量的渐近协方差矩阵。首先对数似然函数的二阶导数为：

$$\frac{\partial^2 L}{\partial\mu^2} = -\frac{T\Delta}{\sigma^2}$$

$$\frac{\partial^2 L}{\partial(\sigma^2)^2} = \frac{T}{2\sigma^4} - \frac{1}{\sigma^6\Delta}\sum_{t=1}^{T}(r_t-\mu\Delta)^2$$

$$\frac{\partial^2 L}{\partial\mu\partial\sigma^2} = -\frac{1}{\sigma^4}\sum_{t=1}^{T}(r_t-\mu\Delta)$$

根据以上式子，容易求得：

$$E\left[\frac{\partial^2 L}{\partial\mu^2}\right] = -\frac{T\Delta}{\sigma^2}, \quad E\left[\frac{\partial^2 L}{\partial(\sigma^2)^2}\right] = -\frac{T}{2\sigma^2}; \quad E\left[\frac{\partial^2 L}{\partial\mu\partial\sigma^2}\right] = 0$$

因此，ML 估计量的渐近协方差矩阵等于：

$$\{-E[H(\theta)]\}^{-1} = \left\{-E\left[\begin{bmatrix}\dfrac{\partial^2 L}{\partial\mu^2} & \dfrac{\partial^2 L}{\partial\mu\partial\sigma^2}\\ \dfrac{\partial^2 L}{\partial\mu\partial\sigma^2} & \dfrac{\partial^2 L}{\partial(\sigma^2)^2}\end{bmatrix}\right]\right\}^{-1} = \begin{bmatrix}\dfrac{\sigma^2}{T\Delta} & 0\\ 0 & \dfrac{2\sigma^4}{T}\end{bmatrix}$$

将 $\hat{\sigma}^2 = \frac{1}{T\Delta}\sum_{t=1}^{T}(r_t - \bar{r})^2$ 代替以上矩阵中的 σ^2 便是渐近协方差矩阵的估计。

我们注意到这一结果与本章 11.1.2 小节例 11－3 矩方法导出的结果相同。这是因为对数收益率的正态分布性质，正态分布完全由其两个矩条件，均值和方差决定。

【例 11－7】 Vasicek 模型和 CIR 模型的估计：MLE。

对于 Vasicek 模型，

$$dX_t = \kappa(\alpha - X_t)dt + \sigma dW_t$$

我们在第十章导出了它的转移密度：

$$p(X_{t\Delta} \mid X_{(t-1)\Delta}) = \frac{1}{\sqrt{2\pi}\sigma\Delta}\exp\left\{-\frac{(X_{t\Delta} - \mu_\Delta)^2}{2\sigma_\Delta^2}\right\}$$

其中，

$$\mu_\Delta = \alpha + (X_t - \alpha)e^{-\kappa\Delta}, \sigma_\Delta^2 = \frac{\sigma^2(1 - e^{-2\kappa\Delta})}{2\kappa}$$

它是一个正态分布密度函数，因此我们可以很方便地使用 MLE 来估计 Vasicek 模型的参数。

对于 CIR 模型，

$$dX_t = \kappa(\alpha - X_t)dt + \sigma\sqrt{X_t}dW_t$$

我们在第十章介绍了它的转移密度，它是一非中心卡方分布，$\chi^2[2cX_{t\Delta}; 2q + 2, 2u]$，其自由度等于 $2q+2$，非中心参数等于 $2u$：

$$p(X_{t\Delta} \mid X_{(t-1)\Delta}) = ce^{-u-v}\left(\frac{v}{u}\right)^{q/2} I_q(2(uv)^{1/2})$$

其中，

$$c = \frac{2\kappa}{\sigma^2(1 - e^{-\kappa\Delta})}, u = cX_{(t-1)\Delta}e^{-\kappa\Delta}$$

$$v = cX_{t\Delta}, q = \frac{2\kappa\alpha}{\sigma^2} - 1$$

$I_q(\cdot)$ 为 q 阶第一类贝塞尔函数：

$$I_q(\gamma) \equiv \left(\frac{\gamma}{2}\right)^q \sum_{n=0}^{q} \frac{(\gamma/2)^{2n}}{n!\Gamma(q + n + 1)}, \Gamma(\gamma) \equiv \int_0^\infty u^\gamma e^{-u}du$$

因此，我们也可以使用 MLE 来估计 CIR 模型的参数。

需要指出的是，CIR 模型的转移密度函数包含的第一类贝塞尔函数 $I_q(\cdot)$ 形式比较复杂，是一个无穷级数。在极大似然估计求解最优化的过程中，需要近似计算函数 $I_q(\cdot)$ 的值，具体算法请参见 Pearson and Sun（1994）及其引用的参考文献。

11.2.2 求解转移密度函数

由以上的分析，ML 估计的关键在于知道转移密度函数 $p(X_{t\Delta}, | X_{(t-1)\Delta}; \theta)$。我们假设 X_t 满足以下随机微分方程：

$$dX_t = \mu(X_t)dt + \sigma(X_t)dW_t + \gamma(X_t)dN_t$$

其中，W_t 是布朗运动，N_t 是一个到达强度为 λ 的泊松过程。Lo(1988) 证明 X_t 的转移密度函数 $p(X_{t\Delta}, | X_{(t-1)\Delta})$ 是以下偏微分方程的解：

$$\frac{\partial}{\partial t}p = -\frac{\partial}{\partial X}[\mu p] + \frac{1}{2}\frac{\partial^2}{\partial X^2}[\sigma^2 p] - \lambda p + \lambda\tilde{p}\left|\frac{\partial}{\partial X}[\tilde{\gamma}^{-1}]\right| \tag{11.15}$$

满足 $p(X,(t-1)\Delta | X_{(t-1)\Delta}, (t-1)\Delta) = \delta(X - X_{(t-1)\Delta})$ 和其他相关的边界条件，其中，

$$\tilde{\gamma}(X,t) \equiv X + \gamma(X,t), \tilde{p} \equiv p(\tilde{\gamma}^{-1}, t)$$

此外，$\delta(x)$ 是第十章介绍的脉冲函数：

$$\delta(x) = \begin{cases} +\infty & x = 0 \\ 0 & x \neq 0 \end{cases}, \quad \int_{-\infty}^{\infty}\delta(x)dx = 1$$

下面介绍一个求解转移密度函数的例子，它来自 Lo(1988)。

【例 11-8】 求解跳跃—扩散过程的转移密度。

假设 X_t 满足以下随机微分方程：

$$dX_t = \mu X_t dt + \sigma X_t dW_t + \gamma X_t dN \qquad \gamma \geqslant 0,$$

其中，μ，σ，γ 是常数，布朗运动 W_t 与泊松过程 N_t 相互独立。设 $Y = \ln X$，由伊藤引理：

$$dY_t = \left(\mu - \frac{\sigma^2}{2}\right)dt + \sigma dW_t + \ln(1+\gamma)dN_t$$

等式两边积分得：

$$\begin{aligned} Y_{t\Delta} - Y_{(t-1)\Delta} &= \int_{(t-1)\Delta}^{t\Delta}\left(\mu - \frac{\sigma^2}{2}\right)du + \int_{(t-1)\Delta}^{t\Delta}\sigma dW_u + \ln(1+\gamma)\int_{(t-1)\Delta}^{t\Delta}dN_u \\ &= \left(\mu - \frac{\sigma^2}{2}\right)\Delta + \sigma(W_{t\Delta} - W_{(t-1)\Delta}) + \ln(1+\gamma)(N_{t\Delta} - N_{(t-1)\Delta}) \end{aligned}$$

其中，$(W_{t\Delta}-W_{(t-1)\Delta})$ 是均值为 0，方差为 Δ 的正态分布，$(N_{t\Delta}-N_{(t-1)\Delta})$ 是参数为 $\lambda\Delta$ 的泊松分布。因此 Y_t 的转移密度函数为：

$$
\begin{aligned}
p(Y_{t\Delta} \mid Y_{(t-1)\Delta}) &= \sum_{k=0}^{\infty} \frac{e^{-\lambda\Delta}(\lambda\Delta)^k}{k!}(2\pi\sigma^2\Delta)^{-1/2} \\
&\quad \times \exp\left\{-\frac{[Y_{t\Delta}-Y_{(t-1)\Delta}-k\ln(1+\gamma)-(\mu-\sigma^2/2)\Delta]^2}{2\sigma^2\Delta}\right\}
\end{aligned}
$$

可以验证，$p(Y_{t\Delta} \mid Y_{(t-1)\Delta})$ 满足偏微分方程式（11.15）。

11.3 拟极大似然估计与近似极大似然估计

MLE 的前提条件是转移密度存在解析形式。另外，复杂的转移密度也增加了求解极大似然估计值的难度。本节我们介绍拟极大似然估计（QMLE）与近似极大似然估计（AMLE），它们可以处理有些 MLE 不能处理或难以处理的情况。

11.3.1 QMLE

QMLE 的思想是，尽管条件分布不是正态分布，但是我们可以把它近似看成正态分布，写出似然函数，进行极大似然估计。由于不是使用真实的密度函数进行估计，这种参数估计方法称为**拟极大似然估计（QMLE）**。QMLE 估计量具有相合性，但与 MLE 不同的是，由于只是近似地用正态分布密度替代真实的密度函数作极大似然估计，QMLE 估计量的渐近方差需要进行调整。

QMLE 需要知道条件均值与条件方差，我们记：

$$
E[X_t \mid X_{t-1}] = \mu(X_{t-1};\theta)
$$

$$
\mathrm{Var}[X_t \mid X_{t-1}] = \sigma^2(X_{t-1};\theta)
$$

其中，θ 是需要估计的参数。

以 $\mu(X_{t-1};\theta)$ 为均值，$\sigma^2(X_{t-1};\theta)$ 为方差的正态分布密度为：

$$
p(X_t \mid X_{t-1};\theta) = \frac{1}{\sqrt{2\pi\sigma^2(X_{t-1};\theta)}}\exp\left[-\frac{(X_t-\mu(X_{t-1};\theta))^2}{2\sigma^2(X_{t-1};\theta)}\right]
$$

以正态分布密度替代真实密度，我们写出拟对数似然函数：

$$
\begin{aligned}
L(\theta) &= \sum_{t=1}^{T} \ln p(X_t \mid X_{t-1};\theta) \\
&= -\frac{T}{2}\ln(2\pi) - \frac{T}{2}\ln\sigma^2 - \frac{1}{2}\sum_{t=1}^{T}\frac{(X_t-\mu)^2}{\sigma^2}
\end{aligned}
$$

拟极大似然（QML）估计量，记做：$\hat{\theta}_{QML}$，是指使拟对数似然函数 $L(\theta)$ 最大的估计量，即：

$$\hat{\theta}_{ML} \equiv \arg\max_{\theta} L(\theta)$$

记得分矩阵与海塞矩阵分别为：

$$s_t(\theta) = \frac{\partial \ln p(X_t \mid X_{t-1};\theta)}{\partial\theta}$$

$$H_t(\theta) = \frac{\partial^2 \ln p(X_t \mid X_{t-1};\theta)}{\partial\theta\partial\theta^\top}$$

在一定的正规性条件下（详细论述请参阅 Bollerslev 和 Wooldridge（1992）），QML 估计量 $\hat{\theta}_{QML}$有如下重要性质：

性质 1：相合性：$\hat{\theta}_{QML}$是 θ 的相合估计，即：

$$\hat{\theta}_{QML} \xrightarrow{p} \theta$$

性质 2：渐近正态性：我们有：

$$\sqrt{T}(\hat{\theta}_{QML} - \theta) \xrightarrow{d} \mathcal{N}(0, \lim_{T\to\infty} A^{-1}BA^{-1})$$

其中，

$$A = \frac{1}{T}\sum_{t=1}^{T} E[H_t(\theta)]$$

$$B = \frac{1}{T}\sum_{t=1}^{T} E[s_t(\theta)^\top s_t(\theta)]$$

为估计 QML 估计量的渐近协方差矩阵，我们需要估计矩阵 A 和 B。Bollerslev 和 Wooldridge（1992）提出的估计量为：

$$\hat{A} = \frac{1}{T}\sum_{t=1}^{T} H_t(\hat{\theta}_{QML}),$$

$$\hat{B} = \frac{1}{T}\sum_{t=1}^{T} s_t(\hat{\theta}_{QML})^\top s_t(\hat{\theta}_{QML})$$

$\hat{A}^{-1}\hat{B}\hat{A}^{-1}/T$ 就是 $\hat{\theta}_{QML}$的渐近协方差矩阵的一个估计。

【例 11－9】 CIR 模型的估计：QMLE。

对于 CIR 模型，

$$dX_t = \kappa(\alpha - X_t)dt + \sigma\sqrt{X_t}dW_t$$

前面的例子中介绍了它的极大似然估计。由于其转移密度中包含贝塞尔函数，估计过程中需要近似计算。另一方面，在第十章我们导出了 CIR 模型条件均值与条件方差的解析形式：

$$E[X_{t\Delta} \mid X_{(t-1)\Delta}] = \alpha(1-e^{-\kappa\Delta}) + e^{-\kappa\Delta}X_{(t-1)\Delta}$$

$$\mathrm{Var}[X_{t\Delta} \mid X_{(t-1)\Delta}] = \frac{\alpha\sigma^2}{2\kappa}(1-e^{-\kappa\Delta})^2 + \frac{\sigma^2}{\kappa}(e^{-\kappa\Delta}-e^{-2\kappa\Delta})X_{(t-1)\Delta}$$

因此，也可以用 QMLE 来估计 CIR 模型，这样可以避免近似计算贝塞尔函数。但是，这样的估计值没有达到 MLE 的有效性。

11.3.2 近似极大似然估计

从上一章可见，除了少数模型有解析形式的转移密度函数，如几何布朗运动、Vasicek 模型、CIR 模型、Merton 模型等，大部分情况下偏微分方程（11.15）没有转移密度函数的显式解。Aït – Sahalia（2002）的 AMLE 方法可以处理很多没有解析形式转移密度函数的情况，并且保留了 MLE 估计量的良好性质，如渐近有效性等。Aït – Sahalia（2002）提出的方法是用一个解析形式的式子近似替代真实的转移密度进行极大似然估计，这一近似式子可以任意地逼近真实转移密度。因此这种方法称为近似极大似然估计（AMLE）。下面我们介绍这一方法。

考虑一个满足以下随机微分方程的扩散过程：

$$dX_t = \mu(X_t;\theta)dt + \sigma(X_t;\theta)dW_t$$

Aït – Sahalia（2002）首先由 X_t 构造一个扩散项等于 1 的随机过程 Y_t：

$$Y_t \equiv \gamma(X_t;\theta) = \int^{X_t} \frac{du}{\sigma(u;\theta)} \tag{11.16}$$

其中，右边的式子就是 $1/\sigma(u;\theta)$ 的积分，其积分的下界由 X_t 的状态空间决定。

由伊藤引理，Y_t 的漂移项为：

$$\mu_Y(y;\theta) = \frac{\mu[\gamma^{-1}(y;\theta);\theta]}{\sigma[\gamma^{-1}(y;\theta);\theta]} - \frac{1}{2}\frac{\partial\sigma[\gamma^{-1}(y;\theta);\theta]}{\partial x}$$

其扩散项 $\sigma(X_t;\theta)$ 等于 1。

为保证 $Y_t > 0$，有时也将 Y_t 定义为式（11.16）的相反数，即：

$$Y_t \equiv \gamma(X_t;\theta) = -\int^{X_t} \frac{du}{\sigma(u;\theta)}$$

比如，$\sigma(x;\theta) = x^\rho, \rho > 1$ 时。此时 Y_t 的漂移项为：

$$\mu_Y(y;\theta) = -\frac{\mu[\gamma^{-1}(y;\theta);\theta]}{\sigma[\gamma^{-1}(y;\theta);\theta]} + \frac{1}{2}\frac{\partial\sigma[\gamma^{-1}(y;\theta);\theta]}{\partial x} \tag{11.17}$$

Aït - Sahalia（2002）证明 Y_t 的转移概率密度函数可以近似写成：

$$p_Y^{(K)}(\Delta, y \mid y_0;\theta) = \Delta^{-1/2}\phi\left(\frac{y-y_0}{\Delta^{1/2}}\right)\exp\left(\int_{y_0}^{y}\mu_Y(w;\theta)dw\right) \sum_{k=0}^{K} c_k(y \mid y_0;\theta)\frac{\Delta k}{k!} \tag{11.18}$$

其中，$\phi(z) = e^{-z^2/2}/\sqrt{2\pi}$ 是标准正态分布的密度函数，Δ 表示离散时间间隔；$c_0(y \mid y_0;\theta) \equiv 1, c_j(y \mid y_0;\theta)(j \geqslant 1)$ 可以由以下式子递归得到：

$$c_j(y \mid y_0;\theta) = j(y-y_0)^{-j} \times \int_{y_0}^{y}(w-y_0)^{j-1}\left(\lambda(w;\theta)c_{j-1}(w \mid y_0;\theta) + \frac{1}{2}\frac{\partial^2 c_{j-1}(w \mid y_0;\theta)}{\partial w^2}\right)dw \tag{11.19}$$

其中，$\lambda(y;\theta)$ 定义成：

$$\lambda(y;\theta) \equiv -\frac{1}{2}\left(\mu_Y^2(y;\theta) + \frac{\partial\mu_Y(y;\theta)}{\partial y}\right)$$

最后可以通过雅可比公式得到 X_t 的近似转移概率密度函数：

$$p_X^{(K)}(\Delta, x \mid x_0;\theta) = \sigma(x;\theta)^{-1}p_Y^{(K)}(\Delta, \gamma(x;\theta) \mid \gamma(x_0;\theta);\theta) \tag{11.20}$$

在一定的正规性条件下，Aït - Sahalia（2002）证明，当 K 趋近于无穷大时，$p_X^{(K)}(\Delta, x \mid x_0;\theta)$ 逼近于真实的、但无显示解的转移密度函数 $p_X(\Delta, x \mid x_0;\theta)$，并且基于 $p^{(K)}$ 进行 ML 估计得到的估计量具有与基于真实转移密度函数 p 得到的 ML 估计量相同的渐近性质。

下面我们用 Aït - Sahalia（1999）中的两个例子来阐明当模型不存在解析形式的转移密度时如何用 AMLE 方法来估计模型参数。

【例 11 - 10】 不存在解析形式的转移密度模型的估计：AMLE。

对于 CKLS 模型，

$$dX_t = \kappa(\alpha - X_t)dt + \sigma X_t^{\rho}dW_t$$

前面的例子中介绍了它的 GMM 估计。此模型没有解析形式的转移密度和精确的矩条件。GMM 估计实际上是使用了模型欧拉离散化之后导出的近似条件。Aït - Sahalia（1999）使用 AMLE 估计了此模型（$\rho > 1$ 情形）。由式（11.17），近似转移密度的关键项，

$$\mu_Y(y;\theta)=\frac{\rho}{2(\rho-1)y}-\kappa(\rho-1)y+\alpha\kappa\sigma^{1/(\rho-1)}(\rho-1)^{\rho/(\rho-1)}y^{\rho/(\rho-1)}$$

将上式依次代入式（11.19）、式（11.18）和式（11.20），最终得到 CKLS 模型的近似转移密度，具体表达式请参见 Aït－Sahalia（1999）。

Aït－Sahalia（1999）还使用 AMLE 估计了以下模型，

$$dX_t=(\alpha_{-1}X_t^{-1}+\alpha_0+\alpha_1X_t+\alpha_2X_t^2)dt+\sigma X_t^{3/2}dW_t$$

此模型由 Aït－Sahalia（1996b）提出，具有非线性的漂移项和扩散项，不存在解析形式的转移密度。由式（11.17），此模型近似转移密度的关键项，

$$\mu_Y(y;\theta)=\frac{3/2-2\alpha_2/\sigma^2}{y}-\frac{\alpha_1 y}{2}-\frac{\alpha_0\sigma^2y^3}{8}-\frac{\alpha_{-1}\sigma^4y^5}{32}$$

将上式依次代入式（11.19）、式（11.18）和式（11.20），最终得到 Aït－Sahalia 模型的近似转移密度，具体表达式请参见 Aït－Sahalia（1999）。

对于更一般扩散项的 Aït－Sahalia 模型，

$$dX_t=(\alpha_{-1}X_t^{-1}+\alpha_0+\alpha_1X_t+\alpha_2X_t^2)dt+\sigma X_t^{\rho}dW_t$$

AMLE 也适用，只不过公式更为复杂。

Bakshi、Ju 和 Ou－Yang（2006）还把 Aït－Sahalia（2002）的 AMLE 进一步推广，并估计了更一般的 Aït－Sahalia 模型，

$$dX_t=(\alpha_{-1}X_t^{-1}+\alpha_0+\alpha_1X_t+\alpha_2X_t^2)dt+\sqrt{\beta_0+\beta_1X_t+\beta_2X_t^{\beta_3}}dW_t$$

本章回顾

主要概念

参数估计　相合性　有效性　累积量匹配法　矩方法　广义矩方法（GMM）　极大似然估计（MLE）　拟极大似然估计（QMLE）　近似极大似然估计（AMLE）

主要结果

1. 累积量匹配法中，估计中使用的累积量个数等于估计参数个数。另外，参数估计量是相合的。

2. 矩方法中，矩条件数目等于估计参数的数目，其参数估计量是相合的。

3. GMM 中，矩条件数目大于估计参数的数目，其参数估计量是相合的。另外，使用的矩条件越多，参数估计量越有效。但是，使用矩条件越多，我们需要

估计的最优权重矩阵的维度越高。

4. MLE 方法得到的估计量不仅是相合的，还是渐近有效的。

5. QMLE 中，用正态分布密度替代真实密度写出拟对数似然函数进行估计。和 MLE 一样，QMLE 估计量也是相合的。和 MLE 不同的是，QMLE 估计量的渐近方差估计需要调整。

6. AMLE 是指当真实似然函数不存在解析形式时，我们用逼近真实似然函数的近似似然函数代替进行极大似然估计。当似然函数的近似误差趋近于零时，AMLE 达到 MLE 的有效性。

习　题

1. 累积量匹配法中，由模型导出的累积量与由数据计算的样本累积量相匹配。但是在矩方法中，由模型导出的矩条件与由数据计算的样本矩条件相匹配。请讨论如何利用矩与累积量的关系先从累积量导出矩条件，然后应用矩方法或广义矩方法。利用【例 11－2】诠释这一过程。

2. 给定以下模型：

$$d\ln S_t = \mu dt + \sigma dW_t$$

(a) 根据本章导出的参数 MLE 估计量，使用第二章习题 4 中 2007—2009 年上证指数日收益率计算参数 μ 和 σ^2 的估计值。

(b) 请讨论在样本期间，上证指数的哪些信息在估计 μ 中起作用，哪些信息在估计 σ^2 中用到。(提示：根据参数的 MLE 估计量公式，检查样本期间指数水平的变化是否影响 μ 的估计，是否影响 σ^2 的估计。)

(c) 给定本章导出的 MLE 估计量渐近方差的相合估计量，请讨论什么信息能改进 μ 的估计，什么信息能改进 σ^2 的估计。通常一个估计量的方差越小，我们称此估计量越精确。

3. 给定如下短期利率的 OU 过程，

$$dr_t = \kappa(\alpha - r_t)dt + \sigma dW_t$$

(a) 利用第十章导出的转移密度进行模型的 ML 估计。银行间市场利率，如债券回购利率、拆借利率等的日频数据，可从 CSMAR 数据库（http://www.gtarsc.com/）下载。

(b) 根据估计结果，讨论日频利率是否具有显著的均值回复特征。

4. 给定如下短期利率的 CKLS 模型，

$$dr_t = \kappa(\alpha - r_t)dt + \sigma X_t^{\gamma} dW_t$$

(a) 利用模型离散化后导出的条件矩，以及滞后期的利率作为工具变量，使用 GMM 估计模型。银行间市场利率如债券回购利率、拆借利率等的日频数据可从 CSMAR 数据库（http://www. gtarsc. com/）下载。

（b）根据估计结果，讨论日频利率是否具有显著的均值回复特征。然后讨论作为短期利率函数的瞬时方差，即 σX_t^γ，是如何随利率水平变化的。

（c）根据以下结果，进一步进行 Hansen－J 模型设定检验，并讨论该模型是否能满意地描述利率过程的动态变化。

第十二章　利率模型的半参数与非参数估计方法

前一章我们介绍了各种连续时间模型的参数估计方法，本章的重点是扩散模型的半参数和非参数估计。参数模型与半参数或非参数模型的主要区别是，参数扩散模型中漂移项和扩散项都设定为参数函数形式，而半参数或非参数模型没有对漂移项或扩散项或两者同时加上特定的函数限制。

我们感兴趣的扩散过程是满足以下随机微分方程的随机过程 X_t：

$$dX_t = \mu(X_t)\,dt + \sigma(X_t)\,dW_t \tag{12.1}$$

其中，$\mu(\cdot)$ 称为漂移函数，$\sigma^2(\cdot)$ 称为扩散函数。由于以下性质，它们又称为瞬时均值和瞬时方差：

$$\mu(X_t) = \lim_{h\to 0} E\left[\frac{X_{t+h} - X_t}{h}\,\middle|\, X_t\right]$$

$$\sigma^2(X_t) = \lim_{h\to 0} E\left[\frac{(X_{t+h} - X_t)^2}{h}\,\middle|\, X_t\right]$$

本章的重点是利率期限结构扩散模型，扩散过程的状态变量用来描述瞬时利率的动态变化。金融文献中提出各种参数模型来描述瞬时利率的动态变化，从简单的仿射模型到具有非线性漂移项和扩散项的复杂模型。它们包括：

Vasicek 模型［Vasicek（1977）］：

$$dX_t = \kappa(\alpha - X_t)\,dt + \sigma dW_t$$

CIR 模型［Cox、Ingersoll 和 Ross（1985）］：

$$dX_t = \kappa(\alpha - X_t)\,dt + \sigma\sqrt{X_t}\,dW_t$$

Courtadon 模型［Courtadon（1982）］：

$$dX_t = \kappa(\alpha - X_t)\,dt + \sigma X_t\,dW_t$$

CKLS 模型［Chan、Karolyi、Longstaff 和 Saunders（1992）］：

$$dX_t = \kappa(\alpha - X_t)dt + \sigma X_t^{\gamma} dW_t$$

Duffie – Kan 模型［Duffie 和 Kan（1996）］：

$$dX_t = \kappa(\alpha - X_t)dt + \sqrt{\sigma + \gamma X_t} dW_t$$

Brennan – Schwartz 模型［Brennan 和 Schwartz（1979）］：

$$dX_t = \kappa X_t(\alpha - \ln X_t)dt + \sigma X_t dW_t$$

Marsh – Rosenfeld 模型［Marsh 和 Rosenfeld（1983）］：

$$dX_t = (\alpha X_t^{-(1-\delta)} + \kappa X_t)dt + \sigma X_t^{\delta/2} dW_t$$

Constantinides 模型［Constantinides（1992）］：

$$dX_t = (\alpha + \kappa X_t + \gamma X_t^2)dt + (\sigma + \gamma X_t)dW_t$$

Aït – Sahalia 模型［Aït – Sahalia（1996b）］：

$$dX_t = (\alpha_{-1} X_t^{-1} + \alpha_0 + \alpha_1 X_t + \alpha_2 X_t^2)dt + \sqrt{\beta_0 + \beta_1 X_t + \beta_2 X_t^{\beta_3}} dW_t$$

Aït – Sahalia 模型中对漂移项和扩散项的设定是为了刻画数据的非线性特征，即瞬时均值与瞬时方差都不是短期利率的简单线性函数。金融文献进一步将短期利率模型扩展到半参数和非参数漂移项和扩散项的设定形式。非参数设定的想法是，让数据自己说话，来决定漂移项和扩散项的函数形式。

本章我们首先介绍平稳扩散过程的一些重要性质和密度函数非参数估计的一些基础知识。然后我们介绍 Aït – Sahalia（1996a）的半参数方法，紧接着是 Stanton（1997），Jiang 和 Knight（1997）提出的非参数方法。考虑到大部分本科和硕士层次的学生可能没有任何半参数和非参数方法的正式训练，我们的介绍以直观为主，争取能帮助读者理解这些方法。在最后一节，我们使用市场利率数据来阐明瞬时均值和方差中可能存在的非线性特征，并讨论非参数方法的优势和不足。

12.1 平稳扩散过程的重要性质

首先我们介绍平稳性的概念。给定随机过程 $\{X_t, t \in \mathbb{R}_+\}$。如果对任意的 m 个时刻 $0 \leqslant t_1 < t_2 < \cdots < t_m$ 和 $h \geqslant 0$，$(X_{t1}, X_{t2}, \cdots, X_{tm})$ 的联合分布和 $(X_{t_1+h}, X_{t_2+h}, \cdots, X_{t_m+h})$ 的联合分布相同，那么我们称 X_t 是**严平稳**的，或简称**平稳**的。如果 X_t 存在二阶矩，即 $E[X_t^2] < \infty$，并且满足以下三个条件：

（1）$E[X_t]$ 与 t 无关，是一个常数；

（2）$\mathrm{Var}[X_t]$ 与 t 无关，是一个常数；

(3) $\mathrm{Cov}[X_t, X_{t+h}]$与 t 无关，只依赖于 h。

那么，我们称 X_t 是协方差平稳过程，或称 X_t 是弱平稳过程。

如果满足随机微分方程式（12.1）的 X_t 是一个平稳的随机过程，那么存在一个概率密度函数 $\pi(\cdot)$具有以下性质：

$$\pi(X_t = x) = \int \pi(X_t = x \mid X_0 = u)\pi(X_0 = u)du = \pi(X_0 = x)$$

其中，积分的范围是 X_t 的状态空间。我们把 $\pi(\cdot)$称为 X_t 的边际密度函数。

由柯尔莫哥洛夫向前方程（见本书第十章式（10.4）），可以得到 $\pi(\cdot)$、$\mu(\cdot)$和 $\sigma^2(\cdot)$这三个函数之间的关系［Karlin 和 Taylor（1981）］：

$$\pi(X_t) = \frac{A}{\sigma^2(X_t)}\exp\left\{2\int_{X_0}^{X_t}\frac{\mu(u)}{\sigma^2(u)}du\right\} \tag{12.2}$$

$$\mu(X_t) = \frac{1}{2\pi(X_t)}\frac{d}{dX_t}[\sigma^2(X_t)\pi(X_t)] \tag{12.3}$$

$$\sigma^2(X_t) = \frac{2}{\pi(X_t)}\int_0^{X_t}\mu(u)\pi(u)du \tag{12.4}$$

其中，A 是一个使 $\pi(\cdot)$成为一个概率密度函数的常数，即 $\int\pi(x)dx = 1$；X^0 是 X_t 的状态空间中的任意内点。如果 X_t 是名义利率过程，则它的状态空间是 $(0, +\infty)$，此时有 $X^0 \in (0, +\infty)$。

因此，只要知道 $\pi(\cdot)$、$\mu(\cdot)$，$\sigma^2(\cdot)$这三个函数其中任意两个，就可以推导出第三个函数。这一性质对于我们介绍半参数与非参数估计方法非常重要。

12.2　密度函数的核估计与条件期望的 N－W 估计

为介绍扩散模型式（12.1）的半参数与非参数估计方法，我们首先介绍非参数方法最基础的应用，特别是密度函数的核估计与条件期望的 N－W 估计。

12.2.1　密度函数的核估计

给定平稳随机过程 X_t 的 T 个观察数据 X_1，X_2，…，X_T，非参数方法用下式来估计其边际密度函数 $\pi(x)$：

$$\hat{\pi}(x) = \frac{1}{Th}\sum_{t=1}^{T}K\left(\frac{X_t - x}{h}\right)$$

其中，$K(\cdot)$为一个对称、单峰的概率密度函数，称为**核函数**；h 是一个大于 0 的常数，称为**窗宽**。这一估计称为 $\pi(x)$的**核估计**。

常用的核函数有高斯核，即标准正态分布的密度函数：

$$K(u)=\frac{1}{\sqrt{2\pi}}e^{-\frac{u^2}{2}}$$

Epanechnikov 核函数：

$$K(u)=\begin{cases}\frac{3}{4}(1-u^2) & |u|\leqslant 1\\ 0 & \text{其他}\end{cases}$$

和均匀核函数：

$$K(u)=\begin{cases}\frac{1}{2} & |u|\leqslant 1\\ 0 & \text{其他}\end{cases}$$

图 12 - 1 画出了这三种常用核函数，其中高斯核函数的支撑是（$-\infty$，∞），Epanechnikov 核函数和均匀核函数的支撑都是［-1，1］。

在累积均方误差（IMSE）最小的意义下，如果 X_1，…，X_T 是 iid 的正态分布序列，并且使用高斯核函数情况下，最优窗宽 h 的选择可以依据以下原则：

$$\hat{h}_{opt,T}=1.06sT^{-1/5} \tag{12.5}$$

其中，s 为数据的样本标准差［Silverman（1986）］。

有关更多核函数及最优窗宽 h 的选择、密度函数的核估计的统计性质等内容请参见 Silverman（1986）或范剑青和姚琦伟（2005）。

12.2.2　条件期望的 N - W 估计

考虑以下回归模型：

$$Y_t=m(x)+u_t$$

其中，$m(x)\equiv E[Y_t\mid X_t=x]$是 Y_t 的条件期望。$m(x)$的一个非参数估计量为：

$$\hat{m}(x)=\frac{\sum_{t=1}^{T}Y_tK\left(\frac{X_t-x}{h}\right)}{\sum_{t=1}^{T}K\left(\frac{X_t-x}{h}\right)} \tag{12.6}$$

称为条件期望的 N - W（Nadaraya - Watson）估计量。在一定的正规条件下［Pagan 和 Ullah（1999）］，N - W 估计量是条件期望 $m(x)$的相合估计。

12.3　扩散模型的半参数估计方法

本节我们主要介绍 Aït - Sahalia（1996a）提出的对扩散模型的半参数估计方法。假设 X_t 的观察值为 X_1，X_2，…，X_T，观察的时间间隔为 Δ。Aït - Sahalia（1996a）的半参数估计方法分为以下几个步骤：

第一步，首先设定漂移函数 $\mu(x;\theta)$ 的参数形式，它为状态变量的线性函数；

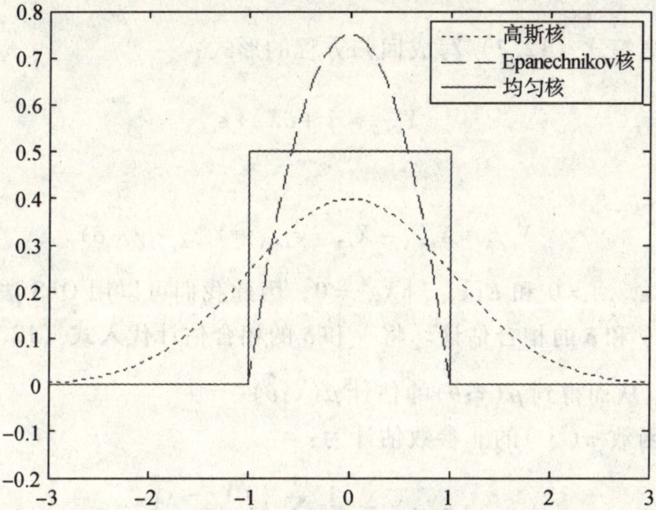

图 12－1　常用核函数

第二步，用 OLS 法估计出 $\mu(x;\theta)$ 中的未知参数 θ，得到其估计值 $\hat{\theta}$；

第三步，利用密度函数的核估计方法获得边际密度函数 $\pi(\cdot)$ 的非参数估计值 $\hat{\pi}(\cdot)$；

第四步，将 $\mu(x;\hat{\theta})$ 和 $\hat{\pi}(\cdot)$ 替代式（12.4）中的 $\mu(\cdot)$ 和 $\pi(\cdot)$，得到扩散函数 $\sigma^2(x)$ 的半参数估计量：

$$\hat{\sigma}^2(x) = \frac{2}{\hat{\pi}(x)}\int_0^x \mu(u;\hat{\theta})\hat{\pi}(u)du$$

由于此估计方法的第一步是设定漂移项 $\mu(\cdot)$ 的参数形式，然后再估计扩散项 $\sigma^2(\cdot)$ 的非参数形式，所以此估计方法称为**半参数估计方法**。

下面，我们介绍当漂移项 $\mu(\cdot;\theta)$ 设定为线性函数形式时的具体估计过程。首先设定漂移项为 X_t 的线性函数：

$$\mu(X_t,\theta) \equiv \kappa(\alpha - X_t)$$

在以上漂移函数的设定下，$X_{t+\Delta}$的条件期望可以表示为：

$$E[X_{t+\Delta} \mid X_t] = \alpha + e^{-\kappa\Delta}(X_t - \alpha)$$

它不依赖于扩散函数 $\sigma^2(\cdot)$。记：

$$E[X_{t+\Delta} - X_t \mid X_t] = \gamma + \delta X_t \tag{12.7}$$

则有：

$$\alpha = -\frac{\gamma}{\delta}, \quad \kappa = -\frac{\ln(1+\delta)}{\Delta} \tag{12.8}$$

我们可以把等式（12.7）写成回归方程的形式：

$$Y_{t+\Delta} = \gamma + \delta X_t + \epsilon_{t+\Delta} \tag{12.9}$$

其中，

$$Y_{t+\Delta} \equiv X_{t+\Delta} - X_t, \quad \epsilon_{t+\Delta} \equiv Y_{t+\Delta} - \gamma - \delta X_t$$

因为有 $E[\epsilon_{t+\Delta}] = 0$ 和 $E[\epsilon_{t+\Delta} \mid X_t] = 0$，因此我们可以用 OLS 法估计回归方程（12.9），得到 γ 和 δ 的相合估计。将 γ 和 δ 的相合估计代入式（12.8），得到 α 和 κ 的相合估计，从而得到 $\mu(x;\theta)$ 的估计 $\mu(x;\hat{\theta})$。

边际密度函数 $\pi(\cdot)$ 的非参数估计为：

$$\hat{\pi}(x) \equiv \frac{1}{Th}\sum_{t=1}^{T} K\left(\frac{X_t - x}{h}\right)$$

其中，$K(\cdot)$ 是核函数，h 是窗宽。

最后，根据前面提到的第四步即得到扩散函数的半参数估计 $\hat{\sigma}^2(x)$。Aït - Sahalia（1996a）证明，以上过程得到的 $\hat{\sigma}^2(x)$ 是 $\sigma^2(x)$ 的相合估计，并且渐近方差的一个相合估计是：

$$\hat{V}_{\sigma^2}(x) = \left\{\int_{-\infty}^{+\infty} K(u)^2 du\right\}\hat{\sigma}^4(r)/\hat{\pi}(x)$$

12.4 扩散模型的非参数估计方法

本节我们假设有 X_t 的 n 个观察值，X_{Δ_n}，$X_{2\Delta_n}$，…，$X_{n\Delta_n}$，观察的时间间隔为 Δ_n，观察的总时间长度 $T \equiv n\Delta_n$。当 $\Delta_n \to 0$ 和 $T \to \infty$ 时，扩散过程式（12.1）的漂移项 $\mu(\cdot)$ 和扩散项 $\sigma^2(\cdot)$ 的非参数估计量存在。我们以下介绍两种非参数估计方法：Stanton 方法与 Jiang - Knight 方法。

12.4.1　Stanton 方法

假设 X_t 是满足式（12.1）的随机过程。Stanton（1997）使用瞬时生成算子和泰勒展开式将漂移函数 μ（·）和扩散函数 σ^2（·）近似表示成 X_t 函数的条件期望，然后用非参数方法估计这些条件期望，从而得到 μ（·）和 σ^2（·）的非参数估计。

瞬时生成算子 $\mathscr{L}$ 的定义是：

$$\mathscr{L}f(x,t)=\lim_{\tau\downarrow t}\frac{E[f(X_{\tau},\tau)\mid X_t=x]-f(x,t)}{\tau-t}$$

$$=\frac{\partial f(x,t)}{\partial t}+\frac{\partial f(x,t)}{\partial x}\mu(x)+\frac{1}{2}\frac{\partial^2 f(x,t)}{\partial x^2}\sigma^2(x)$$

对任意函数 f，条件期望 E_t $[f(X_{t+\Delta},\ t+\Delta)]$ 可以表示成如下泰勒展开式：

$$E_t[f(X_{t+\Delta},t+\Delta)]=f(X_t,t)+\mathscr{L}f(X_t,t)\Delta+\frac{1}{2}\mathscr{L}f(X_t,t)\Delta^2+\cdots$$

$$+\frac{1}{n!}\mathscr{L}^n f(X_t,t)\Delta^n+O(\Delta^{n+1})$$

如果只展开到一阶，并将 $\mathscr{L}f$（X_t，t）移到等式的左边，我们得到：

$$\mathscr{L}f(X_t,t)=\frac{1}{\Delta}E_t[f(X_{t+\Delta},t+\Delta)-f(X_t,t)]+O(\Delta) \tag{12.10}$$

令 $f(x,t)=x$，我们有：

$$\mathscr{L}f(x,t)=\mu(x)$$

令 $f(x,t)=(x-X_t)^2$，我们有：

$$\mathscr{L}f(x,t)=2(x-X_t)\mu(x)+\sigma^2(x)$$

因此，令 $x=X_t$，我们有：

$$\mathscr{L}f(X_t,t)=\sigma^2(X_t)$$

将它们分别代入式（12.10），我们得到：

$$\mu(X_t)=\frac{1}{\Delta}E_t[X_{t+\Delta}-X_t]+O(\Delta)\equiv\frac{1}{\Delta}m_1(X_t)+O(\Delta)$$

$$\sigma^2(X_t)=\frac{1}{\Delta}E_t[(X_{t+\Delta}-X_t)^2]+O(\Delta)\equiv\frac{1}{\Delta}m_2(X_t)+O(\Delta)$$

Stanton（1997）还写出了展开到二阶和三阶的式子，更高阶的式子参见 Fan 和

Zhang（2003）。

分别将 $Y_t = X_{t+\Delta} - X_t$ 和 $Y_t = (X_{t+\Delta} - X_t)^2$ 代入条件期望的 N－W 估计量，得到 $m_1(x)$ 和 $m_2(x)$ 的非参数估计量为：

$$\hat{m}_1(x) = \frac{\sum_{t=1}^{T-1}(X_{t+\Delta} - X_t)K\left(\frac{X_t - x}{h}\right)}{\sum_{t=1}^{T}K\left(\frac{X_t - x}{h}\right)}$$

$$\hat{m}_2(x) = \frac{\sum_{t=1}^{T-1}(X_{t+\Delta} - X_t)^2K\left(\frac{X_t - x}{h}\right)}{\sum_{t=1}^{T}K\left(\frac{X_t - x}{h}\right)}$$

将它们代入 $\mu(x)$ 和 $\sigma^2(x)$ 的泰勒一阶展开近似式，就可以得到漂移函数与扩散函数的非参数估计量，渐近方差的估计可以通过自助（bootstrapping）法得到。Fan 和 Zhang（2003）导出了 Stanton 非参数估计量的渐近性质。

12.4.2 Jiang－Knight 方法

Jiang－Knight 方法由 Jiang 和 Knight（1997）提出，它有三个步骤：第一步，用非参数方法估计扩散函数 $\sigma^2(x)$；第二步，用非参数方法估计边际密度 $\pi(x)$；第三步，根据式（12.3）获得漂移函数 $\mu(x)$ 的非参数估计。具体过程如下：首先得到一个扩散函数 $\sigma^2(x)$ 的一个相合估计 $\hat{\sigma}^2(x)$，然后设计了一个 $Q(x) \equiv \pi^\top(x)/\pi(x)$ 的非参数估计 $q_n(x)$。因为式（12.3）可以等价地写成：

$$\mu(x) = \frac{1}{2}\left[\frac{d\sigma^2(x)}{dx} + \sigma^2(x)\frac{\pi^\top(x)}{\pi(x)}\right]$$

$$= \frac{1}{2}\left[\frac{d\sigma^2(x)}{dx} + \sigma^2(x)Q(x)\right]$$

所以把上式中的 $\sigma^2(x)$ 和 $Q(x)$ 分别以它们的估计量 $\hat{\sigma}^2(x)$ 和 $q_n(x)$ 代入，就得到 $\mu(x)$ 的一个非参数估计量 $\hat{\mu}(x)$。这些估计量的式子如下：

$$\hat{\sigma}^2(x) = \frac{\sum_{i=1}^{n-1} nK\left(\frac{X_{i\Delta_n} - x}{h_n}\right)\left[X_{(i+1)\Delta_n} - X_{i\Delta_n}\right]^2}{\sum_{i=1}^{n} TK\left(\frac{X_{i\Delta_n} - x}{h_n}\right)}$$

$$q_n(x) = \frac{\sum_{i=1}^{n}\frac{1}{h_n}K'\left(\frac{X_{i\Delta_n} - x}{h_n}\right)}{\sum_{i=1}^{n}K\left(\frac{X_{i\Delta_n} - x}{h_n}\right)}$$

$$\hat{\mu}(x) = \frac{1}{2}\left[\frac{d\hat{\sigma}^2(x)}{dx} + \hat{\sigma}^2(x)q_n(x)\right]$$

在一定的正规性条件下，Jiang 和 Knight（1997）证明了非参数估计量 $\hat{\sigma}^2(x)$ 和 $\hat{\mu}(x)$ 的相合性。$\hat{\sigma}^2(x)$ 的方差的一个相合估计为：

$$\hat{V}[\hat{\sigma}^2(x)] = \frac{\hat{\sigma}^4(x)}{\sum_{i=1}^{n} K\left(\frac{X_{i\Delta_n} - x}{h_n}\right)}$$

$\hat{\mu}(x)$ 的方差可用 δ 方法或是自助法得到。

12.4.3　非参数估计方法——结合中国短期利率的实证讨论

本节用于分析的短期利率数据是 2003 年 1 月至 2009 年 12 月中国银行间市场一个月期的回购利率日频数据，时间跨度 6 年整，共计 1646 个交易日。图 12－2 画出了日频利率水平（r_t）及日频利率变化（一阶差分 Δr_t）的时间序列。表 12－1 是利率水平及日频利率变化的描述性统计量。利率水平的峰度为 8.3，利率变化的峰度为 66.25，都大于正态分布峰度 3，因此它们的分布具有厚尾特征，不太可能为正态分布。表 12－2 是利率水平及其变化的前 10 阶自相关系数估计值。可以看到，利率水平的前 3 阶自相关系数都在 0.9 以上，并且只以缓慢的速度下降，这说明利率是一个具有很强相依性的时间序列。

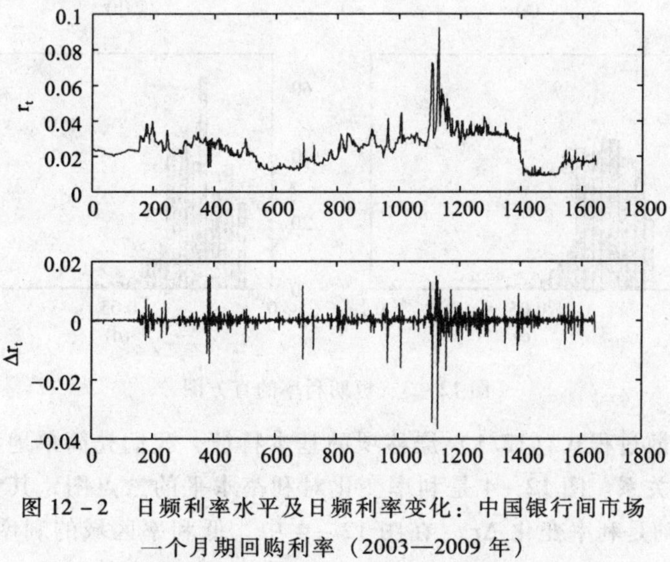

图 12－2　日频利率水平及日频利率变化：中国银行间市场一个月期回购利率（2003—2009 年）

表 12－1　　日频利率及日频利率变化的描述性统计量

	T	均值	标准差	偏度	峰度	最小值	最大值
r	1646	0.0244	0.0095	1.3536	8.3054	0.0087	0.0921
Δr	1645	-5.5×10^{-6}	0.0024	-3.874	66.25	-0.0365	0.0151

数据来源：CSMAR 数据库（http://www.gtarsc.com/）。

表 12－2　　利率的前 10 阶自相关系数

	ρ_1	ρ_2	ρ_3	ρ_4	ρ_5	ρ_6	ρ_7	ρ_8	ρ_9	ρ_{10}
r	0.97	0.94	0.91	0.88	0.86	0.83	0.82	0.80	0.80	0.78
Δr	-0.1	0.053	-0.042	-0.028	-0.04	-0.079	-0.035	-0.01	0.04	-0.1

图 12－3 是一个月期回购利率的直方图，其中子图（a）、（b）、（c）和（d）分别对应 10、20、40、80 个柱。可以看到，随着柱数目增加，直方图趋近于一个密度函数。有的教科书和文献把核估计密度形象地称为“连续的直方图”，它体现的是柱数目趋于无穷大时的情形。

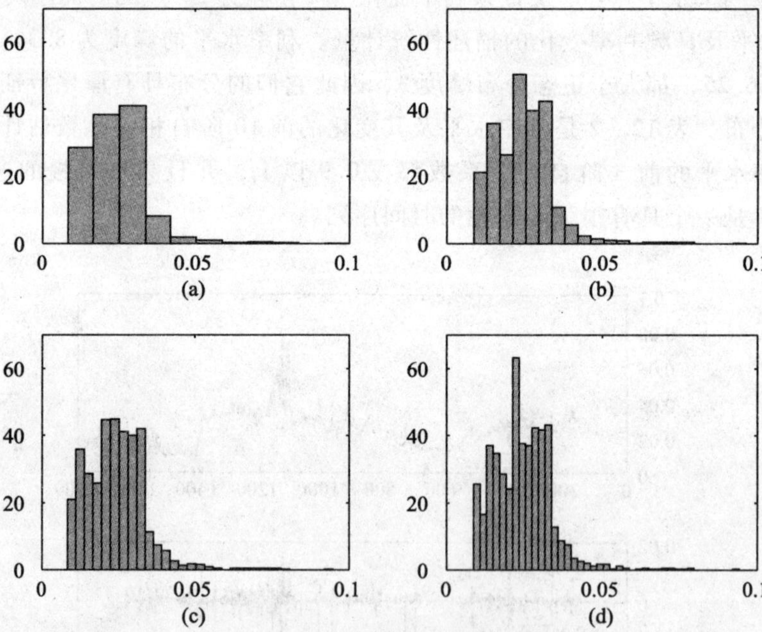

图 12－3　短期利率的直方图

为展示扩散过程式（12.1）漂移项的基本特征，我们先简单地考察利率变化与利率水平的关系。图 12－4 是利率变化对利率水平的散点图，其中横轴是利率水平 r_{t-1}，纵轴是利率变化 Δr_t。在图 12－4 中，低利率区域的利率变化幅度大，且总体呈正向变化，高利率区域的利率变化幅度也较大，但总体呈负向变化，中间区域的利率变化幅度相对较小，这说明利率的漂移项很可能是非线性的。

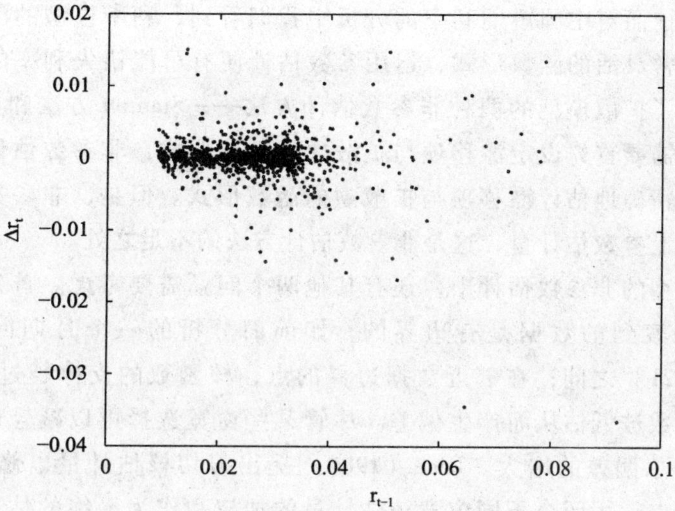

图 12－4　利率变化对利率水平：中国银行间市场一个月期回购利率（2003—2009 年）

为展示扩散过程式（12.1）扩散项的基本特征，我们下面简单地考察利率变化的绝对值与利率水平的关系。图 12－5 是利率变化的绝对值对利率水平的散点图，其中横轴是利率水平（r_{t-1}），纵轴是利率变化的绝对值 $|\Delta r_t|$。在图 12－5 中，相对中间利率水平区域，低利率区域和高利率区域利率变化的绝对值较大，并且增长的速率也在增加，在高利率区域，这一特征尤其明显，这说明利率的扩散项很有可能具有非线性特征。

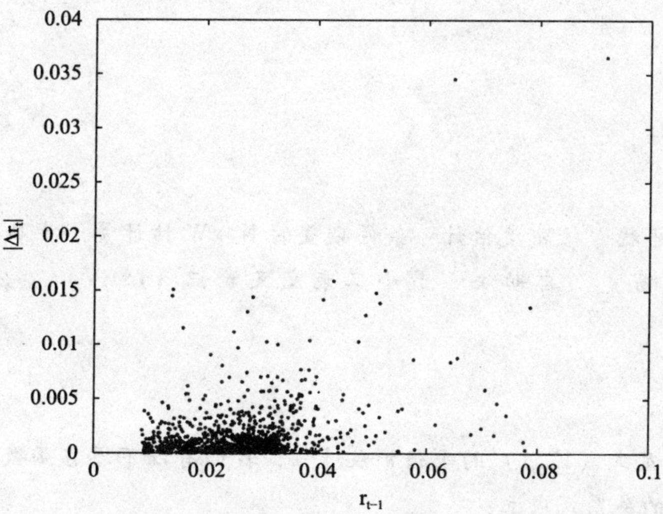

图 12－5　利率变化绝对值对利率水平：中国银行间市场一个月期回购利率（2003—2009 年）

估计扩散模型式（12.1），我们可以采用参数估计或非参数估计。本书前一章介绍了参数估计方法。在参数估计中，我们需要首先设定漂移项与扩散项的函数形式，再采用 GMM、MLE、AMLE 等方法。因此，参数估计限制了漂移项与扩散项的灵活性。前面对中国短期利率的分析中我们看到，利率模型的漂移项和扩散项可能具有非常灵活的函数形式，运用参数估计便有可能错失利率的某些动态特征。本章介绍了扩散模型的两种非参数估计方法——Stanton 方法和 Jiang - Knight 方法。由于不需要首先设定漂移项与扩散项的函数形式，非参数估计具有更大的灵活性，能更精确地估计漂移项与扩散项的函数形式。但是，非参数估计量的有效性一般比不上参数估计量，这是非参数估计方法的不足之处。

在利率模型的非参数估计中，还有其他两个问题需要考虑。首先是边界偏差问题。我们观察到的数据是有边界的，如前面分析的一个月期回购利率都在[0.0087,0.0921]之间；在邻近数据边界的点，核函数的支撑越过了数据边界，因此，密度函数被低估从而产生偏差。尽管某些窗宽选择可以减轻边界偏差，但付出的代价是总偏差的增大。Rice（1984）提出刀切核估计量以修正边界误差：在邻近边界的点，用两个不同窗宽核估计量的加权和作为最终的估计量。第二个问题是数据相依性引起的窗宽选择问题。这一问题在时间序列数据中普遍存在，如前面分析的回购利率数据就具有较强的自相关性。我们前面介绍的最优窗宽式（12.5）只对 iid 正态分布的序列来说才是最优的，对于具有相依性的时间序列数据来说则不是最优选择。相依数据的窗宽选择有两种常用方法。一是最小二乘交叉验证（LSCV），具体过程可以参考 Silverman（1986）；另一个方法是分块交叉验证（BCV），具体过程可以参见 Jiang 和 Knight（1997）文中附录及给出的参考文献。

本章回顾

主要概念

平稳　弱平稳　核密度估计　条件期望的 N - W 估计量　半参数估计　非参数估计　最优窗宽　自助法　最小二乘交叉验证（LSCV）　分块交叉验证（BCV）

主要结果

1. 对于满足式（12.1）的平稳扩散过程，我们有以下漂移函数、扩散函数和边际密度之间的关系式成立：

$$\pi(X_t) = \frac{A}{\sigma^2(X_t)}\exp\left\{2\int_{X^0}^{X_t}\frac{\mu(u)}{\sigma^2(u)}du\right\}$$

$$\mu(X_t) = \frac{1}{2\pi(X_t)}\frac{d}{dX_t}[\sigma^2(X_t)\pi(X_t)]$$

$$\sigma^2(X_t) = \frac{2}{\pi(X_t)}\int_0^{X_t}\mu(u)\pi(u)du$$

2. 密度估计中常用的核函数有高斯核、均匀核与 Epanechnikov 核。

3. 在累积均方误差（IMSE）最小的意义下，如果 X_1，…，X_T 是 iid 的正态分布序列，并且使用高斯核函数情况下，最优窗宽 h 的选择是：

$$\hat{h}_{\mathrm{opt},T} = 1.06sT^{-1/5}$$

其中 s 为数据的样本标准差。

4. 在一定正规条件下，条件期望的 N－W 估计量是相合的。

5. 非参数估计的优势在于，它给函数形式提供了一个更为精确的估计量。但是，它往往没有参数估计量有效。

6. 非参数估计的一个挑战是由缺少样本观测值带来的边界偏差。尽管某些窗宽选择可以减轻边界偏差，但付出的代价是总偏差的增大。Rice（1984）提出了 jackknife 核来处理边界偏差。

7. 非参数估计的另一个挑战是相依数据的窗宽选择，现有两种常用方法处理这一问题，即最小二乘交叉验证（LSCV）和分块交叉验证（BCV）。

习　题

1. 请讨论参数模型与非参数模型的主要区别。

2. 给定如下平稳扩散过程：

$$dX_t = \mu(X_t)dt + \sigma(X_t)dW_t$$

其中 $\mu(X_t) = \kappa(\alpha - X_t), \sigma(X_t) = \sigma$。即上述扩散过程是一 OU 过程。利用边际密度、漂移函数与扩散函数之间的关系导出此随机过程的边际密度函数 $\pi(X_t)$。

3. 给定如下平稳扩散过程：

$$dX_t = \mu(X_t)dt + \sigma(X_t)dW_t$$

其中 $\mu(X_t) = \kappa(\alpha - X_t)$，边际密度函数 $\pi(X_t) = \frac{\omega^s}{\Gamma(s)}X_t^{s-1}e^{-\omega X_t}$，其中，$\omega \equiv \frac{2\kappa}{\sigma^2}$，$s \equiv \frac{2\kappa\alpha}{\sigma^2}$。利用边际密度、漂移函数与扩散函数之间的关系导出此随机过程的扩散函数 $\sigma^2(X_t)$，并解释它是什么过程。

4. 给定以下 Aït－Sahalia（1996b）提出的短期利率模型：

$$dX_t = (\alpha_{-1}X_t^{-1} + \alpha_0 + \alpha_1 X_t + \alpha_2 X_t^2)dt + \sqrt{\beta_0 + \beta_1 X_t + \beta_2 X_t^{\beta_3}}dW_t$$

其中 $\alpha_{-1} = 0.008$，$\alpha_0 = -1$，$\alpha_1 = 50$，$\alpha_2 = -725$，$\beta_0 = 0.025$，$\beta_1 = -1.8$，

$\beta_2 = 9$，$\beta_3 = 1.5$。

(a) 使用欧拉离散法模拟以上短期利率过程的路径。具体来说，设单位时间为1年，离散时间间隔为15分钟，即 $\Delta = 1/(4 \times 6.5 \times 250)$。这里我们假设每年250个交易日，每天交易6.5个小时。模拟一条50年的利率样本数据路径并记录日频利率，即记录每天最后一个利率观测值。

(b) 画出日频利率的时间序列。

(c) 画出利率的日度变化。

(d) 画出对应利率水平的利率日度变化。作为短期利率的函数，你观察到的利率变化具有什么样的特征?

(e) 画出对应利率水平的利率日度变化绝对值。作为短期利率的函数，你观察到的利率变动幅度具有什么样的特征?

第十三章 连续时间模型的特征函数估计方法

在第十章我们看到，连续时间模型不一定有解析形式的转移密度。如果没有解析形式的转移密度，模型的极大似然估计便不能直接进行。不过，在第十章我们也注意到，有时候模型会存在解析形式的条件特征函数（CCF）。第十章表明，对于许多模型，尤其是仿射模型，求解 CCF 最后简化成求解常微分方程（ODE）。这使我们能够在特征函数的基础上提出各种连续时间模型的估计方法。值得指出的是，特征函数和密度函数包含同样的信息，因此基于 CCF 的估计能够达到与 MLE 相同的有效性。

本章我们首先回顾特征函数的基础知识，包括其定义，主要性质以及与密度函数、累积量及矩条件之间的关系。然后，我们介绍适用于 iid 样本的实证特征函数（ECF）估计，它的基本想法是将由模型导出的特征函数（作为模型参数的函数）与由数据计算得到的实证特征函数相匹配。由于是在特征函数的离散点上进行匹配，我们还在 GMM 的框架下进一步阐述这一方法。在本章的最后一部分，我们的重点是介绍对弱相依平稳过程的 ECF 估计。我们介绍两种方法：条件特征函数（CCF）法与联合特征函数（JCF）法。这些是金融中的常用模型，但它们对模型的估计提出了更大的挑战，尤其是带潜变量的模型，如随机波动率（SV）模型。最后，以 Heston（1993）随机波动率模型为例，我们阐述了基于特征函数的各种估计方法的运用。

13.1 特征函数的定义及基本性质

随机变量 X 的特征函数（CF）是如下定义的函数 $\psi(X,u)$，其定义域是实数 $\mathbb{R}$，值域是复数 $\mathbb{C}$：

$$\psi(X,u) \equiv E[e^{iuX}] = \int_{-\infty}^{\infty} e^{iux} dF(x) \tag{13.1}$$

其中，$u \in \mathbb{R}$，$i=\sqrt{-1}$，$F(\cdot)$是X的分布函数。也就是说，特征函数是e^{iuX}的期望值。

假设$\{X_j\}_{j=1}^{n}$是随机变量X的n个样本。**实证特征函数（ECF）**$\psi_n(u)$是特征函数对应的样本值，即：

$$\psi_n(u) \equiv \frac{1}{n}\sum_{j=1}^{n} e^{iuX_j}$$

如果随机变量X具有密度函数$f(x)$，则式（13.1）也可以写成：

$$\psi(X,u) = \int_{-\infty}^{\infty} e^{iux} f(x)\,dx$$

因此，特征函数就是密度函数$f(x)$的傅立叶变换。如果特征函数已知，密度函数可以通过傅立叶逆变换求得：

$$f(x) = \frac{1}{2\pi}\int_{-\infty}^{\infty} e^{-iux}\psi(X,u)\,du$$

特征函数具有以下基本性质：

性质1：任意随机变量都存在特征函数；这相对于随机变量的矩生成函数$m(u)=E[e^{uX}]$来说是一个优势，因为不是所有的随机变量都存在矩生成函数，如柯西分布$f(x)=\dfrac{1}{\pi(1+x^2)}, x\in(-\infty,+\infty)$。

性质2：特征函数与分布函数之间存在一一对应的关系。

性质3：如果特征函数已知，随机变量的原点矩可以通过下式求得：

$$E[X^k] = \frac{1}{i^k}\psi^{(k)}(X,0) \tag{13.2}$$

性质4：如果随机变量关于原点对称，那么其特征函数是实值的偶函数。

类似地，我们可以定义随机变量X的**条件特征函数（CCF）**：

$$\begin{aligned}\psi(X,u;Y) &\equiv E[e^{iuX} \mid Y] \\ &= \int_{-\infty}^{\infty} e^{iuX} f(x \mid Y)\,dx\end{aligned}$$

对于时间序列X_t来说，X_{t+1}在已知X_t情形下的CCF可以写成：

$$\begin{aligned}\psi(X_{t+1},u;X_t) &\equiv E[e^{iuX_{t+1}} \mid X_t] \\ &= \int_{-\infty}^{\infty} e^{iuX_{t+1}} f(X_{t+1} \mid X_t)\,dX_{t+1}\end{aligned}$$

其中，$f(X_{t+1} \mid X_t)$为时间序列X_t的转移密度。

类似地，我们也有从CCF到转移密度的傅立叶逆变换：

$$f(X_{t+1} \mid X_t) = \frac{1}{2\pi}\int_{-\infty}^{\infty} e^{-iuX_{t+1}}\psi(X_{t+1}, u; X_t)\, du$$

与特征函数有密切联系的另一个概念是**累积量**。在第十一章，我们介绍了累积量的概念，它是通过特征函数来定义的。首先，我们把累积量生成函数定义为特征函数取对数，即：

$$g(u) = \ln[\psi(u)]$$

然后，定义 n 阶累积量为：

$$K_n = \frac{1}{i^k} g^{(n)}(0) \tag{13.3}$$

因此，由特征函数可以非常方便地导出累积量。

【例 13-1】 金融中常用分布的特征函数。

我们给出金融中常用的三个分布，即正态分布、泊松分布和复合正态泊松分布的特征函数。

正态分布 $\mathscr{N}(\mu, \sigma^2)$ 的特征函数为：

$$\psi(u) = \exp\left[iu\mu - \frac{1}{2}\sigma^2 u^2\right]$$

到达强度为 λ 的泊松分布 Poisson（λ）的特征函数为：

$$\psi(u) = \exp[\lambda(e^{iu} - 1)]$$

以上正态分布和泊松分布特征函数的推导作为本章最后的习题。

复合泊松分布 $J = \sum_{t=1}^{N} X_t$，其中 X_t 服从 $iid\mathscr{N}(\mu, \sigma^2)$，$N$ 服从参数为 λ 的泊松分布 Poisson（λ），称为复合正态泊松分布。根据条件期望的迭代性质和泊松分布的矩生成函数，容易导出其特征函数为：

$$\psi(u) = \exp[\lambda(e^{iu\mu - \frac{1}{2}\sigma^2 u^2} - 1)]$$

13.2 独立同分布（iid）情形的 ECF 估计

假设模型中需要估计的未知参数向量为 θ。首先考虑比较简单的情况，即观察到的样本 $\{X_j\}_{j=1}^{n}$ 是 iid 的随机变量序列时，如何使用特征函数估计 θ。我们可以将 CF 与 ECF 尽量匹配，得到参数估计量。也可以先通过特征函数导出矩条件，然后运用 GMM 得到参数估计量。

13.2.1 ECF 估计

通过匹配 CF 与 ECF，即选择 θ，使 $\psi_n(u)$ 与 $\psi(X,u;\theta)$ 之间的距离尽可能小，得到估计量，所以 ECF 估计就是求解以下最优化问题。

$$\hat{\theta} \equiv \arg\min_{\theta \in \Theta} \int_{-\infty}^{\infty} |\psi_n(u) - \psi(X,u;\theta)|^2 \varphi(u) du$$

以上最优化求解的一阶条件为：

$$\int_{-\infty}^{\infty} (\psi_n u - \psi(X,u;\theta)) w(u) du = 0$$

其中，$w(u)$ 称为**权重函数**。

Feuerverger 和 McDunnough（1981）证明以下函数是最优权重函数：

$$w^*(u) = \frac{1}{2\pi} \int \frac{\partial \ln f(x;\theta)}{\partial \theta} e^{-iux} dx$$

其中，$f(x;\theta)$ 是随机变量 X 的密度函数。使用 $w^*(u)$ 得到的估计量和 MLE 一样有效。但是我们现在考虑的是密度函数 $f(x;\theta)$ 没有解析形式的情况，因此无法得到最优权重函数 $w^*(u)$。实证研究中一般使用指数函数 e^{-u^2} 作为权重的选择。

以上 ECF 估计方案中的积分往往在离散的格点进行计算。因此，实际应用中 ECF 估计有两个挑战，格点选择和权重函数选择。格点选择越粗糙，ECF 估计量越容易计算，但具有较低的有效性。另一方面，如果格点选择太精细，那么协方差矩阵会成为奇异矩阵，从而估计不可行。因此，在实际应用中不能选择太过精细的格点。

13.2.2 GMM 估计

ECF 估计也可以在 GMM 的框架下进行，其关键在于首先通过特征函数得到不小于参数个数的矩条件，然后选择 θ，使样本矩尽可能接近 0。我们令：

$$h(u,X_j;\theta) = e^{iuX_j} - \psi(X,u;\theta)$$

显然有：

$$E[h(u,X_j;\theta_0)] = 0, \forall_u \in \mathbb{R}$$

其中，θ_0 是真实的参数值。函数 h（·）的值是复数。一个复数 $a+bi$ 等于 0 的充要条件是它的实部 a 和虚部 b 都等于 0。因此，选择 p 个点 u_1，…，u_p，得到我们需要的 $2p$ 个矩条件：

$$g(X_j;\theta)\equiv(\mathrm{Re}[h(u_1)],\cdots,\mathrm{Re}[h(u_p)],\mathrm{Im}[h(u_1)],\cdots,\mathrm{Im}[h(u_p)])^{\top} \tag{13.4}$$

其中，Re[·]和 Im[·]分别是一个复数的实部和虚部，$h[u_k]\equiv h(u_k,X_j;\theta)$，$k=1,\cdots,p$。由于式（13.4）给出的矩条件有连续多个（实际上是不可数的无穷，称之为连续多个），只使用有限多个矩条件没有充分利用特征函数提供的所有信息，因此上述方法不是有效的。Carrasco 和 Florens（2000）提出了利用连续多个矩条件的 GMM 得到渐近有效估计量的方法。

13.3　平稳弱相依情形的 ECF 估计

在第十二章 12.1 节我们介绍了平稳性的概念，下面我们介绍时间序列的另一重要概念——弱相依性。从直观上来看，当 h 逐渐增大时，X_t 与 X_{t+h} 趋于独立，那么我们称时间序列 X_t 是**弱相依**的。弱相依的严格定义及其性质请参阅 Wooldridge（1994）。

当我们观察到的样本 $\{X_t\}_{t=1}^{T}$ 不是 iid 的随机变量序列，而是平稳弱相依序列时，上一小节介绍的方法不能直接使用。这是因为特征函数不能描述相依性，所以单单拟合特征函数与实证特征函数不足以有效地估计所有的未知参数。此时要使用条件特征函数（CCF）或联合特征函数（JCF）。

13.3.1　条件特征函数方法

根据条件特征函数（CCF）的定义，

$$\psi(X_{t+1},u;X_t;\theta)\equiv E[e^{iuX_{t+1}}\mid X_t]$$

显然有下式成立：

$$E[e^{iuX_{t+1}}-\psi(X_{t+1},u;X_t;\theta_0)\mid X_t]=0,\ \forall u\in\mathbb{R}$$

其中，θ_0 为真实的参数向量。由上式，下列等式成立：

$$E[e^{iuX_{t+1}}-\psi(X_{t+1},u;X_t;\theta_0)]=0,\ \forall u\in\mathbb{R} \tag{13.5}$$

$$E[\int(e^{iuX_{t+1}}-\psi(X_{t+1},u;X_t;\theta_0))\varphi(X_t,u)du]=0 \tag{13.6}$$

$$E[(e^{iuX_{t+1}}-\psi(X_{t+1},u;X_t;\theta_0))\varphi(X_t,v)]=0,\ \forall u,v\in\mathbb{R} \tag{13.7}$$

Chacko 和 Viceira（2003）检验了随机波动率模型和带跳跃的随机波动率模型。他们先解出模型的 CCF，包括可观察变量和潜变量，通过积分得到只包括可观察变量的 CCF。然后在式（13.5）的基础上，按照 13.2.2 小节的方法获得有限多个矩条件，最后运用 GMM 来估计和检验模型。由于矩条件是在复数域上得到，他们把这一方法命名为**复域 GMM 估计**。

Singleton（2001）让式（13.6）对应的样本值等于 0 来估计模型的参数：

$$\frac{1}{T-1}\int\sum_{t=1}^{T-1}\left(e^{iuX_{t+1}}-\psi(X_{t+1},u;X_t;\theta)\right)\varphi(X_t,u)\,du=0 \tag{13.8}$$

由此得到的估计量被他命名为**实证条件特征函数（ECCF）估计**。Singleton（2001）证明最优权重函数为：

$$\varphi^*(X_t,u)=\frac{1}{2\pi}\int e^{-iuX_{t+1}}\frac{\partial \ln f(X_{t+1}\mid X_t)}{\partial\theta}dX_{t+1}$$

选择 $\varphi^*(X_t,u)$ 得到的估计量和 ML 估计一样有效，由于不知道转移密度函数，因此在实际操作中不可行。Singleton（2001）提出以下方法来近似计算积分式（13.8）：

$$\frac{1}{T-1}\sum_{t=1}^{T-1}\tau\sum_{j=-p}^{p}\varphi(X_t,j\tau)\left(e^{ij\tau X_{t+1}}-\psi(j\tau,X_t;\theta)\right)=0 \tag{13.9}$$

通过引入一些记号，我们可以简化以上表达式，记：

$$\begin{aligned}\epsilon_{p,t+1}(\theta)^{\top}\equiv(&\cos(\tau X_{t+1})-\mathrm{Re}\psi(\tau),\cdots,\cos(p\tau X_{t+1})-\mathrm{Re}\psi(p\tau)\\&\sin(\tau X_{t+1})-\mathrm{Im}\psi(\tau),\cdots,\sin(p\tau X_{t+1})-\mathrm{Im}\psi(p\tau))\end{aligned}$$

它是一个 $2p\times1$ 向量。记：

$$\varphi_{pt}=(\mathrm{Re}[\varphi(X_t,\tau)],\cdots,\mathrm{Re}[\varphi(X_t,p\tau)],-\mathrm{Im}[\varphi(X_t,\tau)],\cdots,-\mathrm{Im}[\varphi(X_t,p\tau)])$$

它是一个 $Q\times2p$ 向量，其中 Q 是估计参数向量的维度。我们可以把式（13.9）简写成：

$$\frac{1}{T-1}\sum_{t=1}^{T-1}\varphi_{pt}\epsilon_{p,t+1}(\theta)=0 \tag{13.10}$$

对任意 $p\geq1$，由式（13.10）得到的参数估计量都是相合的。并且 Singleton（2001）显示，当 $q\to\infty$，$\tau\to0$，并且权重函数 $\psi(\cdot)$ 为他给出的一个可计算的最优权重函数 φ_{pt}^* 时，即：

$$\varphi_{pt}^*=\Phi_t^{K\top}\times\{\Sigma_t^K\}^{-1} \tag{13.11}$$

其中，

$$\Phi_t^K\equiv\frac{\partial\epsilon_{p,t+1}(\theta_0)}{\partial\theta}\text{，是一个 }2p\times Q\text{ 矩阵}$$

$$\Sigma_t^K\equiv E[\epsilon_{p,t+1}\epsilon_{p,t+1}^{\top}\mid X_t]\text{，是一个 }2p\times2p\text{ 矩阵}$$

这一估计量还是渐近有效的，即达到克拉美一劳下界。由于 Φ_t^K 和 Σ_t^K 是 $CCF\psi(\cdot)$ 的函数，而 $\psi(\cdot)$ 具有解析形式，所以 Φ_t^K 和 Σ_t^K 也容易得到解析表达式，因此 φ_{pt}^* 在应用中容易计算。这避免了普通 GMM 估计中需要首先估计最优权重矩阵的步骤。

Carrasco、Chernov、Florens 和 Ghysels（2007）通过式（13.7），选择 $\varphi(X_t,u)=e^{iuX_t}$，构造了一个使用连续矩条件的 GMM，可以得到渐近有效的估计量。

13.3.2　联合特征函数方法

随机向量 $\mathbf{X}=(X_1,\cdots,X_p)^\top$ 的特征函数称为联合特征函数（JCF），其定义与随机变量的特征函数类似：

$$\psi(\mathbf{u})\equiv E[e^{i\mathbf{u}^\top\mathbf{X}}]$$

其中，$\mathbf{u}\in\mathbb{R}^p$。$\psi(\mathbf{u})$ 的定义域是 $\mathbb{R}^p$，值域仍然是 $\mathbb{C}$。

我们按照以下方法将样本 $\{X_t\}_{t=1}^T$ 分成数据段：前 $p+1$ 个数据 $(X_1,\cdots,X_{p+1})^\top$ 成为首段，记为列向量 $\boldsymbol{y}_1$，往前移一位，得到第二个数据段 $\boldsymbol{y}_2=(X_2,\cdots,X_{p+2})^\top$，以此类推，直到最后一个数据 X_T 分段完毕，共得到 $T-p$ 个数据段 $\{\boldsymbol{y}_j,j=1,\cdots,T-p\}$，其中 $\boldsymbol{y}_j=(X_j,\cdots,X_{p+j})^\top$。

相对应的联合实证特征函数（JECF）定义为：

$$\psi_T(\mathbf{u})\equiv\frac{1}{T-p}\sum_{j=1}^{T-p}e^{i\mathbf{u}^\top\boldsymbol{y}_j}$$

匹配 JECF 与 JCF，得到参数 θ 的估计量：

$$\hat{\theta}=\arg\min_{\theta\in\Theta}\int\cdots\int|\psi(\mathbf{u};\theta)-\psi_T(\mathbf{u})|^2\varphi(\mathbf{u})du$$

以上最优化问题的一阶条件是：

$$\int\cdots\int(\psi(\mathbf{u};\theta)-\psi_T(\mathbf{u}))\varphi(\mathbf{u})du=0$$

其中，$\varphi(\mathbf{u})$ 称为**权重函数**。

因此，JCF 方法首先要考虑如何选择 p，即样本数据分段的长度。它是由随机过程 X_t 的自相关性决定的。对于马尔可夫过程，由于 X_{t+1} 的分布由前一期的 X_t 完全决定，因此 $p=2$。对于非马尔可夫的其他随机过程，p 的选择取决于真实过程的自相关性。

给定 p，接下来要选择一个权重函数 $\varphi(\mathbf{u})$，使估计量尽可能有效。Feuerverger（1990）证明，选择：

$$\varphi^*(\mathbf{u}) = \frac{1}{(2\pi)^{p+1}}\int\cdots\int \frac{\partial \ln f(x_j \mid x_{j-1}, \cdots, x_{j-p})}{\partial \theta} e^{-\mathbf{u}_j^\top \mathbf{y}_j} d\mathbf{y}_j$$

可以得到与极大似然估计渐近相等的估计量。但这一方法在实际操作中是不可行的，因为我们不知道转移密度函数的形式，所以也无从得到 $\varphi^*(\mathbf{u})$。

Jiang 和 Knight（2002）导出了资产收益率的 JCF，在此基础上运用 GMM 和 JCF 两种方法估计了模型的参数。在 JCF 估计中，他们分别选择 $p=1, \cdots, 5$，权重函数多元正态分布的密度函数：

$$\varphi(\mathbf{u}) = \frac{1}{\sqrt{(2\pi\sigma_n^2)^p}} \exp\left\{-\frac{\mathbf{u}^\top \mathbf{u}}{2\sigma_n^2}\right\}$$

并选择 σ_n 以获得尽可能有效的估计。

另外，Jiang 和 Knight（2010）使用 Edgeworth 展开马尔可夫过程的对数转移密度以获得最优权重函数的一个近似表达式，从而获得相合估计量。此近似表达式由累积量组成，因此对某些累积量容易计算的分布来说，这种方法比较简便。

13.3.3 带潜变量模型的估计

在金融学中，资产收益率模型经常包含潜变量，又称为不可观测变量。例如，在随机波动率模型中，资产收益率的随机波动率就是不可直接观测的。因此，模型的估计必须处理不可观测的潜变量，常用的方法有使用潜变量的近似变量，或者在似然函数中积分去掉潜变量等。由于似然函数中的高维积分通常难以简化成一维（或低维）积分，数值积分往往需要将连续时间模型离散化后模拟样本路径，因此需要很大的计算量。

下面我们以 Heston 随机波动率模型为例，来阐述处理潜变量的各种方法。Heston 随机波动率模型假设股票价格 S_t 服从：

$$\begin{aligned} d\ln S_t &= \mu dt + V_t^{1/2} dW_t \\ dV_t &= \beta(\alpha - V_t) dt + \sigma V_t^{1/2} dW_t^v \\ dW_t dW_t^v &= \rho dt \end{aligned}$$

其中，V_t 表示瞬时波动率，是一个潜变量。由于潜变量 V_t 的存在，这类模型的估计是个难题。记对数价格为 $\ln S_t$。在第十章，我们导出了对数收益率 $\Delta \ln S_{t+\tau} = \ln S_{t+\tau} - \ln S_t$ 的 CCF，

$$\begin{aligned} \psi(\Delta \ln S_{t+\tau}, u, \tau; \ln S_t, V_t) &\equiv E[e^{iu\Delta \ln S_{t+\tau}} \mid \ln S_t, V_t] \\ &= \exp[C(u,\tau) + D(u,\tau) V_t] \end{aligned}$$

其中，$C(u,\tau)$和 $D(u,\tau)$的表达式见第十章 10.2.1 节。$\psi(\Delta \ln S_{t+\tau}, u, \tau; \ln S_t, V_t)$与

股价无关，只依赖 V_t 和参数向量 $\theta=(\mu,\beta,\alpha,\sigma)^{\top}$，因此我们把它记成 $\psi(\Delta\ln S_{t+\tau}, u;V_t;\theta)$。由于 CCF 中存在潜变量 V_t，因此不能直接运用前面介绍的 CCF 估计方法。以下介绍两种基于 CCF 的处理方法，Singleton（2001）提出的 SMM - ECF 法和 Jiang 和 Knight（2002）提出的 GMM 和联合特征函数（JCF）法。

Singleton（2001）的 SMM - ECF 法

Singleton（2001）提出的方法是通过蒙特卡罗积分将 CCF 中的潜变量积掉后获得参数估计量。此方法借用了 Duffie 和 Singleton（1993）提出的模拟矩方法（SMM）。SMM 方法的主要思想是通过模拟的方法得到模型的矩条件，然后将它们与样本矩匹配，从而得到参数估计量。模拟资产价格模型路径的蒙特卡罗方法可参阅 Boyle，Broadie 和 Glasserman（1997）。

记 $\vec{X}_t^l=\{X_t,X_{t-1},\cdots,X_{t-l}\}$ 表示 X_t 之前 l 期（包括 X_t）的历史信息，类似地定义 $\vec{X}_t^l$。根据条件期望的迭代性质，我们有：

$$\begin{aligned}E[e^{iu\Delta X_{t+\tau}}\mid\vec{X}_t^l]&=E\{E[e^{iu\Delta X_{t+\tau}}\mid\vec{X}_t^l,\vec{V}_t^l]\mid\vec{X}_t^l\}\\&=E\{E[e^{iu\Delta X_{t+\tau}}\mid X_t,V_t]\mid\vec{X}_t^l\}\\&=E[\psi_{\Delta X}(u,V_t;\theta)\mid\vec{X}_t^l]\end{aligned}$$

以上第二个等式由 $(X_t,\ V_t)^{\top}$ 的马尔可夫性质而得。根据条件期望的性质，我们有如下等式成立：

$$E[e^{iu\Delta X_{t+\tau}}h(\vec{X}_t^l)]=E[\psi_{\Delta X}(u,V_t;\theta)h(\vec{X}_t^l)]\tag{13.12}$$

其中，$h(\vec{X}_t^l)$ 称为**“工具函数”**。上式左边用样本矩：

$$\frac{1}{T}\sum_{t=1}^{T}e^{iu\Delta X_{t+\tau}}h(\vec{X}_t^l)$$

代替，其中只包含可观测的变量 X_t。上式右边包含潜变量 V_t，可通过以下蒙特卡罗模拟来计算期望值。具体来说，模拟一条长度为 T 的 Heston 随机波动率模型路径，记为 $(\tilde{X}_s,\tilde{V}_s)^{\top}$，然后用：

$$\frac{1}{T}\sum_{s=1}^{T}\psi_{\Delta X}(u,\tilde{V}_s;\theta)h(\vec{\tilde{X}}_s^l)$$

代替式（13.12）右边的期望值。最后，基于这两个替代项的差：

$$\frac{1}{T}\sum_{t=1}^{T}e^{iu\Delta X_{t+\tau}}h(\vec{X}_t^l)-\frac{1}{T}\sum_{s=1}^{T}\psi_{\Delta X}(u,\tilde{V}_s;\theta)h(\vec{\tilde{X}}_s^l)$$

通过选择不同的 u 和工具函数 h（·），最小化 Duffie 和 Singleton（1993）设计的 SMM 准则函数，就可以得到一个参数估计量，Singleton（2001）称之为**SMM -**

ECF 估计量。

Jiang－Knight（2002）的 GMM 和联合特征函数（JCF）法

Jiang 和 Knight（2002）导出了股票对数收益率 $\Delta s_{t+1} \equiv \ln S_{t+1} - \ln S_t$ 的联合特征函数（JCF）的解析形式，在此基础上运用 GMM 和 JCF 两种方法估计了模型的参数。

根据 Jiang 和 Knight（2002），Δs_1，…，Δs_{p+1} 的 JCF，

$$\psi(u_1, \cdots, u_{p+1}; \Delta s_1, \cdots, \Delta s_{p+1}) = E\left[\exp\left\{i\sum_{k=1}^{p+1} u_k \Delta S_k\right\}\right]$$

其解析形式为：

$$\begin{aligned}
&\ln\psi(u_1, \cdots, u_{p+1}; \Delta s_1, \cdots, \Delta s_{p+1}) \\
&\quad = \sum_{k=1}^{p+1} C(1; u1_k^*, u2_k^*) - \frac{2\beta\alpha}{\sigma^2}\ln\left(1 - \frac{\sigma^2}{2\beta}\sum_{k=1}^{p+1} D(1; u1_k^*, u2_k^*)\right)
\end{aligned}$$

其中，

$$\begin{aligned}
&u1_{p+1}^* = u1_{p+1}, u2_{p+1}^* = 0 \\
&u1_k^* = u_k, u2_k^* = -iD(1; u1_{k+1}^*, u2_{k+1}^*) \\
&k = 1, \cdots, p \\
&C(\tau; u_1, u_2) = (iu\mu + i\beta\alpha u_2)\tau + \frac{\beta\alpha}{\sigma^2}\left[(b-h)\tau - 2\ln\left(\frac{1-ge^{-h\tau}}{1-g}\right)\right] \\
&D(\tau; u_1, u_2) = \frac{b-h}{\sigma^2} \cdot \frac{1-e^{-h\tau}}{1-ge^{-h\tau}} \\
&h(u_1, u_2) = [b^2 + \sigma^2(u_1^2 + 2\rho\sigma u_1 u_2 + \sigma^2 u_2^2 + 2\beta u_2 i)]^{1/2} \\
&g(u_1, u_2) = \frac{b-h}{b+h} \\
&b = \beta - \rho\sigma u_1 i - \sigma^2 u_2 i
\end{aligned}$$

由 JCF 可以很容易地获得各阶矩条件和交叉矩条件，计算公式为：

$$E[\Delta s_t^{k_1} \Delta s_{t+j}^{k_2}] = \left.\frac{\partial^{k_1+k_2}\psi(u_1, \cdots, u_{p+1}; \Delta s_1, \cdots, \Delta s_{p+1})}{i^{k_1+k_2}\partial^{k_1}\Delta s_t \partial^{k_2}\Delta s_{t+j}}\right|_{u_1 = \cdots = u_{p+1} = 0}$$

Jiang 和 Knight（2002）使用了收益率的前 4 阶矩和收益率平方的前 5 阶自相关系数作为 GMM 估计的矩条件。

在 JCF 估计中，他们分别选择 $p=1$，…，5，权重函数为多元正态分布的密度函数：

$$\varphi(\mathbf{u})=\frac{1}{\sqrt{(2\pi\sigma_n^2)^p}}\exp\left\{-\frac{\mathbf{u}'\mathbf{u}}{2\sigma_n^2}\right\}$$

并选择 σ_n 以获得尽可能有效的估计。

潜变量模型的其他估计方法还有极大似然估计，如 Bates（2006）提出的潜变量仿射模型的极大似然估计。

本章回顾

主要概念

特征函数（CF）　条件特征函数（CCF）　傅立叶变换　傅立叶逆变换　累积量　矩条件　实证特征函数（ECF）估计法　条件特征函数（CCF）估计法　联合特征函数（JCF）估计法　潜变量

主要结果

1. 有时连续时间模型尽管不存在解析形式的转移密度函数，但是有可能存在解析形式的特征函数。

2. 因为特征函数与转移密度函数包含相同的信息，所以基于特征函数的估计在理论上可以达到和 MLE 同样的有效性。

3. 对于 iid 样本 X_1，X_2，…，X_n 的 ECF 估计，

$$\int_{-\infty}^{\infty}(\psi_n u-\psi(u;\theta))w(u)du=0$$

以下函数是最优权重函数：

$$w^*(u)=\frac{1}{2\pi}\int\frac{\partial\ln f(x;\theta)}{\partial\theta}e^{-iux}dx$$

其中，$f(x;\theta)$ 是随机变量 X 的密度函数。

4. 对于弱相依时间序列 $\{X_t\}_{t=1}^{T}$ 的 CCF 估计，

$$\frac{1}{T-1}\int\sum_{t=1}^{T-1}(e^{iuX_{t+1}}-\psi(X_{t+1},u;X_t;\theta))\varphi(X_t,u)du=0$$

最优权重函数为：

$$\varphi^*(X_t,u)=\frac{1}{2\pi}\int e^{-iuX_{t+1}}\frac{\partial\ln f(X_{t+1}\mid X_t)}{\partial\theta}dX_{t+1}$$

5. ECF 估计法在实际应用中涉及两个挑战，即离散格点的选择和最优权重矩

阵的选择。

6. Singleton（2001）估计潜变量模型的 SMM－CCF 法的基本思想是通过蒙特卡罗将 CCF 中的潜变量通过积分去掉后获得参数估计量。

7. Jiang 和 Knight（2002）显示，求出潜变量模型中资产收益率的联合特征函数后，可以使用 GMM 和 JCF 两种方法估计模型参数。

习 题

1.（a）给定以下正态分布密度函数，请导出此分布的均值、方差、偏度和峰度。

$$f(x)=\frac{1}{\sqrt{2\pi\sigma^2}}e^{-\frac{(x-\mu)^2}{2\sigma^2}}$$

（b）请推导正态分布具有以下特征函数，利用特征函数与矩条件之间的关系导出均值、方差、偏度和峰度。

$$\psi(u)=e^{iu\mu-\frac{1}{2}\sigma^2u^2}$$

2.（a）给定以下泊松分布的概率函数，请导出此分布的均值、方差、偏度和峰度。

$$P(X=k)=\frac{\lambda^k}{k!}e^{-\lambda},\ k=0,1,2,\cdots$$

（b）请推导泊松分布具有以下特征函数，利用特征函数与矩条件之间的关系导出均值、方差、偏度和峰度。

$$\psi(u)=\exp[\lambda(e^{iu}-1)]$$

3. 给定如下 Merton 跳跃一扩散过程的特征函数，

$$\psi(u)=\exp\left[\frac{1}{2}\sigma^2(iu)^2+iu\gamma\tau+\lambda\tau(e^{iu\mu_J-\frac{1}{2}\sigma^2u^2}-1)\right]$$

（a）利用特征函数与矩条件之间的关系导出均值、方差、偏度和峰度。

（b）请讨论偏度和峰度与哪些参数有关，这些参数起到什么样的作用。

4. 给定如下短期利率的 CIR 模型：

$$dr_t=\kappa(\alpha-r_t)dt+\sigma\sqrt{r_t}dW_t$$

及其条件特征函数：

$$\psi(r_{t+1},u;r_t)=\exp\left\{-\frac{2\kappa\alpha}{\sigma^2}\ln\left(1-\frac{iu}{c}\right)+\frac{iue^{-\kappa\tau}}{1-iu/c}r_t\right\}$$

其中，

$$c \equiv \frac{2\kappa}{\sigma^2(1-e^{-\kappa\tau})}$$

请解释如何应用本章介绍的 ECF 法来估计 CIR 模型。

5. 给定如下 Heston 随机波动率模型：

$$d\ln S_t = \mu dt + \sqrt{V_t} dW_t$$
$$dV_t = \kappa(\alpha - V_t)dt + \sigma\sqrt{V_t} dW_t^v$$
$$dW_t dW_t^v = \rho dt$$

及给定 V_t 条件下收益率 $\Delta\ln S_{t+\tau} \equiv \ln S_{t+\tau} - \ln S_t$ 的特征函数：

$$\psi(\Delta\ln S_{t+\tau}, u; V_t) = \exp[C(u,\tau) + D(u,\tau)V_t]$$

其中，

$$D(\tau) = d_1 \frac{1-e^{c\tau}}{1-ge^{c\tau}},$$

$$C(\tau) = \mu iu\tau + \kappa\alpha\left[d_1\tau - \frac{2}{\sigma^2}\ln\left(\frac{1-ge^{c\tau}}{1-g}\right)\right]$$

d_1, c, g 具体的式子见第十章 10.2.1 节。

在以上条件特征函数中，瞬时收益率方差 V_t 不可直接观察得到。因此本章介绍的 ECF 法不能直接用来估计此随机波动率模型。请讨论本章介绍的处理这一问题的几种方法。

第十四章　高频数据分析

资产收益率的波动率一般认为是随机的，波动率的估计在金融计量文献中是一个热门课题，受到广泛的关注。识别或估计随机波动率的难点在于波动率是一个潜藏变量，即它是不能通过直接观察得到的。以往的文献大多依赖各种模型来估计资产收益率的波动率。这些模型包括（广义）自回归条件异方差（或简称（G）ARCH 族模型）、随机波动率（SV）模型和金融业界经常使用的指数加权（EWMA）方法，等等。遗憾的是，这些模型大多不能生成合意的波动率估计，并且它们往往不能令人满意地描述市场上观察到的金融时间序列的某些典型特征。随着越来越多的高频金融数据的出现，并鉴于 Andersen 和 Bollerslev（1998），Andersen、Bollerslev、Diebold 和 Labys（2001），Andersen、Bollerslev、Diebold 和 Labys（2003）和 Barndorff - Nielsen 和 Shephard（2004）等的工作，已实现方差（RV）研究已经在理论和实践上取得了重大进展。这些文献的重点集中在为资产收益率构造不依赖模型的累积方差度量。本章的阐述将显示，高频数据的一个优势是，RV 的计算非常简单直观，它就是细分区间收益率的平方和。更为重要的是，RV 是二次变差（QV）的近似值，并且在一定条件下，它是累积方差的相合估计。

高频数据的另一优势是，尽管数据是在离散时间观察得到的，但是可以用高频数据来检验价格过程是否存在跳跃。研究者认为，价格的不连续变动（或称“跳跃”）是金融资产价格的重要成分。相对小幅度的资产价格变化或通常所说的扩散过程，跳跃对衍生产品定价、风险度量与风险管理、资产配置等具有显著不同的含义。因此，识别资产价格的跳跃具有重要意义。最近的文献提出了很多基于高频数据的跳跃检验方法。它们包括，Barndorff - Nielsen 和 Shephard（2006）的双幂变差检验；Lee 和 Mykland（2008）基于双幂变差提出的一种非参数滚动检验，并以此识别跳跃发生的时间；Jiang 和 Oomen（2008）基于“方差互换”的跳跃检验；以及 Aït - Sahalia 和 Jacod（2009）基于幂变差提出的一系列跳跃检验。

当然，高频数据的使用也会面临一些问题。市场微观结构噪声使利用高频数据计算 RV 和检验跳跃的问题变得复杂。最近，有不少文献开始关注市场微观结构因素对 RV 的影响，如 Aït - Sahalia、Mykland 和 Zhang（2005），Zhang、Mykland 和 Ait - Sahalia（2005），Bandi 和 Russell（2006）等。同样，高频数据中的市场微观结构噪声对跳跃的检验也会有显著影响。Jiang 和 Oomen（2008）考察了市场微观结构噪声对跳跃检验的影响并正式提出了修正市场微观结构噪声后的跳跃检验。

本章将介绍现有文献对以上问题的研究。第一部分我们介绍 QV 和 RV 的概念，然后是更一般的幂变差的概念。这里我们重点介绍基于高频数据的 RV 度量。第二部分我们将介绍基于高频数据的各种跳跃检验。我们还将讨论市场微观结构噪声对 RV 估计和跳跃检验的影响，以及应该如何作出相应调整。

14.1　二次变差与已实现方差

资产价格的波动程度（或称“变动程度”、“不确定性”等）是描述资产收益率性质的重要变量，它在资产定价、资产最优配置、期权定价、风险管理等理论与实践中起着至关重要的作用。我们首先定义二次变差（QV），然后再介绍与之相对应的已实现方差（RV）。RV 是度量资产价格波动程度的最常用指标，是 QV 的样本形式，也是 QV 的一个相合估计。

记 S_t 为某资产在时刻 $t \in [0,T]$ 的价格。我们考虑的对数价格 $X_t = \ln S_t$ 跳跃—扩散过程，

$$dX_t = \mu_t\, dt + \sigma_t\, dW_t + J_t\, dN_t, \tag{14.1}$$

其中，μ_t 称为瞬时漂移项，σ_t 称为没有跳跃发生时的瞬时波动率，W_t 是一个标准布朗运动，N_t 是一个到达强度有限的泊松过程，J_t 是一个随机变量，称为资产收益率的跳跃幅度。值得指出的是，我们并没有对上述漂移项、随机波动率以及跳跃成分设定具体的函数形式。另外，上述随机过程是无套利条件下资产价格过程的一般形式①。

我们首先引入二次变差的定义。设 $\Pi = \{t_0, t_1, \cdots, t_n\}$ 是时段 $[0,\ T]$ 的一个分割，记：

$$\| \Pi \| = \max\{\, | t_i - t_{i-1} |, i = 1, \cdots, n\}$$

① Andersen、Bollerslev、Diebold 和 Labys（2003）指出，在条件均值有限和资产价格的跳跃不可预测条件下，去均值的资产收益率过程是一个局部鞅。另外，此局部鞅可以分解成两个标准正交部分：连续局部鞅和纯跳跃局部鞅。证明可参见 Jacod 和 Shiryaev（2003）。本书第九章 9.3 节中已经介绍了鞅的定义，它是一个漂移项等于 0 的随机过程。由于涉及更多基于测度论的概率论知识，我们这里不介绍局部鞅的定义。对局部鞅定义及其性质感兴趣的读者请参阅 Jacod 和 Shiryaev（2003）或 Karatzas 和 Shreve（1991）。

是整个分割中最大的小区间长度。截至时间 T，X_t 的**二次变差（QV）**定义为：

$$[X,X]_T \equiv \lim_{\|\Pi\|\to 0} \sum_{j=0}^{n-1} (X_{t_{j+1}} - X_{t_j})^2$$

以上极限的意义是几乎必然(a.s.)收敛，即在除一个零测集外的所有 ω 上收敛。概率论中各种形式的收敛请参阅 Williams（1991）。为简化记号，我们把二次变差 $[X,X]_T$ 记作 $[X]_T$。在 W_t 与 N_t 不相关的假设条件下，半鞅 X_t 的二次变差可以分解成以下两部分：

$$\begin{aligned}[X]_T &= \int_0^T \sigma_t^2 dt + \int_0^T J_t^2 dN_t \\ &\equiv [X^C]_T + [X^J]_T\end{aligned} \tag{14.2}$$

我们把 $[X^C]_T$ 和 $[X^J]_T$ 分别称为由 X_t 的连续路径部分 $\mu_t dt + \sigma_t dW_t$ 和跳跃部分 JdN_t 贡献的二次变差。因为漂移项的级数是 dt，而扩散项的级数是 $\sqrt{dt}$（参阅本书第十章，所以在 X_t 的二次变差中，漂移项 $\mu_t dt$ 部分的贡献可以忽略不计。

为符号简单计，在本章以下的论述中我们把［0，T］分割成 M 个相等的小区间，每个小区间的长度为 $\delta \equiv T/M$，如图 14－1 所示。

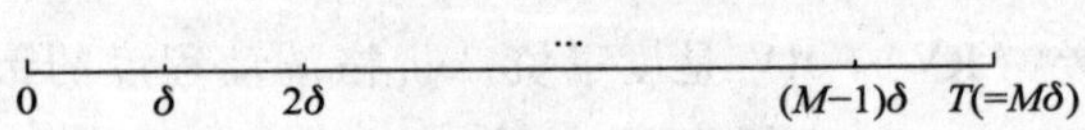

图 14－1　相等小区间的分割

我们记：

$$r_i \equiv X_{i\delta} - X_{(i-1)\delta}, \quad i = 1, 2, \cdots, M$$

$$[X_M]_T \equiv \sum_{i=1}^{M} [X_{i\delta} - X_{(i-1)\delta}]^2 = \sum_{i=1}^{M} r_i^2$$

如前定义，$X_{i\delta} = \ln S_{i\delta}$，所以 r_i 表示从（$i-1$）δ 时刻到 $i\delta$ 时刻资产的对数收益率。我们把［X_M］$_T$定义为**已实现方差（RV）**，记为：

$$RV = [X_M]_T$$

它的平方根 $\sqrt{[X_M]_T}$ 定义为**已实现波动率**。根据二次变差的定义，我们有：

$$[X_M]_T \xrightarrow{a.s.} [X]_T = \int_0^T \sigma_t^2 dt + \int_0^T J_t^2 dN_t \quad \text{当 } M \to \infty \text{（等价于 } \delta \to 0\text{）}$$

几乎必然收敛可以推出依概率收敛（Williams（1991）），因此，RV 是 QV 的一个相合估计。我们看到，RV 是一个不依赖于具体模型的指标，这一性质在金融的实际应用中特别重要。

使用收益率之平方和来估计方差在金融文献中并非新的思想，Merton（1980）即指出，固定时间段收益率的方差可以由收益率之平方和来估计。只要数据的抽样频率足够高，这一估计量可以任意地精确。

以下我们以随机波动率（SV）扩散模型为例，阐述 RV 的大样本性质：相合性与渐近正态性。我们考虑的 SV 扩散模型为：

$$dX_t = \mu_t \, dt + \sigma_t \, dW_t \tag{14.3}$$

其中，漂移项 μ_t 和扩散项 σ_t 可以是随机的。不失一般性，我们令 $T=1$。回顾前面的定义，RV 是收益率平方和，即 $RV \equiv \sum_{i=1}^{M} r_i^2$。式（14.3）可以等价地写成：

$$r_{[0,1]} \equiv \ln S_1 - \ln S_0 = \int_0^1 \mu_t dt + \int_0^1 \sigma_t dW_t$$

根据扩散过程的性质，单位时间收益率 r［0，1］的方差等于：

$$IV \equiv \int_0^1 \sigma_t^2 dt$$

它在金融文献中称为**累积方差（IV）**。比较式（14.2），对于路径连续的扩散过程，IV 等于 QV。

Andersen、Bollerslev、Diebold 和 Labys（2003）证明，如果不存在市场微观结构噪声，RV 是 IV 的相合估计，即：

$$RV \xrightarrow{p} IV, \quad M \to \infty$$

Barndorff - Nielsen 和 Shephard（2002）导出了 RV 的渐近分布：

$$\frac{\sqrt{M}}{\sqrt{2IQ}}(RV - IV) \xrightarrow{d} \mathcal{N}(0,1) \tag{14.4}$$

其中，$IQ \equiv \int_0^1 \sigma_t^4 dt$，称为**累积四次方差（IQ）**。Bandi 和 Russell（2008）给出了以上结论的一个简单证明。式（14.4）中的 IQ 是未知的，一般用它的相合估计替代以作统计推断。Barndorff - Nielsen 和 Shephard（2002）证明，如果不存在市场微观结构噪声，IQ 的一个相合估计是：

$$RQ \equiv \frac{M}{3}\sum_{i=1}^{M} r_i^4$$

它称为**已实现四次方差（RQ）**。Barndorff - Nielsen 和 Shephard（2002）还证明：

$$\frac{\sqrt{M}}{\sqrt{\frac{2}{3}RQ}}(RV - IV) \xrightarrow{d} \mathcal{N}(0,1) \tag{14.5}$$

Barndorff - Nielsen 和 Shephard（2001）的研究表明，式（14.5）中统计量的有限样本性质不是很好，他们提出以下统计量进行修正：

$$\frac{\sqrt{M}}{\sqrt{\frac{2}{3}\frac{RQ}{RV^2}}}(\ln RV-\ln IV)\xrightarrow{d}\mathcal{N}(0,1)$$

下面我们用一个蒙特卡罗模拟试验来展示不同抽样频率的 RV 与 IV 的关系。我们的试验对象是以下 SV 模型，其中对数波动率 $\ln V_t$ 服从一个 OU 过程：

$$d\ln S_t=(\mu-\frac{1}{2}V_t)dt+\sqrt{V_t}dW_t$$

$$d\ln V_t=\kappa(\alpha-\ln V_t)dt+\sigma dW_t^v$$

$$dW_t dW_t^v=\rho dt$$

我们代入模型的参数值为：$\mu=0.0314$，$\kappa=0.0136$，$\alpha=-0.8382$，$\sigma=0.1145$，$\rho=-0.5755$，它们取自 Andersen、Benzoni 和 Lund（2002）对 S&P500 股票指数的估计值。

我们模拟 100 天、每天 6.5 个小时交易时间的 1 分钟资产收益率与波动率数据。模拟步骤如下：

第一步：用 Euler 法将模型离散化，

$$\ln S_{t+1}-\ln S_t=(\mu-\frac{1}{2}V_t)\Delta t+\sqrt{V_t}\sqrt{\Delta t}Z_{1t} \tag{14.6}$$

$$\ln V_{t+1}-\ln V_t=\kappa(a-\ln V_t)\Delta t+\sigma\sqrt{\Delta t}Z_{2t} \tag{14.7}$$

其中，Z_{1t}，$Z_{2t}\sim\mathcal{N}(0,1)$，$\mathrm{Corr}(Z_{1t},Z_{2t})=\rho$。令 $\Delta t=1/(6.5\times60)$，设定对数波动率的初始值等于其稳态值，即 $\ln V_0=\alpha$。

第二步：利用计算机生成两个 $100\times6.5\times60=39000$ 维的标准正态分布序列，记为 e1，e2。记：

$$\mathbf{Z}1=\mathrm{e}1$$

$$\mathbf{Z}2=\rho\mathrm{e}1+\sqrt{1-\rho^2}\mathrm{e}2$$

得到两个相关系数等于 ρ 的标准正态分布序列。

第三步：将初始值、参数值、Δt 和随机生成的 **Z**2 代入递归式（14.7），得到一个 39001 维的对数波动率模拟值向量，包括初始值。去掉最后一个数据得到一个 39000 维的对数波动率模拟值向量，其指数函数值便是波动率的模拟值。将此波动率模拟值向量、参数值、Δt 和随机生成的 **Z**1 代入递归式（14.6），得到一个 39000 维的对数收益率模拟值向量。

第四步：基于以上 39000 维波动率模拟值向量计算波动率每天的 QV，即每天 6.5×60 个波动率之和乘以 Δt；由 39000 维的 1 分钟收益率模拟值向量首先得到基于 30 分钟、15 分钟和 5 分钟收益率，然后再根据这些频率的收益率分别计算 RV，即收益率之平方和；共计得到 4 条 100 天的时间序列，最后把它们在图上画出来。

图 14－2 是我们模拟试验的结果。从图 14－2 中可以看出，随着抽样频率的增大，RV 与 QV 越来越吻合，这形象地展示了 RV 是 QV 的相合估计。

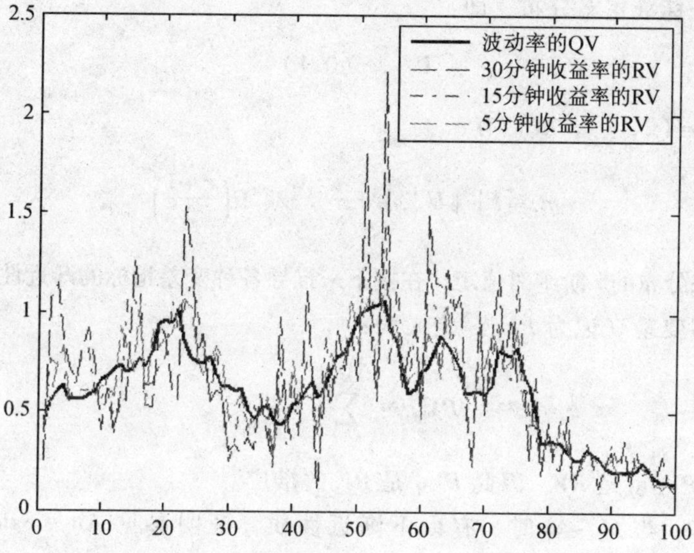

图 14－2　SV 模型的 QV 与不同抽样频率的 RV

14.2　已实现幂变差、双幂变差与多幂变差

上一节我们讨论了 QV 和 RV 。在对资产收益率性质的研究中，一些高幂变差也很重要。如上一节所述，$[X_M]_T$同时估计了 X_t 的连续部分和跳跃部分贡献的变动，但有时候需要指标能分解连续部分与跳跃部分贡献的变动，尤其是在资产价格跳跃的检验中非常重要。因此，有必要对以上介绍的二次变差和已实现方差概念进行推广。

首先，我们定义幂变差：对应上一节 QV 的定义，X_t 的幂变差（PV）定义为：

$$[X,X]_T^p \equiv \lim_{\|\Pi\|\to 0} \sum_{j=0}^{n-1} [X(t_{j+1}) - X(t_j)]^p$$

其次，我们定义两个记号：

$$A(p)_T = \int_0^T |\sigma_t|^p dt$$

$$B(p)_T = \sum_{i=1}^{N_T} |J_i|^p$$

与式（14.2）类似，我们把 $A(p)_T$ 和 $B(p)_T$ 分别看成由连续部分贡献的幂变差和跳跃部分贡献的幂变差。

为展开接下来的讨论，我们首先介绍标准正态分布的各阶绝对值矩。假设随机变量 U 服从标准正态分布，即：

$$U \sim \mathcal{N}(0,1)$$

对于任意的 $r \in (0,\infty)$，我们有：

$$m_r \equiv E[\,|U|^r] = \pi^{-1/2} 2^{r/2} \Gamma\left(\frac{r+1}{2}\right)$$

m_r 是标准正态分布的 r 阶绝对值矩，在接下来推导各种变差指标的渐近性质时有用。

已实现幂变差（记为 PV_M）定义为：

$$PV_M \equiv \sum_{i=1}^{M} |r_i|^p$$

当 $p=2$ 时，PV_M 就是 RV，因此 PV_M 是 RV 的推广。

对于 PV_M，当 $M \to \infty$ 时，有以下渐近性质，证明参见 Aït - Sahalia 和 Jacod（2009）及文中给出的参考文献：

性质 1：$p>2 \Rightarrow PV_M \overset{p}{\to} B(p)_T$

性质 2：$p=2 \Rightarrow PV_M \overset{p}{\to} [X]_T = A(2)_T + B(2)_T$，即 RV 的相合性：$[X_M]_T \overset{p}{\to} [X]_T$

性质 3：$p<2 \Rightarrow \dfrac{\delta^{1-p/2}}{m_p} PV_M \overset{p}{\to} A(p)_T$ 其中 m_p 是标准正态分布的 p 阶绝对值矩

性质 4：X 路径连续 $\Rightarrow \dfrac{\delta^{1-p/2}}{m_p} PV_M \overset{p}{\to} A(p)_T$

如何直观地理解上面的几个渐近性质呢？X_t 的变动可以分为两部分：连续部分的贡献和跳跃部分的贡献。连续部分的贡献幅度小，但是数目众多，可以说是每时每刻都在积累；跳跃部分的贡献幅度大，但只在发生跳跃的时候才有，数目远不及连续部分的贡献。到底哪一部分占优势呢？这需要看数字 p 的大小，数字 p 起到放大或缩小变动幅度的作用。当 $p=2$ 时，双方谁也不占优势，都能体现各自的作用，因此我们有：

$$PV_M \overset{p}{\to} [X]_T = A(2)_T + B(2)_T$$

当 $p>2$ 时，幅度大的跳跃变动扩大的程度超过了幅度小的连续部分的变动，因此，大幅跳跃变动占优势，以至于：

$$PV_M \overset{p}{\to} B(p)_T$$

当 $p<2$ 时，数目多的连续变动占优势，因此有：

$$\frac{\delta^{1-p/2}}{m_p}PV_M \xrightarrow{p} A(p)_T$$

此外，性质 4 告诉我们，当 X_t 路径连续时，对于任意 $p>0$ 都有以上结论成立。

以下我们进一步推广幂变差的概念至双幂变差。

已实现双幂变差（记为 BPV_M，或 $BPV_M^{[p,q]}$）定义为：

$$BPV_M \equiv \sum_{i=1}^{M-1} |r_i|^p |r_{i+1}|^q$$

这一概念首先由 Barndorff－Nielsen 和 Shephard（2004）提出，并证明了其具有如下良好的渐近性质（$M\to\infty$）：

$$\frac{\delta^{1-(p+q)/2}}{m_p m_q}BPV_M \xrightarrow{p} \int_0^T \sigma_t^{p+q}dt, \quad 当 \max(p,q)<2$$

特别地，当 $p=q=1$ 时，我们有：

$$\frac{1}{m_1^2}BPV_M^{[1,1]} \xrightarrow{p} \int_0^T \sigma_t^2 dt = A(2)_T \tag{14.8}$$

也就是说，不论 X_t 的路径是否连续，$BPV_M^{[1,1]}/m_1^2$ 都是 $A(2)_T$ 的相合估计。结合 PV_M 的渐近性质 2，我们可以分别得到 X_t 连续部分和跳跃部分贡献的 QV 的相合估计，即：

$$\frac{1}{m_1^2}BPV_M^{[1,1]} \xrightarrow{p} A(2)_T = [X^C]_T$$

$$[X_M]_T - \frac{1}{m_1^2}BPV_M^{[1,1]} \xrightarrow{p} B(2)_T = [X^J]_T = \int_0^T J_t^2 dN_t \tag{14.9}$$

但只使用 RV 却不能够如此分解。换句话说，通过 BPV_M，RV 可以分解成两部分：$BPV_M^{[1,1]}/m_1^2$ 反映了连续路径部分产生的方差，RV 与 $BPV_M^{[1,1]}/m_1^2$ 之差反应了跳跃部分产生的方差。

在实际应用中，为保证方差的非负性，跳跃部分方差的估计通常使用

$$\max\left\{0, RV - \frac{1}{m_1^2}BPV_M^{[1,1]}\right\}$$

双幂变差的概念还可以进一步推广至多幂变差。

已实现多幂变差（记为 MPV_M，或 $MPV_M^{[p_1,\cdots,p_m]}$）定义为：

$$MPV_M = \sum_{i=1}^{M-m+1} |r_i|^{p_1} \cdots |r_{i+m-1}|^{p_m}$$

它是已实现双幂变差进一步的推广，具有相似的渐近性质，证明参见 Woerner (2006)：

$$\frac{\delta^{1-(p_1+\cdots+p_m)/2}}{m_{p_1}\cdots m_{p_m}}MPV_M \xrightarrow{p} \int_0^T \sigma_t^{p_1+\cdots+p_m}dt,$$
$$\text{当} \max(p_1,\cdots,p_m)<2$$

令 $p_1=\cdots=p_m=1$，并分别令 $m=4$，6，就可以分别得到 $A(4)_T$和 $A(6)_T$ 的相合估计量：

$$\frac{1}{\delta m_1^4}MPV_M^{[1,1,1,1]} \xrightarrow{p} \int_0^T \sigma_t^4 dt = A(4)_T \tag{14.10}$$

$$\frac{1}{\delta^2 m_1^6}MPV_M^{[1,1,1,1,1,1]} \xrightarrow{p} \int_0^T \sigma_t^6 dt = A(6)_T \tag{14.11}$$

以上介绍的这些高阶变差能够进一步反映数据的统计性质。上一节阐述 SV 扩散模型中 RV 的渐近正态性时，我们已经看到 IQ 和 RQ 的作用，高阶变差在后面导出跳跃检验统计量的渐近性质中也非常有用。

14.3 市场微观结构噪声的影响

前文提及，高频数据产生的一个潜在问题是市场微观结构噪声的影响。有关市场微观结构理论，请参考 O'Hara (1995)。市场微观结构噪声由以下几个因素导致：第一，股票的报价是最小单位的整数倍，因此股票价格是离散的。例如，在以 1 美分为最小报价单位之前，NYSE 股票报价的最小单位是 1/8 美元。我国上海证券交易所与深圳证券交易所股票报价的最小单位是人民币 1 分。第二，由于买卖价差，成交价在买价与卖价水平之间跳动，导致高频收益率负的自相关性。第三，交易或订单不平衡对股票价格产生短暂的影响。因此，成交价或报价不时偏离其真实价值。总而言之，我们观察到的股价和收益率中存在噪声干扰。一般来说，计算收益率的观察频率越高，市场微观结构噪声就越明显。从下面的讨论我们将看到，这些噪声对计算 RV 有很大的影响。

不失一般性，令 $T=1$，表示一个交易日。由于市场微观结构噪声的影响，我们观察到的市场价格 $\tilde{S}_t$ 是包括噪声的。对数价格 $\tilde{X}_t \equiv \ln\tilde{S}_t$ 可以分解成两个组成部分：

$$\tilde{X}_{i\delta} = X_{i\delta} + \eta_{i\delta}, \qquad i=1,\cdots,M \tag{14.12}$$

上式中，$X_{i\delta}$是不存在市场微观结构噪声时的对数价格，称为**有效对数价格**，另一部分 $\eta_{i\delta}$是市场微观结构带来的影响，称为市场微观结构噪声。我们这里假设

$\eta_{i\delta}$是均值为0、方差有限的随机变量，并且 $X_{i\delta}$与 $\eta_{i\delta}$相互独立。另外，我们还假设有效对数价格 X_t 服从如下路径连续的随机波动率过程：

$$dX_t = \mu_t\, dt + \sigma_t dW_t$$

我们有 QV 或 $IV[X]_1 = \int_0^1 \sigma_t^2 dt$。前文提及，漂移项加入与否不影响我们的结论。我们把式（14.12）写成对数收益率的形式：

$$\begin{aligned} \tilde{r}_i &= \tilde{X}_{i\delta} - \tilde{X}_{(i-1)\delta} \\ &= X_{i\delta} - X_{(i-1)\delta} + \eta_{i\delta} - \eta_{(i-1)\delta} \\ &= r_i + \epsilon_i \end{aligned}$$

其中，$\epsilon_i = \eta_{i\delta} - \eta_{(i-1)\delta}$。

有效对数价格 X_t 和市场微观结构噪声 η_t 的变动程度，即 $[X]_1$ 与 $\mathrm{Var}[\eta_{i\delta}]$，都是我们感兴趣的统计量。前者对于资产定价和风险管理的理论与实践至关重要。后者能反映市场的微观结构特征与市场参与者的行为，在微观层次上揭示金融市场的运作机制。因此，对它们的分解非常重要。

本章第一节的内容告诉我们，已实现方差 $[X_M]_1$ 是 $[X]_1$ 的相合估计。可是我们没有办法观察到有效的市场价格 $X_{i\delta}$，观察到的是受市场微观结构噪声影响的 $\tilde{X}_{i\delta}$，此时 $[\tilde{X}_M]_1$ 不再是 $[X]_1$ 的相合估计。以下我们分两种情况进行讨论：首先是市场微观结构噪声 $\eta_{i\delta}(i=1,\cdots,M)$是独立同分布（iid）的随机变量序列，然后放松这一假设，即 $\eta_{i\delta}(i=1,\cdots,M)$是相关的随机变量序列。我们重点阐述的是第一种情况，即独立同分布的市场微观结构噪声 $\eta_{i\delta}$。

14.3.1　iid 的噪声结构

在这里我们假设 $\eta_{i\delta}$满足以下三个条件：

（a）$\eta_{i\delta}$是均值为0的 iid 随机变量序列；

（b）$\eta_{i\delta}$与 $X_{i\delta}$相互独立；

（c）$\epsilon_i = \eta_{i\delta} - \eta_{(i-1)\delta}$的方差有限。

在以上假设条件下，我们有：

$$\frac{[\tilde{X}_M]_1}{M} \equiv \frac{\sum_{i=1}^{M} \tilde{r}_i^2}{M} \xrightarrow{p} E[\epsilon_i^2] = \frac{1}{2}\mathrm{Var}[\eta_{i\delta}]$$

以上结果告诉我们，基于超高频数据计算的 RV 实际上只能刻画市场微观结构噪声。这是因为，当观察的时间间隔越来越短时，市场微观结构因素产生的波动主导了整个价格的波动。Aït – Sahalia、Mykland 和 Zhang（2005），Bandi 和 Russell (2006) 都证明了类似的结果。

那么如何估计我们感兴趣的重要指标 $[X]_1$ 呢？首先考虑的方法是选择一个最优的抽样频率来估计 $[X]_1$。直观上来看，抽样频率太高，市场微观结构噪声会占主导，太低则会丧失估计量的有效性。

最优抽样频率

Bandi 和 Russell (2006) 构造的估计量是通过选择一个抽样频率 M，使均方误差 (MSE) 最小。所谓的 MSE 即是下式表示的值：

$$E\left[\sum_{i=1}^{M}\tilde{r}_i^2-[X]_1dt\right]^2=2\frac{1}{M}(A(4)+o(1))+M\beta+M^2\alpha+\gamma$$

其中，

$$\alpha=(E[\epsilon^2])^2$$
$$\beta=2E[\epsilon^4]-3(E[\epsilon^2])^2$$
$$\gamma=4E[\epsilon^2][X]_1-E[\epsilon^4]+2\alpha$$

忽略 $o(1)$ 项，求最小值的一阶条件为：

$$-\frac{2}{M^2}A(4)+\beta+2M\alpha=0$$

整理得：

$$2M^3\alpha+M^2\beta-A(4)=0$$

上述 α, β 和 A (4) 是不知道的，所以也就无从求解使 MSE 最小的 M。这里运用一个惯用的技巧，用相合估计量代替未知量来求解一阶条件，这样得到的 M 就是最优抽样频率，记为 M^*，即：

$$\{M^*=M:2M^3\hat{\alpha}+M^2\hat{\beta}-2\hat{A}(4)=0\}$$

怎样获得 α, β 和 A (4) 的相合估计量呢？假设我们观察获得 n 天交易的高频数据，最高频数的收益率记为 $\tilde{r}_{i,j}$，其中 $j=1,\cdots,n$ 表示第 j 个交易日，i 的含义不变。Bandi 和 Russell (2006) 使用以下相合估计量来获得最优抽样频率 M^*：

$$\hat{\alpha}=\left(\frac{\sum_{j=1}^{n}\sum_{i=1}^{M}\tilde{r}_{i,j}^2}{nM}\right)^2$$

$$\hat{\beta}=2\frac{\sum_{j=1}^{n}\sum_{i=1}^{M}\tilde{r}_{i,j}^4}{nM}-3\hat{\alpha}$$

$$\hat{A}(4)=\frac{M}{3n}\sum_{j=1}\sum_{i=1}^{M}\tilde{r}_{i,j}^4$$

Zhang、Mykland 和 Aït－Sahalia（2005）也获得了以上类似的最优抽样频率 M^*。

上述方法先确定最优抽样频率 M^* 再估计有效价格 X_t 的二次变差，放弃了大量数据，没有充分利用所有数据提供的信息。比如说，假设我们观察到某只股票每秒的价格数据，那么一个交易日共计得到 $6.5\times60\times60=23400$ 个股价观测值。如果最优抽样频率是 $M^*=78$，即每 5 分钟抽样 1 次，那么我们只利用了 78 个观测值。也就是说，每 300 个观察值只保留 1 个，抛弃了其余的 299 个。我们没有理由认为保留的 1 个价格在统计意义上要优于抛弃的其他 299 个价格观测值，因此大量有用的信息未能有效利用。从统计学的观点来看，这不是一个很好的处理方法。现有文献的改进方法有两种：参数方法和非参数方法。参数方法通过假设 $\eta_{i\delta}$ 的分布形式，利用 MLE 来估计波动率。在扩散项 σ_t 等于一个常数的条件下，Aït－Sahalia、Mykland 和 Zhang（2005）假设噪声 $\eta_{i\delta}$ 服从正态分布，从而可以充分利用所有的数据，通过极大似然估计得到波动率的相合估计。下面我们重点阐述 Zhang、Mykland 和 Aït－Sahalia（2005）提出的非参数方法。

相合估计量

Zhang、Mykland 和 Aït－Sahalia（2005）首先基于两个不同的时间频度分别构造 $[X]_T$ 和 Var $[\eta_{i\delta}]$ 的估计量，然后在这两个估计量的基础上构造一个 $[X]_T$ 的相合估计量，称为**双时间频度之已实现波动率（TSRV）估计量**。他们的方法充分利用了所有的数据，从而没有信息损失，另一优势是这一方法是非参数的，不依赖于具体的市场微观结构噪声的分布。TSRV 是在市场微观结构噪声环境中有效资产价格 IV 的一个相合估计量。

Zhang、Mykland 和 Aït－Sahalia（2005）证明，当存在市场微观结构噪声 $\eta_{i\delta}$ 时，

$$[\tilde{X}]_T^{(\text{all})} \overset{\mathcal{L}}{\approx} \underbrace{[X]_T}_{\text{要估计的量}} + \underbrace{2M\mathrm{E}[\eta^2]}_{\text{噪声带来的误差}} + \underbrace{\left[\underbrace{4ME[\eta^4]}_{\text{由噪声产生}} + \underbrace{\frac{2T}{M}\int_0^T \sigma_t^4\,dt}_{\text{由离散化产生}}\right]^{1/2}}_{\text{总方差}} Z$$

其中，$E[\cdot]$ 表示期望值，$[\tilde{X}]_T^{(\text{all})}$ 表示利用所有观测数据计算的 RV，$Z\sim\mathcal{N}(0,1)$，记号 $\overset{\mathcal{L}}{\approx}$ 表示乘以一个适当的因子后依分布收敛。上式中我们看到，由噪声带来偏差的级数是 $O(M)$，而累积方差的级数是 $O(1)$，因此当 $M\to\infty$ 时，偏差项占主导地位。

TSRV 估计量的构造分以下三个步骤：

第一步，划分子区间，获得偏差较小的 $[X]_T$估计量。

取一个适当的整数 K，将整个样本$\{0,\delta,2\delta,\cdots,M\delta\}$划分成 K 个滚动的子样本 $G^{(k)},k=1,\cdots,K$，其中 K 满足当 $M\to\infty$ 时，$M/K\to\infty$。例如，当 $G^{(1)}$ 是从第一个观测值开始，每隔 5 分钟取 1 个样本形成的子样本时，那么 $G^{(2)}$ 就是从第二个观测值开始，每隔 5 分钟取 1 个样本形成的子样本，以此类推得到其他子样本。由这些子样本，我们可以得到 K 个带噪声价格的 RV，记为$[\tilde{X}]_T^{(k)}$ $(k=1,\cdots,K)$。由于抽样的时间间隔变长，它们是比$[\tilde{X}]_T^{(\text{all})}$ 偏差更小的 $[X]_T$估计量。

第二步，平均估计量。

将以上得到的 K 个估计量平均，得到一个新的估计量：

$$[\tilde{X}]_T^{(\text{avg})}=\frac{1}{K}\sum_{k=1}^{k}[\tilde{X}]_T^{(k)}$$

这一估计量用到几乎所有的观测值数据，并且比 $[\tilde{X}]_T^{(\text{all})}$ 具有较小的偏差。平均的好处是获得方差更小的估计量。Zhang、Mykland 和 Aït - Sahalia（2005）证明，平均估计量 $[\tilde{X}]_T^{(\text{avg})}$ 具有以下渐近分布：

$$[\tilde{X}]_T^{(\text{avg})}\overset{\mathcal{L}}{\approx}\underbrace{[X]_T}_{\text{要估计的量}}+\underbrace{2\bar{M}E[\eta^2]}_{\text{噪声带来的误差}}+\underbrace{\Big[\underbrace{4\frac{\bar{M}}{K}E[\eta^4]}_{\text{由噪声产生}}+\underbrace{\frac{4T}{3\bar{M}}\int_0^T\sigma_t^4\,dt}_{\text{由离散化产生}}\Big]}_{\text{总方差}}{}^{1/2}Z$$

其中，$\bar{M}=M/K$。尽管$[\tilde{X}]_T^{(\text{avg})}$ 是比$[\tilde{X}]_T^{(\text{all})}$ 更好的估计量，但它仍然存在偏差 $2\bar{M}E[\eta^2]$。另一方面，由于 $[\bar{X}]_T^{(\text{all})}$ 可以用来构造 $E[\eta^2]$ 的相合估计：

$$\widehat{E[\eta^2]}=\frac{1}{2M}[\tilde{X}]_T^{(\text{all})}$$

因此，$[\tilde{X}]_T^{(\text{avg})}$ 的偏差可以用 $\bar{M}[\tilde{X}]_T^{(\text{all})}/M$ 相合地估计。这一估计量可以用来调整偏差，从而得到 $[X]_T$的相合估计 TSRV。

第三步，调整偏差得到相合估计 TSRV。

调整偏差得到 $[X]_T$的相合估计 TSRV：

$$[\tilde{X}]_T^{(\text{tsrv})}=\underbrace{[\tilde{X}]_T^{(\text{avg})}}_{\text{慢时间频度}}-\underbrace{\frac{\bar{M}}{M}[\tilde{X}]_T^{(\text{all})}}_{\text{快时间频度}}$$

它具有以下的渐近分布：

$$[\tilde{X}]_T^{(\text{tsrv})} \overset{\mathcal{L}}{\approx} \underbrace{[X]_T}_{\text{要估计的量}} + \frac{1}{n^{1/6}} \underbrace{\left[\underbrace{\frac{8}{c^2} E[\eta^2]^2}_{\text{由噪声产生}} + \underbrace{c \frac{4T}{3} \int_0^T \sigma_t^4 \, dt}_{\text{由离散化产生}} \right]^{1/2}}_{\text{总方差}} Z$$

Zhang、Mykland 和 Aït - Sahalia（2005）还证明了子样本系数 K 和常数 c 的最优选择分别为：

$$K^* = cM^{2/3}$$

$$c^* = \left(\frac{T}{12E[\eta^2]^2} \int_0^T \sigma_t^4 dt \right)^{-1/3}$$

并给出了 c^* 的一个相合估计。

最后，Zhang、Mykland 和 Aït - Sahalia（2005）还给出了 $[X]_T^{(\text{tsrv})}$ 的一个有限样本修正：

$$[\tilde{X}]_T^{(\text{tsrv,adj})} = \left(1 - \frac{\overline{M}}{M}\right)^{-1} [X]_T^{(\text{tsrv})}$$

14.3.2　相关的噪声结构

在这里我们假设 $\eta_{i\delta}$ 满足以下三个条件：

（a）$\eta_{i\delta}$ 是均值为 0、平稳、强混合随机过程，混合系数以指数速率衰减；强混合过程的定义及其性质请参见 Hall 和 Heyde（1980）；此外，存在 $\kappa > 0$，使得 $E[\eta^{4+\kappa}] < 0$。

（b）$\eta_{i\delta}$ 与 $X_{i\delta}$ 相互独立。

（c）$\epsilon_i = \eta_{i\delta} - \eta_{(i-1)\delta}$ 的方差有限。

Aït - Sahalia、Mykland 和 Zhang（2011）将 TSRV 估计量推广到相关噪声结构的情况。这一统计量的构造步骤如下：首先定义基于间隔 j 个观察值抽样，从第 r 个观测值开始的子样本 RV：

$$[\tilde{X}_T^{(j,r)}] = \sum_{0 \le j(i-1) \le M-r-j} (\tilde{X}_{(ji+r)\delta} - \tilde{X}_{(j(i-1)+r)\delta})^2$$

然后，计算滞后 j 项 RV 平均值：

$$[\tilde{X}]_T^{(J)} = \frac{1}{J} \sum_{r=0}^{J-1} [\tilde{X}]_T^{(J,r)} = \frac{1}{J} \sum_{i=0}^{M-J} (\tilde{X}_{(i+J)\delta} - \tilde{X}_{i\delta})^2$$

最后，得到推广的 TSRV 估计量为：

$$[\tilde{X}]_T^{(\mathrm{tsrv})} = \underbrace{[\tilde{X}]_T^{(\mathrm{K})}}_{\text{慢时间频度}} - \underbrace{\frac{\bar{M}_K}{\bar{M}_J}[\tilde{X}]_T^{(\mathrm{J})}}_{\text{快时间频度}}$$

其中，$\overline{M}_K = M - K + 1$，$\overline{M}_J$的定义与$\overline{M}_K$类似。这一估计量是有效资产价格 IV 的相合估计。我们上一小节介绍的 iid 噪声结构下 TSRV 估计量是当 $J = 1$，$M \to \infty$，$K \to \infty$ 的特殊情况。

评注 14.1 已实现方差（RV）的理论本身已经比较成熟，在实践中，RV 是一个不依赖任何模型的方差度量。但是高幂变差在金融中的应用有待进一步探索，特别是高频金融数据中对市场微观结构噪声的处理仍旧是一个挑战。

14.4 跳跃检验

回顾式（14.1），我们考虑的模型是对数价格 X_t 是一个跳跃—扩散过程：

$$dX_t = \mu_t\, dt + \sigma_t\, dW_t + J_t dN_t$$

跳跃—扩散过程的路径分为两部分：连续部分 $\mu_t dt + \sigma_t dW_t$，它是一个带漂移项的扩散过程，路径连续但处处不可导；跳跃部分 $J_t dN_t$ 是一复合泊松过程，它的路径右连续并且左极限存在（简称**右连左极**，请参阅本书第九章 9.6 节的定义）。鉴于资产价格的跳跃对衍生产品定价、风险度量与风险管理、资产配置与组合管理等理论与实践的重要含义，资产价格跳跃的检验非常重要。

为检验 X_t 的路径是否存在跳跃，我们需要构造一些统计指标，关键在于它们在 X_t 的路径连续时的表现要和存在跳跃时有所不同。然后在此基础上构造统计量，以便作出统计推断。

不失一般性，我们令 $T = 1$ 。回顾前面的定义，并且为简化记号，我们记：

（1）已实现方差：$RV_M \equiv [X_M]_1$；

（2）标准化已实现双幂变差：$BPV_M^* \equiv m_1^{-2} BPV_M^{[1,1]}$；

（3）连续部分贡献的变差：$A(p) \equiv A(p)_1$；

（4）跳跃部分贡献的变差：$B(p) \equiv B(p)_1$。

那么有：

$$RV_M = \sum_{i=1}^{M} r_i^2$$

$$BPV_M^* = m_1^{-2} \sum_{i=1}^{M-1} |r_i r_{i+1}|$$

$$\delta = 1/M$$

以下介绍三种常用的跳跃检验方法：双幂变差检验、幂变差检验和方差互换检验。

14.4.1 双幂变差检验

由式（14.9），$RV_M - BPV_M^*$ 的渐近性质在 X_t 连续时的表现与存在跳跃时的表现有所不同，即：

$$RV_M - BPV_M^* \xrightarrow{p} \begin{cases} 0 & X_t \text{ 路径连续} \\ \int_0^1 J_t^2 dN_t & X_t \text{ 存在跳跃} \end{cases}$$

因此，可以利用它来检验跳跃。Barndorff - Nielsen 和 Shephard（2004）观察到这一点，其后 Barndorff - Nielsen 和 Shephard（2006）正式构造了如下三个统计量来检验 X_t 的路径是否存在跳跃，零假设是 X_t 的路径连续或不存在跳跃：

（1）差检验：

$$\frac{\sqrt{M}}{\sqrt{cA(4)}}(BPV_M^* - RV_M) \xrightarrow{d} \mathcal{N}(0, 1)$$

其中，常数 $c = \pi^2/4 + \pi - 5$。

（2）对数检验：

$$\frac{\sqrt{M}A(2)}{\sqrt{cA(4)}}(\ln BPV_M^* - \ln RV_M) \xrightarrow{d} \mathcal{N}(0, 1)$$

（3）比率检验：

$$\frac{\sqrt{M}A(2)}{\sqrt{cA(4)}}\left(\frac{BPV_M^*}{RV_M} - 1\right) \xrightarrow{d} \mathcal{N}(0, 1)$$

在严格意义上，上述检验是不可行的，因为我们不知道 $A(2)$ 和 $A(4)$。要得到可行的检验只需要一个简单的技巧，把 $A(2)$ 和 $A(4)$ 分别用它们的相合估计代替即可，式（14.8）和式（14.10）分别给出它们各自的一个相合估计：

$$\hat{A}(2) = \frac{1}{m_1^2} BPV_M^{[1,1]}, \hat{A}(4) = \frac{1}{\delta m_1^4} MPV_M^{[1,1,1,1]}$$

Lee 和 Mykland（2008）基于已实现双幂变差（BPV_M）构造了一个新的跳跃检验。这一检验基于以下观察。假设资产价格在某一时刻 $i\delta$ 发生了跳跃，可以想象此时资产收益率的绝对值要比连续路径时高得多。不过要注意的是，如果 $i\delta$ 时刻波动率很高，高资产收益率在路径连续时也有可能出现。为区分这两种情况，Lee

和 Mykland（2008）将收益率用连续路径部分的瞬时波动率 $\sigma_{i\delta}$ 将收益率标准化，即采用收益率 $r_{i\delta}$ 与 $\sigma_{i\delta}$ 的比率来构造检验跳跃的统计量。$\sigma_{i\delta}$ 是不可观测的，需要用它的相合估计量来代替。本章第 2 节我们看到，波动率的常用估计量 RV 在跳跃存在时不是相合估计量，但另一个方差的估计量 BPV_M 对跳跃是稳健的，即便在跳跃存在时也是连续路径部分 IV 的相合估计。因此，可以使用 BPV_M 来估计 $\sigma_{i\delta}$。Lee 和 Mykland（2008）采用一个长度等于 K 的估计窗口以消除跳跃对波动率估计的影响，他们推荐的最优窗口长度为 7、16、78、110、156 和 270 分别对应 1 周、1 天、1 小时、30 分钟、15 分钟和 5 分钟数据。最后，标准化的收益率统计量为：

$$\mathcal{L}(i) \equiv \frac{r_{i\delta}}{\hat{\sigma}_{i\delta}}$$

其中，

$$\hat{\sigma}_{i\delta}^2 \equiv \frac{1}{K-2}\sum_{j=i-K+2}^{i-1} |r_j||r_{j-1}|$$

Lee 和 Mykland（2008）证明，在 $((i-1)\delta, i\delta]$ 不存在跳跃的零假设条件下，$\mathcal{L}(i)$ 渐近服从正态分布。当 $((i-1)\delta, i\delta]$ 存在跳跃，且 $\delta \to 0$ 时，$\mathcal{L}(i) \to \infty$。因此，如果 $\mathcal{L}(i)$ 的值比较大，便可以拒绝没有跳跃的零假设。为构造检验统计量，Lee 和 Mykland（2008）还证明，当 $\delta \to 0$ 时：

$$\frac{\max_{i \in \bar{A}_M} |\mathcal{L}(i)| - C_M}{S_M} \to \xi$$

其中，

$$C_M = \frac{(2\ln M)^{1/2}}{c} - \frac{\ln\pi + \ln(\ln M)}{2c(2\ln M)^{1/2}}$$

$$S_M = \frac{1}{c(2\ln M)^{1/2}}$$

$$c = m_1 = \sqrt{2/\pi}$$

ξ 是一个 Gumbel 分布，它的分布函数为 $P(\xi \leqslant x) = \exp(-e^{-x})$，$\bar{A}_M$ 是 $((i-1)\delta, i\delta]\ (i \in \{1, \cdots, M\})$ 中没有跳跃的 i 组成的集合。

Lee 和 Mykland（2008）基于以下的想法而选择拒绝域。如果观测到的检验统计量 $\mathcal{L}(i)$ 没有落在最大值的通常范围（比如说 99% 的置信区间），那么收益率就不大可能由连续路径部分生成。因此，如果 $\frac{|\mathcal{L}(i)| - C_M}{S_M} > \beta^*$，其中 β^* 是 Gumbel 分布的 α 水平临界值，即 $P(\xi \leqslant \beta^*) = \exp(-e^{-\beta^*}) = \alpha$，我们就拒绝在 $i\delta$ 时刻不存在跳跃的零假设。取 $\alpha = 0.99$，我们有 $\beta^* = 4.6001$。

Lee 和 Mykland（2008）检验可以检验在任一时刻是否存在跳跃，因此它可以识别一天之内发生几次跳跃，它还可以识别跳跃是正是负、估计跳跃幅度的均值和方差等，这些是它与其他跳跃检验不同的特点。

14.4.2　幂变差检验

考察如下一个统计量：

$$PV_M^k \equiv \sum_{i=1}^{F[1/k\delta]} |X_{ik\delta} - X_{(i-1)k\delta}|^p \equiv \sum_{i=1}^{F[1/k\delta]} |r_i^{(k)}|^p$$

其中，函数 F［·］是取整数函数。

给定分区长度 δ，如果我们称 r_i 是单期收益率，则 $r_i^{(k)}$ 可以说是 k 期收益率，那么 PV_M^k 是由 k 期收益率构造的已实现幂变差。当 $p>2$ 时，我们考察 PV_M^k 的渐近性质：X_t 路径存在跳跃时，由 PV_M 的性质 1，$PV_M^k \xrightarrow{p} B(p)$，与 k 无关；X_t 路径连续时，由 PV_M 的性质 4，$\frac{(k\delta)^{1-p/2}}{m_p} PV_M^k \xrightarrow{p} A(p)$，收敛的极限与 k 无关，但是 PV_M^k 前面相乘的常数与 k 有关。因此，比率 PV_M^k/PV_M 的表现在 X_t 连续与存在跳跃时有所不同，即当 $p>2$ 时：

$$\frac{PV_M^k}{PV_M} \xrightarrow{p} \begin{cases} 1 & X_t \text{ 存在跳跃} \\ k^{p/2-1} & X_t \text{ 路径连续} \end{cases}$$

Aït－Sahalia 和 Jacod（2009）观察到以上性质，构造如下统计量来检验跳跃。因为比率的极限 1 与 $k^{p/2-1}$ 都是常数，所以此时的零假设既可以是 X_t 路径连续，也可以是 X_t 存在跳跃，由此得到两类统计量。

当零假设为 X_t 存在跳跃时：

$$\frac{1}{\sqrt{\hat{V}^j}} \left(\frac{PV_M^k}{PV_M} - 1 \right) \xrightarrow{d} \mathcal{N}(0,1)$$

其中，

$$\hat{V}^j = \frac{\delta(k-1)p^2 \hat{D}(2p-2)}{2(PV_M)^2}$$

$\hat{D}(p)$ 是 $D(p) = \sum_{s\leq 1} |X_s - X_{s-}|^p (\sigma_{s-}^2 + \sigma_s^2)$ 的一个估计值。

当零假设为 X_t 路径连续时：

$$\frac{1}{\sqrt{\hat{V}^c}}\left(\frac{PV_M^k}{PV_M}-k^{p/2-1}\right)\xrightarrow{d}\mathcal{N}(0,1)$$

其中，

$$\hat{V}^c=\frac{\delta M(p,k)\hat{A}(2p)}{\hat{A}(p)}$$

$$M(p,k)=\frac{1}{m_p^2}(k^{p-2}(1+k)m_{2p}+k^{p-2}(k-1)m_p^2-2k^{p/2-1}m_{k,p})$$

$$m_{k,p}=E[\,|U|^p\,|U+\sqrt{k-1}V|^p],$$

$$\hat{A}(p)=\frac{\delta^{1-p/2}}{m_p}\sum_{i=1}^{M}|X_{i\delta}-X_{(i-1)\delta}|^p 1_{\{|X_{i\delta}-X_{(i-1)\delta}|\leqslant\alpha\delta^\omega\}}$$

以上公式中，U，V是相互独立并都服从标准正态分布$\mathcal{N}(0,1)$的随机变量，常数$\alpha>0,\omega\in(0,1/2)$。

14.4.3 方差互换检验

根据式（14.1），因为$X_t=\ln S_t$，所以我们有$S_t=\exp(X_t)$。由半鞅的伊藤引理可得：

$$dS_t/S_t=(\mu_t+\frac{1}{2}\sigma_t^2)dt+\sigma_t dW_t+(e^J-1)dN_t \tag{14.13}$$

将式（14.1）与式（14.13）分别写成等价的积分形式：

$$\int_0^1 d\ln S_t=\int_0^1\mu_t dt+\int_0^1\sigma_t dW_t+\int_0^1 J_t dN_t$$

$$\int_0^1\frac{dS_t}{S_t}=\int_0^1(\mu_t+\frac{1}{2}\sigma_t^2)dt+\int_0^1\sigma_t dW_t+\int_0^1(e^{J_t}-1)dN_t$$

以上两式相减即得到：

$$\int_0^1\frac{dS_t}{S_t}-\int_0^1 d\ln S_t=\int_0^1\frac{1}{2}\sigma_t^2 dt+\int_0^1(e^{J_t}-J_t-1)dN_t \tag{14.14}$$

如上所示，我们消去了漂移项μ_t。当不存在跳跃，即$J_t=0$时，由上式显然有：

$$\int_0^1\frac{dS_t}{S_t}-\int_0^1 d\ln S_t=\int_0^1\frac{1}{2}\sigma_t^2 dt$$

在以上公式中，dS_t/S_t是瞬时简单收益率，$d\ln S_t$是瞬时连续复利收益率或称为对数收益率。在没有跳跃存在时，瞬时简单收益率与瞬时对数收益率之差累积起来就是累积方差的一半。在金融学文献中，这一关系很早就已经被认识到，并且在它的基础上人们构造了方差复制策略（参见 Neuberger（1994））：即一个所谓的“对数合约”的空头寸，加上一个连续调整的互换合约原生资产的多头寸。这一策略的收益/损失累积起来与已实现方差成比例，因此可以完全复制方差互换合约。但是，如果存在跳跃，以上复制策略失灵，复制误差完全由实现的跳跃主导。Jiang 和 Oomen（2008）在以上观察的基础之上提出一种非参数的跳跃检验方法。他们把简单收益率与对数收益率之差的累积量命名为“方差互换”，记为 SwV，并将它与 RV 作比较来检验资产价格的跳跃。因此，这一检验称为“方差互换”检验。以下我们具体介绍这一检验。

考察如下统计量：

$$SwV_M \equiv 2\sum_{i=1}^{M}(R_i - r_i)$$

$$R_i = (X_{i\delta} - X_{(i-1)\delta})/X_{i\delta}$$

其中 R_i 即简单收益率。由式（14.14）可得：

$$SwV_M \xrightarrow{p} 2\int_0^1 (\frac{dS_t}{S_t} - d\ln S_t) = A(2) + 2\int_0^1 (e^{J_t} - J_t - 1)dN_t$$

结合式（14.2），我们有：

$$SwV_M - RV_M \xrightarrow{p} \begin{cases} 0 & X_t \text{ 路径连续} \\ 2\int_0^1 (e^{J_t} - J_t - 1)dN_t - \int_0^1 J_t^2 dN_t & X_t \text{ 存在跳跃} \end{cases}$$

也就是说，$SwV_M - RV_M$ 的渐近性质在 X_t 路径连续与存在跳跃时的表现有所不同，因此可以用来检验跳跃。

Jiang 和 Oomen（2008）观察到上述性质，构造以下三个检验统计量：

（1）差检验：

$$\frac{3M}{\sqrt{m_6 A(6)}}(SwV_M - RV_M) \xrightarrow{d} \mathcal{N}(0, 1)$$

（2）对数检验：

$$\frac{3MA(2)}{\sqrt{m_6 A(6)}}(\ln SwV_M - \ln RV_M) \xrightarrow{d} \mathcal{N}(0, 1)$$

（3）比率检验：

$$\frac{3MA(2)}{\sqrt{m_6 A(6)}}(1 - \frac{RV_M}{SwV_M}) \xrightarrow{d} \mathcal{N}(0, 1)$$

其中，把 A（2）和 A（6）分别用式（14.8）和式（14.11）给出的相合估计量代替：

$$\hat{A}(2)=\frac{1}{m_1^2}BPV_M^{[1,1]}$$

$$\hat{A}(6)=\frac{1}{\delta^2 m_1^6}MPV_M^{[1,1,1,1,1,1]}$$

便得到了可行的检验统计量。

14.4.4 调整市场微观结构噪声

考虑到市场微观结构噪声，需要对跳跃检验统计量进行调整。在本章第三节的基础上，我们设定观察到的市场价格 $\tilde{X}_{i\delta}$ 由两部分组成：

$$\tilde{X}_{i\delta}=X_{i\delta}+\eta_{i\delta},\qquad i=1,\cdots,M$$

其中，$X_{i\delta}$是有效对数价格，$\eta_{i\delta}\text{iid}\mathcal{N}(0,\omega)$是市场微观结构噪声。收益率过程写成：

$$\tilde{r}_i=r_i+\epsilon_i,\qquad r_i\text{iid}\mathcal{N}(0,\overline{V}/M)$$

其中，$\tilde{r}_i=\tilde{X}_{i\delta}-\tilde{X}_{(i-1)\delta},\epsilon_i=\eta_{i\delta}-\eta_{(i-1)\delta},\overline{V}/M$ 是 r_i 的方差。

考虑市场微观结构噪声的影响，Jiang 和 Oomen（2008）修正了方差互换跳跃检验统计量：

（1）差检验：

$$\frac{(SwV_M^*-RV_M^*)}{\sqrt{\Omega_{SwV}^*}}\xrightarrow{d}\mathcal{N}(0,1)$$

（2）对数检验：

$$\frac{V_{(0,1)}^*}{\sqrt{\Omega_{SwV}^*}}(\ln SwV_M^*-\ln RV_M^*)\xrightarrow{d}\mathcal{N}(0,1)$$

（3）比率检验：

$$\frac{V_{(0,1)}^*}{\sqrt{\Omega_{SwV}^*}}\left(1-\frac{RV_M^*}{SwV_M^*}\right)\xrightarrow{d}\mathcal{N}(0,1)$$

其中，SwV_M^* 和 RV_M^* 是用观察到的市场价格 $\tilde{X}_{i\delta}$ 计算的方差互换和实现方差，

$$V_{(0,1)}^*=A(2)+2M\omega$$

$$\Omega_{(SwV)}^*=4M\omega^6+12\omega^4A(2)+8\omega^2\frac{1}{M}A(4)+\frac{5}{3}\frac{1}{M^2}A(6)$$

为得到可行检验，还需要估计以上式子中的 ω，$A(2)$，$A(4)$ 和 $A(6)$。ω 的估计相对简单，可以证明从：

$$\hat{\omega}^2 = -\frac{1}{M-1}\sum_{i=1}^{M-1}\tilde{r}_i\tilde{r}_{i+1}$$

能得到 ω 的一个相合估计。

$A(2)$，$A(4)$ 和 $A(6)$ 可以用我们前面介绍的方法来估计，但是需要调整市场微观结构噪声的影响。对于 $A(2)$，Jiang 和 Oomen（2008）的估计为：

$$\hat{A}(2) = \frac{1}{1+c_b(\gamma)}\hat{A}^*(2)$$

其中，$\hat{A}^*(2)$ 由观察得到的价格计算，见式（14.8）；调整参数

$$c_b(\gamma) = (1+\gamma)\sqrt{\frac{1+\gamma}{1+3\gamma}} + \gamma\frac{\pi}{2} - 1 + 2\frac{\gamma}{(1+\gamma)\sqrt{2\lambda+1}} + 2\gamma\pi\kappa(\lambda)$$

$$\gamma = M\omega^2/\bar{V}, \lambda = \frac{\gamma}{1+\gamma}$$

$$\kappa = \int_{-\infty}^{\infty} x^2\Phi(x\sqrt{\lambda})(\Phi(x\sqrt{\lambda}) - 1)\phi(x)dx$$

其中，$\Phi(\cdot)$，$\phi(\cdot)$ 分别为标准正态分布的分布函数和密度函数。

在以上公式中，$\bar{V}$ 可以由本章第 3 节 Bandi 和 Russell（2006）介绍的方法估计，对 $\hat{A}^*(4)$，$\hat{A}^*(6)$ 也可以按照类似的方式进行调整。Jiang 和 Oomen（2008）直接使用了以上估计量 $\hat{A}$（2）的平方和立方来估计 A（4）和 A（6）。

评注 14.2 对于资产价格跳跃的检验，目前有多种不同的方法。现有文献中的一些蒙特卡罗模拟结果表明，不同的跳跃检验具有不同的有限样本性质。在实证应用中，尽管数据相同，不同的检验方法会测定出不同的跳跃，因此这些方法的功效以及在特定的情况下具体运用哪一种方法仍值得进一步探讨。

本章回顾

主要概念

二次变差(QV) 已实现方差(RV) 幂变差(PV) 已实现幂变差(PV_M) 已实现双幂变差(BPV_M) 已实现多幂变差(MPV_M) 市场微观结构噪声 最优抽样频率 双时间频度之已实现波动率(TSRV)估计量 双幂变差检验 幂变差检验 方差互换检验

主要结果

1. 不存在市场微观结构噪声时，RV 是 QV 的相合估计。

2. RV 具有以下渐近分布：

$$\frac{\sqrt{M}}{\sqrt{2IQ}}(RV-IV)\xrightarrow{p}\mathcal{N}(0,1)$$

3. BPV 度量资产收益率连续或扩散部分的方差，RV 则度量资产收益率总方差，包括连续或扩散部分和间断或跳跃部分的方差。因此，常见的一个跳跃方差度量是 $\max(0,RV-BPV^{*})$。这一表达式保证了方差的非负性。

4. 存在市场微观结构噪声时，基于超频数据计算的 RV 主要度量了资产收益率的噪声。因此，为估计 IV 需要使用较长时间频度（最优抽样频率）的数据以减弱噪声的影响。为充分利用数据和得到相合估计量，我们可以使用非参数的 TSRV 估计量。

5. 市场微观结构噪声分 iid 结构和相关结构，相关结构下的 IV 估计量需要作出相应调整。

6. 鉴于资产价格的跳跃对衍生产品定价、风险度量与风险管理、资产配置与组合管理等理论与实践的重要含义，资产价格跳跃的检验非常重要。常见的非参数跳跃检验有双幂变差检验、幂变差检验和方差互换检验。当考虑到市场微观结构噪声时，以上跳跃检验统计量需要作出相应的调整。

习 题

1. 给定以下带漂移项的布朗运动：

$$d\ln S_t=\mu dt+\sigma dW_t$$

其中，W_t 是一标准布朗运动。记 $r_{1\delta},r_{2\delta},\cdots,r_{M\delta}$ 为时间间隔 $\delta=1/M$ 的收益率观测值，即 $r_{i\delta}=\ln S_{i\delta}-\ln S_{(i-1)\delta}$。

（a）证明 σ^2 的 MLE 估计量是：

$$\hat{\sigma}^2_{MLE}=\frac{\sum_{i=1}^{M}(r_{i\delta}-\hat{\mu}\delta)^2}{M\delta}$$

其中，$\hat{\mu}=\frac{\sum_{i=1}^{M}r_{i\delta}}{M\delta}$。

（b）证明随着抽样频率的增大，即 $\delta\to 0$ 时，σ^2 的 MLE 估计量等于 RV，即收益率之平方和。

（c）给出（b）中结果的直观讨论。

2. 给定以下对数随机波动率模型：

$$d\ln S_t = (\mu - \frac{1}{2}V_t)\,dt + \sqrt{V_t}\,dW_t$$

$$d\ln V_t = \kappa(\alpha - \ln V_t)\,dt + \sigma\, dW_t^v$$

其中，资产收益率过程与波动率过程的相关系数为0，即 $dW_t\, dW_t^v = 0$。假设每天有6.5小时交易时间，使用Euler法模拟100天的1分钟资产收益率与波动率数据。把模型的参数值设为Andersen、Benzoni和Lund（2002）对S&P500股票指数的估计值，即：

$$\mu = 0.0314,\ \kappa = 0.0136,\ \alpha = -0.8382,\ \sigma = 0.1145,\ \rho = -0.5755$$

操作步骤如下：

第一步：写出Euler法离散形式的模型；

第二步：利用计算机生成两个100×6.5×60维的独立标准正态分布的模拟值向量；

第三步：计算模拟波动率过程每天的QV；

第四步：基于30分钟、15分钟和5分钟的收益率分别计算每天的RV；

第五步：画出100天的QV和不同频率的RV并进行讨论。

3. 给价格的观测值加入市场微观结构噪声后重复习题2，即资产价格由下式产生：

$$\ln \tilde{S}_t = \ln S_t + \eta_t$$

其中 η_t 是iid$\mathcal{N}(0, \gamma^2)$。设 $\gamma = 0.0005$，即噪声标准差是对数价格的0.05%。

4. 在对数随机波动率中的模型中加入跳跃后重复习题2。我们现在考虑的模型是：

$$d\ln S_t = (\mu - \frac{1}{2}V_t)\,dt + \sqrt{V_t}\,dW_t + Y_t\, dN_t$$

$$d\ln V_t = \kappa(\alpha - \ln V_t)\,dt + \sigma dW_t^v$$

其中，泊松过程 N_t 的到达强度 λ 等于0.25，跳跃幅度 Y_t 服从均值等于−0.5%，标准差等于1%的正态分布，其余参数与习题2相同。

参考文献

白仲林著:《面板数据的计量经济分析》,南开大学出版社 2008 年版。

陈希孺著:《概率论与数理统计》,中国科学技术大学出版社 1992 年版。

陈希孺著:《高等数理统计学》,中国科学技术大学出版社 2008 年版。

范剑青、姚琦伟著,陈敏译:《非线性时间序列——建模、预报及应用》,高等教育出版社 2005 年版。

庞皓著:《计量经济学(第二版)》,科学出版社 2010 年版。

靳云汇、金赛男等著:《高级计量经济学(上册)》,北京大学出版社 2007 年版。

沈根祥著:《计量经济学》,上海人民出版社 2010 年版。

(美)史蒂文·E. 施里夫(Shreve, S. E.)著,陈启宏、陈迪华译:《金融随机分析(共 2 册)》,上海财经大学出版社 2008 年版。

苏良军著:《高等数理统计》,北京大学出版社 2007 年版。

J. M. 伍德里奇著,费剑平译:《计量经济学导论(第三版)》,中国人民大学出版社 2007 年版。

雨宫健(Takeshi Amemiya)著,朱保华、周亚虹等译:《高级计量经济学》,上海财经大学出版社 2010 年版。

张定胜著:《计量经济学》,武汉大学出版社 2005 年版。

张晓峒著:《计量经济分析》,经济科学出版社 2000 年版。

郑振龙、陈蓉著:《金融工程(第二版)》,高等教育出版社 2008 年版。

Ahn, Dong - Hyun, R. F. D., and A. R. Gallant, 2002, "Quadratic Term Structure Models: Theory and Evidence," *Review of Financial Studies*, 15, 243 - 288.

Aït - Sahalia, Y., 1996a, "Nonparametric Pricing of Interest Rate Derivative Securities," *Econometrica*, 64, 527 - 60.

Aït - Sahalia, Y., 1996b, "Testing Continuous - Time Models of the Spot Interest Rate," *Review of Financial Studies*, 9, 385 - 426.

Aït - Sahalia, Y., 1999, "Transition Densities for Interest Rate and Other Nonlinear Diffusions," *Journal of Finance*, 54, 1361 - 1395.

Aït - Sahalia, Y., 2002, "Maximum Likelihood Estimation of Discretely Sampled Diffusions: A Closed - form Approximation Approach," *Econometrica*, 70, 223 - 262.

Aït - Sahalia, Y., and J. Jacod, 2009, "Testing for Jumps in a Discretely Observed Process," *Annals of Statistics*, 37, 184 - 222.

Aït - Sahalia, Y., P. A. Mykland, and L. Zhang, 2005, "How Often to Sample a Continuous - Time Process in the Presence of Market Microstructure Noise," *Review of Financial Studies*, 18, 351 - 416.

Aït - Sahalia, Y., P. A. Mykland, and L. Zhang, 2011, "Ultra High Frequency Volatility Estimation with Dependent Microstructure Noise," *Journal of Econometrics*, 160, 160 - 175.

Andersen, T. G., L. Benzoni, and J. Lund, 2002, "An Empirical Investigation of Continuous - Time Equity Return Models," *Journal of Finance*, 57, 1239 - 1284.

Andersen, T. G., and T. Bollerslev, 1998, "Deutsche Mark - Dollar Volatility: Intraday Activity Patterns, Macroeconomic Announcements, and Longer Run Dependencies," *Journal of Finance*, 53, 219 - 265.

Andersen, T. G., T. Bollerslev, F. X. Diebold, and P. Labys, 2001, "The Distribution of Realized Exchange Rate Volatility," *Journal of the American Statistical Association*, 96, 42 - 55.

Andersen, T. G., T. Bollerslev, F. X. Diebold, and P. Labys, 2003, "Modeling and Forecasting Realized Volatility," *Econometrica*, 71, 579 - 625.

Andersen, T. G., and B. E. Sorensen, 1996, "GMM Estimation of a Stochastic Volatility Model: A Monte Carlo Study," *Journal of Business & Economic Statistics*, 14, 328 - 52.

Bai, X., J. R. Russell, and G. C. Tiao, 2003, "Kurtosis of GARCH and Stochastic Volatility Models with Non - Normal Innovations," *Journal of Econometrics*, 114, 349 - 360.

Bakshi, G., C. Cao, and Z. Chen, 1997, "Empirical Performance of Alternative Option Pricing Models," *Journal of Finance*, 52, 2003 - 49.

Bakshi, G., N. Ju, and H. Ou - Yang, 2006, "Estimation of Continuous - Time Models with an Application to Equity Volatility Dynamics," *Journal of Financial Economics*, 82, 227 - 249.

Ball, C. A., and W. N. Torous, 1983, "A Simplified Jump Process for Common Stock Returns," *Journal of Financial and Quantitative Analysis*, 18, 53 - 65.

Ball, R., and P. Brown, 1968, "An Empirical Evaluation of Accounting Income Numbers," *Journal of Accounting Research*, 6, 159 - 178.

Bandi, F. M., and J. R. Russell, 2006, "Separating Microstructure Noise from Volatility," *Journal of Financial Economics*, 79, 655 - 692.

Bandi, F. M., and J. R. Russell, 2008, "Microstructure Noise, Realized Variance, and Optimal Sampling," *Review of Economic Studies*, 75, 339 - 369.

Barndorff – Nielsen, O. E., and Shephard, 2002, "Econometric Analysis of Realized Volatility and Its Use in Estimating Stochastic Volatility Models," *Journal of The Royal Statistical Society Series B*, 64, 253 – 280.

Barndorff – Nielsen, O. E., and N. Shephard, 2001, "How Accurate is the Asymptotic Approximation to The Distribution of Realised Volatility?," Economics papers, Economics Group, Nuffield College, University of Oxford.

Barndorff – Nielsen, O. E., and N. Shephard, 2004, "Power and Bipower Variation with Stochastic Volatility and Jumps (with Discussion)," *Journal of Financial Econometrics*, 2, 1 – 48.

Barndorff – Nielsen, O. E., and N. Shephard, 2006, "Econometrics of Testing for Jumps in Financial Economics Using Bipower Variation," *Journal of Financial Econometrics*, 4, 1 – 30.

Bates, D. S., 1996, "Jumps and Stochastic Volatility: Exchange Rate Processes Implicit in Deutsche Mark Options," *Review of Financial Studies*, 9, 69 – 107.

Bates, D. S., 2000, "Post – '87 Crash Fears in the S&P 500 Futures Option Market," *Journal of Econometrics*, 94, 181 – 238.

Bates, D. S., 2006, "Maximum Likelihood Estimation of Latent Affine Processes," *Review of Financial Studies*, 19, 909 – 965.

Binder, J. J., 1998, "The Event Study Methodology since 1969," *Review of Quantitative Finance and Accounting*, 11, 111 – 37.

Black, F., 1972, "Capital Market Equilibrium with Restricted Borrowing," *Journal of Business*, 45, 444 – 55.

Black, F., 1976, "Studies of stock price volatility changes," *Proceedings of the Business and Economic Statistics Section, American Statistical Association*, p. 177 – 181.

Black, F., and M. Scholes, 1973, "The Pricing of Options and Corporate Liabilities," *Journal of Political Economy*, 81, 637 – 654.

Bollerslev, T., 1986, "Generalized Autoregressive Conditional Heteroskedasticity," *Journal of Econometrics*, 31, 307 – 327.

Bollerslev, T., and J. Wooldridge, 1992, "Quasi – Maximum Likelihood Estimation and Inference in Dynamic Models with Time – Varying Covariances," *Econometric Reviews*, 11, 143 – 172.

Boyle, P. P., M. Broadie, and P. Glasserman, 1997, "Monte Carlo Methods for Security Prices," *Journal of Economic Dynamics and Control*, 21, 1276 – 1321.

Brennan, M. J., and E. S. Schwartz, 1979, "A Continuous Time Approach to The Pricing of Bonds," *Journal of Banking & Finance*, 3, 133 – 155.

Breusch, T. S., and A. R. Pagan, 1980, "The Lagrange Multiplier Test and Its Applications to Model Specification in Econometrics," *Review of Economic Studies*, 47, 239 - 53.

Brown, S. J., and J. B. Warner, 1980, "Measuring Security Price Performance," *Journal of Financial Economics*, 8, 205 - 258.

Brown, S. J., and J. B. Warner, 1985, "Using Daily Stock Returns: The Case of Event Studies," *Journal of Financial Economics*, 14, 3 - 31.

Cameron, A. C., J. B. Gelbach, and D. L. Miller, 2006, "Robust Inference with Multi - way Clustering," NBER Technical Working Papers 0327, National Bureau of Economic Research, Inc.

Campbell, J. Y., A. Lo, and C. MacKinlay, 1997, *The Econometrics of Financial Markets*, Princeton University Press, Princeton.

Cao, C. Q., and R. S. Tsay, 1992, "Nonlinear Time - Series Analysis of Stock Volatilities," *Journal of Applied Econometrics*, 7, S165 - 85.

Carhart, M. M., 1997, "On Persistence in Mutual Fund Performance," *Journal of Finance*, 52, 57 - 82.

Carrasco, M., M. Chernov, J. - P. Florens, and E. Ghysels, 2007, "Efficient Estimation of General Dynamic Models with a Continuum of Moment Conditions," *Journal of Econometrics*, 140, 529 - 573.

Carrasco, M., and J. - P. Florens, 2000, "Generalization Of GMM To A Continuum of Moment Conditions," *Econometric Theory*, 16, 797 - 834.

Chacko, G., and L. M. Viceira, 2003, "Spectral GMM estimation of continuous - time processes," *Journal of Econometrics*, 116, 259 - 292.

Chamberlain, G., and M. Rothschild, 1983, "Arbitrage, Factor Structure, and Mean - Variance Analysis on Large Asset Markets," *Econometrica*, 51, 1281 - 304.

Chan, K. C., G. A. Karolyi, F. Longstaff, and A. B. Saunders, 1992, "An Empirical Comparison of Alternative Models of The Short - Term Interest Rate," *Journal of Finance*, 47, 1209 - 28.

Chen, N. - F., R. Roll, and S. A. Ross, 1986, "Economic Forces and the Stock Market," *Journal of Business*, 59, 383 - 403.

Cheng, P., and O. Scaillet, 2007, "Linear - Quadratic Jump - Diffusion Modeling," *Mathematical Finance*, 17, 575 - 598.

Chib, S., F. Nardari, and N. Shephard, 2002, "Markov Chain Monte Carlo Methods for Stochastic Volatility Models," *Journal of Econometrics*, 108, 281 - 316.

Connor, G., and R. A. Korajczyk, 1988, "Risk and Return in an Equilibrium APT: Application of a New Test Methodology," *Journal of Financial Economics*, 21,

255 - 289.

Constantinides, G. M., 1984, "Optimal Stock Trading with Personal Taxes: Implications for Prices and the Abnormal January Returns," *Journal of Financial Economics*, 13, 65 - 89.

Constantinides, G. M., 1992, "A Theory of the Nominal Term Structure of Interest Rates," *Review of Financial Studies*, 5, 531 - 52.

Courtadon, G., 1982, "The Pricing of Options on Default - Free Bonds," *Journal of Financial and Quantitative Analysis*, 17, 75 - 100.

Cowles, A., and H. E. Jones, 1937, "Some A Posteriori Probabilities in Stock Market Action," *Econometrica*, 5, 280 - 294.

Cox, J. C., J. E. Ingersoll, Jr., and S. A. Ross, 1985, "A Theory of the Term Structure of Interest Rates," *Econometrica*, 53, 385 - 407.

Dai, Q., and K. J. Singleton, 2000, "Specification Analysis of Affine Term Structure Models," *Journal of Finance*, 55, 1943 - 1978.

Dolley, J. C., 1933, "Characteristics and Procedures of Common Stock Split - Ups," *Harvard Business Review*, 11, 316 - 326.

Duffie, D., 1996, *Dynamic Asset Pricing Theory*, Princeton University Press, Princeton, 2nd edn.

Duffie, D., and R. Kan, 1996, "A Yield - Factor Model of Interest Rates," *Mathematical Finance*, 64, 379 - 406.

Duffie, D., J. Pan, and K. Singleton, 2000, "Transform Analysis and Asset Pricing for Affine Jump - Diffusions," *Econometrica*, 68, 1343 - 1376.

Duffie, D., and K. J. Singleton, 1993, "Simulated Moments Estimation of Markov Models of Asset Prices," *Econometrica*, 61, 929 - 52.

Edwards, R., and J. Magee, 2007, *Technical Analysis of Stock Trends*, CRC Press, Taylor & Francis Group, 9th edn.

Engle, R. F., 1982, "Autoregressive Conditional Heteroscedasticity with Estimates of the Variance of United Kingdom Inflation," *Econometrica*, 50, 987 - 1007.

Engle, R. F., D. M. Lilien, and R. P. Robins, 1987, "Estimating Time Varying Risk Premia in the Term Structure: The Arch - M Model," *Econometrica*, 55, 391 - 407.

Eraker, B., 2001, "MCMC Analysis of Diffusion Models with Application to Finance," *Journal of Business & Economic Statistics*, 19, 177 - 91.

Fama, E. F., 1970, "Efficient Capital Markets: A Review of Theory and Empirical Work," *Journal of Finance*, 25, 383 - 417.

Fama, E. F., and M. E. Blume, 1965, "Filter Rules and Stock - Market

Trading," *Journal of Business*, 39, 226.

Fama, E. F., and K. R. French, 1992, "The Cross – Section of Expected Stock Returns," *Journal of Finance*, 47, 427 – 65.

Fama, E. F., and K. R. French, 1996, "Multifactor Explanations of Asset Pricing Anomalies," *Journal of Finance*, 51, 55 – 84.

Fama, E. F., and K. R. French, 2008, "Dissecting Anomalies," *Journal of Finance*, 63, 1653 – 1678.

Fama, E. F., M. Jensen, L. Fisher, and R. W. Roll, 1969, "The Adjustment of Stock Prices to New Information," *International Economic Review*, 10, 1 – 21.

Fama, E. F., and J. D. MacBeth, 1973, "Risk, Return, and Equilibrium: Empirical Tests," *Journal of Political Economy*, 81, 607 – 36.

Fan, J., and C. Zhang, 2003, "A Re – Examination of Diffusion Estimators with Applications to Financial Model Validation," *Journal of American Statistical Association*, 98, 118 – 134.

Feuerverger, A., 1990, "An Efficiency Result for the Empirical Characteristic Function in Stationary Time – Series Models," *Canadian Journal of Statistics*, 18, 155 – 161.

Feuerverger, A., and P. McDunnough, 1981, "On some Fourier methods for inference," *Journal of the American Statistical Association*, 76, 379 – 387.

Gallant, A. R., and G. E. Tauchen, 1996, "Which Moments to Match," *Econometric Theory*, 12, 657 – 681.

Ghysels, E., A. Harvey, and E. Renault, 1995, "Stochastic Volatility," in G. S. Maddala, and C. R. Rao (ed.), *Handbook of Statistics* 14, *Statistical Methods in Finance*, vol. 14,. chap. 5, pp. 119 – 191, North Holland, Amsterdam.

Gibbons, M. R., 1982, "Multivariate Tests of Financial Models: A New Approach," *Journal of Financial Economics*, 10, 3 – 27.

Gibbons, M. R., S. A. Ross, and J. Shanken, 1989, "A Test of the Efficiency of a Given Portfolio," *Econometrica*, 57, 1121 – 52.

Gourieroux, C., A. Monfort, and E. Renault, 1993, "Indirect Inference," *Journal of Applied Econometrics*, 8, S85 – 118.

Greene, W. H., 2005, *Econometric Analysis*, Prentice Hall, 5th edn.

Grossman, S. J., and J. E. Stiglitz, 1980, "On the Impossibility of Informationally Efficient Markets," *American Economic Review*, 70, 393 – 408.

Hall, P., and C. C. Heyde, 1980, *Martingale Limit Theory and Its Application*, Academic Press.

Hamilton, J. D., 1994, *Time series analysis*, Princeton University Press.

Hansen, L. P., 1982, "Large Sample Properties of Generalized Method of Moments Estimators," *Econometrica*, 50, 1029 - 1054.

Hansen, L. P., and R. J. Hodrick, 1980, "Forward Exchange Rates as Optimal Predictors of Future Spot Rates: An Econometric Analysis," *Journal of Political Economy*, 88, 829 - 53.

Hansen, L. P., and K. J. Singleton, 1982, "Generalized Instrumental Variables Estimation of Nonlinear Rational Expectations Models," *Econometrica*, 50, 1269 - 86.

Harvey, A. C., and N. Shephard, 1996, "Estimation of an Asymmetric Stochastic Volatility Model for Asset Returns," *Journal of Business & Economic Statistics*, 14, 429 - 34.

Hayashi, F., 2000, *Econometrics*, Princeton University Press.

Heston, S. L., 1993, "A Closed - Form Solution for Options with Stochastic Volatility with Applications to Bond and Currency Options," *Review of Financial Studies*, 6, 327 - 43.

Hull, J. C., 2006, *Options, Futures, and Other Derivatives*, Prentice Hall, 6th edn.

Jacod, J., and A. N. Shiryaev, 2003, *Limit Theorems for Stochastic Processes*, Springer.

Jacquier, E., N. G. Polson, and P. E. Rossi, 1994, "Bayesian Analysis of Stochastic Volatility Models," *Journal of Business & Economic Statistics*, 12, 371 - 89.

Jacquier, E., N. G. Polson, and P. E. Rossi, 2004, "Bayesian Analysis of Stochastic Volatility Models with Fat - Tails and Correlated Errors," *Journal of Econometrics*, 122, 185 - 212.

Jegadeesh, N., and S. Titman, 1993, "Returns to Buying Winners and Selling Losers: Implications for Stock Market Efficiency," *Journal of Finance*, 48, 65 - 91.

Jiang, G. J., and J. L. Knight, 1997, "A Nonparametric Approach to the Estimation of Diffusion Processes, With an Application to a Short - Term Interest Rate Model," *Econometric Theory*, 13, 615 - 645.

Jiang, G. J., and J. L. Knight, 1999, "Finite Sample Comparison of Alternative Estimators of Ito Diffusion Processes - A Monte Carlo Study," *Journal of Computational Finance*, 2, 1 - 34.

Jiang, G. J., and J. L. Knight, 2002, "Estimation of Continuous - Time Processes via the Empirical Characteristic Function," *Journal of Business & Economic Statistics*, 20, 198 - 212.

Jiang, G. J., and J. L. Knight, 2010, "ECF Estimation of Markov Models where the Transition Density is Unknown," *Econometrics Journal*, 13, 245 - 270.

Jiang, G. J., J. L. Knight, and G. G. Wang, 2007, "Alternative Specifications of Stochastic Volatility Models - Theoretical and Empirical Comparison," *Working paper, Universtiy of Arizona.*

Jiang, G. J., and R. C. Oomen, 2008, "Testing for Jumps when Asset Prices are Observed with Noise - A 'Swap Variance' Approach," *Journal of Econometrics*, 144, 352 - 370.

Jiang, G. J., and S. Yan, 2009, "Linear - Quadratic Term Structure Models - Toward the Understanding of Jumps in Interest Rates," *Journal of Banking & Finance*, 33, 473 - 485.

Karatzas, I., and S. E. Shreve, 1991, *Brownian Motion and Stochastic Calculus*, Springer, 2nd edn.

Karlin, S., and H. M. Taylor, 1981, *A Second Course in Stochastic Processes*, Academic Press.

Kou, S. G., 2002, "A Jump Diffusion Model for Option Pricing," *Management Science*, 48, 1086 - 1101.

Lamoureux, C. G., and P. Poon, 1987, "The Market Reaction to Stock Splits," *Journal of Finance*, 42, 1347 - 70.

Lee, S. S., and P. A. Mykland, 2008, "Jumps in Financial Markets: A New Nonparametric Test and Jump Dynamics," *Review of Financial Studies*, 21, 2535 - 2563.

Leippold, M., and L. Wu, 2002, "Asset Pricing under the Quadratic Class," *Journal of Financial and Quantitative Analysis*, 37, 271 - 295.

Lintner, J., 1965, "The Valuation of Risk Assets and the Selection of Risky Investments in Stock Portfolios and Capital Budgets," *The Review of Economics and Statistics*, 47, 13 - 37.

Lo, A. W., 1988, "Maximum Likelihood Estimation of Generalized Ito Processes with Discretely Sampled Data," *Econometric Theory*, 4, 231 - 247.

Lo, A. W., and A. C. MacKinlay, 1988, "Stock Market Prices do not Follow Random Walks: Evidence from a Simple Specification Test," *Review of Financial Studies*, 1, 41 - 66.

Mandelbrot, B., 1963, "The Variation of Certain Speculative Prices," *Journal of Business*, 36, 394.

Markowitz, H. M., 1952, "Portfolio Selection," *Journal of Finance*, 7, 77 - 91.

Marsh, T. A., and E. R. Rosenfeld, 1983, "Stochastic Processes for Interest Rates and Equilibrium Bond Prices," *Journal of Finance*, 38, 635 - 46.

Melino, A., and S. M. Turnbull, 1990, "Pricing Foreign Currency Options with Stochastic Volatility," *Journal of Econometrics*, 45, 239 - 265.

Merton, R. C., 1973, "An Intertemporal Capital Asset Pricing Model," *Econometrica*, 41, 867 - 87.

Merton, R. C., 1976, "Option Pricing when Underlying Stock Returns are Discontinuous," *Journal of Financial Economics*, 3, 125 - 144.

Merton, R. C., 1980, "On Estimating the Expected Return on The Market: An Exploratory Investigation," *Journal of Financial Economics*, 8, 323 - 361.

Nelson, D. B., 1991, "Conditional Heteroskedasticity in Asset Returns: A New Approach," *Econometrica*, 59, 347 - 70.

Nelson, D. B., and C. Q. Cao, 1992, "Inequality Constraints in the Univariate GARCH Model," *Journal of Business & Economic Statistics*, 10, 229 - 35.

Neuberger, A., 1994, "The Log Contract: A New Intrument to Hedge Volatility," *Journal of Portfolio Manangement*, 20, 74 - 80.

Newey, W. K., and K. D. West, 1987, "A Simple, Positive Semi - definite, Heteroskedasticity and Autocorrelation Consistent Covariance Matrix," *Econometrica*, 55, 703 - 08.

O'Hara, M., 1995, *Market Microstructure Theory*, Blackwell.

Øksendal, B., 2003, *Stochastic Differential Equations*, Springer, 6th edn.

Omori, Y., S. Chib, N. Shephard, and J. Nakajima, 2007, "Stochastic volatility with leverage: Fast and Efficient likelihood inference," *Journal of Econometrics*, 140, 425 - 449.

Pagan, A., and A. Ullah, 1999, *Nonparametric Econometrics*, Cambridge University Press.

Pearson, N. D., and T. - S. Sun, 1994, "Exploiting the Conditional Density in Estimating the Term Structure: An Application to the Cox, Ingersoll, and Ross Model," *Journal of Finance*, 49, 1279 - 1304.

Petersen, M. A., 2009, "Estimating Standard Errors in Finance Panel Data Sets: Comparing Approaches," *Review of Financial Studies*, 22, 435 - 480.

Press, S. J., 1967, "A Compound Events Model for Security Prices," *Journal of Business*, 40, 317.

Rice, J., 1984, "Boundary Modification for Kernel Regression," *Communications in Statistics - Theory and Methods*, 13, 893 - 900.

Roll, R., 1977, "A Critique of the Asset Pricing Theory'S Tests Part I: On Past and Potential Testability of The Theory," *Journal of Financial Economics*, 4, 129 - 176.

Ross, S. A., 1976, "The Arbitrage Theory of Capital Asset Pricing," *Journal of Economic Theory*, 13, 341 - 360.

Rudin, W., 1991, *Functional Analysis*, McGraw - Hill Science/Engineering/

Math, 2nd edn.

Ruiz, E., 1994, "Quasi – Maximum Likelihood Estimation of Stochastic Volatility Models," *Journal of Econometrics*, 63, 289 – 306.

Sharpe, W. F., 1964, "Capital Asset Prices: A Theory of Market Equilibrium under Conditions of Risk," *Journal of Finance*, 19, 425 – 42.

Silverman, B. W., 1986, *Density Estimation for Statistics and Data Analysis*, London: Chapman – Hall.

Singleton, K. J., 2001, "Estimation of Affine Asset Pricing Models Using the Empirical Characteristic Function," *Journal of Econometrics*, 102, 111 – 141.

Stambaugh, R. F., 1982, "On the Exclusion of Assets from Tests of the Two – Parameter Model: A Sensitivity Analysis," *Journal of Financial Economics*, 10, 237 – 268.

Stanton, R., 1997, "A Nonparametric Model of Term Structure Dynamics and the Market Price of Interest Rate Risk," *Journal of Finance*, 52, 1973 – 2002.

Taylor, S. J., 1986, *Modelling Financial Time Series*, John Wiley and Sons, Chichester.

Thompson, S. B., 2011, "Simple Formulas for Standard Errors that Cluster by Both Firm and Time," *Journal of Financial Economics*, 99, 1 – 10.

Tsay, R. S., 2005, *Analysis of Financial Time Series*, Wiley.

Vasicek, O. A., 1977, "An Equilibrium Characterization of the Term Structure," *Journal of Financial Economics*, 5, 177 – 188.

White, H., 1980, "A Heteroskedasticity – Consistent Covariance Matrix Estimator and a Direct Test for Heteroskedasticity," *Econometrica*, 48, 817 – 38.

Williams, D., 1991, *Probability with Martingales*, Cambridge University Press.

Woerner, J. H. C., 2006, "Power and Multipower Variation: Inference for High Frequency Data," *Stochastic Finance*, pp. 343 – 364, A. N. Shiryaev, M. R. Grossinho, P. E. Oliveira and M. L. Esquível(Eds),Springer US.

Wooldridge, J. M., 1994, "Estimation and Inference for Dependent Processes," in R. F. Engle, and D. McFadden (ed.), *Handbook of Econometrics*, vol. 4 of *Handbook of Econometrics*, . chap. 45, pp. 2639 – 2738, Elsevier.

Wooldridge, J. M., 2002, *Econometric Analysis of Cross Section and Panel Data*, vol. 1 of *MIT Press Books*, The MIT Press.

Wooldridge, J. M., 2009, *Introductory Econometrics: A Modern Approach*, South – Western, 4th edn.

Zhang, L., P. A. Mykland, and Y. Aït – Sahalia, 2005, "A Tale of Two Time Scales: Determining Integrated Volatility With Noisy High – Frequency Data," *Journal of the American Statistical Association*, 100, 1394 – 1411.

索　引